U0731002

全国幼儿园园本课程系列

QUANGUO YOUERYUAN YUANBEN KECHENG XILIE

在玩中学

——幼儿园科学微项目活动精选

主　编　肖菊红

编　委　周惠英　戴雪芳　沈芳雁　周丽敏
　　　　郭芷璇　李　静　颜锡英　史春晓
　　　　沈　莉　袁国萍　顾蓉妍　周燕萍
　　　　仲唐晖　张圣瑜　卫　静　王剑虹

复旦大学出版社

图书在版编目(CIP)数据

在玩中学:幼儿园科学微项目活动精选/肖菊红主编. —上海:复旦大学出版社,2021.4
(2025.10 重印)
ISBN 978-7-309-15459-7

Ⅰ.①在… Ⅱ.①肖… Ⅲ.①活动课程-学前教育-教学参考资料 Ⅳ.①G613

中国版本图书馆 CIP 数据核字(2021)第 056049 号

在玩中学:幼儿园科学微项目活动精选
肖菊红 主编
责任编辑/谢少卿

复旦大学出版社有限公司出版发行
上海市国权路 579 号 邮编:200433
网址:fupnet@ fudanpress. com http://www.fudanpress.com
门市零售:86-21-65102580 团体订购:86-21-65104505
出版部电话:86-21-65642845
上海丽佳制版印刷有限公司

开本 787 毫米×1092 毫米 1/16 印张 13.5 字数 228 千字
2021 年 4 月第 1 版
2025 年 10 月第 1 版第 5 次印刷

ISBN 978-7-309-15459-7/G · 2195
定价:65.00 元

序

刘占兰[*]

近年来，幼儿园的课题研究十分活跃，研究成果也特别丰富。由于个人关注和研究幼儿园科学教育多年，每次看到幼儿园科学教育的课题研究和相关成果都会感到特别的欣喜。也正是由于幼儿园基于实践聚焦科学教育和幼儿探究学习的富有创造性的研究，有力地推动了幼儿园科学教育实践的改进和理论的不断丰富。苏州市吴江区实验幼儿园（以下简称吴江实幼）肖菊红园长主编的这本新书《在玩中学——幼儿科学微项目活动精选》（以下简称《在玩中学》）生动地记述了老师、孩子和家长们有趣探究、富有发现的科学活动，是幼儿园科学教育实践改进与不断创新的典型例证。祝贺《在玩中学》的出版，相信书中精选的活动内容会给我们多方面的启示，引发我们对幼儿园科学教育更多、更深入的思考。

幼儿园的内涵发展需要不断地积累与传承。吴江实幼是一所具有百余年历史的幼儿园，也是由于我所主持的课题"中国百年老园的发展样态研究"的机缘，得以与吴江实幼相知，与肖园长相识。这所幼儿园的前身是江震第一蒙养院，1911年（清宣统三年），著名社会学家费孝通先生的母亲杨纫兰女士在江苏吴江松陵镇积善弄创办，是吴江县有史以来第一家蒙养院。1913年，蒙养院并入吴江当时著名的爱德女校（1904年王荄创办于松陵镇三多桥），成为爱德女校附设的幼稚园，后来几经更名。中华人民共和国成立后，随学校改为公立小学附设幼儿园；1992年，幼儿园更名为吴江市实验小学幼儿园；2018年开始使用现名，成为独立建制的幼儿园。在百余年的历史变迁中，幼儿园从1913年蒙养院并入吴江当时著名的爱德女校，爱德女校的校训"爱德"传承至今；从20世纪90年代初期，幼儿园跟随小学一起进行科学启蒙教育的研究，科技特色日益明显，并由此逐渐凝练出"求真"精神，与"爱德"一起共同构成幼儿园"爱

---

* 刘占兰，中国教育科学研究院研究员。

德·求真"精神文脉,在传承中创新,在创新中发展。历史值得珍视,未来令人期待。

幼儿园的质量提高需要不断地研究与创新。进入20世纪90年代,吴江实幼开始了幼儿园科学教育研究与探索之路,从幼儿的科学启蒙教育开始,到教育环境的整体优化,再到聚焦"探究式"科学教育的系列研究,三十年来从未停止过幼儿园科学教育研究的脚步。特别是近二十年来,吴江实幼先后进行了"幼儿探究式科学启蒙教育的设计与实践研究""'去结果'式科学启蒙教育的实践研究""'玩中学'幼儿科学微项目活动的实践研究"等多项省级教育科学规划课题的系统研究,对幼儿科学探究的特点、幼儿科学学习的过程与方式、幼儿科学探究的环境与教师的支持等有了更深刻的认识,对幼儿园科学教育的目标与价值取向、内容与组织形式、指导方式与策略等有过许多思考和实践创新。非常可贵的是,吴江实幼的每一项课题研究不仅取得了丰富的成果,而且都进行了深刻的总结和反思,找准存在的问题并成为下一步研究的重点。也正因这种衔接与递进,每一项课题研究都十分深入,有创新性和富有成效,有力地促进了幼儿园教育质量的提升和教师队伍的专业成长,更为幼儿的良好发展提供了适宜的教育。吴江实幼的研究经历告诉我们,传承是发展的基础,创新是进步的阶梯,研究是不断前行的助推器。

幼儿园的科学教育需要不断的改革与发展。这本《在玩中学》是吴江实幼"十三五"课题"'玩中学'幼儿科学微项目活动的实践研究"的代表性成果,微项目的提法反映了一种求真求实、尊重幼儿年龄特点的价值取向,从精选的十余个活动中,我们深切地感受到老师们在近年来的教育实践和课题研究中,对幼儿兴趣需求的高度重视,突出了幼儿科学活动的生活化和游戏化,在科学活动中凸显了幼儿自由、自主、创造、愉悦的游戏精神,幼儿在好玩的游戏中自由快乐地学习和探索。关注幼儿生活实际,记录幼儿随机生发的话题或问题,以幼儿探究问题为主线开展科学活动。孩子们拯救皮球的计划、对管子的系列探究、榨取果汁的尝试、火龙果里的"小芝麻"等科学活动,都来源于孩子们真实生活中的真问题;孩子们散步邂逅黑木耳引发的探究、与油菜的亲密互动、捕光捉影的有趣发现等,都体现了教师对幼儿兴趣需求的关注与追随。《在玩中学》中案例的呈现方式也具有新颖性和启发性，包括了微项目由来、问题搜索、思维导图、活动导航、成长故事、感悟启示等几个部分，既有过程性记述也有感悟性思考，既有对幼儿活动的观察与分析，也有对教师教育的反思与改进，既有幼儿园的教育故事，也有家长的协同与共育，但幼儿始终是活动的中心、故事的主角，让幼儿的科学探究生动有趣、富有发现是所有参与者的愿望和目标。在这样的科学教育中，幼儿感受着童年的幸福，发现着世界的奇妙，体验着自由与自主，感受着成人的鼓励与支持。

我们对高质量幼儿园教育的追求没有止境，我们对理想的幼儿园科学教育的追求永远在路上，没有最好，只有更好。《在玩中学》中的一些想法和做法也许还值得推敲和探讨，但实现玩与学的有机融合，让幼儿的科学探究充满自由、自主、创造、愉悦的游戏精神是我们共同的追求。愿吴江实幼的研究精神和《在玩中学》中的教育智慧，引发更多的幼儿园和老师们参与到幼儿园科学教育研究的行列，推动幼儿园科学教育的改革与发展，为了幼儿的更好发展，为了幼儿园教育的不断改进，让我们求真求实，求同存异，共同努力！

前　言

在玩中学

——幼儿科学微项目活动精选

　　《在玩中学——幼儿科学微项目活动精选》是苏州市吴江区实验幼儿园教育集团（简称"吴江实幼"）承担的江苏省教育科学"十三五"规划重点自筹课题"'玩中学'幼儿科学微项目活动的实践研究"（课题编号：B－b/2018/02/150）的研究成果之一，是吴江实幼长期以来科学启蒙教育研究的新探索、新思路、新取向。

　　"玩中学"幼儿科学微项目活动指的是幼儿在教师的支持和引导下，围绕某个感兴趣的生活中的小话题或认识中的小问题，以玩的方式进行持续性、系统化的深入研究，在合作研究的过程中发现知识、理解意义、建构认识、获得成长的微型科学探究活动。

一、一种新取向

　　"玩中学"幼儿科学微项目活动传承了吴江实幼二十多年科学启蒙教育的研究成果，是一种深入、系统、长期的园本化研究；它遵循着"玩中学"的核心理念和价值追求，是一种顺应儿童、尊重儿童的研究。其本质就是"自由、自主、创造、愉悦"的游戏精神，主要包含四层含义：幼儿有自由的选择、有自主的探究、有主动的创造、有愉悦的收获。

　　自由的选择是"玩中学"的第一要义。"玩中学"幼儿科学微项目活动特别强调把自由选择的权利还给幼儿，活动的起始与结束、探究方式、合作伙伴等都允许幼儿自由选择，从而真正顺应幼儿爱玩的天性，回归自然，体验童趣。

　　自主的探究是"玩中学"的核心灵魂。"玩中学"幼儿科学微项目活动不以教师

规定的方式、程序开展，而以集体活动、区域活动、亲子活动等多种方式来引发、支持幼儿的自主探究，让幼儿充分感受科学的乐趣，激发好奇与探究的欲望，真正体现玩中学、学中玩。

主动的创造是"玩中学"的关键要素。"玩中学"幼儿科学微项目活动从幼儿感兴趣的问题出发，不断启发幼儿的创意思维，鼓励他们通过观察、操作、探索等方式去解决自己生活中的实际问题，满足幼儿探究新事物的热情，拓宽幼儿创造性发现的空间。

愉悦的收获是"玩中学"的必然结果。"玩中学"幼儿科学微项目活动关注过程导向，关注每一个幼儿的参与和情绪，鼓励幼儿在合作中解决问题，与同伴相互尊重、理解、支持，从而产生爱探索、乐探索、会探索的积极性，实现幼儿愉悦地探索和学习。

"玩中学"顺应幼儿好玩的天性，让幼儿在玩耍中自由、快乐地学习和探索，玩中习得知识，玩中体验情感，玩中积累经验，玩中获得智慧。

二、一种微视角

"玩中学"幼儿科学微项目活动聚焦"微"，以"幼儿探究问题"为主线，追随幼儿探究足迹不断生发、生长。活动中的"微"主要体现在：主题小、人员少、内容精、探究深。微项目聚焦科学探究，关注幼儿生活实际，以小组活动为主，强调亲历体验，以微见著。主要包括微项目由来、问题搜索、思维导图、活动导航、成长故事、感悟启示"六大板块"。

微项目由来：由故事导入，简单描述微项目产生的背景，记录幼儿随机生发的话题或问题，从幼儿是否感兴趣、对促进幼儿经验积累是否有价值以及是否适宜在该年龄段开展等方面，基于"玩中学"理念做出分析判断，初步明晰微项目总目标。

问题搜索：以小问号卡的方式，围绕"关于××，我知道……""关于××，我想知道……"两大问题，搜索记录幼儿已有经验以及幼儿想知道的问题，围绕探究重点做出选择与梳理。

思维导图：从幼儿问题入手，动态展现微项目的推进过程，突出问题导向，根据活动开展情况不断丰富。

活动导航：列表方式对微项目具体活动进行梳理，涉及活动名称、活动目标、实施途径（集体活动、区域活动、亲子活动）三大方面，根据幼儿探究过程逐渐完善。

成长故事：以成长故事的方式记录微项目活动的全过程。每一个故事包含故事和分析两大部分。故事部分从幼儿生发的探究问题入手，描述幼儿探究过程、探究发现等；分析部分阐述教师的分析思考以及下一步支持策略等。

感悟启示：包括分享回顾和评价反思两部分。回顾与总结微项目活动中的收获或困惑，鼓励幼儿、教师、家长分享交流，共同反思、评价微项目活动的成果与需要改进或值得延续的内容，更好地推进和完善微项目活动。

微项目每一个环节都聚焦"玩中学"，关注幼儿学习的本质，体现"玩中探、玩中思、玩中学"的核心追求，顺应幼儿爱玩、爱探究的天性。

三、一种共成长

"玩中学"幼儿科学微项目活动倡导"多主体"参与，以"成长故事"为载体，鼓励幼儿、教师、家长共同捕捉、记录有变化的、有问题的、有挑战的"哇时刻"，并尝试师幼合作、亲子合作共同制作成长故事书，亲历微项目的全过程，体现动态化。

幼儿记录。幼儿以自己独特的方式（如照片、符号标记、绘画等）记录自己的探究过程或探究发现。在种植饲养微项目活动中，尝试每日观察，每周一记，记录自己的观察发现和探究经历；在春秋游微项目活动中，鼓励幼儿设计春秋游公约、任务卡、自制线路图等；在沙土类、玩具类等微项目活动中，尝试记录自己发现的问题、想法和行动等，让幼儿成为自信的、有能力的学习者。

教师记录。教师观察、记录、收集、整理幼儿有意义和真实的信息，客观公正地对事件进行理性的分析、解释和评价，反思实践，调整策略，改善行为，做幼儿的引导者、支持者、合作者，成为有创意的微项目规划师。

家长记录。家长细致观察、倾听幼儿，不包办代替，记录幼儿在微项目活动中的真实内容，体现原生态的亲子共"玩"时光。

"成长故事书"既是一种可视化的幼儿探究活动，也是一种动态化的评价方式，实现了"玩-学-评"一体化，形成了"师-幼-亲"成长共同体。

本书共汇编了"油菜花儿开""鸭鸭幼儿园""管子来了""榨汁乐"等12个经典案例（其中3个扫码阅读），涉及种植、饲养、游戏、制作等，建构了完整的活动链，使幼儿科学活动目标从"片面化"走向"全面化"，活动内容从"碎片化"走向"系统化"，活动形式从"固定化"走向"弹性化"，实现了园本科学课程的特色发展，顺应幼儿天性，追随幼儿发展，让幼儿自然、和谐、快乐成长。

目　录

微项目一　拯救皮球计划 （小班）

微项目由来

　　因为隔离，班级的活动场所换到了与小学交界处的空地上。新的环境让孩子们都很好奇，也很兴奋。新增设的篮球架放置在通往小学的大门旁边，于是一不小心就有小朋友在投篮时将皮球从大门底下的缝隙滚到了对面小学。可是大门紧锁，用手也无法捡到皮球。孩子们的"拯救皮球计划"就此展开。

　　"皮球滚到对面小学"——对成人而言是轻而易举就能解决的小事——拜托保安师傅打开铁门就行。但是对于幼儿，不仅仅是一个亟待解决的困难，更是难得的教育契机。这一事件的核心内容是"取物"——即想办法取到一个较难够到的物体，实际上就是一个问题解决指向的探究活动。在这个过程中，幼儿充分调动已内化的经验来解决实际生活中遇到的新问题，转被动为主动，不断地重复"作出假设—付诸实践—遇到挫折—改善或重新假设—再实践"这一流程，在尝试错误中找到最适宜的解决问题的办法，并不断内化取得新经验。从而不断整合各领域的有益经验并进行经验的正迁移，同时在这一过程中促进问题解决能力提升及相关学习品质的获得。

图 1-1　皮球滚走了　　　　图 1-2　怎样才能捡到球呢？

问题搜索

关于拯救皮球，我知道……

皮球是圆圆的。

皮球是一个球形。

皮球容易滚来滚去。

可以用手去捡皮球。

大门对面是小学，不是幼儿园。

可以打电话给妈妈（妈妈是小学老师）帮忙捡皮球。

保安叔叔有打开门的钥匙。

关于拯救皮球，我想知道……

为什么皮球会从门缝里滚过去？

谁的手最长，可以够到皮球呢？

大风什么时候会来？

从门缝钻过去可以吗？

怎样才能把棍子变长呢？

买菜和骑行途经的门被锁住了怎么办？

怎样让小球不再滚过去？

用什么方式提醒小朋友不在这边玩球更好？

思维导图

拯救皮球计划 → 逃走的皮球 → "棍子组"首战告捷 → 各显神通 → 加长版棍子

"不要玩球"标志 ← 黄色积木排排坐 ← 不要钻缝隙 ← 求助"警察叔叔"

掉进高高轮胎里的皮球 → 困在池塘里的皮球

备注：蓝色表示幼儿的问题或话题；绿色表示集体活动；橙色表示区域活动；玫红色表示亲子活动。

活动导航

序号	活动名称	活动目标	实施途径		
			集体活动	区域活动	亲子活动
1	逃走的皮球	• 能根据发现的问题大胆思考捡球的方案 • 能和同伴一起寻找最合适的解决方案	✓		
2	"棍子组"首战告捷	• 能大胆寻找适宜工具辅助捡球 • 体验和同伴合作的乐趣		✓	
3	各显神通	• 能大胆表达自己的见解及捡球办法 • 能迁移自己已有的生活经验来解决问题	✓		
4	加长版棍子	• 能大胆思考加长棍子的方法 • 尝试选取合适的材料自主制作加长棍子		✓	
5	求助"警察叔叔"	• 能求助保安叔叔开门取出皮球 • 能遵守捡球的秩序,表达感谢之情	✓		
6	不要钻缝隙	• 了解从缝隙钻过去的危险和坏处 • 尝试自己动手制作"禁止钻爬"的标志	✓		
7	黄色积木排排坐	• 寻找阻挡缝隙的方法 • 在观察比较不同材料中选择最优材料		✓	
8	"不要玩球"标志	• 尝试设计远离大门的标志 • 通过投票选择最喜欢的标志悬挂提示	✓		
9	掉进高高轮胎里的皮球	• 尝试用棍子、铲子取球,失败不气馁 • 体验和同伴合作搬运轮胎取球的快乐		✓	
10	困在池塘里的皮球	• 积极寻找解救水中皮球的方法 • 知道水边的危险并懂得自我保护			✓

♥ 故事一：逃走的皮球

因为"五一"假期思萱被检查出得了水痘，为了避免传染，我们小二班进入隔离期。活动场所从三楼换到了一楼门厅前的空地（即与小学交界处）。换到新的活动场所，孩子们都很兴奋，也像往常一样开展活动。但由于篮球架与皮球筐摆放的位置距离铁门过近，因此一不小心就有小朋友的皮球从大门底下的缝隙咕噜咕噜滚到了小学校园里。孩子们聚集在铁门处一起看着滚到小学校园里的球，有好几个孩子甚至忍不住趴在地上尝试用手取球，可惜的是，由于手太短，他们失败了。眼看着皮球取不回来了，孩子们着急地寻求老师的帮助，老师没有帮他们取球，而是表示自己也没有办法，请他们自己开动小脑筋想想办法。这下孩子们犯了难，七嘴八舌地讨论怎样才能取回小球，"拯救皮球计划"开始了。

哲佑："如果突然有一阵大风能把皮球吹过来就好了。"

谦礼："我妈妈在小学当老师，我可以让她帮我们捡！"

瀚阳："我哥哥在小学上学，他也可以帮我们捡！"

悦然："我们可以爬梯子过去啊！"

但可惜的是，这一天晨锻时没有等到一阵大风，没有联系到小学的妈妈和哥哥，也没能找到梯子爬到对面小学。晨锻时间结束了，孩子们拯救小皮球的计划也落空了，他们只能遗憾地离开。

图 1-3 皮球滚到小学里

图 1-4 用手够一够

孩子们第一次来到不熟悉的场地，并不知道在大门旁边玩球会很容易把球滚到对面的小学校园里，而篮球架又放置得太靠近大门，因此在玩投篮游戏时便不小心把皮球滚到了一门之隔的对面的小学校园里。面对这个问题，部分孩子选择用手去够，但他们的手显然不够长；另一部分孩子则选择了向老师求助。老师没有出手相助，而是引导他们自行思考解决方案并采取措施。

幼儿的学习是在探究具体事物和解决实际问题中，尝试发现事物间的异同和联系的过程。"皮球滚到小学"则是一次非常典型的以"问题解决"为导向的活动，取球的过程可以促使幼儿许多不同领域能力的发展，教师也抓住了这一教育契机。

教师和幼儿一起发现并分享周围新奇、有趣的事物或现象，一起寻找问题的答案，用自己的好奇心和探究积极性引导幼儿，而不是代替幼儿去发现、去思考；也不是提前制订一个虚假的"问题"，让幼儿沿着老师既定的路线去探索。这是一个十分偶然的事件——皮球滚到了对面小学，是在幼儿玩耍过程中不经意间发生的事情，却正好促使幼儿因此产生了问题——怎样才能取到门对面的皮球呢？

♥ 故事二："棍子组"首战告捷

由于晨锻时间已经结束，因此并未将孩子们提出的方案付诸实践。回到教室后，他们还是心系"流浪"在小学里的皮球，一直在问："皮球还在小学怎么办？""皮球在那里会不会给人家拿走？""那个皮球我们不要了吗？"……他们都很在意，认为皮球滚到小学会被"坏人"抢走，所以要尽快拿回来。于是在幼儿吃完点心后老师就组织了一次集体讨论，和全班孩子一起讨论了这个问题，想出了好几个不同的拯救小皮球的办法。同时每个办法都有自己的小小支持者，于是大家分成了几个小组，决定每个小组"各显神通"，看谁的方法最好！

雨墨小朋友带领的"棍子组"打算用长长的棍子来够球。于是他们开始满教室找棍子，发现教室里并没有能供他们使用的棍子，就在这时蓉蓉大声说道："我们跨栏的那个棍子不行吗？"孩子们恍然大悟，急匆匆地跑到晨锻地点把跨栏用的棍子拆卸下来，然后拿起棍子走到门边开始够皮球，并且成功地把最近的一个皮球够了回来，孩子们都高兴地跳了起来，纷纷拆下其他跨栏的棍子去够其他皮球，但很快他们发现，其他的球距离都太远了，跨栏用的棍子根本不够长、够不到。

图1-5 趴下来试试看

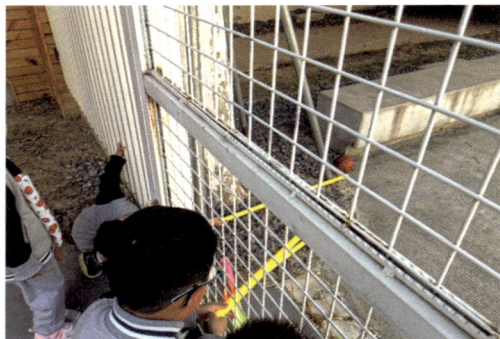

图1-6 用棍子够球

老师就"拯救皮球"组织了一次集体讨论，和全班孩子们一起讨论，他们想出了好几个不同的拯救小皮球的办法：雨墨带领的"棍子组"打算用长长的棍子来够球，蓉蓉提出用跨栏的那个棍子……孩子们恍然大悟，急匆匆地跑到晨锻地点把跨栏用的棍子拆卸下来，然后拿起棍子走到门边开始够皮球，并且成功地把最近的一个皮球够了回来。但其他的球都离他们太远了，跨栏用的棍子根本不够长、够不到。

幼儿在活动过程中表现出来的积极态度和良好行为倾向是终身学习与发展所必须的宝贵品质。"棍子"不够长是幼儿在解决问题过程中遇到的一大困难，但在解决这一困难的过程中，他们获得的是积极主动、认真专注、不怕困难、敢于探究与尝试、乐于想象与创造的良好学习品质。

教育观念的更新促使越来越多的教师认识到幼儿是自己学习和发展的主人。但在具体的实践操作中很多还只是停留在比较肤浅的层面，把"让幼儿自己探索解决问题"理解为教师的"非指导"，或者只限于"多给孩子提问题""多让孩子动动手"等，这导致许多幼儿在问题解决过程中"半途而废"。幼儿在捡球遇到困难时不知所措，尝试失败反复出现时沮丧失望，此时教师如能及时为幼儿提供个别化的帮助和支持，捕捉幼儿准备向学习跨出一步的时机，就会帮助幼儿把握解决问题的制高点，应用某个策略成功解决问题。

♥ 故事三：各显神通

等风组：早晨提出要等一大阵风把皮球吹来的哲佑，坚持认为会有大风把皮球吹回来，他和他的支持者小叶子在"棍子组"取球时就一直在门边，嘴里还念念有词："风怎么还不来？风你快来呀！"可惜的是，他们的祈求没有起到作用，风姑娘那天就是不来，最后，哲佑和小叶子也被"棍子组"的成功取球吸引得去用棍子取球了。

场外求助组：场外求助组的代表是瀚阳和谦礼，他们的妈妈和哥哥分别在小学里上班和上学。早晨时间不够没能联系到妈妈和哥哥，这回谦礼提出来要借老师的手机给妈妈打电话，很可惜，妈妈的电话一直没能打通，"妈妈肯定在上课！"谦礼猜测道。而由于瀚阳的哥哥还没有手机，"场外求助组"的任务至此正式宣告失败。

开门派：提出"开门"想法的小朋友是小嵋，小嵋说记得以前去买菜时就是走通往小学的那扇门去的，那扇门是可以打开的。她的话得到了大多数孩子们的响应，因为他们都记得以前去买菜时那扇门是打开的。于是他们一行人浩浩荡荡地走到铁门前试图把门打开，却发现无论怎么用力都是徒劳。突然，嘉若发现："这个上面上锁啦！"孩子们都很失望，但书琪不死心，说道："我们之前骑行比赛的时候不是还有门可以去小学吗？"一语惊醒梦中人，书琪的一句话又给了孩子们信心。于是他们又去找"骑行门"，却遗憾地发现两扇"骑行门"也像"买菜门"一样，被一把大大的锁给锁住了。

图 1-7 买菜门被锁

图 1-8 骑行门被锁

晨锻时没能解决的问题，孩子们一直心心念念着去解决，也纷纷开动脑筋讨论出四个办法并各自都去尝试了，结果只在"棍子"的帮助下成功拯救了一个离门最近的小皮球，但幸运的是，这并不影响他们拯救皮球的热情，反而促使他们去思索更好的办法、制作更好的工具。

幼儿想了许多办法，但短时间内这些办法都不奏效，这时一名幼儿默默地借用了工具——棍子，轻松取到了最近的小球，其他幼儿纷纷效仿，但剩余的球太远了，棍子显得较短，这又促使孩子们去思考新的方法。孩子们提出了无数的解决方案，也无数次地去尝试，将骑行、买菜的经验运用在取球上，又将取球的经验应用在其他问题上。在这个过程中，他们发现问题，提出解决方案并进行尝试，又遇到新问题，于是不断重复。在这不断重复的过程中也不断地促使幼儿迁移自己已有的生活经验来解决问题，也在一次次的比较尝试过程中增长相关的科学知识，并不断提升自己解决问题的能力，体验自主探究的快乐。

教师全程都只充当一个支持者，并不直接给出解决方案，而是在适当的时候抛出问题，让幼儿自行"提出解决方案—尝试解决—遇到问题后思考新解决方法"。教师不再作为"聪明人"存在，也不试图帮助幼儿解决问题，而是顺着幼儿的思路，作为幼儿解决问题的协助者，来推动幼儿自行解决问题。

♥ 故事四： 加长版棍子

第二天晨锻时，孩子们发现昨天滚到小学去的皮球现在还安安静静待在门的另一边，他们就又打算用跨栏的棍子去够，很快发现虽然过去了一天，但是昨天够不到球的棍子今天还是够不到球——因为棍子是不会一夜之间"长高"的。于是他们又就拯救皮球展开了讨论：

以谦："用更长一点的棍子不就行了？"

茌铭："可是我们没有这么长的棍子呀。"

孩子们苦恼了很久也没能找到够长的棍子，最终书琪想到了一个好办法："我知道了，我们可以把两根棍子拼在一起呀！"后来区域游戏时，书琪叫上几个好朋友和她一起制作了"长长的棍子"。他们先是取来两根相同的黄色棍子，然后开始讨论什么东西才能将两根棍子固定在一起。

以谦说："可以用糨糊，我们上次装饰花瓶就是用浆糊粘在一起的。"于是，孩子们到美工区柜子里拿出浆糊粘上，可稍微一碰棍子就分开了。

荏铭提出："可以用胶枪，我看到老师用胶枪把木片粘在绳子上啦。"但胶枪立马被以谦否定："不行不行，老师说过胶枪是很危险的，小孩子不可以碰，你忘记上次郭老师都受伤了吗？"

最后提出把棍子变长的书琪想到可以用透明胶，于是他们四人分工合作，以谦和荏铭负责固定住两根棍子，书琪负责把两根棍子连接在一起，荏铭则负责缠绕胶带，很快，一根加长版的棍子就制作成功了。他们兴冲冲地开始再次去取"流浪"在小学的皮球，却遗憾地发现"加长版棍子"也只能取到了最近的皮球，还是有更远的皮球连长棍子也碰不到。

图1-9　制作长棍子

图1-10　用长棍子取球

孩子们发现问题——皮球滚到了小学；解决问题——用棍子够回来；发现新问题——棍子有点短；讨论并提出解决方案——把两根棍子拼在一起；验证问题——用制作的长棍子取球。孩子们遇到"棍子短了"的问题，没有气馁，反而积极讨论、改进方案，将两根棍子合并为一根更长的棍子，来拨动更远处的皮球。

整个过程中，孩子们发现问题、讨论问题、提出解决方案、动手验证。并没有被"棍子短了"这一困难击败，而是转而思考新的解决方案，为了取回皮球，幼儿会主动去寻求各种方法，通过比较、尝试，在现有工具无法解决问题时，自主制作新工具，从而解决问题。当然，问题还没有被彻底解决，因为还有更远的球在等着孩子们。

教师在晨锻结束后组织了一次谈话，和孩子们一起讨论关于"皮球滚进小学"

的事件，孩子们纷纷发表自己的看法，想了许多可行或不可行的办法，在幼儿提出棍子短了之后，引导幼儿思考加长棍子的办法。在幼儿"加长棍子"时，教师为幼儿提供胶水、胶棒、双面胶、透明胶等不同材质的黏合工具，幼儿通过尝试不同材料，最终确定透明胶为最佳的工具。教师在这一过程中不做过多干预，而是为幼儿提供可能需要的材料，供幼儿探索发现。

♥ 故事五： 求助"警察叔叔"

"长棍子"取球又遇到问题后，孩子们尝试多种方式取球，皆以失败告终。他们似乎对取回小球失去了信心，也失去了兴趣，渐渐地不再关注流落在外的皮球了。但这一天午饭后散步，我们路过保安室，看到保安师傅正在帮一位老师打开幼儿园大门，熙川突然大声说："老师！上次我们买菜不是警察叔叔（保安）给我们开门的吗？我们还可以找他呀！"

听到这个话，孩子们瞬间兴奋极了，纷纷跑到保安室围着保安叔叔，你一言我一语，迫切地想让保安叔叔帮他们打开大门。但发言的小朋友太多，保安叔叔表示都听不清楚了，最后还是由小晴单独发言才让保安叔叔听懂了他们的要求。

于是，保安叔叔带上钥匙跟在孩子们后面，浩浩荡荡地来到通往小学的门，催促保安叔叔掏出钥匙打开小学的大门。保安叔叔担心孩子们一窝蜂跑到小学会出安全事故，只打开了一条小缝，由小哲去小学抱回皮球，孩子们围着保安叔叔大声地说："谢谢'警察叔叔'！"

图1-11 找"警察叔叔"帮忙

图1-12 "警察叔叔"帮忙开锁

由于想不到更好的解决办法，各种方法都屡屡受挫，因此幼儿逐渐对捡球丧失了信心。一次散步活动，教师特意引导幼儿经过保安室，恰巧保安师傅在为一位教师开门，熙川立马联想到，保安叔叔之前买菜时也帮他们打开过大门的锁，于是便求助于保安叔叔，并顺利地拿回了流落在小学的皮球。

幼儿在遇到困难难以解决后产生的短暂的信心丧失是十分正常的，这也是为什么设计教学活动时符合幼儿的发展水平非常重要，过于简单会让幼儿觉得没有挑战从而失去兴趣，过于困难则会让幼儿在一次又一次的失败中丧失信心，同样会失去兴趣。保安叔叔的出现给了幼儿新的希望与信心，推动着幼儿继续关注于"捡球"，从而推动着"拯救皮球计划"这一微项目活动的进展。

此时教师如何激起幼儿的兴趣，为幼儿继续探索提供抓手就显得格外重要。这次散步"偶遇"保安叔叔其实并不是巧合，原本教师就是打算带幼儿去求助保安叔叔的，因为这个方法他们之前想到过，只是时间一长就遗忘了，果然，孩子们路过时自然而然地联想到了取皮球，未完成的"拯救皮球"任务又得以继续进行。

♥ 故事六： 不要钻缝隙

取球过程中还发生了一个小插曲，由于孩子们的体型比较小，雨墨在趴在地上通过门下缝隙够球的过程中，因为小手太短够不到，他就会不断地向前进，最终整个身体都到了对面小学，过去后就拿到了小球。孩子们看到后都很高兴，认为这是一个好办法，于是有好几位孩子纷纷效仿，钻爬到了小学。这其实是一个有很大安全隐患的行为，因此回到教室后，老师便组织了一次讨论，大部分孩子都认为这是一个好办法。

小意："这样很快就可以捡到皮球。"

泽瑶："这样就可以把滚很远的地方的球也救回来了。"

景文提出了反对观点："钻过去是不行的！会把衣服弄脏。"

锦羽也指出这个方法的缺点："会卡住的，而且可能会被刮出血来。"

俊峰："小学很大，万一迷路了爸爸妈妈就找不到我们了。"

于是，孩子们决定要制作标志来提醒别的小朋友"不能钻爬"。每个孩子都设计了属于自己的"禁止钻爬"标志，最后通过投票，小蟾的画获得第一名，被悬挂在大门上提醒别的小朋友"不要钻缝隙"。

图 1-13 由幼儿打算钻爬缝隙取球　图 1-14　悬挂"不要钻缝隙"标志

幼儿在趴在地上通过门下缝隙够球的过程中，因为小手太短够不到，他就会不断地向前进，最终整个身体都到了对面小学，过去后就拿到了小球，好几位小朋友纷纷效仿，钻爬到了小学。这其实是一个有很大安全隐患的行为，因此回到教室后，老师便组织了一次讨论，大家一致认为这是危险行为，并决定要制作标志来提醒别的小朋友"不能钻爬"。每个小朋友都设计了属于自己的"不要钻缝隙"标志，最后通过投票的方式选出了人气最高的一幅"不要钻缝隙"挂到大门上，用来提醒别的小朋友。

"拯救皮球计划"进行到这里，已经不仅是一个单纯的"解决问题"事件了，在幼儿尝试取球过程中发现了安全隐患，他们由己及人，联想到其他小朋友也有可能会做出这样危险的行为，于是决定制作标志来提醒别人。由于幼儿不会书写文字，因此绘制标志的过程其实就是幼儿表达自己的过程，只不过用的是他们的"语言"——绘画。最后通过投票选出一幅最好的，其实也是让幼儿表达自己的观点和喜好。

教师看到幼儿钻爬大门下的缝隙，在确定没有危险的情况下并未立刻制止，而是在回到班级后组织了一次讨论。粗暴的制止并不能让幼儿领会到钻爬缝隙的危险之处，但在共同讨论下，孩子们各抒己见，纷纷发表自己对于"钻爬缝隙"的看法，他们自己讨论出的结果往往比教师强加的方法更能让其铭记于心。

故事七： 黄色积木排排坐

晨锻时，孩子们开始在与小学交接的铁门处堆放了许多游戏材料，老师凑上前询问，小晴说道："因为球总是滚过去，所以我们要用东西把缝隙挡起来，这样小球就滚不过去啦。"

在堆放的过程中他们用了垫子、黄色积木、跨栏、水桶等一系列可用的游戏材料，有的竖着摆，有的横着摆，有的摆一层，有的摆两层……看起来虽有点乱，但是实实在在地挡住了门下的缝隙。晨锻时间结束了，游戏材料不得不全部收起来，收材料的过程中，孩子们发现杂乱的材料堆放使得材料整理十分困难。于是在一次又一次的尝试中，孩子们最终发现黄色积木是最方便的。

忆辰：黄色积木重量轻，搬起来方便。

靖轩：别的玩具都要用，黄积木有很多，用一点也没关系。

梓轩：黄积木高，可以挡住皮球。

商讨出最合适的材料后，接下来每天晨锻时，孩子们都会先把黄积木整整齐齐地搭起来，避免皮球滚过大门。

图 1-15 摆放游戏材料遮挡皮球

图 1-16 统一用黄积木挡住皮球

在把小球取回来后，孩子们发现又有小球滚了过去，他们认为应该想个办法阻止小球再滚过去，否则这个现象永远无法杜绝。于是开始搬运自己能够找到的东西来阻挡小球。尝试了多种材料，孩子们发现："垫子不能搬走，要留在梯子那里保护我们。""水桶太少了只有2个。""跨栏下面的缝隙也很大，小球还是会滚过去。""黄色积木很多，也很好搬。"……通过尝试和比较，孩子们发现黄色积木是最合适的，于是，大家选择了黄色积木来作为每天固定的"挡球工具"。

幼儿遇到困难后积极主动思考解决办法，并且在利用材料阻挡缝隙的过程中，会进行比较与选择，对不同的材料进行比较，比较其各方面的优劣，从而择优而定。观察与比较是科学探究里十分重要的能力，以此为基础才能推进幼儿探究能力的进步与发展。

在这一过程中，教师同样选择了不干预。幼儿搬动玩具材料用于遮挡缝隙，其实一定程度上影响了晨锻游戏的开展，但教师在了解情况后并未阻止，而是选择旁观。幼儿在后续的玩耍中逐渐发现，太多材料用于遮挡会导致他们用于玩耍的游戏材料变少，因此会思考改良他们的方法。教师凡事不必替幼儿做决定，幼儿在活动过程中自然会感受到不同方法的优劣，并作出最优选择。

❤ 故事八："不要玩球"标志

又是一天晨锻时，孩子们看到小学对面又出现了皮球。他们猜测可能是其他班级的小朋友玩游戏时不小心滚过去的，他们还发现：就算缝隙被挡了起来，也没办法全都挡住，还是会有球滚到对面去。因此，孩子们认为不应该在大门这边玩球了，应该换一个离大门远一点的地方，这样才能保证皮球不会再滚到小学里去。

有了这个想法后，孩子们便马上付诸行动。第一步，把篮球架和球筐搬到了离门很远的地方，这样皮球离大门很远就没那么容易滚过去了。可孩子们又担心别班的小朋友想不到这个好办法。"这个问题怎么解决呢？"晨谈时老师问道。星辰提出想要画一个标志在门上，提醒小朋友不要在那里玩球。孩子们纷纷响应，于是便举办了一场"画标志大赛"。

孩子们每人设计一个提示标志，通过全班幼儿投票来选出他们心目中最好的标记悬挂在大门。最终，星辰画的标记当选了，老师请星辰亲自将标志挂了起来。

图 1-17　投票选择提示标记

图 1-18　悬挂提示标志

　　幼儿在发现自己制作的障碍物有漏洞后，又开始寻找新的方法。他们一开始通过转移玩球场地的方式来阻止皮球滚到小学，但在后期讨论时他们又联想到下次其他班的幼儿在这边玩球时可能不知道皮球那么容易滚过去，于是他们决定要制作一个标志来提醒其他幼儿。这其实是幼儿很珍贵的情感迁移，也是他们在学习安全标志那一主题活动时的经验迁移。

　　幼儿想到要制作标志来提醒其他小朋友不在这里玩球是因为之前在"诚信礼仪"主题中曾经画过标志。经验迁移是幼儿学习的一种途径，幼儿通过这种方式将习得的经验运用到解决新问题上，同时会在解决问题的过程中不断重构自己的认知和经验。

　　幼儿自主性游戏是指幼儿在游戏里享有自主权，但自主权不是绝对的，而是在有限制的前提下开展自主游戏。教师在这一过程中也不应过度指导与干预，否则会使自主性游戏失去应有的价值。因此，在开展自主性游戏的过程中，教师要适度介入，鼓励幼儿迁移自身经验，对幼儿合理的想法提供充分的支持，这样才能够最大限度地发挥出微项目活动的作用。

15

故事九： 掉进高高轮胎里的皮球

　　户外锻炼时，孩子们正在玩抛接球游戏，一不小心将皮球扔进了叠在一起的、高高的三层轮胎里。这是一次很精准的"投篮"，孩子们都很开心，好几个孩子甚至故意将皮球投进了三层轮胎里。但很快孩子们对这个游戏失去了兴趣，想要把皮球拿出来继续玩抛接球的游戏。可这个高度对于小班幼儿来说实在有点太高了，他们伸长了手也够不到。

　　几个孩子趴着轮胎就往上爬，其他孩子在一旁扶着，老师在边上看着，并没有干预。可叠在一起的轮胎非常不稳，一直在摇晃，孩子刚爬上去就害怕得马上爬下来，大家纷纷放弃了这个方法。

　　有了拯救皮球的经验，孩子们立马联想到可以使用工具，他们快速地跑去拿来了棍子拨皮球，可棍子与皮球的接触面太小，孩子们怎么拨也拨不动底下的皮球。用棍子取球失败了，又有孩子去沙池拿来了小铲子，可惜铲子太平了也铲不上来。孩子们没有找到合适的工具取球，十分沮丧，但这时有位幼儿想到可以把轮胎挪开，于是在他们的共同努力下，顺利取到了皮球。

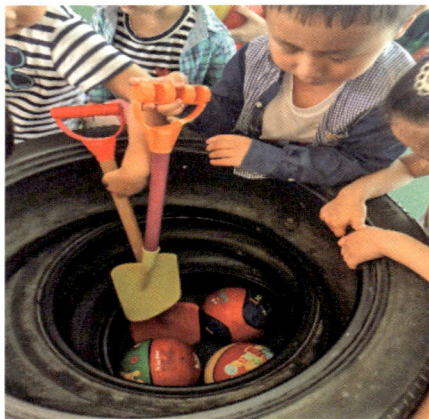

图 1-19　用铲子救皮球　　　　图 1-20　搬开轮胎取皮球

　　幼儿在尝试用棍子、铲子等工具取皮球还是失败后，他们想到可以改变轮胎的高度来辅助自己取到皮球。从现有的思维模式中跳脱出来，转换思维角度后，往往能更快解决问题，这一点幼儿做得比成人更好。当然，最后他们也没有忘了把轮胎

在玩中学——幼儿科学微项目活动精选

挪回去!

这一次，幼儿在尝试利用工具还是失败后，他们想到可以改变轮胎的高度。既然无法改善自身的工具，那就通过改变对象的属性来辅助自己。从现有的思维模式中跳脱出来，转换思维角度后，往往能更快解决问题，这一点幼儿做得比成人更好。幼儿通过已有的认知结构与原有的知识经验和认知策略主动地、自主地与外界环境相互作用发生学习。在遇挫后不气馁，转而寻找新方法。成人的认知结构趋于稳定，往往被思维定式禁锢，建立在已有认知及经验基础上做出新的理解与尝试，在某种程度上是一种具有创造性的学习。

我们在尊重教师教育作用的同时，不能忽视幼儿的能力。幼儿不是"缩小版的成人"，他们有自己的思维模式和成长节奏，在与环境的交互作用中，他们是信息加工的主体，是知识意义的主动建构者与吸收者，而教师则是教学过程的组织者、指导者，教师只是对幼儿的意义建构过程起促进和帮助作用。

♥ 故事十： 困在池塘里的皮球

这个故事发生在我们中午散步时，我们在去鸭鸭幼儿园喂小鸭子时，有一个小朋友发现有皮球掉进了小池塘里，他们很想要把皮球救上岸。

老师：我们可以用什么办法把皮球救上岸呢？

嘉茗：老师我们可以用那根棍子（赶鸭棍）。

放在桥边的棍子很快吸引了幼儿的注意，棍子看起来十分管用，但在他们尝试拿起棍子时发现，赶鸭棍太长了，很难掌控方向和力度，而且上面还有刺，操作起来很不方便而且很危险。

小哲：那我们可以用渔网啊。

一凡：可以坐潜水艇进去。

文轩：海盗船也行！

书琪：我们的沙池里就有船，不仅有船，还有船桨，还有铲子，都可以用来取球。

但是可惜的是，等到下午我们想去把设想实现时，池塘里的皮球已经被别的人救走了，希望下次有机会可以让孩子们试试自己的方法。我们不会停下

"拯救皮球"的步伐，精彩还在继续，敬请期待。

图 1-21　皮球困在池塘里　　　　图 1-22　用"赶鸭棍"取球

　　我们在去鸭鸭幼儿园喂小鸭子时有一个小朋友发现有皮球掉进了小池塘里，他们很快想到了"赶鸭棍"，但是赶鸭棍操作起来很不方便。他们又想到，"那我们可以用渔网啊！""可以坐潜水艇进去。""海盗船也行！"可惜的是，等到下午我们想去把设想实现时，池塘里的皮球已经被别人救走了。

　　自主学习的过程也是儿童不断遇到问题、解决问题的过程。我们希望幼儿成为一个有智慧的问题解决者，最好的途径就是让他有大量的机会做他愿意做并感兴趣的事情，去解决他们想解决的问题，去自主地获得智慧的发展。上面所描述的就是一个比较典型的幼儿在与环境的相互作用中通过不断地解决问题从而实现自主学习的案例。

　　作为一位新教师，在这个活动中我们逐步学会"放手"，把问题解决的权利交还给幼儿，而不是替代他们学习和思考，作为幼儿学习生活时的同伴而不是控制者。但是同时也在困惑，作为教师该如何把握好"放手"与"伸手"的度，如何在适当的时间为幼儿提供一个适宜的支架，来促使幼儿在其最近发展区里达到更高一层的水平。

分享回顾

微项目活动"拯救皮球计划"是以"取物"为核心，以"解决问题"为导向的一个微项目活动。在活动暂时告一段落后，孩子们通过观看照片以及翻看活动过程中的记录纸和设计的标志来回忆"拯救皮球"中发生的趣事以及收获的经验。

诗源指着屏幕上的照片说："这是我！那天我们把皮球滚走了，我和小晴他们用棍子把皮球拨过来了！"另一边星辰看到主题墙上的提示标志后说道："这些是我们设计的标志，我的被挂在外面的铁门上了。"书琪补充道："对的，因为我们担心其他小朋友把皮球滚走，所以要画一个标志来提示其他小朋友不要在这里玩球，但是我们画的标志小朋友们可能看不懂呢！"以谦也提道："以后可能还会有皮球从门缝下滚到小学，怎么办呢？"梓轩建议道："做一个大一点的门，把下面的缝隙变小好了！"一张张照片，一份份记录纸，孩子们一边看一边回忆那些精彩纷呈的故事，每个人都沉浸其中，纵享快乐。

照片和画纸很好地将故事留下，在回忆过程中，尽管孩子们之前已经想到解决办法，他们也会以此为基础去构思更好的。孩子们在讨论与分享中获得成长，这才是回顾的意义所在！

图1-23　我们在捡球哦！

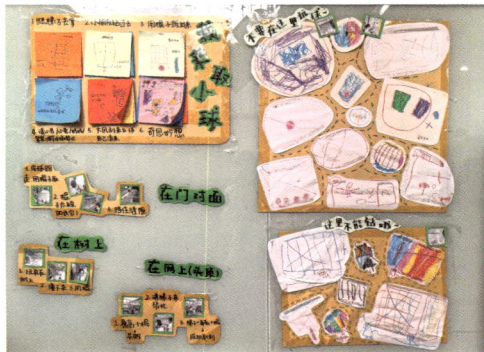

图1-24　看看我们的设计吧！

评价反思

谦礼：皮球滚到小学去了，我妈妈本来一开始就可以帮我捡的，但是她在上课没有听到老师的电话，后来放学后妈妈还是带我去捡了。

熙川：我还记得我们以前去买菜那扇门是可以开的，于是呢，我就在散步的时候去找了警察叔叔（保安叔叔），因为上一次买菜就是他给我们开的门，他肯定有钥匙！后来他真的就打开了门，捡回了球。

以谦：我们的皮球滚到小学里去，我很担心会被"坏人"捡走，但是我的手太短了捡不到那个球，但是我们有跨栏的棍子，可是棍子也太短，书琪说可以把两根棍子合在一起就长了。我们用了双面胶、胶水、胶棒都没有用，最后还是茌茗拿来了透明胶，棍子就真的合在一起了！不过有点容易断，所以我们拿的时候很小心，最后就用我们的无敌大棍子把球捡回来了。

星辰家长：放学时候星辰兴冲冲把我拉到铁门处，很高兴地告诉我上面的标志是她画的，在听她解说这幅画的意思时我很感动也很感谢。孩子平常在家写写画画我们都没有放在心上，但是老师却都看在眼里，让孩子们来设计标志，又组织了投票，选出了我女儿的作品。这样的行为让孩子感受到了老师对他们的重视，对绘画也更加有兴趣和信心了。

谦礼家长：那天放学来接谦礼，他总和我说要去捡皮球，我也不知道到底怎么回事，就没放在心上。结果准备从小学回家时他又提了一次，这次我认真听了，又跟着他走去了铁门帮他捡回了皮球。作为家长，有时因为工作忙碌常常忽略孩子的需求，这次和孩子一起"拯救皮球"很开心，感觉和孩子一起当了一次小二班的"英雄"。

雨墨家长：孩子放学路上指给我看他从铁门下缝隙钻过去了，我还吓了一跳，结果听完整个过程又很自豪。我的孩子很有想法，在手短受限的情况下，利用身材小的优势想出了捡球的好办法。听完后我问他以后还会不会这样做，他也说到老师给他们上了一节课叫"咬人的缝隙"，是很危险的，以后会想其他办法，老师的教育也让人十分放心。

此次微项目源起于一次偶发事件——晨间锻炼时，孩子们不小心把皮球从铁门下的缝隙滚到了对面小学，于是展开了班级里的"拯救皮球计划"。在一日活动中类似事件总在重复上演，往往容易被忽视。教师习惯于花费大力气设计教学活动和区域活动，却容易忽略点滴小事中暗藏的教育契机以及教育价值。比起精心准备的课程，偶然事件似乎更能触及幼儿的兴趣与经验生长点。

之于幼儿，"解决问题的能力"的获得是他们在此次项目活动过程中最大的收获。幼儿在取球过程中"作出假设—付诸实践—遇到挫折—改善或重新假设"，最终成功解决问题。在幼儿取小球的过程中，他们获得的是积极主动、认真专注、不怕困难、敢于探究与尝试、乐于想象与创造的良好学习品质。并且锻炼了重要学习方式——迁移，幼儿通过这种方式将习得的经验运用到解决新问题上，同时会在解决问题的过程中不断重构自己的认知和经验。整个解决问题的过程又是科学领域运用多种感官探索的过程，在这一过程中，不同领域、不同目标相互渗透和整合，最终促进幼儿身心全面发展。

之于家长，他们不再是幼儿园教育的旁观者。不仅仅作为提供材料的"工具人"存在，而是真真切切地参与到项目活动中，和幼儿一起感受"拯救皮球"、制作工具的快乐。家长变成了"笨蛋"，不再无所不能，他们和幼儿一起讨论、一起探究、一起动手，也一起成长。

之于教师，我想每位教师都常常思考教师的角色究竟是什么？是控制者？是指导者？还是支持者？我认为都不是，我最认同的是马拉古奇在《儿童的一百种语言》一书中的提法——"教师与儿童是共同建构者"。教师与儿童在项目活动中共同学习、共同创造。因为我们教师的目标不是使得学习过程"更顺畅、更容易"，而"协助"学习，是通过使问题复杂化，具有参与性，具有激发性来"推进"幼儿的学习，即使幼儿犯错，也应像"伙伴"一样提供帮助，而不是作为一个高高在上的"聪明的成人"来制止或是为他指出所谓的"正确道路"。毕竟，幼儿在"尝试错误"中最易获得成长。

微项目二　火龙果里的"小芝麻"

微项目由来

　　下午点心时间吃完面条后，孩子们开始吃火龙果，菲菲很快吃完了，一抬头，涵涵对他说："哈哈哈，你的嘴角有黑色的小点点，像小芝麻一样，真好玩。"菲菲用手抹了一下，说："这是火龙果的籽，不过，真的好像小芝麻一样。"孩子们的注意力一下子都被吸引了，他们拿起正在吃的火龙果肉开始研究起来："这是火龙果的种子吗？它为什么这么小？这些种子怎么拿出来？它能长出火龙果吗……"无数的问题在孩子们的小脑袋中升起。

　　火龙果是孩子们经常吃的一种水果，但是由于它生长在热带、亚热带，平时孩子们接触到的只是火龙果的果实，对火龙果其实并不是特别了解。今天的意外话题，让孩子们对火龙果产生了浓厚的兴趣，我想，这是一个让孩子们了解火龙果的契机。小班的孩子生活经验和知识水平还不是很丰富，但孩子们对于取种子、长出火龙果的好奇，是可以实现的探究，虽然会有很多困难，但是这个过程，一定能让孩子们有很大收获。因此，我们从火龙果的种子出发，带领孩子们拓展经验，激发对身边事物的好奇心，提升探究能力。

图 2-1　火龙果真好吃

图 2-2　"小芝麻"黏在了嘴角上

问题搜索

关于火龙果，我知道……

火龙果是切开来吃的。

火龙果有白色和红色两种。

我见过黄色的火龙果。

火龙果的皮是红红的。

火龙果的籽是黑色的。

火龙果可以榨汁喝，甜甜的。

红心的火龙果很甜，吃完要刷牙。

火龙果可以做成火龙果酱。

关于火龙果，我想知道……

为什么火龙果的籽有那么多？

火龙果可以做成火龙果面包吗？

那么小的籽真的是火龙果的种子吗？

火龙果的籽是要一颗颗挑出来吗？

火龙果的籽为什么那么小？

火龙果的籽会发芽吗？

火龙果是长在地底下的吗？

火龙果是不是长在火龙果树上的？

怎样才能拿出火龙果里的"小芝麻"？

火龙果里的"小芝麻"可以种出火龙果吗？

思维导图

备注：蓝色表示幼儿的问题或话题；绿色表示集体活动；橙色表示区域活动；玫红色表示亲子活动。

微项目二 火龙果里的"小芝麻"

23

活动导航

序号	活动名称	活动目标	实施途径		
			集体活动	区域活动	亲子活动
1	火龙果里的"小芝麻"	• 了解火龙果外形及其果肉特点 • 感受火龙果种子的数量非常多	✓		
2	怎么挖果肉	• 尝试使用勺子将火龙果果肉取出来 • 观察火龙果的果肉和果皮分离后的样子		✓	
3	"小芝麻"浮起来了	• 尝试用手捏碎火龙果果肉取出种子 • 感知火龙果果肉和种子分离难的现象		✓	
4	工具来帮忙	• 学习使用工具帮助果肉和种子分离 • 仔细观察种子未完全分离的样子		✓	
5	种子洗澡	• 认真观察在水里泡了一夜的种子 • 尝试用手取出种子搓一搓		✓	
6	晒种子	• 尝试借助纱布分离种子和果肉 • 观察种子的样子，将种子晒干进行播种		✓	
7	"小芝麻"会自动发芽吗	• 大胆交流让火龙果种子快快发芽的方法 • 尝试将种子一颗颗比较均匀地撒在泥土上		✓	
8	"小芝麻"盖"被子"	• 大胆交流帮助火龙果种子保暖的方法 • 尝试给火龙果盖上保鲜膜保温，帮助发芽		✓	
9	"小芝麻"发芽了	• 仔细观察火龙果种子的发芽情况 • 能大胆讲述火龙果小芽的特点		✓	
10	脱掉"小帽子"	• 观察了解黑黑的壳是什么 • 感知"壳"和种子的区别		✓	

成长故事

♥ 故事一：火龙果里的"小芝麻"

"我最喜欢吃火龙果。""火龙果红红的。""火龙果摸上去肉肉的。""它的刺一点都不硬，是软软的，有红色还有绿色。""火龙果长在树上吗？"……孩子们研究着桌上的火龙果，充满了好奇。"老师，你快百度一下吧！"牛牛说道。顺应孩子们的要求，我打开电脑。"火龙果树真好玩，像绿色的长头发一样。""耶，火龙果真的好多肉。""有的火龙果肉是红的，有的火龙果肉是白的。""今天我们吃的是红的还是白的？""保育员老师，快切水果吧。"当保育员老师把火龙果切开后,恒恒说："是白色的肉，不过里面的籽都是黑黑的、小小的。就是和芝麻一样的。""一个火龙果里有多少籽呀？"毛毛问道。砳砳说："好多啊！我都数不清。""这个种子可以变成火龙果吗？"毛毛问。砳砳迫不及待地说道："肯定可以的，这些种子能变出那么多的火龙果。"边说边把手臂张开。老师："'小芝麻'可以种出火龙果吗？你们想不想试试看？""想的想的！"砳砳迫不及待地想动手试一试，他用手在果肉里抠了半天，终于抠出了一颗种子，砳砳有点挫败地说道："这个种子太小了，很难拿出来。"毛毛说："我来试试看。"他抠了一会儿也失败了。有有说："这个种子肯定拿不出来的。"西西说："把它切切小吧，小了就可以拿出来了。"到底该怎么取出火龙果的种子呢？孩子们开始热烈讨论起来。

图 2-3　火龙果里有好多"小芝麻"

图 2-4　切小一点可以取出来吗

吃火龙果时，嘴角的一颗"小芝麻"引发了幼儿的兴趣，"'小芝麻'真的是火龙果种子吗？""火龙果里的'小芝麻'有多少？"成了幼儿探究的新问题。教师抓住这一契机，准备了完整的火龙果，引导幼儿观察火龙果的外形，切开后观察果肉和种子。观察过后，有的幼儿开始尝试用手抠出种子，但是失败了，因为种子又小又多。紧接着"如何取出种子"成为了幼儿下一个探索的问题。

在幼儿日常生活的各个环节中，教师要关注幼儿的需求、兴趣、经验，引导幼儿科学探究，并大胆操作、实验，充分发挥幼儿的主动性和积极性。当幼儿对火龙果种子表现出浓厚兴趣时，教师提供火龙果，满足幼儿探究需求，切开火龙果后幼儿大胆动手操作取出果肉，在操作的过程中提出值得进一步探究的新问题。

幼儿的思维特点是以具体形象思维为主，教师可以注重引导幼儿通过直接感知、亲身体验和实际操作来进行科学学习。当幼儿尝试用自己的方法取种子时，遇到了困难：用手抠一颗种子已经很困难了，全部抠出来更难以完成，该怎么办呢？教师鼓励幼儿大胆想象，联系生活经验，对"火龙果的籽能全部取出来吗？""怎样取出来呢？"等问题进行再讨论，在后续的活动中支持幼儿展开探索，通过亲身体验，感受工具的作用。

♥ 故事二： 怎么挖果肉

"怎样才能取出火龙果的种子呢？"面对这个问题，孩子们议论纷纷，用手抠种子的方法孩子们已经验证了它的失败，开开说："我家里的火龙果都是挖着吃的，我们可以把它挖出来。"老师："那你准备用什么挖呢？"开开说："可以用勺子，娃娃家里就有很多勺子。"老师："那你来试试看吧。"牛牛说："我也一起去找。"两个人跑到了娃娃家，把所有的勺子都拿进来了。老师："你们觉得用哪个勺子合适呀？"开开举起一把薄薄的塑料勺子，牛牛拿起一把厚厚的塑料勺子，老师："你们猜猜哪把勺子能挖出火龙果肉？"孩子们纷纷猜测厚勺子能赢，觉得它有力量。老师："你们一起试试吧，让我们看看哪把勺子厉害。"牛牛和开开拿着勺子，开始挖了起来。很快，开开用勺子把火龙果的肉一勺一勺挖出来，放在了小碗里，而牛牛却一勺都没挖出来。这是怎么回事呢？开开对牛牛说："你这个勺子不行，你看，都戳不进果肉里，你要换一把和我一样的。"牛牛瞧了瞧开开的勺子，马上换了一把，不一会儿，两个人的小碗里就满满的都是火龙果的果肉。孩子们都跃跃欲试，于是老师说："还有没有其他工具能够挖出果肉呢？大家都去教室里找一个工具，一起来挖吧！"有的孩子选了和开开同款的勺子，有的孩子找了小棒子，有的孩子找来了吃饭用的不锈钢勺子，还有的孩子找来了吸管、筷子、瓶盖……各种工具大显身手，终于把火龙果肉都挖了出来。

图 2-5　动手挖一挖

图 2-6　剥掉果皮留下果肉

拿到火龙果后，幼儿开始思考如何取出种子。小班幼儿年龄小，独立解决问题的能力还比较弱，需要教师适当地引导，通过问题提示，幼儿联系经验，想到娃娃家的勺子。在此基础上，教师继续引导幼儿尝试用多种工具挖出果肉。

爱因斯坦说过："兴趣是最好的老师。"为了满足幼儿的好奇心和求知欲，给予幼儿动手锻炼的机会，每一个步骤，教师都让幼儿尝试自己动手做一做。在挖果肉的过程中，教师引导幼儿寻找适合的工具，操作过程中，幼儿发现工具不适合时，自主进行替换。在积累了使用工具的初步经验后，教师进一步引导，开拓幼儿思维，使其积极尝试使用其他工具，丰富相关经验。

教师作为一个引导者、观察者，当幼儿遇到问题难以解决时，可以适当进行引导；当幼儿能够顺利完成操作时，教师可以在旁边安静地观察，及时予以肯定，并适当引导——可以去哪里找工具呢？教师鼓励幼儿在操作中观察、比较不同工具的效果，感受工具的多样性和功能性，让幼儿在亲身体验中发现工具的适宜性，学会根据实际情况调整，选择最合适的工具。

♥ 故事三："小芝麻"浮起来了

"现在火龙果的果肉都在小碗里了，果肉里面的种子怎么取出来呢，你们有什么好办法吗?"老师问。多多想了想说："一颗一颗拿出来。""你来试试看吧!"老师边说边把碗推到他面前。多多轻轻地用手从果肉里抠出一颗籽，放在桌上……抠了好几分钟，才取出了四五粒籽儿。"太累了!"多多甩甩手不干了。圣恒："我觉得可以捏一捏，这样就能压出来了。"老师："那你试试看，好吗?"圣恒："嗯嗯，好的。"圣恒用力地捏了几下碗里的果肉，张开手指，说道："好多籽在我手上了，怎么办啊?"牛牛说："那你去洗一下吧。"圣恒说："不行，那种子就洗掉了。"老师："可以在碗里装点水，你再捏，这样就不会粘在你手上了。"圣恒连忙将装着火龙果果肉的小碗拿到了水池里，打开水龙头，接了一点点水，然后开始捏了起来，先是一只手捏，捏了一会儿，就两只手一起捏，捏了很久，有点累了，就用两只手指抓住一点果肉开始搓，搓了半天后，圣恒将小碗端过来："老师，你快看，有一些种子浮起来了。"老师："是全部种子都浮起来了吗?"圣恒摇摇头："不是的，黑黑的种子浮起来了，有些还沉在下面。"老师："为什么有的种子浮起来了呢?"圣恒："因为它们被我捏小了。"老师："是的呢，这些种子被你捏得和果肉分开了，就变轻了，很轻很轻的物体就会浮在水面上。"圣恒有些失落地说道："还有一些种子分不开，太难了，好多种子都粘在我的手上，我洗一洗，它们就被冲走了。"

图 2-7　用力捏一捏

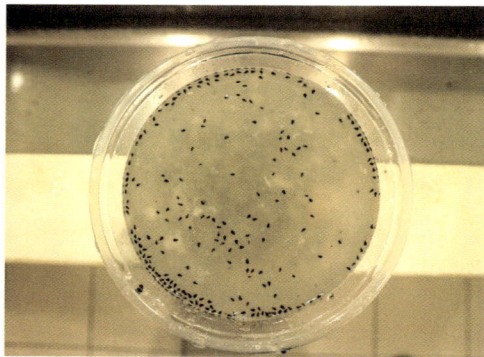

图 2-8　种子浮起来了

取出果肉后，幼儿开始思考把种子取出来的方法，教师鼓励幼儿大胆设想和操作，第一次试着徒手捏，幼儿发现果肉和种子都粘在手上了，没有办法取下来，经过同伴和教师的提醒，尝试在小碗里装水，遇水取下种子，在操作过程中，幼儿发现，仅仅一小块果肉，里面的种子就很多，而且很难取出来。

杜威说过："探索是儿童的本能，冲动、好问、好探索是幼儿与生俱来的特点。"在幼儿取火龙果种子的探索过程中，教师鼓励幼儿思考，给予幼儿充分的时间进行尝试，并给予适当的提示和具体的指导，支持幼儿通过动手操作来达成取出种子的目的。

在探索的过程中，教师引导幼儿观察离开了果肉的种子会慢慢浮在水面上的现象，初步感受和了解了水的浮力。而大多数种子还是和果肉连在一起，依旧沉在水底，单单靠手捏没有办法将种子都取出来，接下来该怎么办呢？教师要启发幼儿探索用新的方式去解决问题。

♥ 故事四：工具来帮忙

"你们还有什么好办法来取种子吗？有没有什么工具可以来帮忙啊？"毛毛说："老师，我觉得可以用那个敲碗的棒子。"老师："是我们区域里的药杵吗？"毛毛点点头。老师："还有什么工具呢？"贺贺说："我不知道，但是我们可以用电脑查一查，爸爸妈妈说电脑上都可以查到。""是的，我爸爸妈妈经常用手机来查问题的。""好吧，听你们的。"老师："百度上说，可以用丝袜、纱布、有洞洞的布把果肉包起来碾碎，我们教室里有这些工具吗？"孩子们在教室里寻觅了起来，贺贺喊道："老师，我们流星球就是用丝袜做的！我找到了！"蓓尔找了一会儿说："老师，包扎伤口的纱布可以吗？"老师："可以啊，你知道在哪里有吗？"蓓尔："我知道，我们的小药箱里都有！"老师："我们就来试一试吧，你们想用哪种工具呢？"孩子们看了看丝袜和纱布，选择了纱布。大家一起把果肉放在纱布上，然后把它包起来。蓓尔先接过了纱布，慢慢地搓着，有黑色的种子从旁边漏了出来，蓓尔捡起了一颗举了起来。蓓尔："老师，你看，这颗种子出来了。"老师："真棒，但是还有很多种子上面有白色果肉，继续哦。"蓓尔："嗯。"搓了一会儿之后，蓓尔将纱布放在了小碗里，装水，老师帮忙将纱布抖了抖，种子留在了小碗里，蓓尔看了下，有点气馁地说道："里面还有白色的果肉。"

图 2-9 纱布上有许多种子

图 2-10 将种子放回瓶子中

在探索如何取出果肉中，一开始幼儿想到用手捏，在操作过程中，幼儿发现即使努力捏了很久，种子和果肉还是在一起，稍微分开了小部分，大部分种子上面还有很多果肉。遇到困难后，幼儿开始寻求教师的帮助，这时，教师又将问题重新抛给了幼儿：可以选择什么工具来帮助自己呢？有的幼儿马上联想到了区域活动里的一些材料，教师又继续引导，一些有经验的幼儿就想到了，可以使用电脑、手机等去查询所需要的工具。

《幼儿园工作规程》指出："遵循幼儿身心发展的规律，符合幼儿的年龄特点，注重个体差异，合理地综合组织各方面的教育内容，并渗透于幼儿一日生活的各项活动中，充分发挥各种教育手段的交互作用。"教师和幼儿可以通过科技手段来解决问题，通过百度，教师和幼儿找到了可以将火龙果种子分离的工具，这些工具可以从教室中寻找，幼儿可以选择自己认为适合的工具材料，通过讨论—寻找—操作的过程，幼儿发现教室里有很多可以使用的工具。

丝袜制作的流星球是幼儿户外活动最喜欢的玩具之一，而纱布是幼儿平常生活中会接触到物品，一般是用于包扎伤口，这次将纱布用于取火龙果的种子，也是一个比较新奇的体验，幼儿在用纱布操作后，发现比徒手取种子简单很多，而且不会浪费很多种子。不过最后将纱布上的种子放入小碗里时发现，还有一些残余的果肉依旧和种子连在一起。那么还需要做什么呢？为什么种子还没有完全从果肉中分离开来呢？是不是纱布包起来捏得不够用力？幼儿又讨论起了新的问题。

♥ 故事五： 种子洗澡

由于使用了小纱布，大部分果肉和种子分离了，但是还是留下了一些白白的果肉，怎么办呢？火龙果种子实在是太多太小了，孩子和老师一起寻找新办法。正在大家一筹莫展的时候，保育员老师提议：可以将种子泡在水里一夜，第二天再来分离会比较容易。于是老师和孩子们将所有的种子都放在了一个玻璃瓶中，装上半瓶水，种子在水里泡起了澡，毛毛好奇地问道："为什么要把种子泡在水里啊？"老师："因为果肉泡在水里就能泡软了，能和种子分开来。"毛毛说："那要泡多久啊？一直泡下去吗？"老师："不用，只要一个晚上就好了。"毛毛："为什么只要泡一个晚上，要是一直泡着会怎么样啊？"蓓尔说："要是一直泡会坏掉的吧？"毛毛说："那我明天早上要早点来看看它们，不然坏掉了怎么办。"蓓尔点点头："那我也要早点来。"第二天一大早，毛毛就来到了教室，对着玻璃瓶认真地看了起来，毛毛："哇！这些黑黑的种子都沉在下面了。"老师："全部都是黑黑的吗？"毛毛："不是的，还有白白的东西在上面，好多好多，这么多黑色的种子在水里好像小蝌蚪哦。"保育员老师："等一会儿就要把它们拿出来了，泡久了它们在水里就要发芽了。"毛毛："原来泡久了是会发芽啊，不是会坏掉，那我们快点把它们都拿出来吧。"

图 2 - 11　给种子泡个澡吧　　　图 2 - 12　种子外面还有白白的果肉

借助纱布，幼儿将一部分果肉和种子分离开来，但是要很精细地分离还是不容易。由于幼儿缺少这方面的经验，于是教师将查询到的知识现学现用，并结合保育

员老师的生活经验，和幼儿一起将种子在水里泡一夜，把果肉泡软后，第二天再搓一搓取出种子。

《指南》指出："幼儿的科学学习是在探究具体事物和解决实际问题中，尝试发现事物间的异同和联系的过程。幼儿在对自然事物进行探究及解决实际生活问题的过程中，获得丰富的感性经验。"对于小班幼儿来说，在他们遇到困境时，给予一些直接的指导非常必要，能够帮助他们保持探究的热情，并持续深入地探究，最终解决实际问题。

从火龙果中获取种子是一个复杂的过程，也是一个探究和解决问题的过程。没有成功怎么办？没关系，一次不成功就试第二次；徒手不行就借助工具，从勺子、小碗，到使用纱布、玻璃瓶，再到最后将种子浸泡一夜。过程虽然很复杂，不过得到的结果是幼儿能够直观感受到的。从完整果肉，到分离出只带少量果肉的种子，教师和幼儿一起一步一步走向了成功。那么，浸泡了一夜的种子是不是很快能和果肉分离了呢？教师要支持幼儿开始下一步探索。

♥ **故事六：晒种子**

第二天早上，老师和孩子们一起将泡了一夜的种子取出来，然后拿出纱布，将种子都摆在纱布上。老师："接下来要做什么呢？"毛毛很兴奋地说："我知道我知道，要把种子搓出来。"孩子们轻轻地搓揉了起来，果然比昨天简单了很多，种子很快就离开了果肉，变成了一颗颗的小"芝麻"。但是湿湿的种子都粘在了手上，孩子们拿起桌上的纸巾、小碗，将种子一颗颗摆放在纸巾上、小碗中，甜甜拿了一手的种子："怎么这么多？"圣恒："我已经拿出来很多了，你看我的纸巾上。"甜甜："我也有很多，你看我的手上，也都是。"说着举起了自己的小手，从手上把种子拿了下来。桌上不一会儿都掉满了种子，甜甜又很仔细地将它们一颗颗捡到了纸巾上，慢慢的，种子越来越多。甜甜拍了拍小手，抖下了最后一点种子，开心地说道："耶，我们有种子啦！老师，我们可以去播种了吗？"甜甜说："种子都是湿的，它们会烂掉吗？"老师："湿湿的种子能播种吗？"圣恒说："我觉得可以，因为种子种下去后也要浇水的。"甜甜说："我觉得不可以，湿的东西会烂掉。"飞飞说："我们一起来查一查到底能不能种吧！"

"种子晒干才能保存。不然在有水分的情况下种子会自然发芽，如果不能尽快把种子种下就会影响它接下来的发育，甚至死亡。"孩子们似懂非懂地听我念着。甜甜总结道："要先晒干再播种。""晒在哪里呢？怎么晒？"我问。"要找一个没有风的地方，不然会被吹走。"飞飞说。"要放在太阳底下才能晒干。"阳阳说。"就放在窗边吧，关上窗户。"圣恒说。孩子们很快行动起来……

图 2-13　挑种子

图 2-14　哇！好多的种子呀

　　幼儿在搓种子的时候，发现种子都会粘在手上，需要一颗颗取下来，同时不小心也会散落到桌上。取种子的过程有点枯燥，但幼儿表现出了前所未有的耐心，他们满怀期待，感觉到自己和成功之间就一步之遥，因此能够坚持用很长的时间取种子。这种动力，是值得珍惜和鼓励的。

　　《指南》指出：教师需要"理解幼儿的学习方式和特点。幼儿的学习是以直接经验为基础，在游戏和日常生活中进行的。最大限度地支持和满足幼儿通过直接感知、实际操作和亲身体验获取经验的需要"。教师鼓励幼儿将种子收集起来，给予他们充分的时间将种子晾干、寻找合适的地方晾晒，为播种活动做好准备。

　　当所有的种子成功聚集到了纸巾上，新的问题又来了，湿湿的种子可以马上种下去吗？有的幼儿表示可以，因为种子种下去之后也是需要浇水的。有的幼儿表示不可以，因为湿湿的种子粘在手上，是种不下去的。经过教师的提示，幼儿了解到需要将种子晾干才可以更好地保存和播种。最后教师支持幼儿用自己的方式进行种子的晾晒活动，并开始为下一步的活动进行预设与准备：火龙果的种子种在哪里？怎样播种？种下去之后需要做些什么……通过活动，让幼儿经历一个一个实践探索的奇妙过程，感受科学活动的无穷趣味。

　　"你们想把火龙果的种子种在什么地方呢？"阳阳："种在种植地吧，那里大。"夏天："我想种在花盆里，放在教室里，这样我就可以看着它长大了。"孩子们纷纷赞同夏天的想法。老师："我们需要哪些材料来种植物呢？"贺贺说："我知道，还需要泥土，我们家里种大蒜都是种在土里的。"甜甜说："还有水，要浇水，我家有很大很大的花盆，我明天带来。"老师："那我们今天回家准备好材料，明天播种吧。"第二天，孩子们带来了花盆、泥土、小喷壶，夏天问："小喷壶要用来干吗呢？"多多说："当然是浇水啊！"保育员老师："种之前最好先把泥土喷喷湿，这样种子容易发芽哦。"开始播种了，孩子们将种子一颗颗比较均匀地撒在泥土上。夏天迫不及待地问道："老师，这样种好就可以了吗？"老师："种子已经种好了，接下来我们要好好照顾它们，我们要怎么照顾种子呢？"夏天："我们要经常来给它浇水。"妹妹："每天浇一杯吗？"多多："浇得太多种子会不会淹死？"贺贺说："电视里说，火龙果住在热的地方，不喜欢喝很多水。"多多说："那我们每天浇一小杯吧。"阳阳又说："那接下来天气越来越冷了怎么办呢？"飞飞说："让它住房子里，吹空调。"贺贺说："可是电视里说火龙果喜欢晒太阳的。"夏天想了想说："给它盖个小被子吧，我们睡觉冷了就盖被子，盖上被子它就不怕冷了。"孩子们纷纷表示赞同。老师便说："那你们觉得它需要什么样的被子呢？你们回去想一想、找一找好吗？"

图 2-15　数数种了几颗呀

图 2-16　期待种子快快发芽

经历了一系列将种子和果肉分离的步骤，幼儿终于得到了很多火龙果的种子，将种子晾干后，幼儿从家里带来了自己的花盆和泥土，开始了播种活动。播种之后，他们又开始热烈地讨论怎样能够更好地照顾火龙果种子，让它们快快发芽。

同伴间的交流分享不仅能丰富幼儿经验，还能促进幼儿更深入地思考，从而寻找更合适的方法以助于开展下一步活动。在活动中，教师支持幼儿与同伴合作探究和分享交流，一起讨论和分享自己的问题和发现。幼儿纷纷结合自己的生活经验各抒己见，交流的过程也是一个经验碰撞和互动的过程，幼儿能够从同伴那里，吸收相关知识经验，从而丰富自己的认知。

在幼儿进行照顾植物的讨论中，有经验的幼儿知道需要定期给它浇水，天气冷了还要注意给它保暖，等等。个别幼儿还记得之前查资料所了解到的火龙果生活在热带，在探究中能够关注到这些特性，可以说，他们对火龙果的认识，已经比较立体和丰富了。幼儿提到，要给火龙果的种子盖被子，大家都觉得这是一件新奇有趣的事情，因此，教师可以借此机会，鼓励幼儿探索"暖房"设计与制造活动。虽然对小班幼儿来说，他们未必理解"暖房"的原理，但是选被子、盖被子的探索活动，一定能够带给他们具体直观的感受，因此，支持他们去探索，是非常有价值的。

♥ 故事八："小芝麻"盖"被子"

到底要给火龙果种子盖上什么"被子"呢？叮叮说："我们的被子是棉花做的，可以用棉花做一条'被子'给它们。"夏天说："不可以的，棉花太厚了，我觉得可以用小毯子。"老师："这些都是我们的被子，植物宝宝们，会需要什么样的被子呢？"贺贺说："火龙果的种子这么小，肯定需要小一点、轻一点的被子。"多多说："对，要薄薄的、轻轻的被子。"老师："我们教室里有适合的吗？"夏天说："我们教室里有很多口袋。"叮叮："画画的纸，还有餐巾纸。"飞飞："塑料袋。"阳阳："书，薄的书。"老师："你们每个组自己选一种'被子'吧。"夏天："那我们用保鲜袋吧，它可轻了。"叮叮拿起一张餐巾纸盖在上面，可是不一会就被吹走了，他看了看身边的夏天，也向保育员老师要了一个保鲜袋套在了花盆上。阳阳从阅读区拿了一本图书盖在了花盆上，多多从娃娃家拿了小毛巾……夏天："妹妹，我们一起比一比，看谁的先发芽吧。"妹妹："我觉得我们会一起发芽的，因为我们是一起种的。"夏天："我也这么觉得，希望它快快发芽。"妹妹："是的，快点长大变成火龙果。"夏天："可是这样，这个花盆太小了，放不下火龙果的吧。"妹妹："那怎么办呢？要么我回家去找找看，有没有大花盆吧。"

图 2-17　用保鲜袋做它的被子吧！

图 2-18　小被子盖好啦！

　　教师和幼儿种植火龙果的季节是秋天，气温偏低，如果将种子暴露在外面的话，夜间温度低，种子会受冻，可能导致种子不能发芽，所以为了让种子更好地发芽生长，教师和幼儿一起讨论，选择合适的材料，帮助种子保暖。在这个过程中，教师引导幼儿展开讨论，结合自己的经验，为火龙果种子选择合适的"被子"。幼儿的选择五花八门，但选用最多的是最常见的保鲜袋，有的幼儿做事很细致，盖上保鲜袋后，还用手抹抹平，保证能够把盆口盖满。

　　苏霍姆林斯基说过："只有让学生体验到快乐的情感，才能学得好。"小班幼儿年龄小，兴趣是他们学习的最大动力，正因为"如何让种子快快发芽"是幼儿的兴趣所在，在这一过程中他们能体验到成功和快乐，幼儿为种子挑选被子的过程中全程投入，无比专注。

　　幼儿对于植物发芽生长等自然现象是充满期待的，期待自己种下去的种子能够发芽、生长变成火龙果。在幼儿期待的同时，教师可以利用孩子对事物的好奇心，引导他们猜一猜、想一想。同时幼儿也会有很多自发性的问题，夏天想和妹妹比一比，谁的种子先发芽，这也是值得探索的问题，一起种下去的种子会一起发芽吗？为什么有的发芽快，有的发芽慢？这些问题都将在幼儿接下来的观察中得到答案。

♥ 故事九："小芝麻"发芽了

"我们的火龙果种子什么时候能发芽呢？"圣恒说："我觉得这几天就能发芽了。"毛毛说："我觉得要过很久很久才能发芽。"多多忍不住把盖在花盆上的保鲜袋摘掉，想要查看一番。孩子们马上摇头："不可以，这样可能会让种子着凉，可能就不能发芽了。"多多看了一眼没有动静的种子，便又盖上了"被子"。漫长的一周过去了，一大早，毛毛迫不及待地来到了自然角的架子旁，揭开了保鲜袋。毛毛惊奇地喊道："哇！发芽了！"孩子们忙问："真的吗？"毛毛："是的，看，有一点点绿色了。"老师："真的呢，火龙果发芽了。它的芽是什么颜色的啊？"毛毛："是绿色的！可是只有一点点，它长得有点慢。"老师："小种子还是需要慢慢长大，我们不能太着急哦。"毛毛拿起喷壶喷了点水，说："小种子，你喝点水，慢慢长大吧。"又过了几天，圣恒走到了自然角，拿起了小花盆，看了半天，开心地说道："老师快看，火龙果的叶子都是两片呢。"老师："都是一样的吗？"圣恒："是的，都长出了两片叶子，快看！"说着，用手比划了一下：是这样的两片叶子，又做了一个开花的手势。圣恒开心地拿进去给毛毛看："你快看，它们长大了好多呢！本来只有一点点。"毛毛也开心地说道："是的，比我上次去看时好看多了！"老师："你觉得它还会再长出很多叶子吗？"圣恒："我觉得会的！"

图 2-19　种子发芽长大啦！

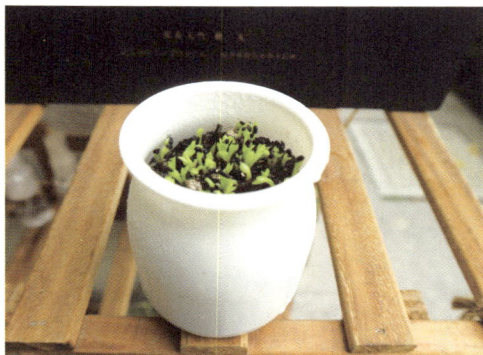

图 2-20　露出小小的绿芽

两周的时间，幼儿种植的火龙果种子已经慢慢地发芽长大了，毛毛第一次看到发芽的种子，只露出了一点点的绿色，而第二周的时候，又长大了许多。圣恒看得很仔细，他看到了发芽的叶子是两片两片生长的，圣恒和毛毛都对已经发芽长大的火龙果种子表示很惊奇，原来真的能发芽呢！

《指南》指出：幼儿应"具有初步的探究能力，对感兴趣的事物能仔细观察，发现其明显特征"。幼儿通过自己的观察，了解了火龙果的发芽特点，教师同时进行拍照记录，把种子生长的每一个阶段都记录下来。在观察火龙果种子发芽的过程中，幼儿观察细致，大胆讲述火龙果小芽的特征。

幼儿能够明显地感觉到植物的生长变化，首先是绿色的芽一点点冒出来了，然后越来越绿，弯着的腰也变直了。教师则通过拍照的方式记录植物的生长变化。有的幼儿可能会因为各种原因没有来得及去看植物，教师就通过照片进行对比，让幼儿直观地感受到植物的生长变化。有时候每天去看火龙果的时候，会觉得它变化不大，但是当将几张照片放在一起对比时，还是能明显感受到，植物的生长真是一件很神奇的事情。接下来，发芽了的种子还会有哪些神奇的变化呢？教师要鼓励幼儿持续观察，并通过分享交流，互相促进，保持兴趣的持久性。

♥ 故事十：脱掉"小帽子"

天渐渐冷了，火龙果的生长速度越来越缓慢了，有时候几天都看不出它在生长变化，语涵很担心它不能长大，拿着小花盆着急地问："它会不会冻死啊？"老师："不会的，你看它还在长大呢。"多多一边看一边说："这个黑黑的是什么东西呀？"语涵伸手摸了一下："呀！这个黑黑的壳掉下来了，在我的手上。"老师："你知道这个是什么吗？"语涵说："我知道，这个是之前的种子！""种子怎么变成这样了？"小雨问。贺贺说："这是种子的皮吧。"飞飞说："我知道，种子发芽了，它的皮就掉了。"多多笑着说："它是种子穿的衣服吗？"毛毛说："它现在变成种子的帽子了，哈哈。"老师："这个黑黑的就是种子长出来后顶出来的壳，但是它和原来的种子有什么不一样呢？"语涵："这个壳是空的，你看，我捏一捏，它就碎了。"说着，语涵将手里的壳揉了揉。"它为什么要长一个黑黑的壳？"多多问。"是保护种子的身体吧，就像我们穿衣服。"贺贺说。"对，就像铠甲勇士的盔甲。"飞飞说。语涵问道："天气冷了，它在外面会不会冻死?"老师:"你给它找一个适合的地方吧。"语涵在教室里找呀找,问毛毛:"可以放在柜子里面吗?"毛毛说:"它要阳光的,柜子里没有阳光。"最后,语涵把花盆放在了窗户旁边。老师:"你知道植物的生长需要哪些东西吗?"语涵说:"我知道要浇水,它才能长大。"老师:"是的,还需要阳光和营养,我们把它放在窗台旁,它就能晒到太阳了。"语涵开心地说道:"那它肯定能长得很好!"

图 2-21　黑黑的壳掉下来了

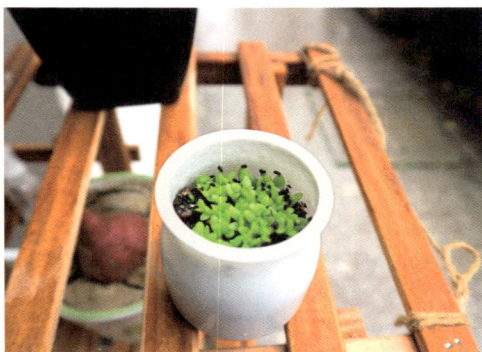

图 2-22　火龙果搬家啦

经过一段时间,火龙果的种子已经相继发芽了,顶上的黑色壳也逐渐掉落,只剩下了一点壳留在了叶子上,有的幼儿在观察中就发现了这个黑黑的壳被顶起来了,用手轻轻一碰就会掉下来,再摸一摸,壳是空的,幼儿发现这就是种下去的火龙果种子,现在发芽了,壳就被顶起来了,像一个个黑色的小帽子。这个小帽子到底是什么,它有什么用处呢?小班幼儿对这些知识还不太了解,但他们对此充满了好奇,借助这样一个现象,让幼儿了解种子的壳的作用,也是非常有价值的。

幼儿对植物的生长过程很感兴趣,小班幼儿以具体形象思维为主,灌输给他们知识不如慢慢地引导他们去观察植物生长的过程,鼓励幼儿认真照顾植物、帮助植物生长。在观察过程中,幼儿发现当天气变凉后,火龙果的生长速度越来越慢,甚至有时候一个星期都没有明显的变化。

幼儿担心种子不能长大,想要将花盆搬回到教室中照顾,教师让他们选择适合的地方进行照料,在了解了植物生长所需的条件后,幼儿发现阳台的窗边有阳光的照射,更适合火龙果的生长。经过这一系列的活动,幼儿对植物的生长变化,对火龙果种子的秘密,有了更多的直接感知和丰富认识。

分享回顾

　　微项目活动"火龙果里的'小芝麻'"是由火龙果所引发的探索、观察活动，从取种子到种子发芽，经历了近3个月的时间。在这个过程中，幼儿经过多次实践，得到了种子，将种子种植后，观察种子的发芽、成长等。家长也和孩子们一起期待着火龙果种子的成长。

　　黑色的小帽子脱掉后，火龙果种子会长成什么样子呢？它会长出新的火龙果吗？孩子们对此充满了期待。在等待的过程中，我们一起回忆印象最深刻的事。老师把火龙果一系列的生长变化制作成了PPT，和孩子们一起交流在这个过程中最开心、最难忘的事。圣恒说："在用纱布搓种子的时候，洗掉了很多，这些都没有了，少了很多的种子。"牛牛说："火龙果种子发芽的时候，我感到特别开心。"多多说："最开心的是它能够长大。"贺贺说："最开心的是给它浇水，让它快快长大！"最后，我们一起画了火龙果的"小芝麻"、画了它发出的小芽芽，稚嫩的笔触，留下的是孩子们成长的足迹和发现的快乐。

图 2-23　火龙果发芽了

图 2-24　火龙果的籽黑黑的

评价反思

圣恒：原来火龙果的种子真的可以发芽呢！我每次去看它，都会觉得它长大了。

毛毛：种火龙果太好玩了！我要在家里也种一次火龙果，我要和妈妈一起种。

蓓尔：这些种子都是我们自己得来的，它们当然能够长大啦！我觉得它们可以长大变成火龙果，但是它们生长的花盆太小了，我要在家里拿一个大的花盆来，等它们长大就给它们换新家。

牛牛：我们下一次可以再种点别的，我们家平常吃很多很多的水果的。

圣恒妈妈：一开始孩子说在幼儿园里种火龙果，还以为是种着玩玩的，没想到每天都能够听到孩子回家告诉我们：火龙果发芽了、长大了，还要在家里也试试看。

毛毛妈妈：平常孩子在家里啥都不想干，有一次在家里吃火龙果，让我们和她一起弄火龙果的种子，也要在家里种一种，还让我们查一查，怎么种火龙果。看来她对这个很喜欢。

蓓尔妈妈：我家女儿平常就喜欢看书，现在要买书，会先问我们，是不是和植物有关的，还在家里找到了爸爸平常种花的花盆，对爸爸说想要带一个这么大的花盆到幼儿园里去种火龙果。

《指南》指出："有意识地引导幼儿观察周围事物，学习观察的基本方法，培养观察与分类能力，支持和鼓励幼儿在探究的过程中积极动手动脑寻找答案或解决问题。"微项目"火龙果里的'小芝麻'"是幼儿在探究的过程中，寻找出答案的一个探究活动。

自然界中存在着很多的秘密，小小的水果中也有着大大的秘密，为什么苹果的种子在核里？为什么香蕉的种子可以吃？为什么芒果的核那么大？许许多多的问题让幼儿充满疑惑。由于在幼儿园的自然角和种植园地中，一般种植的都是买来的植物种子，这次教师和幼儿却是自己从水果中取出种子进行种植，当然第一反应都是：可以吗？因为不常见，幼儿会有"火龙果的种子到底能不能发芽"的疑问。随后，教师找寻资料，幼儿也回家和家长进行了搜索，最后发现有很大的成功的可能，于是当下决定，就来种一种火龙果的种子，看到底能不能发芽长大。

活动中，幼儿是问题的发现者，他们从自己的兴趣和经验出发，提出各种不同的问题，教师是观察者、引导者，观察幼儿在活动中的表现，适当地去帮助他们解决问题。家长是支持者，每当幼儿和教师有解决不了的问题时，他们都会在家中默默地帮助，想出具体的解决方法。

与其说这是一个探究的过程，不如说是一个给幼儿探索自然的机会，自然界中很多现象都是很神奇的，火龙果的籽既可以和果肉一起吃，又可以种，这到底是真的还是假的呢？为什么火龙果种子吃进肚子里不会发芽，种在泥土中就会发芽呢？火龙果苗会长成火龙果树吗？会收获火龙果吗？许许多多的问题，依然在幼儿的脑海中盘旋着，随着寒假的到来，这个探索之旅暂时告一段落，开春之后，还会有什么新奇的事情在等待着幼儿呢？大家都充满了期待！

微项目三　鸭鸭幼儿园 （中班）

微项目由来

　　幼儿园的户外设施有一个小池塘，是孩子们散步的好去处。一天，孩子们围在一起讨论开了，嘉言说："小池塘会有鱼。"添添说："小池塘会有水草。"程语说："小池塘还会有小鸭子。"嘉言笑起来说："哪有小鸭子？我们怎么没有看到！"程语说："歌中不是唱的'池塘边，柳树下，有只迷路的小花鸭！'我们也来养小鸭子不就有了吗？""对呀，小鸭子最喜欢在池塘里游泳了，我们就养小鸭子吧！"添添走到老师面前说。孩子们一个个用期待的小眼神看着老师，一时间，养鸭子成了孩子们最真实的想法和愿望。

　　《指南》指出：要"善于发现幼儿感兴趣的事物、游戏和偶发事件中所隐含的教育价值，把握时机，积极引导"。幼儿园地处小城镇，孩子们几乎没有机会饲养小鸭子，而园区的小池塘正是养鸭的好地方。为了满足幼儿饲养鸭子的愿望，幼儿园买来了 12 只小鸭子，开启了幼儿与鸭子亲密接触的探究之旅。

图 3-1　小鸭鸭来了　　　　　图 3-2　鸭鸭真可爱

问题搜索

关于鸭子，我知道……

鸭子的嘴巴扁扁的，会嘎嘎叫。

鸭子走起路来一摇一摆。

鸭子喜欢在河里游泳。

鸭子会潜水，脚指头怪怪的。

鸭子喜欢吃小鱼、小虫，还吃草、玉米等。

鸭子小时候的毛是黄色的。

鸭子长大后毛就变成灰色和白色。

关于鸭子，我想知道……

鸭子会吃薯片、螺蛳吗？

有黄色的鸭子吗？

为什么鸭子的嘴巴是长长的，扁扁的？

鸭子小时候就会游泳吗？

怎样帮鸭鸭搭一个漂亮的家？

鸭鸭晚上找不到家怎么办？

为什么鸭鸭从水里出来要抖一抖？

双休日没有人喂鸭鸭会不会饿？

鸭鸭什么时候才能长大？

思维导图

鸭鸭幼儿园 — 给鸭鸭做个窝 — 漂亮的"鸭鸭幼儿园" — 给鸭鸭喂什么

鸭鸭舞 — 鸭鸭下池塘 — 怎样让鸭鸭回家 — 鸭鸭最喜欢吃什么

双休日谁来喂鸭鸭 — 鸭鸭长大了多少

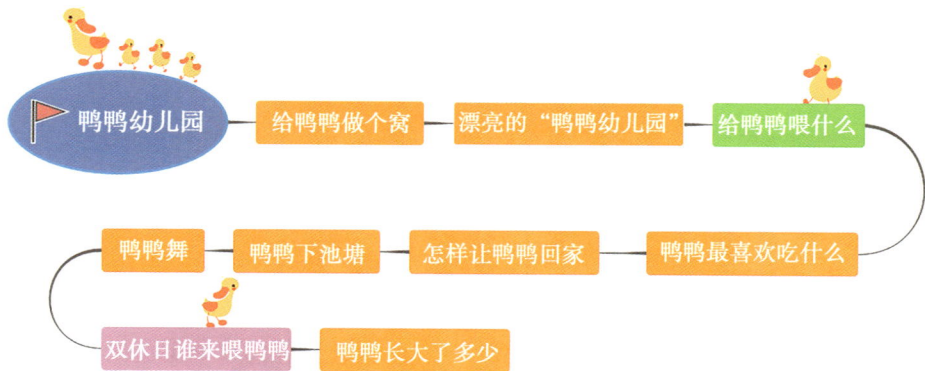

备注：蓝色表示幼儿的问题或话题；绿色表示集体活动；橙色表示区域活动；玫红色表示亲子活动。

活动导航

序号	活动名称	活动目标	实施途径		
			集体活动	区域活动	亲子活动
1	给鸭鸭做个窝	• 能大胆表达给鸭鸭搭窝的方法 • 尝试用木桩、大砖块等材料给鸭鸭搭窝		√	
2	漂亮的"鸭鸭幼儿园"	• 能用涂画、插花等方法装饰鸭鸭幼儿园 • 体验与同伴共同美化鸭鸭幼儿园的快乐		√	
3	给鸭鸭喂什么	• 能大胆猜测鸭鸭喜欢吃的食物 • 能用图画、数字、符号等进行调查记录	√		
4	鸭鸭最喜欢吃什么	• 在观察、比较中了解鸭鸭喜欢吃的食物 • 尝试用记录、统计的方法分析得出结论		√	
5	怎样让鸭鸭回家	• 能大胆表达让鸭鸭回家的方法并去尝试 • 观察、比较并选择帮鸭鸭回家的最适宜方法		√	
6	鸭鸭下池塘	• 交流分享鸭鸭喜欢在哪里游 • 尝试改建围墙帮助鸭鸭下池塘游泳		√	
7	鸭鸭舞	• 尝试用语言、动作表达鸭鸭游泳的姿态 • 通过调查，了解鸭鸭脚掌的作用		√	
8	双休日谁来喂鸭鸭	• 分享双休日喂鸭鸭的方法，设计值日表 • 能主动参与喂鸭鸭，并尝试记录			√
9	鸭鸭长大了多少	• 能用比一比、量一量、称一称等多种方法观察比较鸭鸭的长大 • 尝试用绘画、标记等方式记录鸭鸭的变化		√	

♥ 故事一： 给鸭鸭做个窝

　　"大家快来看，纸箱里都是小鸭子！"添添举起双手招呼大家。嘉言凑近看了看说："它们在这个纸盒里太挤了，肯定不会舒服的！"添添紧张地说："下雨了，大纸箱还会湿掉的。"老师微笑着说："那怎么办呢？"小美灵机一动说："我们给它们做个窝吧！"嘉言托着腮帮子问："那鸭鸭的窝怎么搭呢？"小美指了指远处的木桩说："我们可以用木桩啊。"大家拍手赞同，迫不及待地搬来木桩，一个一个围起来，一会儿工夫，木桩就用完了，刚放好的木桩稍一碰就倒下。小美摇了摇头说："木桩数量不够，木篱笆还会倒在一边，不行。"孩子们一脸的沮丧，嘉言抓耳挠腮起来，突然拍着小手兴奋地大叫："我们可以用烧野火饭时用过的砖头来搭！"小美不解地问："砖头离这里很远的，怎么运过来？"嘉言想了想说："我们可以用车子把砖头运过来！"孩子们说干就干，骑着小三轮来到摆放水泥砖的地方，可水泥砖实在太重了，几个孩子一起搬也搬不下来。添添说："我们还是请保育员老师帮忙吧！"他们主动邀请保育员老师加入运转队伍，一起搬运大砖块，一块块平放在池塘边的空地上，用垒高围合的方法把砖头垒得高高的，鸭鸭的窝搭成了，孩子们一个个欢呼雀跃起来。

图 3-3　木桩围起来一碰就倒

图 3-4　我用大砖头给鸭鸭搭个窝

幼儿终于等来了小鸭鸭们，个个兴奋不已，他们担心鸭鸭养在纸箱里太拥挤、下雨天大纸箱会变湿，产生了"给鸭鸭做个窝"的想法。而"鸭鸭的窝怎么搭？"又成了幼儿面临的新问题，教师鼓励幼儿自主讨论，大胆尝试。幼儿迁移建构积木的经验，尝试用木桩围合搭窝，可木桩太少易倒下，鸭鸭的窝未搭成。此时，幼儿虽有些沮丧但马上又迁移烧野火饭搭灶台的经验，想骑上小三轮搬运大砖头给鸭鸭搭窝，可水泥砖太重搬不动，幼儿又主动邀请保育员老师帮忙，用垒高、围合等方法自主建构，成功搭建鸭鸭的窝。

儿童是天生的探究者，自主探究应是"玩中学"的核心灵魂。活动中，幼儿大胆寻找"搭窝的材料"，实施"搬砖的办法"，寻求"保育员老师的帮忙"，他们在一次次尝试体验的过程中探索着。这一过程并非一帆风顺，教师鼓励幼儿再试一试，再想一想。伴随着问题和困难，幼儿动手动脑寻找方案，协商合作解决问题，大胆尝试搭建"鸭鸭的窝"，获得成就感和满足感。

幼儿想给鸭鸭搭个窝，教师点头表示赞同，鼓励他们想办法自主尝试搭建，面对问题与困难，支持幼儿自己解决。观察饲养鸭鸭成了幼儿每天的必修课，教师可继续引导幼儿围绕"鸭鸭喜欢它们的窝吗？""怎样让鸭鸭的窝变得更漂亮？"等问题进行再讨论，鼓励幼儿动手实践。

♥ 故事二： 漂亮的"鸭鸭幼儿园"

孩子们散步到小池塘看小鸭子，程语伸出手指着小池塘惊奇地说："那只淡黄色的小鸭和别的鸭鸭不一样！"大家都顺着他指的方向看过去，萱萱说："它长得最大，是领头人！"程语仔细盯着看了看说："真的，别的鸭鸭都喜欢围在它身边，这是鸭子妈妈。"添添说："我觉得鸭鸭是来上幼儿园的，我猜这一定是鸭子老师。"老师饶有兴致地说："鸭鸭们上的幼儿园会叫什么名字呢？"添添马上举起手说："老师，我想到了，就叫鸭鸭幼儿园吧！""好！就叫鸭鸭幼儿园。"孩子们个个拍手称好。老师说："我们一起把鸭鸭幼儿园装扮得漂亮一点。"孩子们更带劲了，分小组讨论起来，收集丙烯颜料、画笔等材料开始布置，他们在水泥砖块上画上了可爱的鸭子，还写上"鸭鸭幼儿园"几个字，又搬来鲜花插在水泥砖孔中。添添突然又担心起来，眨巴着眼睛问："鸭鸭晚上睡哪里啊?"萱萱指着一旁的小木屋说:"晚上可以睡小木屋啊。"老师、保育员老师齐出动,搬来小木屋。大家拍着手欢呼起来:"鸭鸭幼儿园真漂亮啊!"

图 3-5 漂亮的"鸭鸭幼儿园"

图 3-6 给鸭鸭幼儿园插上花朵

幼儿散步时观察鸭鸭,发现有一只鸭鸭比别的鸭鸭大,大家纷纷猜测"这只鸭鸭可能会是妈妈,会是老师"等,又提出了"鸭鸭是来上幼儿园的"想法,教师抓住幼儿的兴趣点,提出问题鼓励幼儿尝试布置和装饰"鸭鸭幼儿园",孩子们分组自主讨论,收集材料,他们在水泥砖垒成的围墙上画鸭鸭、插鲜花,还写上"鸭鸭幼儿园"的名字,户外小木屋也利用起来,成为鸭鸭睡觉、歇息的地方,一个漂亮的鸭鸭幼儿园落成了。

爱因斯坦说过:"想象力比知识更重要。"幼儿猜测那只大鸭鸭可能是妈妈或老师,又想到了"鸭鸭上幼儿园",这正是孩子的独特想象。教师根据幼儿这一独特的想象,顺势抛出问题去引发幼儿布置和装饰"鸭鸭幼儿园"的愿望,这正是对幼儿想象的尊重和呵护,同时,教师充分发挥幼儿园资源,和幼儿一起共同给水泥砖围栏涂鸦、装饰,搬来小房子,让幼儿用自己的方式去表现和创造美。

"鸭鸭幼儿园"是"鸭鸭窝"的升级版,充满童趣,必然会成为幼儿进一步自主探究的乐园。教师需追随幼儿观察饲养鸭子中生发的问题,判断其价值,不断引发幼儿继续深入观察探究,鼓励他们去探索和实践自己想知道和想做到的事情,体验探究的乐趣。

❥ 故事三： 给鸭鸭喂什么

　　来园时，阳阳带来了一袋子小虾米，小伙伴们马上围在一起，阳阳欣喜地介绍起来："这是我给鸭鸭带来的食物！散步时我要喂给鸭鸭吃的。"散步时间到了，孩子们刚到"鸭鸭幼儿园"，阳阳就迫不及待地从袋子里拿起几只小虾米往自己脚边扔，鸭鸭们"嘎嘎嘎"叫着，一摇一摆全往阳阳身边冲过来抢着吃，阳阳又拿出几只小虾米往上一抛，鸭鸭们立刻跳起来抢，小伙伴们拍着手欢呼起来："鸭鸭要吃虾的。"

　　回到教室，孩子们继续猜测着鸭鸭可能喜欢吃的食物：小虾、菜叶、面包、小鱼、糖果、薯片、方便面……小美担心地说："我妈妈说不能随便喂鸭鸭，它会生病的。"月月挠了挠小脑袋问："那鸭鸭到底吃什么才不生病啊？"孩子们七嘴八舌说开了，阳阳说："我爷爷肯定知道，我回家问我爷爷。"添添说："我奶奶在乡下养过鸭鸭，她一定知道！"琪琪说："我妈妈手机里可以查资料。"老师设计了"给鸭鸭'喂'什么？"调查表，孩子们和家长一起记录鸭鸭能吃的食物，大家分享交流，统计汇总结果，并按能吃的食物喂食鸭鸭。

图 3-7 　喂鸭鸭吃菜叶

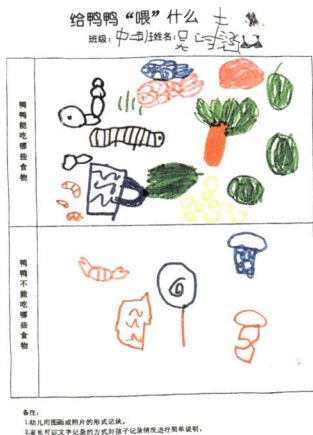

图 3-8 　给鸭鸭喂什么

阳阳带来小虾米喂鸭鸭，小伙伴们观察到鸭鸭们抢着吃小虾米的情境，获取了"鸭鸭要吃虾"的经验。在猜测鸭鸭可能吃的食物时，多数幼儿都以自己的角度来考虑，出现了"鸭鸭可能会吃糖果""鸭鸭可能会吃薯片"等想法，从小美的"随便喂鸭鸭它会生病"的担心到月月的"鸭鸭吃什么不生病？"的话题，教师始终鼓励幼儿大胆猜测，他们想到向爷爷、奶奶等有养鸭经验的家人请教，来了解鸭鸭喜欢吃什么。从幼儿问题出发，教师设计"给鸭鸭'喂'什么？"调查表，鼓励幼儿和家长一起调查记录，分享交流，得出结论。

《指南》指出："引导幼儿通过观察、比较、操作、实验等方法，学习发现问题、分析问题和解决问题。"教师面对"鸭鸭能吃什么？""鸭鸭吃什么不生病？""给鸭鸭喂什么？"等一连串问题，不断引发幼儿通过观察、思考、交流、讨论寻求解决问题的办法，并尝试向成人求助获得相关经验，各个问题串联、累积，转化成幼儿自发的探究活动，形成了自主探究的学习品质。

教师面对幼儿的问题，通过设计"给鸭鸭'喂'什么？"调查表，充分利用家长资源，帮助幼儿获取关于鸭鸭能吃的食物的经验，梳理、分享后的经验又成为幼儿喂鸭鸭的亲身实践，帮助幼儿更好地了解鸭鸭的饮食习惯、生活习性，鸭鸭的饲养也更加规范。

♥ 故事四： 鸭鸭最喜欢吃什么

在家长的帮助下，孩子们带来了鸭鸭能吃的食物。琪琪边看边说："我们带来了小鱼、虾、米饭、蔬菜，还有蚯蚓呢！"乐乐说："这么多美味食物不知道鸭鸭最喜欢吃什么？"孩子们把这些食物分放在月饼盒、塑料盆等五个容器中，每组自选一种食物带着容器来到"鸭鸭幼儿园"喂鸭鸭。

军军拿起杯子舀了些稻谷弯下腰边倒边说："小鸭鸭，快来吃！"几只鸭鸭一摇一摆走过来，仰着头张开嘴巴吃起来。月月拿起放小鱼的塑料盆轻手轻脚地走进鸭鸭窝，刚放在地上就赶紧跑出来，趴在水泥砖围栏边，小眼睛一眨不眨地盯着小鱼盆。忽然，月月伸手指着鸭鸭大喊起来："快看！快看！鸭鸭们抢着吃小鱼了！小鸭鸭都冲过来了！"鸭鸭们欢快地吃着小鱼，月月拍着手欢呼起来："我知道鸭鸭最爱吃什么了！"宸宸好奇地问："月月，你是怎么知道的？"

月月笑笑说："看看就知道了，你们看哪个盆里的东西小鸭鸭最先抢着吃完。"宸宸说："是小鱼和虾，早就没有了。"月月点点头说："最先吃完的肯定是鸭鸭们的最爱喽!"宸宸又指着盛着米饭和蚯蚓的容器说："米饭还有很多，蚯蚓也还有一些，看来鸭鸭不是很喜欢吃这两样食物。"老师取出苹果、星星贴纸组织孩子们给鸭鸭吃食物的情况进行统计，孩子们发现：鸭鸭最爱的食物就是小鱼和虾。

图 3 - 9　喂鸭鸭吃稻谷

图 3 - 10　小鸭喜欢吃……

幼儿从家里带来了可以喂鸭鸭的食物，按种类分放在五个盆子里。大家围在"鸭鸭幼儿园"围墙外选择自己猜测鸭鸭喜欢的食物喂它们。军军甩甩稻谷吸引鸭鸭走过来吃，月月走进去放下小鱼，静静地观察鸭鸭吃小鱼，看着小鸭鸭抢着吃小鱼非常兴奋，还得出了"最先吃完的肯定是鸭鸭们的最爱"的结论，并主动和大家分享自己的发现。教师提供苹果、星星贴纸鼓励幼儿根据观察发现进行记录统计，交流分享，最终获取"鸭鸭最喜欢吃小鱼和虾"的经验。

《指南》指出："幼儿的科学学习是在探究具体事物和解决实际问题中，尝试发现事物间的异同和联系的过程。"喂鸭鸭活动中，教师和幼儿根据喂鸭鸭食物的种类分类摆放，鼓励幼儿大胆尝试，支持、引导幼儿用自己选择的食物喂鸭鸭，设计记录纸，提供苹果、星星贴纸，组织幼儿进行集体记录并统计，帮助幼儿为自己的想法收集证据，在观察和探索的基础上，学习简单的分类、概括。

幼儿通过观察、比较、统计验证了"鸭鸭最喜欢吃什么"后，个个兴奋不已，这一经验的获取是幼儿亲历探究的结果，作为教师要不断倾听、发现幼儿的问题，和他们共同探索，提出新问题，不断满足幼儿观察、喂养鸭鸭的激情，提升探究品质。

　　"鸭鸭上幼儿园是不是也要回家呢？"小璐问着。军军点点头说："肯定要回家的，明天再上幼儿园，它们的家就是那个小木屋，很近的。"小璐张开双臂说："鸭鸭要回家了！"小璐赶着小鸭鸭，小鸭鸭们在"鸭鸭幼儿园"跑来跑去，就是不进小木屋去。军军和几个小伙伴商量起来："有什么办法让鸭鸭回家呢？"琪琪指着鸭鸭窝说："鸭鸭的窝太高了走不上去。"小予说："那我们来想个办法帮帮鸭鸭吧！"说着，伸出手抓住一只鸭鸭放进窝里。琪琪着急地说："不行！不行！这样鸭鸭会受伤的。"贝贝说："做个楼梯吧，让鸭鸭们踩着楼梯走进去！"老师好奇地问："怎么做楼梯呀？"几个小伙伴也在一旁眨巴着小眼睛。贝贝搬来几块碎砖，在鸭窝门口一块一块铺起来，一会就铺了四块碎砖，贝贝又在上面叠了两层，分别铺上两块和一块，做成了楼梯状。贝贝拍了拍手做了一个赶鸭子的动作，嘴巴里还发出招呼鸭鸭的声音，一只只小鸭鸭慢慢地排着队踩着楼梯回了家。小伙伴们个个欢呼雀跃起来："小鸭鸭回家喽！"

图 3-11　我给鸭鸭做楼梯

图 3-12　鸭鸭踩着楼梯回家

　　幼儿想到了"鸭鸭要回家"，一起赶鸭鸭，可小鸭鸭跑来跑去就是不回自己的家。面对问题，几个小伙伴互相商量让鸭鸭回家的办法，他们尝试着赶鸭子、捉鸭子等方法，但很快就发现这几种方法都不合适。此时，幼儿并没有放弃，贝贝想到给鸭鸭"做个楼梯，让小鸭子踩着楼梯回家"的方法，教师好奇地提问是对贝贝想法的肯定，也引发了小伙伴们的关注。当幼儿看到小鸭子踩着贝贝搭的楼梯回家时，他们个个欢呼雀跃，体验着帮助小鸭鸭回家的成功之快乐。

波利亚曾说过："学习任何知识的最佳途径是自己去发现，因为这种发现理解最深，也最容易掌握其中的内在规律、性质和联系。"教师以幼儿关注的"鸭子回窝"为契机，从"儿童视角"出发，听他们讲述，看他们实施。幼儿在饲养过程中逐渐丰富知识，解决问题的能力也在不断加强，良好的责任意识也慢慢养成。

当听到贝贝说"做个楼梯"时，教师马上追问，贝贝感受到教师的支持，立刻行动起来，用碎砖铺了三个台阶，解决了"小鸭鸭不能回家"的问题，在"鸭鸭走楼梯回家"的过程中，幼儿对某一事物的属性或规律有所体验，也获得直接的经验。作为教师，还需要更多地倾听、发现幼儿养鸭过程中遇到的问题与困惑，给予支持和引导。

♥ 故事六：鸭鸭下池塘

"鸭鸭跳进了水盆里！快来看！"月月忽然招呼起大家。小璐说："鸭鸭喜欢水，鸭鸭可能在洗澡呢！"萱萱说："小鸭鸭在水盆里游泳呢，别打扰它！"老师好奇地问："鸭鸭现在会游泳吗？"孩子们讨论得更激烈了："小鸭鸭一出生就会游泳的。""小时候不会，长大了就会了。""可以去水浅一点的地方游泳。""鸭妈妈带着才可以游。"……孩子们七嘴八舌地谈论着，又一只鸭子跳进了水盆，月月说："鸭鸭快挤死了，游不了！"小美说："这个水盆太小了，应该换个大一点的。我奶奶养的鸭鸭最喜欢在池塘里游泳。"听了小美的话，宸宸喊起来："下池塘，下池塘！""可是'鸭鸭幼儿园'到池塘里有围墙挡住怎么办？"小璐发现了问题。宸宸大声说："那'鸭鸭幼儿园'要改建了！"宸宸和小伙伴讨论起来："要把围墙打通，移到池塘那边，这样鸭鸭就能下池塘了！""是的，围墙移出去了，鸭鸭就能直接走到池塘，没有阻碍！"老师肯定了孩子们的想法，大家开始动手扩建，靠近池塘的围墙全部移开来，"鸭鸭幼儿园"就和池塘连在一起，鸭鸭们随时都可以下水游泳。鸭鸭们摇摇摆摆走进池塘游起来。月月笑着说："小鸭鸭没有学就会游泳了，它是天生的游泳高手！"

图 3 - 13 　鸭鸭跳进水盆洗澡

图 3 - 14 　鸭鸭下池塘游泳喽

小鸭鸭跳进水盆引发了幼儿的关注，他们猜测鸭鸭可能在洗澡、在游泳。此时，教师抛出"鸭鸭现在会游泳吗？"的问题拓宽幼儿思路，引发一系列新问题。小美的一句"奶奶家养的鸭鸭最喜欢在池塘里游泳"激发了小伙伴们的已有经验，宸宸马上提出了"下池塘"的办法，此时，"围墙挡住怎么办？"又成了幼儿迫切需要解决的问题，他们开始讨论改建围墙计划，通过移动围墙水泥砖，把"鸭鸭幼儿园"从"全包围"改建成"半包围"。幼儿观察着小鸭鸭走进池塘自由自在游泳的情境，亲身感知鸭鸭喜欢在池塘里游泳的生活习性，体验鸭鸭游泳的快乐。

《指南》指出："幼儿的学习是以直接经验为基础，在游戏和日常生活中进行的。"成人要善于发现和保护幼儿的好奇心，充分利用自然和实际生活机会，学习发现问题、分析问题和解决问题。教师从幼儿发现小鸭鸭跳进小水盆的猜测入手，表现出极大的好奇心，抛出幼儿感兴趣的问题，引发幼儿新思考，支持幼儿新探索，帮助幼儿在观察、讨论、改建等活动中不断积累关于鸭鸭游泳的经验，形成受益终身的学习态度和能力。

教师顺着幼儿的话题有意识地抛出问题"小鸭鸭现在会游泳吗？"，引发了幼儿继续思考、探究的愿望，幼儿从这一问题出发展开讨论，继而尝试改建围墙，与小池塘打通，让小鸭鸭顺利进入小池塘游泳。小鸭鸭游泳是幼儿的新发现，他们倍感兴趣，教师需要从幼儿的真实问题入手，给予适时、有效的支持，把观察活动引向更深层次。

♥ 故事七： 鸭鸭舞

欣悦疑惑地问："小鸭鸭怎么一直在池塘里了？"添添一本正经地说："小鸭鸭下池塘游泳呀！它们喜欢游泳！"小伙伴们纷纷围着小池塘兴趣十足地观察起鸭鸭们游泳。老师说："你们这么喜欢看鸭鸭游泳，你们发现它们游泳时候的样子了吗？"嘉言说："鸭鸭的头是抬起的，有的时候会钻进水里去。"老师说："头钻到水里，翅膀和尾巴是怎么样的？"小美抢着回答："它们有的翅膀是打开的。"铖铖说："小鸭鸭的头钻进水里捉小鱼喽，尾巴翘起来扭啊扭。"边说边扭动着屁股，小美也跟着一起扭起来。铖铖开心地说："这是新的鸭鸭舞！"老师也抖抖肩膀说："小鸭鸭在水里跳舞不会沉下去吗？"孩子们异口同声地回答："它们的脚在划，所以不会沉下去！"老师说："我们可以去了解一下鸭鸭的脚有什么奇特的地方能让它们在水中游泳？"孩子们回家通过调查、观察了解鸭鸭的脚有脚蹼，连着脚趾，像扇子一样。孩子们还从家长那里了解到鸭鸭的脚能掌握方向，在水中向前游，转弯都要用脚掌划水来完成。

图 3-15 这是新的鸭鸭舞

图 3-16 鸭鸭钻到水里捉小鱼喽

幼儿对鸭鸭下池塘游泳一直保持着极大的好奇心和探究欲，教师从幼儿兴趣入手提出问题，把幼儿观察重点引向"鸭鸭游泳的样子"，幼儿细致观察着，用自己的语言表达自己的观察发现，并尝试用动作模仿，把鸭鸭游泳与鸭鸭舞联系起来，充满想象力。教师从幼儿这一奇特的想象入手，进一步引发幼儿通过调查了解鸭鸭的脚的特点与作用，丰富了幼儿的知识经验。

《指南》指出："幼儿的思维特点是以具体形象思维为主，应注重引导幼儿通过直接感知、亲身体验和实际操作进行科学学习。"鸭鸭下池塘游泳正是幼儿直接感知、亲身体验的极好时机，教师及时把握契机，提出开放性的问题引发幼儿深入细致地观察探究，幼儿通过交流分享、动作模仿等多种途径表达、表现小鸭鸭游泳的各种姿态，通过调查了解鸭鸭脚的神奇作用。

鸭鸭游泳在幼儿眼中就是"新的鸭鸭舞"。教师抓住幼儿的这一想象，在音乐区播放鸭鸭游泳的视频，和幼儿一起玩"小鸭游游游"游戏，鼓励幼儿把观察到的鸭鸭游泳的动作大胆表现出来，在跳"鸭鸭舞"的过程中，进一步巩固幼儿对鸭鸭游泳姿态的认识。

♥ 故事八： 双休日谁来喂鸭鸭

程语急急忙忙跑过来对老师说："老师，我发现一个问题，我们周末两天在家里，那谁来喂鸭鸭吃东西呢？没人喂的话，那鸭鸭不要饿死的呀？"老师也很着急地说："真的，周末大家休息在家谁来喂鸭鸭呢？这个问题我们来讨论一下，马上要解决的。"程语说："我家住得近，要么我来喂鸭鸭！可是，有的时候我要去乡下奶奶家就没有时间来喂了！"嘉言说："你去的时候跟我说一下我来喂！"看着孩子们都很乐意双休日来喂鸭鸭，老师说："那我们排个表就可以确定时间和喂鸭鸭的小朋友了。"程语拍着手说："太好了！就像哥哥的值日生表一样，大家都知道星期几谁来当值日生。"嘉言想了想说："星期一到星期天都排一下，这样大家都不会忘记喂鸭鸭了！"老师和孩子们开始设计"照顾鸭鸭值日生表"，孩子们把自己准备喂鸭鸭的食物都画下来，在喂食后把喂食中的食物也进行记录，还有喂水、打扫的情况都在表中进行记录展示。轮到双休日值日的孩子，老师与家长进行沟通，确保家长愿意和有时间来幼儿园进行鸭鸭喂食活动。双休日喂养鸭鸭的问题解决了，孩子们终于定下心来，大家就按着值日生表来喂养鸭鸭。

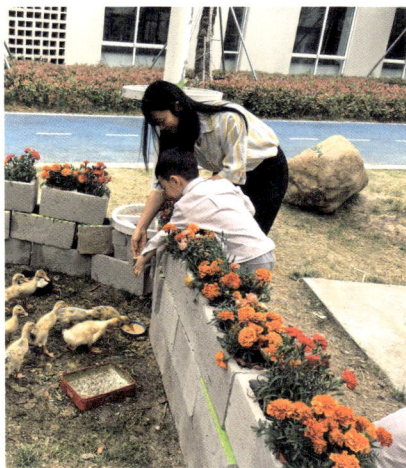

图 3-17　双休日和妈妈一起
喂鸭鸭

图 3-18　照顾鸭鸭值日生表

在饲养鸭鸭的过程中，幼儿始终关注着鸭鸭，关心着鸭鸭的生活，鸭鸭成了幼儿的朋友。"双休日鸭鸭们没人喂养会饿死"的问题引起了大家的思考，教师随即与幼儿展开讨论，从交流中发现：幼儿都非常乐意双休日来喂鸭鸭，教师又提出"排个表"的建议，和幼儿一起共同设计制作"照顾鸭鸭值日生表"，鼓励幼儿从准备食物、喂食、喂水、打扫四个方面照顾鸭鸭并记录。同时，还邀请家长一起参与到双休日照顾鸭鸭的行列，喂养鸭鸭成了幼儿生活的一部分。

亲子活动作为"玩中学"微项目活动的实施途径之一，需要立足实际，充分挖掘和利用家长资源，让家长成为幼儿园活动的积极支持者。在双休日照顾鸭鸭的活动中，幼儿邀请家长，教师和家长联系沟通，得到了家长的大力支持，家长成了幼儿园的一分子，和幼儿共同喂养。这不仅解决了双休日鸭鸭无人喂养的问题，更重要的是培养了幼儿的责任感和认真负责的态度。

家长的参与更激发了幼儿喂养鸭鸭的热情，他们会主动问家长有关"鸭鸭喜欢吃什么？""怎样喂养鸭鸭？"等问题，获取关于鸭鸭的粗浅知识与经验。在与家长共同喂养鸭鸭的过程中，萌发关爱鸭鸭、珍惜生命、爱护生命的情感。

♥ 故事九： 鸭鸭长大了多少

　　散步来到"鸭鸭幼儿园"，点点说："鸭鸭吃东西好快啊，一口一只虾。"小美说："鸭鸭的嘴巴比原来长了，它长大了，所以胃口也变大了。"老师顺势问："你怎么知道鸭鸭长大了呢？"琪琪用手比划着说："鸭鸭的身体变高了。"嘉言说："鸭鸭的翅膀变大了，张开来像把小扇子了。"铖铖说："小鸭鸭的黑色羽毛变多了，黄色的毛在变少。"点点说："鸭鸭变重了。"……孩子们你一句我一句打开了话匣子。看着孩子们兴趣十足的样子，老师问："你们知道鸭鸭在长大，鸭鸭们能长多大，你们能知道吗？"熙熙说："找出鸭鸭前段时间的照片比一比就知道了。"欣悦说："我们可以量一量鸭鸭的高度，过几天再量量鸭鸭的高度进行记录，看记录的数字变化。"乐乐说："称一下鸭鸭的体重，称好体重记录下来比较一下。"老师笑了笑说："原来，我们有这么多的办法可以知道鸭鸭长大了多少，接下来你们去试试吧。"孩子们高兴地点点头。

图 3 - 19　鸭鸭的黑色羽毛变多了　　　　图 3 - 20　鸭鸭的翅膀变大了

　　散步观察鸭鸭，幼儿发现鸭鸭"吃东西好快，一口一只虾""嘴巴变大了"等细节，教师顺势引出"怎么知道鸭鸭长大了？"的话题，引发幼儿继续观察，幼儿根据自己的观察发现争先恐后地述说着鸭鸭的长大：鸭鸭的翅膀长大了，鸭鸭的黑色羽毛变多了……教师又提出"鸭鸭长多大？"的问题，鼓励幼儿大胆思考了解鸭鸭长大的方法。幼儿想出了"照片比一比""量一量""称一称"等多种方法，教师鼓励幼儿比较记录鸭鸭的生长变化，从中体验鸭鸭生长的乐趣，感受生命成长的快乐。

"玩中学"微项目特别强调教师要关注幼儿的真实问题，给予陪伴式指导。幼儿观察鸭鸭所提出的问题都是源自幼儿的真实问题，教师需要给予无痕的支持，通过提问等方式引导幼儿思考，并对鸭鸭进行比较观察和连续观察。教师从幼儿想出的办法入手，鼓励幼儿用绘画、符号等记录鸭鸭的生长变化，感知鸭鸭的成长。

　　教师对幼儿感兴趣的问题始终保持极大的兴致，通过提问引导幼儿深入探究。同时，鼓励幼儿尝试用绘画、标记等方式记录观察鸭鸭生长的过程与结果，分享自己的观察与发现，体验着鸭鸭慢慢长大的惊喜和快乐，和鸭鸭共成长。

分享回顾

微项目活动"鸭鸭幼儿园"由幼儿户外散步时的谈话引发，经过了一个多月，孩子们通过观察、记录、比较、交流、分享等方式，感知鸭鸭的外形特征、生活习性及生长变化，体验养鸭鸭的快乐。随着养鸭活动的不断深入，"鸭鸭成长记"主题活动记录跃然墙上，一本本《鸭鸭成长故事书》新鲜出炉，成了孩子们分享交流的平台。

每次路过"鸭鸭成长记"主题墙，孩子们总会停下脚步，翻阅着记录纸，分享交流养鸭鸭的观察和发现。

区域活动中，孩子们三五成群地拿出《鸭鸭成长故事书》，围在一起翻看。添添指着故事书说："小鸭鸭会挑食，爱吃的食物总会第一个吃完！"悦悦做了一个扭屁股的动作说道："鸭鸭的尾巴走路的时候摇啊摇，游泳的时候扭啊扭，很有趣！"阳阳又说："鸭鸭长大了，黑色的羽毛就越来越多。"添添点了点头接着说："我还知道鸭鸭羽毛的神奇之处呢！鸭鸭游泳时的羽毛不会湿，抖一抖，甩甩脖子，水珠就滑下来了。"孩子们你一言我一语讲述着鸭鸭们的有趣故事。

幼儿的分享交流精彩纷呈，一起回顾着与鸭鸭们亲密接触的经验感悟，在讨论与分享中不断获得成长，相信这一切将成为幼儿最美好的记忆。

图 3-21　"鸭鸭成长记"主题墙

图 3-22　《鸭鸭成长故事书》分享

评价反思

程语：鸭鸭太可爱了，每次去看鸭鸭的时候都是我最开心的时候，鸭鸭长大的时候，我发现鸭鸭长出来的毛毛都是不一样的，有时候鸭鸭会换毛，摸上去软软的，我想掉在草坪上的美丽羽毛，一定是鸭鸭给我们的礼物吧！

添添：我发现鸭鸭最喜欢吃的是小虾，还有螺蛳和新鲜的蔬菜，但是螺蛳硬硬的外壳，鸭鸭吃起来有点困难，我们用石头把它敲碎了，这样鸭鸭就可以吃到螺蛳肉了。

嘉言：有一次，我们在鸭鸭幼儿园发现鸭鸭游完泳毛毛不会湿，和我们不一样，回去我就和爸爸妈妈一起上网查找了资料，才知道了原因，真的好神奇。

程语妈妈：每天回到家里，都能听到女儿讲述着关于鸭鸭的故事，我们感受到老师以慧眼和慧心陪伴孩子发现探索，倾听幼儿对世界好奇的心声。在孩子的描述中，从一个个生动鲜活的小故事里，可以看见老师的教育观、儿童的探索欲望，孩子在亲近自然中和鸭鸭一起长大。

添添妈妈：鸭鸭的出现，给予孩子们照顾小动物的机会，儿子每次回到家里都会去厨房里这里找找那里找找，我问他在找什么，他说我在准备鸭鸭明天的食物，而且小朋友每次回来都会和我们分享：鸭鸭更加喜欢吃哪种食物。教师追随幼儿兴趣和需求，支持和鼓励幼儿追趣、调查、探究，感觉非常有意义。

嘉言爸爸：通过与鸭鸭互动、直接感知、实际操作、亲身体验，鸭鸭慢慢长大，孩子从而慢慢地了解生命、发现生命。在丰富实践经验的基础上，创造性地在饲养活动中掌握一些生命教育的基本知识，女儿通过认识生命、关爱生命、珍惜生命，享受生命的过程，可以拥有积极的生活态度，从而达到生命启蒙教育的目标。

微项目活动"鸭鸭幼儿园"从幼儿真实的想法和愿望出发，让幼儿通过观察、喂养、比较、记录等多种方式和鸭鸭亲密接触，感受、体验这个属于他们自己的饲养活动，在"玩"中自主探究，在"玩"中自然学习。

幼儿是微项目活动的引发者和创造者。养鸭鸭活动极大地激发了幼儿科学探究的兴趣，幼儿始终保持着对活动的热情和投入。从"鸭鸭喜欢吃什么""鸭鸭会游泳吗""鸭鸭的黑色羽毛变多了"……鸭鸭的一切都可以成为幼儿关注的热点，一个个"是什么""为什么"等问题串联、累积，转化成幼儿自发的探究活动，他们在养鸭鸭活动中不断地探索实践，积极动手动脑寻找答案、解决问题、经验积累，幼儿的探究、劳动、交往和语言表达等能力获得了全方位发展。

教师是微项目活动的观察者和引导者。"鸭鸭幼儿园"微项目活动中，面对幼儿讨论"合适的材料"、寻找"搬砖的办法"等可以通过同伴合作解决的问题，教师悄然退回到观察者的位置，把探究的掌控权交给幼儿，适时给予适宜的引导，让幼儿提出自己的问题，表达自己的设想和经验，教师真正实现让幼儿在"玩中学"。

家长是微项目活动的参与者和合作者。活动中，教师充分发挥家长资源，动员家长和幼儿一起参与养鸭鸭活动的全过程，收集资料、准备食物、搜索调查、双休日喂养等，陪伴着幼儿亲历探究，共同成长。

微项目四 榨汁乐 （中班）

微项目由来

　　夏末秋初，蔬果丰收。幼儿园种植地里的石榴丰收了，一个一个挂在树上像小灯笼，引来了孩子们的好奇，他们坐在石榴树下，开始讨论和水果有关的话题。

　　洛洛："我吃过石榴，酸酸甜甜的，很好吃。"辰辰："我也吃过，剥开来是红红的，粉粉的颜色。"小新："我也喜欢吃石榴，但是我觉得吃石榴有点麻烦，一颗一颗很小，果汁又少。"子博："想吃果汁很简单啊，只需要把石榴榨成汁就行了！"辰辰："石榴汁？我还吃过橙汁、梨汁。"洛洛："我们一起来玩榨果汁游戏吧。"几个孩子开始一边说一边比划着动作："将水果放进去""我现在是榨汁机里的水果，我要快速地转起来啦""快来喝我榨的西瓜汁吧"……

　　儿童有着与生俱来的好奇心和探究欲望，孩子们趣味十足地玩榨果汁游戏正表现出他们对榨果汁的浓厚兴趣，追随这一兴趣点开启一段榨果汁的探究之旅显得自然而有价值。

图 4-1　石榴树丰收了

图 4-2　玩榨果汁游戏

问题搜索

关于榨果汁，我知道……

水果榨一下，会有水果汁。

西瓜、梨、橙子等许多水果都能榨果汁。

榨汁机可以用来榨果汁。

水果压一下也能变出果汁。

有的榨汁机需要用电。

水果是什么颜色，果汁就是什么颜色。

不同的水果榨出果汁的量会不一样。

榨果汁前需要把水果洗一洗、切一切，有的还需要去皮。

关于榨果汁，我想知道……

把水果变成果汁的方法有哪些？

在幼儿园能用怎样的榨汁机榨果汁？

榨汁机的操作方法是什么？

把各种果汁混合在一起，颜色是什么样的？

把各种果汁混合在一起，味道是什么样的？

哪种水果能榨出更多的果汁？

水果榨汁留下的果渣有什么用？

水果的皮有什么用？

思维导图

榨汁乐 — 水果怎么变果汁 — 哪种榨汁机更合适

果汁混在一起会怎样 — 榨汁机怎么动了起来

谁是果汁王 — 水果切多大 — 出汁口堵住了怎么办

橘子皮可以泡茶吗 — 水果渣有用吗 — 溢出的果汁怎么取

备注：蓝色表示幼儿的问题或话题；绿色表示集体活动；橙色表示区域活动；玫红色表示亲子活动。

活动导航

序号	活动名称	活动目标	实施途径		
			集体活动	区域活动	亲子活动
1	水果怎么变果汁	• 观察、比较不同的榨汁工具 • 尝试用不同的工具让水果变成果汁	✓		
2	哪种榨汁机更合适	• 了解最适合幼儿园使用的榨汁机的特点 • 通过查找比较，发现手摇榨汁机的优势			✓
3	榨汁机怎么动了起来	• 能主动思考榨汁机动起来的原因 • 尝试看说明书步骤图寻找解决办法		✓	
4	果汁混在一起会怎样	• 大胆尝试用不同的水果混合榨汁 • 能仔细观察果汁混合后出现的变化		✓	
5	谁是果汁王	• 学习用刻度杯进行简单的测量并记录 • 通过观察、比较知道西瓜出汁率最高		✓	
6	水果切多大	• 观察发现水果切块大小和榨汁机运转的关系 • 知道水果切得能放进榨汁口最合适	✓		
7	出汁口堵住了怎么办	• 寻找出汁口堵住的原因，并想办法解决 • 学会看榨汁机上的方向标记转动摇臂		✓	
8	溢出的果汁怎么取	• 能运用多种工具将果汁取出来 • 能积极主动地发现问题并寻找答案		✓	
9	水果渣有用吗	• 了解水果渣的用途 • 尝试用水果渣做肥料		✓	
10	橘子皮可以泡茶吗	• 观察、比较新鲜橘子皮和陈皮的不同 • 知道制作陈皮的方法并尝试腌制		✓	

❤ 故事一：水果怎么变果汁

　　"大家都好想喝甜甜的果汁，有什么办法能把水果变成果汁呢?"老师的问题一出，孩子们开始讨论起来："我家是用榨汁机榨果汁的!""用力捏一捏可以把果汁捏出来!""用勺子把果汁压出来!""我妈妈是用擀面杖做石榴汁的!""我妹妹的咬咬乐可以咬出果汁来。""生活区的研磨碗也可以。"孩子们对这个问题很感兴趣，一个一个回答着。

　　"你们的办法很多，我们来试一下吧!"老师开始引导孩子们尝试寻找让水果变成果汁的工具。带着好奇和疑问，孩子们就地取材，开始了他们的"榨汁"初体验：玥玥抱着研磨碗，把切好的苹果放进去，用研磨棒捣了起来；辰辰拿起一块橙子，捏住两边，往中间一挤，流出了一些橙汁；贝贝拿了一把勺子，在一块梨上面用力按压。

　　"你们是怎么让水果变成果汁的? 你们的方法合适吗?"老师开始提问。辰辰说："我是用手直接捏橙子的，但是时间长了我的手就会累，手上都是橙汁，有点脏。"玥玥说："我用研磨碗，苹果和苹果汁都混在一起了。"贝贝说："用勺子也可以把梨汁压出来，可溅得到处都是，怎么喝果汁呀?""看来你们对刚刚使用的工具都不满意，还有其他方法吗?"老师继续提问。"我家的榨汁机用起来很方便，榨出的果汁很多。"辰辰提议。"对，我也觉得还是榨汁机好。""是的，用榨汁机我们就都能喝到果汁了。"孩子们都赞成使用榨汁机榨果汁。

图 4-3　我来榨果汁咯

图 4-4　找一找榨汁工具

动手操作后，幼儿很快有了自己的发现：手挤的方式是不卫生的，用手去操作也很累；研磨碗做出来的是果泥，需要再想办法将果汁与果肉分离；用勺子压的方法得到的果汁很少，不方便。大家一致认为：如果没有更加合适的工具，要在幼儿园榨汁是一件比较困难的事情。教师提出再次寻找满意的工具，幼儿联系榨汁的经验提出"要榨果汁真的需要一台榨汁机"的想法。

《指南》指出："幼儿的思维特点是以具体形象思维为主，应注重引导幼儿通过直接感知、亲身体验和实际操作进行科学学习。"当幼儿能够说出各种让水果变成果汁的方法时，说明幼儿对于让水果变成果汁这件事是有生活经验的，也是他们感兴趣的。幼儿在动手操作时，选择自己感兴趣的方法进行操作，体验了很多种将水果变成果汁的方法，在做中学，从而得出"榨汁机榨果汁最合适"的结论。

活动源于幼儿的兴趣，源于幼儿自己的思考，教师用一个话题吸引幼儿的注意，又放手让幼儿自己去尝试，鼓励幼儿利用幼儿园现有的工具寻找让水果变成果汁的方法，幼儿的探究欲望达到了极致。在初次探索之后，教师又通过集体讨论的方法，让幼儿自己总结观察到的现象并进行比较，最终引导幼儿确定下一步操作的工具——榨汁机。

♥ 故事二：哪种榨汁机更合适

当孩子们得出在幼儿园榨果汁需要榨汁机的结论后，开始了关于榨汁机的讨论。玥玥说："我家有榨汁机，妈妈把水果切好后放进去，打开开关，过一会儿果汁就榨好了。"小新说："我家有专门榨橙子的榨汁机，把橙子切成两半，手就这样转呀转，橙汁就出来了。"

老师问："榨汁机有好多种，什么样的榨汁机更适合在幼儿园用呢？"子博说："我们家的榨汁机里面有刀片，妈妈不让我玩，幼儿园里肯定不能用像我家那样的。"辰辰说："榨汁机都是要通电的，用电也很危险！"小新说："我们家的榨汁机不用电，也没有刀片，但是只能榨橙汁，不能喝到很多别的果汁，也不行。"老师开始总结："你们考虑得很周到，幼儿园的榨汁机是要小朋友自己操作的，所以要安全，最好不用电，还要方便操作、容易清洗，当然也不能太贵。"几个孩子挠着头小声嘀咕着："有这样的榨汁机吗？""我觉得没有这样的榨汁机吧！"

老师继续说："我们遇到了困难，可以向爸爸妈妈求助，请你们回家问问他们，或许他们会找到合适的榨汁机。"周末，孩子们和爸爸妈妈一起展开了一场榨汁机大调查。周一一大早，小新就把榨汁机的图片带到班级，大家一看，是一台手摇式榨汁机。小新兴奋地介绍起来："这是我和爸爸妈妈去超市里找到的一台榨汁机，它不用电、没有刀片，只要用手摇一下，就可以了……"

图 4-5　用手摇一下就可以　　　　图 4-6　可以手摇的榨汁机

根据幼儿的讨论和猜测，教师及时总结适合在幼儿园里使用的榨汁机要安全、不用电、操作方便和容易清洗，同时提出和爸爸妈妈一起搜集的要求，幼儿主动向自己的爸爸妈妈求助，去网上搜一搜，去店里找一找。小新带来的手摇式榨汁机"不用电，没有刀片，只要用手摇一下就可以"的特点，成了幼儿的首选。这一经验获得的过程远比教师直接揭示答案更有意义。

讨论环节对于整个榨汁活动而言，或许只是开场白，但是对于幼儿的科学学习而言，却意义重大，既能够帮助幼儿积累经验，又能运用于新的学习活动，形成终身受益的学习态度和能力。初次讨论后，幼儿和家长就"选择合适的榨汁机"进行大调查，"亲子大调查如何展开？""亲子调查中幼儿获得了哪些有益经验？"等，这些问题的展开与解决将带给幼儿不一样的感受和体验。

看似是一场关于榨汁机的大讨论，实际上，教师可以从中获取许多有价值的信息：幼儿对于榨汁活动有没有兴趣？有没有经验？有什么样的经验？如果在教室中放一台榨汁机，他们有没有想要继续探索的欲望？等等。基于对以上问题的分析，教师将能在幼儿园使用的榨汁机的条件告诉幼儿，让幼儿带着问题和家长一起进行榨汁机大调查，找到合适的榨汁机，帮助幼儿解决榨汁中遇到的问题。

♥ 故事三： 榨汁机怎么动了起来

区域活动开始了，孩子们玩起了榨汁游戏。他们确定了今天的游戏分工：小新负责切水果，洛洛负责运送水果，辰辰负责操作榨汁机。等水果放入榨汁机，辰辰开始摇动榨汁机手柄，刚摇了一下，榨汁机就跟着手柄动了起来。洛洛用推果棒把梨子压下去，想借此压住榨汁机，一边做动作一边说："再摇！"辰辰继续摇手柄，榨汁机又跟着动了起来，辰辰无奈，只能求助老师："老师，榨汁机老是跑，都没办法榨汁了。"老师神秘地说："是不是有什么机关你们没有发现？"几个孩子开始围着榨汁机前后左右看起来，辰辰指着榨汁机后面的一个装置问："老师，这是干什么用的？"老师说："你们可以了解一下榨汁机使用说明书，书里或许有你们想要的答案。"辰辰看了一会儿，说："我不认识字啊，说明书怎么都是字，太难了。"老师说："说明书除了有很多文字说明，还会有操作步骤图，有标记，你们可以从那里找找看。"

孩子们开始讨论说明书上步骤图的意思，洛洛有了新的发现："图片上有一个箭头，榨汁机这里也有。"说着，孩子们开始研究固定装置，洛洛按照说明书上箭头的方向把榨汁机的旋转按钮转了一个方向，听到"哒"的一声，榨汁机就固定住了。四个人开始分工合作，当果汁出来的那一刻，孩子们激动地叫起来："你们看，果汁从这里出来，果渣从那里出来。"

图 4-7 固定装置在这里

图 4-8 听到"哒"的声音

小小的手摇榨汁机成了全班的新宠，他们可以在班级里自己使用榨汁机榨果汁，这对幼儿来说是一件多么好玩的事情。幼儿一尝试就发现问题："榨汁机怎么动了起来？"教师鼓励幼儿寻找"机关"，提醒幼儿看说明书寻找"如何固定榨汁机"的方法，幼儿通过观察、操作得出结论并分享经验：榨汁前要转动旋钮固定，榨汁需要有人切水果，有人转动手柄，还要有人放水果和压水果，转动手柄时要按照箭头的方向操作。在操作中，幼儿还发现了榨汁机榨汁的操作原理：转动摇臂后转轴将果汁与果肉分离，一个出口流出果汁，一个出口推出果渣。

《指南》指出："要最大限度地支持和满足幼儿通过直接感知、实际操作和亲身体验获取经验的需要。"在实际操作时，幼儿成了操作的主体；在遇到问题时，幼儿也能够主动探索，积极寻找解决问题的方法。在一次次的榨汁体验中，幼儿获得了很多有益经验。

幼儿第一次使用手摇式榨汁机，面对全新的机器，他们满腔热情却遇到了难题，榨汁机和摇臂一起动了起来。教师没有直接帮助幼儿解决难题而是用语言给以提醒，引导幼儿观察说明书步骤图尝试自己解决问题。幼儿使用榨汁机出现这样那样的问题在所难免，关键在于教师要关注幼儿的问题并给予支持与鼓励，让幼儿自己想办法解决问题。

♥ 故事四：果汁混在一起会怎样

生活区的水果已到位：一个哈密瓜、一些小番茄、一个苹果、一个梨。洛洛和玥玥商量着先榨梨汁，洛洛将梨切成大大小小的块状，递给玥玥说："看，我切得不错吧？"玥玥点点头。玥玥把梨块放进榨汁口，摇动手柄，白色的梨汁从出汁口缓缓流出。两个小伙伴一人切水果，一人放水果、摇手柄，配合默契。"呀，没有梨了，我们的梨汁一个杯子都没有装满，可怎么办呀？"洛洛看了看水果篮，"加点小番茄进去怎么样？"说完，洛洛将番茄切好后递给玥玥，玥玥开始榨番茄汁。番茄汁一点一点流下去，玥玥兴奋地说："你看，梨汁和番茄汁放在一起后梨汁变成了粉色，颜色真好看，像不像调颜料？不知道味道怎么样，我们试一下其他的水果吧。""好呀，我们来榨哈密瓜和苹果汁吧！"洛洛将切好的水果放进榨汁机，玥玥榨好后看了看果汁说："哈密瓜和苹果颜色都差不多，榨出来的果汁颜色也没有什么变化，是淡淡的黄色。下次还是用不同颜色的水果榨汁吧！"

游戏结束时，洛洛和玥玥开心地介绍着榨果汁的事，引发了孩子们的新问题："多种水果能不能放在一起？""放在一起好不好喝？""哪些水果放在一起颜色会比较好看，会更好喝？"老师随即提议："你们可以和爸爸妈妈去果汁店看看，那里肯定有你们想要的答案，记得回来分享哦！"

图 4-9　榨混合果汁　　　　　图 4-10　果汁颜色真好看

　　洛洛和玥玥发现水果数量不够的问题是教师有意为之，幼儿面对问题自己想办法，榨出番茄汁和梨汁混合，他们发现"梨汁和番茄汁放在一起梨汁变成粉色"。由此，两个小伙伴又想到榨哈密瓜和苹果，发现"哈密瓜和苹果颜色都差不多，榨出来的果汁颜色没有什么变化，是淡淡的黄色"，幼儿通过动手尝试得出了初步的结论：果汁混合在一起，会变出各种颜色。

　　《指南》指出："幼儿的科学学习是在探究具体事物和解决实际问题中，尝试发现事物间的异同和联系的过程。"教师故意投放数量较少的梨，引发了幼儿的新问题，尝试新探索。幼儿发现"只有一个梨果汁量不够"的问题就自然想到了榨混合果汁，而果汁混在一起所产生的颜色变化自然又会引发他们的再思考，"多种水果能不能放在一起""放在一起好不好喝"等成了幼儿想要了解的更多话题，产生更多的探索兴趣和愿望，从而收获更多的经验。

　　榨果汁活动已经开展一周了，教师在提供材料上做了些改变，品种多而量少，引发了幼儿榨混合果汁的活动。交流分享中，幼儿提出了各种问题，教师提议幼儿和家长去果汁店调查了解情况。活动从班级生活区延伸到了家庭和社会，幼儿乐此不疲，在不断尝试与体验中延续着探究的热情。

故事五： 谁是果汁王

"我带了橘子""我带了火龙果""我带了苹果"……孩子们介绍着自己带来的水果。"今天会有好多客人老师来班级，可以请他们喝一杯果汁哦!"孩子们听到了老师的建议，立马点头应和。"我们榨什么果汁请客人老师喝呢?""我们先榨苹果汁吧!"小新和辰辰两人开始合作榨苹果汁了。辰辰负责切水果，小新负责榨汁，两个苹果榨完，辰辰对小新说:"你看，苹果汁怎么才这么一点呀，客人老师肯定不够分。""梨汁比苹果汁多了一点，那我们试试其他的水果吧，看看其他水果的果汁会不会多一点。"小新提议。

"你们用过量杯吗?上面有刻度的那种杯子。"老师问道。小新和辰辰摇摇头。老师继续说:"小朋友喝药水的时候会用到那种很小的杯子，上面就有刻度。"小新立马说:"对对对，我喝过退烧药，妈妈就是按照杯子上的数字给我用药的，数字越大，药水越多。"辰辰接着说:"我喝奶粉的杯子上也有刻度的，我一次能喝 200（毫升），妈妈说我是大胃王。"老师提议:"看来你们都知道，老师这里也有量杯，你们可以试着用一下，把果汁倒进量杯，可以记录一下每种水果榨出的果汁量是多少，数字大的肯定就能够分给大家喝了。"两人开始榨橘子汁，"哇，橘子汁好多呀，才两个橘子，已经这么多啦!"辰辰开心地说道:"太好了，我们再试试西瓜吧!"两人又开始榨西瓜，量杯一会儿就满了，他们连着榨了 3 杯，小新数学能力特强，画了杯西瓜汁，又在一旁写下"×3"。

图 4-11　测量橘子汁

图 4-12　西瓜汁多又多

"今天需要很多的果汁"和"苹果榨出的汁太少了不够分"这两个问题碰撞在一起，幼儿就意识到如果知道每种水果的出汁量大概是多少，问题就能一下子解决了。教师提出用量杯测量的方法立刻引发了幼儿的兴趣，他们拿起量杯对各种水果进行测量。"果汁王大PK"开始了，幼儿发现橘子比苹果的出汁率高，而火龙果没有什么果汁，变成果泥留在榨汁机里。

　　《指南》指出："成人要善于发现和保护幼儿的好奇心，充分利用自然和实际生活机会，引导幼儿通过观察、比较、操作、实验等方法，学习发现问题、分析问题和解决问题。"活动中，幼儿通过观察和比较得出了不同水果能够榨出不同量的果汁。榨汁过程中，幼儿遇到了许多问题，而正是每一次与问题的正面冲突，才会让他们收获更多，让活动的意义得以彰显。

　　量杯是幼儿榨汁活动中的全新材料，虽由教师提出，也贴近幼儿生活经验，幼儿更容易接受，在他们眼中，量杯成了测量果汁多少的最佳工具，他们在测量、记录的过程中尝试更多的探索。

♥ 故事六： 水果切多大

　　"推果棒怎么压不下去？"玥玥的疑问吸引了子博的注意，子博停止切水果的动作，看了好一会儿，说道："玥玥，你摇手柄，摇起来水果就转起来了，推果棒就能压下去。"玥玥反驳道："推果棒压不下去，水果卡住了，根本摇不动。""你们看看是不是水果放得不合适？"老师在一旁提醒着。子博看了一会儿后把大块的水果拿出来，换了几块小的，推果棒成功地把水果推进主机，榨汁机动了起来。子博将剩下的水果都切成很小很小的块状，哈密瓜切成小块榨汁挺顺利，西瓜切成小块，全部成水渣样，西瓜汁流得满桌都是。

　　在老师的提议下，孩子们就"水果需要切多大"进行讨论，子博将自己的经验分享给全班幼儿。辰辰建议："西瓜果汁多，所以你不能切太小；哈密瓜比较硬，所以我觉得切得大一点没关系。"玥玥补充道："不能太大，太大榨汁机就转不起来了。"最后，孩子们得出结论："水果不能切太大，也不能切得太小，只要把水果切得能放进榨汁口就行了。"

图 4 - 13　水果切得太大

图 4 - 14　推果棒不能压不去

　　玥玥发现推果棒压不下去，经过教师的提醒，子博发现压不下的原因在于"没有把水果切成合适大小"，这引发了幼儿关于"水果需要切多大"的讨论。榨果汁活动前，幼儿并未有"水果不能切得太大，也不能切得太小"的经验。榨汁后的讨论，幼儿得出"只要把水果切得能放进榨汁口的大小就可以了"这一结论，这就是一个相互学习、共同进步的过程。

　　《指南》指出："教师要支持和鼓励幼儿在探究的过程中积极动手动脑寻找答案或解决问题。"幼儿在教师的提示下，在动手动脑的过程中发现了"推果棒压不下去"的问题并努力寻找问题的答案。在分享交流的过程中，幼儿的社交能力和群体意识得到提高，自我意识和自信心也有所增强。

　　讨论不仅仅是幼儿分享经验和交换信息的方式，也对教师获取相关信息提供了途径。教师能在幼儿表达与交流的过程中了解他们的发展水平和经验基础，为后续的榨汁活动提供更为适宜的引导和支持。

♥　故事七：　出汁口堵住了怎么办

　　"老师，榨汁机坏掉了！"洛洛和小新跑过来向老师求救。"你们仔细看看，榨汁机哪里出了问题？"老师用手指了指榨汁机的透明机身，示意孩子们看一下。小新说："出汁口被堵住了，水果都堵在榨汁机里出不来，果汁肯定也出不来。"老师说："洛洛，能说一下你是怎么操作的吗？"洛洛一边回答一边比划着："我往外面摇一圈，再往里面摇一圈。"老师说："你为什么要往两个方向转？"洛洛说："我就喜欢往前转转，往后转转，很好玩。"老师指了指摇臂旁边的方向标记，说："你看，这个是什么？"洛洛凑了过来："是一个箭头，哦，我知道了，意思是让我们往这个方向转。"

老师说："现在我们已经知道了出汁口被堵住的原因，我们得想办法把堵住出汁口的水果块清理掉。"洛洛把榨汁机的出汁口往下倒了倒，水果块没有掉下来，说道："这可怎么办呢？"小新回答："我们找个东西把里面的水果掏出来。"于是她从生活区拿来了研磨棒，试着把水果从出汁口刮出来，没有成功。小新一边四处寻找一边说："研磨棒太粗了，得找细一点的。"洛洛拿来了一双筷子，说着："筷子细，肯定可以。"小新将筷子插了进去，水果块一点一点地往外掉，榨汁机的出汁口疏通了。

图 4-15 榨汁机卡住了

图 4-16 转不动的榨汁机

榨汁机的出汁口被堵住了，教师引导幼儿观察榨汁机上的标志，给了幼儿提示，洛洛马上意识到"要按照箭头指示的方向操作"。找到原因后，教师又提出清理出汁口的要求，幼儿尝试用研磨棒、筷子等工具清理，在观察、比较和分析中，幼儿发现了"筷子细，很快就能把出汁口清理干净"的秘密。

发现学习强调学习者通过独立学习、独立思考，自行发现知识，掌握原理。面对"榨汁机哪里出问题了？""为什么出问题了？""该怎么解决？"等一系列问题，教师通过提出问题，给予幼儿自我学习和探究的机会，在与问题碰撞的过程中，幼儿学会了观察、比较和分析，知道了只有使用正确的方法榨汁，才能保持出汁口畅通。幼儿的探究能力在一次又一次操作中得到提升。

榨果汁活动中，幼儿还可能遇到各种各样的问题，教师应始终追随幼儿，及时发现问题，在第一时间做出合理的判断，并给予幼儿适宜的指导，帮助幼儿自主解决问题。

♥ 故事八： 溢出的果汁怎么取

"咦，果汁怎么都在里面不出来？"玥玥指着榨汁机的转轴部分说。子博边摇手柄边说："果汁要从上面满出来啦！我要把它们压下去！"说着用推果棒使劲压水果和果汁，可是果汁不仅没有从出汁口流出去反而往上升。子博说："这怎么办呀，榨汁机难道又出问题了？"老师走过去说："子博，你刚刚是怎么操作摇臂的？"子博按着逆时针的方向转动摇臂，老师提醒道："上次洛洛分享的操作方法你还记得吗？"子博想了一会儿回答："啊呀，要看箭头方向！"老师说："下次要注意啦，现在我们需要想想办法怎么把果汁取出来。"

玥玥准备把榨汁机拿起来倒出果汁，子博说道："果汁太满了，这样直接倒会撒开来。"玥玥说："那我们在倒的时候拿个杯子接住它！"两人试了几次，发现果汁会顺着杯口流出来，不能全部倒入杯子中，他们开始找其他办法。玥玥说："我拿个滴管来把果汁吸出来。"玥玥重复了几次用滴管吸果汁的动作，发现用滴管吸果汁太慢了，水果渣还不能吸出来。"我拿把勺子舀出来吧。"子博开始将剩下的果汁用勺子舀出来，底部的果汁勺子够不着。子博说："现在果汁没有那么满了，我们可以直接把果汁倒出来。"子博边倒边嘀咕起来："啊呀，水果渣也倒出来了。"

图 4-17　用推果棒压下去　　图 4-18　把果汁倒出来

反向转动摇臂会造成"榨汁机卡住动不了""堵住出汁口"等问题，幼儿虽已基本达成共识，但往往不能控制自己，还会继续反向转动。子博反向转动摇臂又导致了果汁溢出来的问题，这正是引导幼儿正确使用榨汁机的好时机，教师的再次提示起到了强化的作用，幼儿用顺向转动摇臂的方式榨果汁，并尝试用杯子接、滴管吸、勺子舀等方法取出溢出的果汁。

幼儿自控能力差，他们明知道该怎么做但往往还会犯错，面对幼儿的频频出错，教师没有指责，而是继续提醒幼儿迁移已有经验，尝试用正确的摇臂方法榨果汁。果汁溢出来的问题成了幼儿迫切需要解决的问题，教师适时的鼓励引发幼儿自主寻找取出果汁的方法。

取果汁的时候，幼儿发现水果汁和水果渣一起倒了出来，水果渣也成了幼儿感兴趣的话题。关于水果渣的探究需要教师给予持续关注，进一步引发幼儿深入探究。

♥ 故事九： 水果渣有用吗

辰辰榨完苹果，指着流出来的苹果渣说："我妈妈昨天把榨出来的苹果渣放在花盆里了，她说可以当作肥料，对花有好处。"老师故作好奇地问："真的吗？果渣能做肥料的事，老师也不是很清楚，我们一起上网搜索一下吧。"几个小伙伴马上兴奋起来，一起围着电脑桌搜索关于水果渣的资料。

百度搜索中，关于水果果渣的用处有这样的描述："水果渣是一种很好的营养肥料，发酵后洒在土壤中能够有效改进土壤性质，提高土壤肥力，促进植物增长。"老师把这个注解读给孩子们听，大家欢呼着都想尝试一下。老师继续说："泥土、木屑、切碎的果皮、动物肥料、豆浆渣等搅拌后放在容器内，上面再加上一层泥土压实了，用塑料纸把口封严，经过长时间腐蚀，就成为营养丰富的有机肥。"

"我好想做果渣肥料啊！"子博和辰辰你一言我一语地谈论着："可是这些东西教室里都没有啊！""我们只有水果皮和水果渣。""对啊，其他东西都没有。""太可惜了。"老师说："我们可以和爸爸妈妈一起找一找、试一试。"孩子们又来劲了，一放学就急着和家长讨论起制作果渣肥料的事，他们每天把榨果汁留下的果渣放在容器里，盖上保鲜膜，等待果渣发酵后给植物施肥。

图 4-19　水果渣有什么用呢　　　图 4-20　果渣做肥料

辰辰看着榨出的苹果渣述说着"妈妈把苹果渣放在花盆里当肥料"，教师以好奇的口吻引发幼儿查找水果渣相关资料的兴趣，大家一起通过百度搜索到了水果渣的作用，教师有意识地读出关于水果渣的描述，幼儿在倾听中初步了解水果渣制作肥料的作用和方法，产生了动手制作水果渣肥料的愿望，同时又发现了缺少材料的问题，教师鼓励幼儿向家长求助，共同制作果渣肥料。

《指南》指出："要真诚地接纳、多方面支持和鼓励幼儿的探索行为。"教师对辰辰关于"把苹果渣当肥料"的经验表示好奇并引发幼儿查找资料的过程，正是对幼儿探究"水果渣当肥料"这一探究行为的支持和鼓励，也正是教师的支持和鼓励，才激起幼儿制作水果渣肥料的兴趣，幼儿在交流讨论中表达自己做水果渣肥料的想法和遇到的困难，教师继续鼓励幼儿向家长求助，体验亲子制作果渣肥料的快乐。

幼儿和家长制作果渣肥料的过程中，幼儿的探究点从关注榨果汁转向关注果渣的作用，自然会引发幼儿对榨汁所需材料的全方位关注。教师要追随幼儿的兴趣点，推动幼儿继续深入探究，满足幼儿主动探究的愿望。

♥ 故事十：橘子皮可以泡茶吗

这几天，孩子们榨果汁用的都是橘子，剥下来好多橘子皮，辰辰拿着橘子皮说："玥玥，这些橘子皮拿过去让他们泡三道茶吧。"玥玥疑惑地问："新鲜橘子皮能泡茶吗？"辰辰转头问："老师，这个橘子皮可以泡茶吗？"老师拿了点陈皮让辰辰做比较，辰辰看了看说："这个有点皱，颜色有点暗，新鲜的就是亮亮的橘色。"老师继续提问："摸上去有没有什么不同？"玥玥说："加工过的硬硬的，干干的，新鲜的橘子皮软软的，湿湿的。"老师又提议："你们可以闻一闻、尝一尝哦！"辰辰拿起一片陈皮咬了一口说："陈皮吃起来咸咸的。"又咬了一口橘子皮，摇了摇头说："呀，这个有点苦还有点辣，不好吃。"老师点了点头说："是的，陈皮是加工过的，和新鲜的橘子皮看上去、摸上去、吃上去都不一样，我们一般会把橘子皮加工过后再食用。"

一时间，加工橘子皮腌制陈皮成了孩子们感兴趣的话题，他们向家长询问腌制陈皮的方法，和家长一起腌制，带来加工过的陈皮一起品尝。

图 4 - 21　比比橘子皮的不同

图 4 - 22　腌制橘子皮要放糖和盐

辰辰拿着榨果汁剥下的橘子皮想要给泡三道茶的幼儿使用，玥玥马上提出"新鲜橘子皮能泡茶吗？"的疑问，这引发了幼儿和教师关于新鲜橘子皮能否用来泡三道茶的探讨。教师引导幼儿通过看一看、闻一闻、摸一摸、尝一尝比较陈皮和橘子皮的不同。幼儿在活动中产生了腌制橘子皮的愿望，教师鼓励幼儿与家长一起制作并分享成果。

幼儿的思维特点决定了他们判断事物时从事物外在或表面的特点出发，他们觉得新鲜橘子皮也是橘子皮，能够用来泡三道茶。教师的语言提示引发了幼儿的一系列探究行为，他们在观察和比较的过程中了解陈皮和橘子皮的不同，自然产生了亲手腌制橘子皮的愿望。

当幼儿对"橘子皮能否泡三道茶"产生疑问时，教师没有直接给予幼儿正确的答案，而是引导幼儿通过感官感知和语言描述比较发现两种橘子皮的不同之处。在活动中，教师需要巧妙地将幼儿提出的问题进行追问，引导幼儿自己去发现、去探索。

分享回顾

　　3个月的榨汁探索，几乎每个孩子都找到了榨果汁的最佳配方，他们举办了一场果汁品尝会，每人按照自己的最佳配方现榨了一杯"好喝的果汁"，大家围在一起说着关于"好喝的果汁"的推荐理由。辰辰说："我榨的是雪梨、香蕉和番茄汁，梨的汁液比较多，香蕉吃上去会滑滑的，番茄的颜色是粉粉的，很好看。"老师对辰辰竖起了大拇指并说道："你已经能从水果的出汁率、喝上去的口感和颜色上进行巧妙的搭配，这杯果汁一定很好喝！"子博说："我还是推荐纯西瓜汁，西瓜的味道好像会给夏天降温，喝了你就会开心。"好几个小朋友表示一定要喝一喝这杯会降温的西瓜汁。洛洛说："我觉得西瓜和柠檬混合在一起最健康，对肠胃好。"老师说："洛洛还会考虑到饮食与健康，真厉害。"……

　　孩子们你一言我一语地交流着榨汁的最佳配方，一起回味着一个个趣味无穷的榨汁故事，享受着榨汁活动的点点滴滴。陶行知先生提出："生活即教育。"幼儿正借助榨汁活动，收获生活中的小常识、小技能，逐渐打开科学的大门。

图 4 - 23　我榨的果汁最好喝

图 4 - 24　这是我的果汁配方

评价反思

洛洛：榨汁机说明书上画着操作方法，原来每种机器都有它的操作说明，如果我们按照说明书使用，就不会把机器用坏。你看，我们教室里墙上的《班级公约》，像不像是一本说明书，我们只要按照上面的提示玩，就不会出错啦！

玥玥：以前妈妈从来不让我用刀切东西，现在妈妈还帮我买了小朋友用的安全刀，我不仅能切水果，有时候还能帮奶奶切菜呢，我是不是很厉害呀！

辰辰：橘子皮加工一下能泡茶、当作零食、做成药材，其他的水果不知道行不行，我们回家让爸爸妈妈电脑上查一下吧，明天我把答案告诉你们。

小新妈妈：我们家小朋友以前从来不吃番茄，凉拌、油炒、水煮……我换了各种烹饪方式，始终不能让她喜欢上番茄。班级里的榨汁活动，小朋友居然让我去买小番茄，在家就开始了榨汁活动，还说番茄榨汁颜色最好看。尝试多次榨汁后，她居然开始接受番茄的味道，喝上几次番茄汁，连挑食的坏习惯都改掉了。

辰辰妈妈：榨汁机我们家也有，但是放在班级里就不一样啦，老师把孩子们在榨汁活动中发生的有趣的事情告诉我们，我们做家长的都会惊讶于孩子们的发现，一台小小的榨汁机和孩子们发生碰撞竟然能发生这么多精彩的故事，太不可思议了。

玥玥爸爸：以前，我们玥玥从来不看说明书，她也不知道说明书的存在，就连玩具里的说明书，她都懒得看，总是让我们教她怎么玩，她就照着做。这下好了，她打从心底接受了看说明书的好处，这对她大脑思维的发展大有帮助。

《指南》在科学领域中指出："成人要善于发现和保护幼儿的好奇心，充分利用自然和实际生活机会，引导幼儿通过观察、比较、操作、实验等方法，学习发现问题、分析问题和解决问题。"在微项目活动"榨汁乐"中，幼儿与生活中常见的榨汁机发生作用，他们从开始选择合适的榨汁机那一刻开始，问题就一个接着一个出现，整个微项目活动就是幼儿发现问题、分析问题和解决问题的探究过程。

幼儿的成长让我们欣喜。活动源于幼儿对榨汁活动的兴趣，一直到活动结束，他们始终保持着对活动的热情和投入，他们将生活中的科技产品带到教室来，在探索榨汁机过程中，感受着科技与人类生活的紧密联系。幼儿就像小小科学家一样，会把每一次小小的发现当成是大大的惊喜；会用自己的方式记录每一次的收获；会积极主动地面对每一次挑战；会花大把时间研究自己感兴趣的事物。他们的生活技能、社会交往、科学探究、语言表达以及健康饮食都会有所发展，这就是微项目活动的魅力，他们总能在玩中学，从玩中获得发展。

教师的追随让我们激动。在整个活动中，教师作为合作者和引导者，时刻关注着每一个活动细节。"是不是有什么机关你们没有发现呢?""你们用过量杯吗? 上面有刻度的那种杯子?""你们想尝试的话，可以在家里试一试啊!"教师在肯定幼儿的探索行为后总能给予参考的意见，这和教师的全程关注与适时回应是分不开的。在幼儿获得成长的过程中，教师也在一步步调整自己的指导策略，获得成长。

家长的支持让我们感动。整个榨汁活动需要大量的水果和各类器具的提供，家长们的支持是微项目活动得以开展的重大保障。当活动需要以亲子探究为主的时候，家长们能够和幼儿一起参与，并及时关注幼儿的活动，和幼儿一起感受、体验着榨汁活动的收获与快乐。

微项目五 管子来了 （中班）

微项目由来

  我们幼儿园地处老城区，附近小区雨污分流改造留下一些长长、短短的管子，园长主动联系施工人员将这些废弃的管子零料运送到了幼儿园，请水道工磨平后摆放在户外活动的材料区。

  思齐好奇地摆弄起这些管子，忽然大喊起来："哎呀！这个管子有'刺'，我的手指被'刺'到了！"辰景好奇地问："管子上怎么会有'刺'呢？"两个小伙伴一起寻找管子上的"刺"，他们发现：管子的管口有一些毛糙的地方，摸上去手会有些疼。一时间，"管子上的'刺'是怎么来的？""怎样把这些'刺'弄掉？"等问题成了孩子们关注、讨论的话题。

  "会玩"是孩子的天性，在玩中深入探究则是一种有价值的玩。老师从孩子们关于"管子上怎么会有'刺'"的真实问题入手，支持、引发他们围绕更多值得探究的新问题生发出有价值的玩管子活动，孩子们在持续玩管子的过程中不断获得新经验，敢于发现，勇于探索，乐于分享，体验玩的快乐。

图 5-1 管子上有"刺"　　图 5-2 找找管子的"刺"

问题搜索

关于管子，我知道……

管子的颜色有黑色、有白色、有绿色。

管子是可以用来滚的。

污水管子是铺在马路下面的。

塑料的管子埋在地下不会压坏。

管子可以连接起来，接口松了会漏水。

小管子能放在大管子里。

塑料做成的长管子可以切割成一段一段的短管子。

管子除了塑料做的，还有水泥做的管子，金属做的管子。

关于管子，我想知道……

管子上面的圈圈有什么用？

最大管子圆圆的管口有多大？

大管子和小管子能套在一起滚吗？

一个大管子里最多能放进去几个小管子？

这种管子牢固吗？很多人坐在上面会压瘪吗？

管口最小的管子小朋友能钻进去吗？

管子滚得快还是小朋友跑得快？

管子除了圆形还有其他形状的管子吗？

思维导图

管子来了 → 怎么弄掉"刺" → 圈圈有什么用 → 管子有多长 → 管子怎么摆

"多轮巴士"开动了 → 管子变"隧道" ← 抢救"火箭2号" ← "火箭1号"真高

"多轮巴士"开动了 → 管子能升起来吗 → 人能上树吗

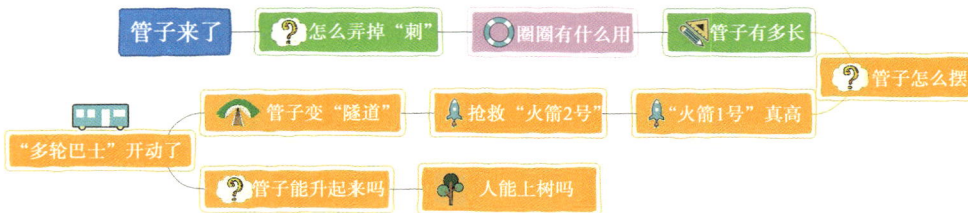

备注：蓝色表示幼儿问题或话题；绿色表示集体活动；橙色表示区域活动；玫红色表示亲子活动。

活动导航

序号	活动名称	活动目标	实施途径 集体活动	区域活动	亲子活动
1	怎么弄掉"刺"	• 能大胆交流弄掉管子上的"刺"的方法 • 尝试用砂纸给管子粗糙的边缘打磨	✓		
2	圈圈有什么用	• 仔细观察，发现管子外面有圈圈 • 和家长一起查资料了解管子上圈圈的用途			✓
3	管子有多长	• 感知管子长短和管口大小的不同 • 学习用软尺测量，尝试用数字记录、分类	✓		
4	管子怎么摆	• 能按管口大小进行分类并用数字做标记 • 能根据数字标记进行管子的摆放和整理		✓	
5	"火箭1号"真高	• 探索管子垒高的多种方法 • 大胆尝试更高高度的垒高挑战		✓	
6	抢救"火箭2号"	• 尝试将管子、轮胎、油桶等材料组合垒高 • 能合作参与管子垒高倒塌后的抢救活动		✓	
7	管子变"隧道"	• 尝试将管子、轮胎、梯子等组合铺设隧道 • 能在不同大小的管道中自由钻爬		✓	
8	"多轮巴士"开动了	• 尝试将管子和木梯组合搭建多轮巴士 • 能根据推车过程中遇到的问题作出调整		✓	
9	管子能升起来吗	• 尝试用管子、绳子、树制作管子升降器 • 能利用管子升降器进行喂食活动		✓	
10	人能上树吗	• 知道上树和拉绳的基本要领，大胆参与上树活动 • 能与小、大班幼儿合作，体验上树的快乐		✓	

在玩中学——幼儿科学微项目活动精选

86

❤ 故事一： 怎么弄掉"刺"

思齐的手指被管子上的"刺"刺疼后，她很仔细地检查起管子："管子上的'刺'从哪里来的呢？"佳琪边观察边说："有的管子切割的边有毛毛的'刺'，没有切割的地方很光滑，'刺'是切割管子时留下的。"思齐很担心地问："能用什么办法弄掉这些'刺'？"辰景用手抠着"刺"说："小'刺'硬弄不掉！"宸萱用小树枝刮着"刺"说："'刺'太小刮不下来！"老师思索着说："这些小'刺'弄不掉，还能用什么工具帮忙吗？"辰景拍了拍腿说："有一种磨砂纸能把毛糙的东西磨光滑点。"思齐开心地说："太好了，拿来试试！"辰景双手一摊说："现在没有！"思齐泄气地转过身问："老师，磨砂纸哪里有？"老师想了想说："米罗可儿的绘画材料里有，可以试一试。"孩子们和老师迫不及待去教室取出几张磨砂纸。思齐不解地问："一面是毛毛的，一面是光滑的，我们用哪面来磨？"辰景很肯定地说："毛毛的一面来磨！"几个小伙伴一起把磨砂纸毛的一面放在管口上来回磨着管子边缘。老师饶有兴致地建议孩子们和家长一起寻找弄掉"刺"的工具，孩子们带来了粗细不同的磨砂纸、磨刀棒和砂轮片，大家一起磨管子，又有新发现：细磨砂纸磨得最光滑，粗磨砂纸磨得粗糙……

87

图 5-3 磨磨管子的毛边

图 5-4 磨砂纸磨起来

思齐无意间被管子切割不平整的毛边"刺"到了，生发了"管子上的'刺'从哪里来？""怎么弄掉管子上的'刺'？"的问题，幼儿们尝试用手指抠、用树枝刮、用米罗可儿美术材料中的磨砂纸磨等方法弄掉管子上的"刺"。教师追随幼儿兴趣，鼓励幼儿和家长一起搜集更多的磨"刺"工具，幼儿们带来了粗细不同的磨砂纸、磨刀棒和砂轮片磨管子，获得新发现，体验磨掉"刺"的快乐。

《指南》科学领域指出："4—5岁幼儿常常动手动脑探索物体和材料，并乐在其中。"磨管子是一次探索管子的体验活动，为幼儿提供了深入实践的机会。在这个过程中，一些工具和材料的支持是必不可少的，幼儿用米罗可儿美术材料中的磨砂纸来磨管子，这是一种摸索、认知、迁移的学习过程。在磨管子的过程中，幼儿在亲身经历中获得直接经验，还获得了关于磨砂纸的特征、功用等新的认知。

磨掉"刺"的管子消除了幼儿被"刺"到手的顾虑，为幼儿尽情玩管子提供了安全保障。幼儿安心地玩管子，去发现管子更多的秘密。教师需要细心观察幼儿，捕捉幼儿新的兴趣点，从中挖掘有关管子的大小、长短等探究内容，支持、引发幼儿深层次探究。

♥ 故事二： 圈圈有什么用

解决了管子上的"刺"，孩子们更放心地与管子互动起来。辰景摸着管子嘀咕着："这管子外面还是一圈一圈的，像是许多圈圈套在上面。"宸萱弯下身，伸出手往管子里面摸了摸说："里面是白色的，很光滑。"辰景走到一个切割一半的管子边仔细看了看，手指伸进切割侧面的圈圈中，辰景大声喊："这个管子的外面圈圈可以伸进手指，这个圈是空的。"孩子们围在一起猜测着："这些圈圈有什么用吗？""是让管子好看些！""是让管子滚得慢点。""让管子变得大一点。"宸萱有点担心问："那这一圈一圈会不会瘪掉？"辰景用力在圈圈上按按说："这个很硬，不会瘪的。"宸萱又问："我看到管子埋在泥底下的，不知道管子上的圈圈有什么用？"孩子们相互看看摇摇头。看着孩子们对圈圈很感兴趣的样子，老师说："大家发现了管子的新问题很想了解，可以向谁寻求帮助？"宸萱指着老师说："问老师！"老师点点头表示赞同说："可以的，还可以找谁寻求帮助？"辰景举起小手说："上电脑查！"老师说："很好，还能通过什么办法去了解呢？"宸萱会意地点了点头说："问问爸爸、妈妈或者是小区铺管子的工作人员。"老师点点头说："是的，我们可以通过向身边的人了解，也可以向施工人员咨询，还能让爸爸、妈妈上网一起去查询来了解管子圈圈的用处。你们也去试试吧。"孩子们点点头。

图 5-5　摸摸圈圈　　　　　　图 5-6　管子上有圈圈

幼儿在与管子的接触中发现管子的外面有一圈一圈的圈圈。他们通过观察一个特殊形状的管子发现一圈一圈的侧面的情况，原来圈圈里面是空的，手指能伸进去的。管子上的圈圈有什么用？幼儿开始进行猜测并尝试去寻找答案。这个过程也是幼儿从发现现象到深入了解管子的探索新活动。

捷克著名教育家夸美纽斯普说："一个人的智慧应从观察天上和地下的实在的东西来，同时观察越多，获得的知识越牢固。"这里创设了让幼儿自主观察管子的氛围，幼儿从管子外面的圈圈观察到管子里面白色光滑的内壁再到切割侧面的圈圈，他们把管子的里里外外观察了个遍。这个过程就是幼儿在观察中发现的问题，对于问题的好奇激发他们去猜想、去寻找真实的答案，这是一种自主探究学习活动。幼儿从观察认识管子开始，管子成了幼儿们关注的对象和游戏的新材料。

在幼儿观察、摆弄管子的过程中教师鼓励他们去寻找问题的答案。有的幼儿请家长一起到小区铺设管道的地方询问工作人员，有的幼儿和爸爸、妈妈上网查找关于管子的资料。家长主动参与到幼儿们的调查活动中来，制作调查统计图，有效利用家长资源。幼儿们和家长一起询问、查找来的信息是：这种水管就是埋在泥底下的污水管，外面绿色环形波纹是让它更牢固，在地底下能承受更多的压力。教师把幼儿、家长的调查资料展示分享，让关注这个问题的幼儿们也能清楚了解。教师拓展了幼儿获取知识的渠道，鼓励他们利用身边的资源进行知识经验的拓展。

故事三： 管子有多长

　　辰景放倒管子用软尺的一头放在管子的最边沿，另一只手拉着软尺移到管子的另一边，辰景仔细看着数字。一旁看着的偲恒说："辰景，尺上的0对着管子的最边上。"辰景移动软尺将0对准管子边开始量。凌昊和灏宸两个孩子同时用同一根软尺测量管子的管口，灏宸把软尺拉拉直，看着软尺上的数字开始报数："36。"辰景摇摇头说："不对，要从尺的0开始量。"凌昊求助说："老师，辰景说我们量得不对，你来看看。"老师看看说："你们量的时候出现了问题，看来我们还要学习一下正确的测量方法。"凌昊说："行，我也很想知道哪里错了。"老师组织大家一起开展"管子有多长"的活动，从孩子们的问题出发认识软尺的刻度、数值、正确测量的方法。凌昊认真地说："我们没有从0开始测量，从软尺的中间测量那就不对了！"老师笑笑说："凌昊终于发现错在哪里了！"

　　测量管口时，新的问题又出现了，同一个管子不同的孩子测出来的数值不一样。辰景比划着说："他们软尺放的位置不一样，有的放在管口这里，有的放在管口那里。"老师赞同地说："测量圆形管口的时候除了对准0刻度外还须要注意软尺摆放管口的位置，软尺要摆在管口中间来测量。"凌昊把软尺的0刻度固定在管口的最边上，辰景仔细拉着软尺从管口最中间拉过去，报出数字19，芷伃马上用数字记录管口的大小。

图 5-7　用软尺量量管子

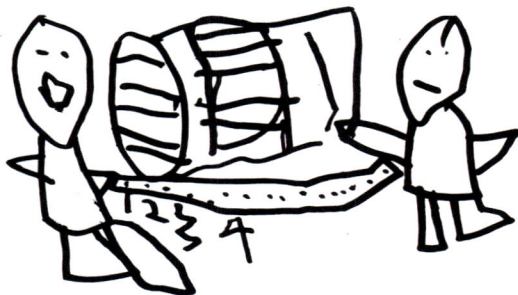

图 5-8　量出管子有多长

幼儿们玩管子的时候，能听到他们关注最高的管子有多高，最大的管口有多大。辰景第一个想到用科学区的软尺去量一量，大家开始进行一次测量活动。在测量活动中出现了一根软尺几个小朋友同时进行测量的情况，辰景否定了他们的做法。在测量管口时又出现了问题，一样的管子量出的管口大小不一样，幼儿们对于测量有困惑。

动手探究是幼儿满足好奇心、找寻科学知识的必由之路。幼儿探索管子长短、管口大小的时候正是他们尝试解决问题和寻找答案的过程。教师通过指导、帮助幼儿测量出管子的数据，幼儿利用图画、数字、符号进行有价值的记录，活动中数据的记录尊重事实。伴随着幼儿利用软尺工具进行测量活动，也是他们自我调整测量知识经验、累积新经验的一个学习的过程。

测量活动是幼儿感兴趣的活动，测量活动中他们遇到很多问题。教师发现由于幼儿不了解测量软尺的刻度和数值、测量的方法、测量的注意点，所以测量中会出现问题。教师以集体活动的形式引导孩子们重新认识软尺，丰富他们对于测量工具的认识，再结合实际情况进行"管子有多长，管口有多大"的第二次测量活动。由于幼儿有一定的认识和经验，第二次测量活动能顺利进行。芷伃在数值记录的时候能清楚记录每种型号管子的长短和管口的大小，活动后对数据进行整理又是教师和孩幼儿一起进行回顾和思考的过程。教师引导幼儿思考： 这些测量的数据能用来做什么？ 有的幼儿觉得这些测量数据可以给管子进行排队，有的觉得可以把一样大或一样高的进行分类，教师鼓励幼儿在以后玩管子中可以去试试。

♥　故事四： 管子怎么摆

"老师，管子那边太乱了。"思齐跑过来说。老师问："谁能把管子摆整齐？"佳琪说："按管子长短来摆。"思齐说："行，就按测出来的长短数据来摆几条管子队伍。"泰安摆了一会儿说："管子太多了，排队要占很大地方，要套起来摆。"老师赞同地说："套起来摆肯定节约地方。"老师好奇地问："你们怎么套起来放？"泰安很肯定地说："按管口的大小套起来放，套娃就这样放的。"孩子们一起根据管口大小数据将管子分成 3 类，老师问："怎样来给 3 类管子做标记？"思齐马上说："用画马路的颜料写数字，颜料下雨也没有掉。"老师点头说："我们可以去试试。"

孩子们决定用数字来做标记。佳琪说："1 最小，最小的管口就是 1 号管；2

在中间，不大不小的管口是 2 号管；3 最大，管口最大的是 3 号管。"老师说："那还有特殊管子呢？"佳琪说："那就 4 号管。"孩子们把管子按管口大小摆放，用排笔蘸上丙烯颜料在管子上写数字标记。等颜料干了，恩泽说："大的 3 号管放在最外面不会倒。"思齐边摆边说："2 号管那就套在 3 号管里面。"恩泽点点头。老师问："1 号管子是不是摆在 2 号管的里面？"恩泽笑着说："那当然了！"老师又问："1 号管子最多，摆不下怎么办？"恩泽想想说："管子摆不下就垒高还是放在 1 号管上。"老师点点头说："真的很期待，你们试试？"大家动手套着摆放管子了。

图 5-9 管子摆放起来

图 5-10 按标记摆放

幼儿根据测量出来的管口大小数据把管子进行分类并用数字做好标记。他们尝试着把小管子往大管子里面套，相同标记的管子用垒高的方法解决了管子摆放的问题。在这个过程中幼儿运用已有经验分类、测量、记录、排序，顺利把普通圆形管子分成 3 类，另一类是特殊形状的。这些都是幼儿在玩中主动去观察、发现、解决的一些问题。

《指南》科学领域指出："幼儿的科学学习是在探究具体事物和解决实际问题中，尝试发现事物间的异同和联系的过程。"摆放管子是解决日常玩管子后整理的活动，是一种玩中学、学中玩的一种自主的科学探究。幼儿现在摆放管子又快又整齐而且不占地方，他们在探索管子中一步一步把问题解决，在整理管子中获得探究的乐趣。

幼儿发现玩管子结束后整理摆放很零乱，教师顺着幼儿的发现抛出话题：谁能把管子摆整齐？教师运用言语引导、行动支持等策略逐步推动他们进行管子摆放自主探究活动。幼儿遇到困难时，教师鼓励他们有自己想法，引导他们相互探讨，对于敢于尝试的幼儿给予肯定，促使幼儿积极投入管子整理活动中来。

故事五："火箭1号"真高

　　佳琪尝试着新的摆放管子的方法，辰景建议说："佳琪，我们一起搭个火箭吧！"佳琪想想说："火箭有个发射器的，很高的。"辰景点点头说："嗯，我们就搭个高高的火箭发射器。"辰景随意取了几个管子，一放发现小的管子掉进大的管子里面。佳琪提醒辰景说："辰景，要拿一样大小的管子就行了，不会掉下去了。"

　　辰景和其他几个孩子开始收集管口一样大小的管子，老师看到了问："我们哪种管子数量最多？"辰景马上回答："1号管子最多。"老师说："如果你们搭很高的火箭肯定需要数量多一点的管子，是吗？"辰景点头说："是的，那我们选1号管子。"辰景惊奇地发现说："1号管子有的管口像一个喇叭，有的就是圆圆的。"老师观察到孩子们的新发现问："圆圆的管口能放进这个喇叭口中吗？"辰景试试说："能放进去的，好像卡在里面了。"辰景就这样把管子的圆口套在另一根管子的喇叭口中越垒越高，高得够不着。辰景有点失望说："就是够不着了，要不还能搭高！"宸睿说："垫几个轮胎，你可以站在轮胎上再垒高的。"辰景站在垒高的轮胎上又往上垒管子，宸睿在下面把1号管子传给辰景，直到够不到高度。辰景跳下轮胎和宸睿一起看着说："这就是我们的火箭1号！"佳琪拍手说："火箭1号真高呀！"

图5-11　搭建火箭1号

图5-12　火箭1号成功了

摆放管子中辰景和佳琪有了新的想法： 搭火箭。他们开始尝试，一玩发现不行，小的管子会掉下去，大的管子垒在小的管子上不稳会倒下来。他们开始寻找管口大小一样、数量最多的 1 号管子进行垒高。在自身高度够不着的情况下，幼儿能利用其他材料进行辅助玩，站在垒高的轮胎上又顺利往上垒高管子，搭建他们心中高高的火箭。

好奇心和兴趣是幼儿开展科学探究活动的前提，幼儿能进行有主题的建构活动源于他们对火箭的好奇和兴趣。在火箭的建构活动中幼儿运用了观察、比较、分类、分析、实施等科学方法，发现管子的喇叭口，解决管子的接口不牢固的问题，站在更高的地方继续进行垒高活动。充满挑战的活动激发他们玩出更有创意的新游戏。

活动结束后，辰景和宸睿还在一起讨论他们的火箭 1 号，教师顺着辰景的想法跟他们谈论说："你们觉得辰景的火箭 1 号还能搭得更高一点吗？"他们都认为还可以搭高的。于是教师再次抛出新问题："你们觉得怎样做能搭出更高的火箭来？"辰景说："火箭越搭越高，搭的人够不着了，搭的人要站得更高。"教师很期待地说："大家想想，怎样让搭的人站得更高？我们可以去想想，也能找找材料，还能画出自己的想法。期待着下一次能搭出更高的火箭来。"教师用话语激起幼儿搭更高火箭的积极性。

♥ 故事六： 抢救"火箭 2 号"

辰景招呼大家："我们搭一个比'火箭 1 号'更高的'火箭 2 号'吧！"辰景托起腮帮子思考着："怎样搭？"在一旁玩攀爬的欣远喊："你站在这个油桶上可以变得很高，上来吧！"辰景双手一撑，腿往上一爬，就站上油桶。辰景喊："泰安，你在下面先用 1 号管子垒高几个，不够高了就把管子传给我，我就站在油桶上垒上面的管子。"辰景和泰安配合着垒高，辰景还踮起脚往上垒高，直到够不到。泰安在下面兴奋地喊起来："更高了！"大家欢呼起来："火箭 2 号成功了！"可是，没多久"火箭 2 号"忽然歪了。佳琪大声喊："快来，我们要进行抢救！"说着佳琪马上把手扶着"火箭 2 号"，辰景说："泰安，快去搬轮胎放在管子边上挡住！"泰安把轮胎搬过来放在管子的边上，垒了 3 个轮胎的高度。佳琪站到垒高的轮胎上用手扶住"火箭 2 号"大喊："快速急救！那边也要放轮胎顶住！"辰景、泰安继续搬来轮胎放在"火箭 2 号"侧面。佳琪一放手，"火箭 2

号"又向另一边倒过去。她着急地大叫："围着'火箭2号'摆轮胎，顶住。"在大家的努力下"火箭2号"终于又站了起来。

图 5-13　抢救火箭2号

图 5-14　顶住，不能倒下

　　幼儿有了搭建"火箭1号"的经验后，产生了挑战更高建构高度的需求，他们开始搭建更高的"火箭2号"。为了搭得更高，辰景站在油桶上进行垒高活动。在建构时遇到垒高的管子倾倒的新问题。他们在原有垒高经验的基础上，加入了用轮胎围合的辅助加固方法，最终解决了"火箭2号"倾倒的问题。

　　幼儿进行着有主题玩管子的活动，他们尝试挑战更高高度的垒高。出现问题后幼儿动手施救、合作协商进行抢救活动，这是一个不断学习的过程。通过幼儿反复观察、调整，巩固，自我的认识逐步提升，同时朋友间的相互合作、默契配合也在这个过程中发展起来。

　　幼儿建构"火箭2号"这个过程中，教师也全程观察，追随着幼儿的活动进程。通过观察清楚了解幼儿的行为表现，遇到问题如何去解决？活动结束后教师进行了回应："你们在'火箭2号'四周围着轮胎是为什么？"佳琪很肯定回答："不让管子倒下来。"老师继续推进："这样的做法就是加固'火箭2号'的底部让它不倾倒，佳琪扶着管子是加固上面部分。那么底下部分还能用其他办法进行加固吗？"幼儿开始把重点放在"火箭2号"的底部加固这个新的建构上来，他们设想着建构"火箭2号基地"来加固底部的牢固度。教师先观察再以回应推进幼儿活动，并积极配合孩子，支持他们的想法，鼓励他们去尝试，推动幼儿的游戏向前发展。

故事七：管子变"隧道"

　　孩子们挑战了管子的高度后，又开始关注管子底部的搭建。泰安选了一根长一点的管子，把管子放倒，思考怎么玩。燚轩已经从管子的一头钻进去，扭动身体往前爬，边爬边说："我马上就要钻出'隧道'了！"管子滚动起来，燚轩好不容易才慢慢爬出来。泰安说："管子不滚动了，就能快点钻出来。"燚轩说："管子两边都垫轮胎，顶住管子，管子就不会动了。"两人用两个轮胎把管子顶住了，管子真的不再摇摆滚动了。

　　泰安来了兴趣说："我再来选几个管子来铺'隧道'吧！"泰安选了粗细、长短不同的管子重新铺设"隧道"。燚轩看到了说："那我就跟着你的'隧道'摆上轮胎了！"泰安点点头。燚轩招呼其他小朋友："谁来钻'隧道'呀？"泰安又钻进管子"隧道"，"隧道"一钻就分开了。燚轩看到了马上过来说："泰安，'隧道'破了！你先别动，让我来把它拉过来接一接！"泰安趴在"隧道"里一动也不动，燚轩用力把管子拉到一起。后面的小朋友跟着一起钻，"隧道"又全都分开了。燚轩一个人接"隧道"忙不过来，他着急地说："不行了，'隧道'接不牢了！"燚轩很苦恼。

图 5-15　管子变隧道

图 5-16　爬着钻隧道

在管子里钻爬是幼儿开启的新活动。从在一根管子里钻，到多人在几个管子连成的"隧道"里钻，幼儿努力创新着游戏。管子会滚动，管子"隧道"会散架，是幼儿钻爬时遇到的问题。幼儿通过与同伴的交流、合作进行调整，最终还是没有能把"隧道"连接起来。他们有点失望和无奈。

《指南》科学领域指出："在探究中认识周围事物和现象。"幼儿在玩管子的探究活动中发现管子能钻，钻的时候里面的管子是很光滑的，不会受伤，钻的时候管子会滚动，幼儿想办法在两边放置轮胎能顶住管子来解决问题。搭更长的新"隧道"发现一钻爬前后管子连接不住，通过手拉动不让它们散架。但是实施中幼儿发现只要一钻动，"隧道"接口马上散开，他们在活动中努力调整着出现的状况。他们在活动中逐步了解管子的更多特征，他们学着利用这些管子的特征进行新的活动，新活动中的问题又能让幼儿去想办法根据管子特点创设更具挑战和趣味的游戏。

教师观察到"隧道"口连接的问题没有解决，发现了活动的价值："隧道"散架了，幼儿还很有兴趣地钻爬，说明幼儿很喜欢。教师引导幼儿说出管子"隧道"连接不牢的关键，鼓励幼儿解决"隧道"散架的问题，提醒幼儿借助其他材料。幼儿发现1号管子的一头有喇叭口，能卡住管子的另一头，这样的隧道连接更牢固，泰安和燊轩带着小伙伴一起再次尝试"隧道"重建。教师鼓励幼儿利用现有材料连接管子，解决了幼儿钻管子遇到的实际问题，为幼儿继续钻爬管子提供了支撑。

♥　故事八："多轮巴士"开动了

凌昊和燊轩两个小朋友一起抬着木梯，想把管子卡在木梯上当"隧道"爬。当凌昊把梯子放在一根横着放的管子上时，凌昊笑笑说："这像个大推车！"燊轩说："要么再搬些管子来当轮子。"燊轩又搬来了几根管子横放在木梯下面，凌昊兴奋地说："这是一辆'多轮巴士'！"他用力向前推，只见木梯随着管子的滚动也向前滚去，一下子木梯的一头碰到了地上，"多轮巴士"停止并倾斜了。车子散了，凌昊并没有放弃，他招呼燊轩说："我们再来搭牢固一点的'多轮巴士'吧！"搭好后两个孩子招呼大家："快来，谁来坐我们的'多轮巴士'？"凌昊用力往前推，燊轩扶着往后退。坐在上面的小朋友开心极了，大叫："车动了，动了！"眼看木梯又要滚下来了，燊轩大喊："凌昊，你拉回来！"凌昊往后退，燚轩往前推过去，"多轮巴士"又往另一个方向开过去了。凌昊和燚轩一推一拉来回推动着"多轮巴士"。车倾倒和散架问题解决了，坐"多轮大巴士"的孩子越来越多，还吸引了大班的哥哥、姐姐也参与进来，孩子们还邀请老师也来坐坐他们的"多轮巴士"，混龄活动、师幼活动在这里进行着。

图 5-17　多轮巴士动起　　　　　　图 5-18　推着向前行

无意间的一个契机幼儿开始了新的"多轮巴士"游戏，他们在玩的过程中发现木梯是会随着管子滚动前进而散架的，再次玩的时候幼儿发现在来回推拉中能保持"多轮巴士"的平衡与滚动。在玩"多轮巴士"的过程中，吸引了不同年龄段的幼儿，使幼儿的户外混龄活动更丰富、更有趣。活动中，幼儿主动邀请教师和其他班级幼儿参与，促进了幼儿社会性的发展。

"多轮巴士"活动以幼儿为主体，以管子为载体，从"推向一个方向倾倒过去"到"在一定范围内来回推"的过程是幼儿思考问题、解决问题、自主探索的过程。教师抓住这一偶然的契机，引导幼儿把木梯放置在管子上，"多轮巴士"应运而生，吸引了更多幼儿参与到活动中来。

幼儿遇到木梯随着管子滚动会散架的问题，通过来回推动想办法解决。中班幼儿对"多轮巴士"散架特别感兴趣，推动的速度更快。教师没有制止幼儿的做法，而是提出安全建议，同时，教师鼓励幼儿通过相互告知、规则提醒、设计标志等方式引导幼儿注意安全。

♥ 故事九：管子能升起来吗

爱鸟周开始了，孩子们讨论：怎样做个喂食器让小鸟吃到食物？以沫说："用绳子绑住管子拉到树上就能吃到了！"以沫试着把绳子的一头朝树杈方向扔过去，绳子没有碰到树枝就掉了下来。月月大喊："老师，以沫力气不够大，这个绳子扔不上去！"老师笑着说："那你们认为谁会比你的力气大，就可以让他来帮忙。"以沫说："大班的哥哥力气会大一点，可能能帮忙。"以沫和月月一起邀请大班的哥哥来参加游戏。只见哥哥拿着绳子的一头往上扔，连续几次都没有碰到树杈那个地方。哥哥说："我站得高一点就能扔上去了！"哥哥尝试站在高一点的台阶上往上扔，还是没有成功。

孩子们再次感到了失望，有点泄气了，老师鼓励说："看看哪些材料能投过这个树杈？"哥哥说："皮球很容易能投过树杈，就像投篮一样瞄准了准能过。"老师顺着孩子们的想法又建议："那绳子能不能也变成一个球，投过树杈呢？"姐姐肯定地说："行的，只要把球绕个毛线球！"姐姐把绳子的一头绕成了麻绳球递给哥哥，她把麻绳的另一头穿过管子打好结。哥哥拿着麻绳球用力往树杈方向一扔，麻绳球一下子就从树杈处穿过去，掉了下来。孩子们兴奋地跳起来，几个孩子拉住掉下来的绳子往下拉，管子喂食器一下子就升上去了。

图 5-19　真的升上去了

图 5-20　拉麻绳吊起来

"管子升起来"活动中，幼儿围绕麻绳怎样扔过树杈进行思考，还与大班幼儿合作游戏，这是幼儿主动学习、快乐游戏的一种表现。教师发现幼儿不能把绳子一头扔过树杈这一问题，引导幼儿继续尝试多种方法，帮助他们挑战高度，感受成功的快乐。

活动中，幼儿能围绕问题进行探究，通过观察情况进行思考，与大班幼儿合作游戏，在探究中学习。教师针对幼儿遇到的问题，及时做出价值判断，了解幼儿需求，指导或建议幼儿去解决棘手的问题，鼓励幼儿讲述探究时的困惑、乐趣、经验，以点带面，互学互动。

管子喂食器的设想源于幼儿的一片爱心。制作过程中，把绳子扔过树杈是幼儿遇到的主要问题，多次遭遇失败后，幼儿没有放弃，开始寻求帮助。教师以问题点拨的方式鼓励幼儿想办法克服困难，幼儿的专注性被调动起来，他们坚持想法、努力实践，管子喂食器在大哥哥、大姐姐的帮助下成功升上树。

♥ 故事十： 人能上树吗

"老师，那我们人也能上树吗？"辰景有了新想法。老师说："你的想法真好，我也很期待啊。"宸萱肯定地说："能上树的，但是拉绳的人要多点，要不然拉不起来。"佳琪摇摇头说："不能上树，树枝会压断的。"辰景着急地说："要看拉起的管子能不能稳稳升上去。"哥哥自信地说："管子两边都系上绳子，两边绳子同时拉就行！"老师点点头说："还需要去找一根长麻绳。"哥哥去资源库找了一根长麻绳，辰景和哥哥把两根长麻绳分别穿过两棵大树，管子系在中间。姐姐吩咐两队的小朋友说："听口令你们要同时开始往后拉。"竖着的管子一下子就升起来了，大家高兴地跳起来："成功了！"

看着孩子们激动的样子，老师提议："刚才管子稳稳地吊起来了，如果人要上去还要注意什么？"大家马上想到需要在下面铺上垫子做好防护。辰景拉住绳子说："我准备好了，我来试！"他钻进管子里双手抓住管子边缘。孩子们听着哥哥的指挥往后面拉，"一、二、三……"，管子慢慢往上升，越来越向靠着树的一边倾斜，佳琪着急地叫起来："怎么回事？管子怎么向一边移动？"老师提醒："这边人多力气大，管子就移过去了，那边小朋友用力拉过去点！"辰景在晃晃悠悠中上了树，脸上露出了灿烂的笑容，孩子们也欢呼起来："真的能上树了！"

图 5-21　人能上树了

图 5-22　拉住别放手

在"人能上树吗？"的活动中，幼儿遇到了很多困难，他们始终没有放弃这一美好的想法。从"管子能上树"的基础上进行升级版"人能上树"的策划和行动，不断累积经验，如安全的防护、管子平衡的方法、合作的默契等，感受集体挑战获得成功的快乐。

幼儿在尝试上树的过程中，虽然充满不确定因素，但丝毫没有阻碍游戏的推进，幼儿从问题出发，在尝试实施、勇敢挑战、累积经验的自主学习中不断丰富游戏，获得多方面发展。中班幼儿愿意与大班幼儿一起玩，愿意听大班幼儿的指挥和建议，大带小的活动让大班幼儿的策划能力、组织能力得到更大的提升，中班幼儿的合作意识和交往能力也逐步发展，双赢效益在游戏活动中得到显现。

教师发现存在安全问题及时提出，幼儿也采取了一些安全上树措施。教师在一旁观察幼儿的表现、行为，关注着他们的问题，支持着他们的想法，鼓励他们去尝试，让更多幼儿实现上树的愿望。

分享回顾

活动后，老师和孩子们一起策划"我喜欢的管子游戏"分享会，孩子们迫不及待地用画笔记录玩管子的趣事，制作成连环画展示在走廊，他们路过时常会去看看、讲讲。

分享会开始了，萱萱津津有味地讲述着"测量管子"的故事："测量管子的时候，偲恒教凌昊对准 0 刻度进行测量，我也学会这个测量的本领。凌昊看着尺上的数据报给芷伢，芷伢用数字记下来，有的数字表示什么我也不是很清楚，芷伢你也来说说。"萱萱招呼芷伢，芷伢站起来介绍说："一根管子有两个数字，记录在管子上面的数字是管口的大小，记录在管子旁边的是管子的长短。"萱萱点点头说："原来数字是区分管子大小和高矮的。"孩子们一个接一个分享着玩管子的故事，大家围坐在一起安静地聆听着，重温玩耍时的趣事。

老师设计了"微视频"回顾展，把孩子们玩管子的照片制成二维码，印成活动花絮相册，家长或其他老师通过扫二维码就可以看到孩子玩管子的精彩瞬间，共同分享快乐时刻。

图 5-23　图画书故事分享

图 5-24　玩管子图画书展

评价反思

佳琪：管子能玩出很多的游戏，我喜欢玩钻隧道，在1号小管子里钻太有意思了，感觉我要钻不出来了，最后我是慢慢扭出来了。

思齐：真的不可思议，辰景居然能套在管子里上树了。其实我也很想试试上树的感觉，但是还是有点害怕。我觉得如果管子里能装个保险带这样的装置我就敢试了。但是我也参与了，我在努力拉绳，为辰景顺利上树出力气。

辰景：管子游戏我一直在玩，管子分类、管子摆放、管子测量、搭火箭、滚管子、坐多轮巴士、人上树了。我很乐意跟朋友们一起来玩这些新的游戏。我最得意的是我是第一个钻在管子里上树的人，太有意思了。

辰景爸爸：总是听着儿子讲着他们玩了管子游戏，心里想老师怎么就一直让他玩这个游戏呢？是不是也要换着玩玩？通过老师时不时在班级群里发孩子们玩管子游戏的照片才发现，小小的管子孩子们能玩出花头来。儿子玩管子露脸的机会很多，我们家长真的发现这就是真实的儿子，在玩自己喜欢的游戏，我们家长支持儿子。

偲恒妈妈：想不到不起眼的小管子也能当玩具来玩。这给我们家长一定的启发，玩具不是贵的就是好的玩具，一些耐用、安全的废旧材料同样有玩的价值。

宸萱妈妈：我们家女儿看起来一点也不弱，在玩管子时要磨管子就磨，要抬管子就抬，要钻管子就钻，没有了娇气的样子。我们看到在玩管子游戏中孩子们也学到一些知识，如测量、收集资料，爱鸟周喂鸟等也是寓教于乐的活动。

《指南》指出："幼儿在接触自然和生活中的事物和现象时积累有益的直接经验和感性认识。"微项目活动"管子来了"是幼儿在户外活动中与管子材料进行互动，形成的一系列自主探究活动。

活动中，幼儿是探究的主角，他们从自己的兴趣出发玩管子，经历着观察、发现、猜想、调查、分类、测量、记录的玩中学习，这样的学习幼儿真快乐。幼儿的科学探究能力在发现管子的秘密、摆弄管子、累积管子的经验等活动中逐步发展。在滚、钻爬、垒高、悬空等探究活动中，幼儿们的平衡能力、协调能力、跳跃能力、灵敏性等都得到发展，其交流、情感、认知方面也得到提升。

活动中，幼儿用自己的方式记录与管子的故事，学会表达，学会记录，学会分享，一次次记录形成有特色的幼儿成长故事书。

活动中，教师成了幼儿探究的追随者和倾听者。教师通过观察用文字和照片真实记录，形成可视化的活动环境。教师及时为孩子搭建分享交流的平台，让幼儿充分表达自己的问题、自己的做法、自己的经验等。教师适时给予幼儿适宜的回应，鼓励他们用管子玩出多样游戏。教师追随着、观察着、记录着、回应着，和幼儿一起在玩中成长着。

活动中，家长成了隐形的支持者和最给力的观众。教师鼓励家长和幼儿一起参与资料收集，扫码观赏幼儿活动，了解活动动态，转变对于"玩管子"的认识，帮助家长拓展经验，利用常见材料和幼儿进行亲子游戏，陪幼儿一起成长。

微项目六　油菜花儿开 （大班）

微项目由来

　　每年春天，一年一度的"同里油菜花节"总会吸引着我们这些身处小城镇的孩子和家长一起去远足，寻找春天，拥抱自然。孩子们漫步在香气四溢的花海中，品味着美丽的田园风光，体验着乡村休闲惬意的生活，不仅充分领略了油菜花的自然美景，还感受着自己家乡春天特有的美丽，也尽情放飞着快乐的心情。同时，各种对于油菜花的小问号也在不断地产生："油菜花小时候是什么样子呢？""油菜花以后会结果吗？""我们能不能也来种一种油菜花呢？"于是，老师和孩子们一起经过讨论后约定：到了秋天，就在幼儿园新开辟的"后花园"里种一大片油菜，让孩子们亲身体验种植油菜的过程，满足他们渴望在幼儿园看到金灿灿的油菜花的愿望。

　　十一长假后，种油菜活动在大班组紧锣密鼓地开展起来，本着"全收获"的理念，开启了一段种植、观察、发现、探索、记录油菜秘密的探究之旅。

图 6-1　油菜花太美了

图 6-2　香香的油菜花

问题搜索

关于油菜花，我知道……

油菜花是黄颜色的。

油菜花的花瓣很多。

油菜花闻上去香香的。

油菜花长得很高。

油菜花是在春天开花的。

油菜花里有花蜜，蜜蜂喜欢吃。

油菜花的种子可以榨出油来。

油菜花的花苞是圆圆的。

关于油菜花，我想知道……

为什么油菜籽是黑色的？

油菜应该怎么种？

油菜的小苗是什么样子的呢？

为什么有的油菜籽能长出苗，有的不能？

油菜花可以生长在水里吗？

油菜是怎样长大的？

油菜的叶子是怎样长的？

油菜为什么要移株？

油菜花的肥料是什么？

菜油可以用来干什么？

思维导图

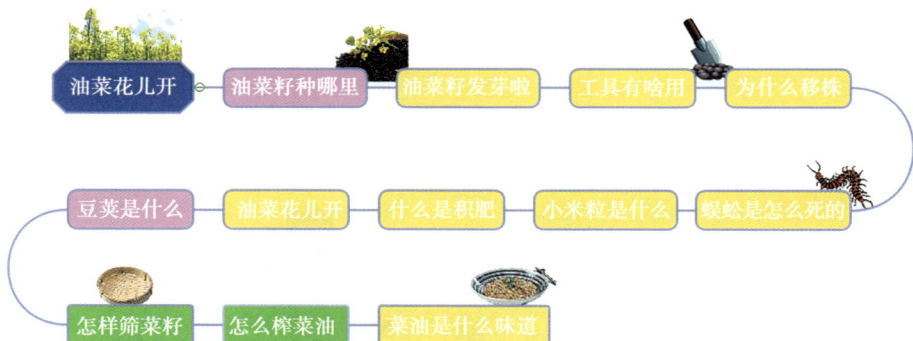

油菜花儿开 → 油菜籽种哪里 → 油菜籽发芽啦 → 工具有啥用 → 为什么移株

豆荚是什么 ← 油菜花儿开 ← 什么是积肥 ← 小米粒是什么 ← 蜈蚣是怎么死的

怎样筛菜籽 → 怎么榨菜油 → 菜油是什么味道

备注：蓝色表示幼儿的问题或话题；绿色表示集体活动；橙色表示区域活动；玫红色表示亲子活动。

活动导航

序号	活动名称	活动目标	实施途径 集体活动	区域活动	亲子活动
1	油菜籽种哪里	• 观察发现油菜籽黑、圆、小、香等特征 • 自主选择不同的地点种油菜籽		√	
2	油菜籽发芽了	• 仔细观察发现油菜发芽长叶的现象 • 知道油菜叶子是对称着长的		√	
3	工具有啥用	• 尝试用铁锹、铁爪等工具给油菜除草 • 观察发现方便除草的工具		√	
4	为什么移株	• 知道移株对油菜生长的作用 • 尝试用工具帮助完成移株		√	
5	蜈蚣是怎么死的	• 发现油菜生长过程中会有虫害 • 了解植物生长所需要的条件		√	
6	小米粒是什么	• 观察发现油菜花苞的特征 • 能持续观察油菜花的变化		√	
7	什么是积肥	• 了解油菜生长过程中需施肥 • 用树叶、菜叶等进行发酵积肥		√	
8	油菜花儿开	• 学习用放大镜、尺子等工具观察油菜花 • 能用自己的方式和同伴交流记录发现		√	
9	豆荚是什么	• 亲子查阅资料，全面了解豆荚 • 知道豆荚里种子的数量有多有少			√
10	怎样筛菜籽	• 能自主选择、制作筛油菜籽的工具 • 知道筛子洞眼大小与菜籽分离的关系	√		
11	怎么榨菜油	• 尝试用捣罐、石磨等小工具榨油 • 初步感知油菜籽榨出油渍的现象	√		
12	菜油是什么味道	• 尝试动手制作、品尝葱油拌面 • 感知菜油的主要特征，知道其用途		√	

♥ 故事一：油菜籽种哪里

瑶瑶一进教室，就大声呼喊着好朋友："小宝，亦辰，快来看，我带来油菜种子啦！"大家呼啦一声都围了过来，一起观察着种子包装袋，七嘴八舌地说开了，亦辰指着包装袋上的油菜豆荚说："原来油菜花的种子是跟我们家做菜的四季豆长一样的啊。"瑶瑶去拿剪刀剪开了袋子，倒出油菜籽，顿时，孩子们又沸腾了，小宝说："啊！这个黑黑的就是油菜的种子吗？怎么跟小珍珠一样圆？"希希说："对啊，还硬硬的。"妍妍说："我来闻一闻，好像有点香香的味道。"看着兴奋的孩子们，老师说："一起去种植园找你们觉得合适的地方种油菜吧！"孩子们纷纷抓了几粒菜籽放在手心里，开心地排好队，来到了"后花园"的种植园。

希希："我要种在这个小洞里，这样以后我的油菜正好不用花力气就能长出来了。"

妍妍："我要种在这块红色地砖的边上，这样我以后就能很快找到我的油菜了。"

孩子们慎重地选择着自己心仪的地点，小心翼翼地种下了自己手里的种子，有的还小心地用一点泥土盖住了种子。

图 6-3　我们一起种油菜籽

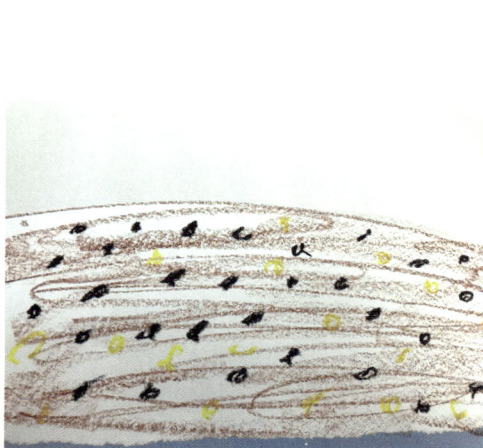

图 6-4　油菜籽是黑黑的、小小的

瑶瑶带了包油菜籽大声呼喊着好朋友，大家一下子被吸引过来，围在一起观察、述说着自己的发现，在轻松愉悦的氛围中，幼儿获取了油菜籽黑、圆、小、香等知识经验。种油菜籽的过程中，教师允许幼儿自主选择不同的地点亲手播种，他们选择种在小洞里、地砖边等，各有各的理由，一个个小心翼翼地种下油菜籽，脸上洋溢着无比兴奋和快乐的笑容。

《纲要》指出："要尽量创造条件让幼儿实际参加探究活动，使他们感受科学探究的过程和方法，体验发现的乐趣。"在种植油菜籽的过程中，教师鼓励幼儿主动收集油菜籽，提高了幼儿种植观察油菜的积极性。同伴间的交流分享让幼儿的观察更细致。自主选择种植的地点，为幼儿充分的自主探究划造了条件。

幼儿亲手种下油菜籽，他们体验着劳动的快乐，斯盼着油菜籽的发芽、长大，观察探究的欲望也随之激发出来。作为教师，要充分利用饭后散步、户外活动等时间，组织幼儿对油菜籽进行连续性观察。

♥　故事二：　油菜籽发芽了

一个星期后，平静的菜地终于有了变化，黑黑的土地上冒出了一个个绿绿的小芽芽，孩子们开心极了，纷纷睁大眼睛寻宝似的找着自己种下的种子，找到的笑容灿烂，没找到的一脸遗憾。每一天他们都会互相交流、比较，不时地提出问题，再寻求解答，他们每天都专注地观察、认真地记录。

怡清："快看，我的油菜籽发芽了，长出了两片小叶子。"

毛豆："我的也发芽了，都有三片叶子了。"

辰辰："可是，为什么我找不到我的油菜，明明我是种在这里的。"他一脸遗憾。

诚诚："我的也没找到，明天肯定会发芽了。"

老师请孩子们看看油菜长什么样子，夕夕说："小小的叶子。"小宝说："长得像小爱心。"晨晨说："还像小蝴蝶。"……梦瑶还细心地发现："老师，它们两张叶子面对面的。"瑶瑶轻声说："油菜宝宝还那么小，我们轻点，可别伤害到它们。"

图 6-5　我的油菜籽发芽了

图 6-6　油菜籽长出了小小的叶子

　　从种下油菜籽到发芽，经历了大约一周的时间。幼儿发现自己亲手种下的油菜籽长出了两片、三片叶子时，他们都对小小的油菜叶充满了欣喜和想象。油菜籽为什么会发芽？发芽之后又会变成什么样呢？这棵幼苗会长成什么呢？会不会开花？他们会每天都来观察幼苗的新变化，还发现了油菜的叶子是两片相对着长的。

　　陈鹤琴提出："鼓励儿童去发现他自己的世界。儿童的世界是儿童自己去探讨、去发现的，他自己所求来的知识才是真知识，他自己所发现的世界才是他的真世界。"幼儿通过自己的亲身观察，发现了自己种下的油菜籽发芽的现象，通过和同伴间的比较，还获得了油菜籽发芽也是有先后的知识经验。

　　随着油菜的慢慢长大，教师需要引导幼儿通过观察、记录、比较等方法，建构适宜幼儿发展的科学活动，促进幼儿对油菜进行有目的的感知和主动的探索。

♥　故事三：　工具有啥用

　　油菜慢慢长大了，油菜地里的小草也长了许多，老师组织孩子们经过探讨后得知：小草会吸收掉油菜的养分，会影响油菜的生长。于是，孩子们决定要去把杂草全部清理掉。大家来到后花园，在工具间选择了自己喜欢的工具，兴致勃勃地去拔草了。

　　果果拿起橙色大铁锹，对准一棵杂草用力往下铲，可地有点硬，大铁锹有点重，果果只铲下了一小块泥土。清清拿了把铁爪，又轻又好使，只见她一点不费力地在地上凿着，一会儿就凿出来一小堆杂草。果果看见了，马上也去工具间换了把斧头，斧头有个扁扁的刀刃，很容易把草铲掉。一会儿，果果身边也堆了一小堆杂草。他对清清说："你看，我换了一把斧头，就跟你的铁爪一样好用了，我们都除了一样多的杂草。"清清说："对啊，我的铁爪就像一只大爪子，能一下子把草抓出来。"老师说："你们有这么多发现，回教室后可以记录下来一起讨论。"

除草回来，孩子们迫不及待地将自己的工具使用情况记录下来。果果边记录边告诉边上的希希说："我先拿的是大铁锹，想去挖草。我对准有草的地方，铁锹铲到泥里，可是草都掉不下来，只弄掉一点点泥。后来我去换了把斧头，它一头是平的，一头是尖尖的，这个工具很好用，我一会儿就除了好多草。"希希也拿着记录纸兴奋地说："我选的是一把剪刀，也能很快把草剪断的。"

图 6-7　铁锹太重了

图 6-8　铁爪又轻又好使

油菜地里出现杂草，幼儿经过讨论知道了杂草会影响油菜的生长。果果一开始使用铁锹发现费力又除不了草，后来换了斧头又快又省力。通过铁锹和斧头的使用和比较，获得了又轻又小的斧头比又大又重的铁锹好用的经验。清清和希希也通过自己的亲身体验，获得了铁爪和剪刀的使用经验。在选择、更换工具的过程中，幼儿认识了各种工具的功能，获得了解决问题的好办法。

《指南》指出："鼓励幼儿用绘画、拍照、做标本等办法记录观察和探究的过程与结果，通过记录帮助幼儿丰富观察经验、建立事物之间的联系和分享发现。"在幼儿选择不同工具除草的过程中，教师鼓励幼儿对不同的工具的探究过程和结果用自己的方法记录下来，并结合自己的除草经历清楚地表述着探究的过程与结果，不但学会了观察记录的方法，而且也培养了交流分享的能力，同时提高了解决问题的能力。

幼儿亲历了油菜除草的过程，他们对油菜的生长变化更充满了期待。教师要尊重幼儿的这一愿望，组织引导幼儿继续进行油菜的观察、管理活动，让幼儿能主动参与观察油菜生长变化的全过程，感受种植的快乐，成为油菜种植地的小主人。

♥ 故事四： 为什么移株

油菜长势越来越好，孩子们每次去后花园回来都会交流自己的油菜又长大了。小宝说："你们看，我们种的油菜都发芽了，密密麻麻的，好多啊，会不会太挤了呢？"清清仔细地看了看她种的油菜，说："我的油菜这里太挤了，油菜会不会太闷了？"有着种菜经验的保育员老师说："是啊，油菜太挤了就不会开很多的油菜花，要让油菜开很多花，结出多多的菜籽，必须要移株。"孩子们马上围了过来，追着保育员老师问："啥叫移株呢？"保育员老师说："移株就是让每棵油菜都能排好队整整齐齐地长在地里，不要太挤，这样油菜才能长得高、长得壮，才能结出多多的油菜籽。"小宝说："我知道了，移株就是要给油菜重新找个新家，每一棵菜都要空一点。"于是，大家迫不及待地一起动手把密密的油菜挖出来，选了块空地整整齐齐地种了下去。小宝用小铲子在泥土上挖了一个洞，拿了棵大油菜塞了进去，又盖上泥土，抬起头笑着说："完成了。"老师故意轻轻一拎，油菜就被拎了出来。老师惊讶地说："你种的油菜怎么一下就出来了？"小宝说："可能我种得靠太外面了，要靠里面一点。"说着，拿起铲子又挖了挖，洞深了很多，小宝把油菜塞了进去，又盖上泥土，自己还试着轻轻一拉，油菜没有出来。小宝兴奋地大喊起来："成功了，成功了！"其他孩子看见了，也学着小宝的样子给油菜移株起来。

图 6 - 9　挖个洞种油菜

图 6 - 10　油菜都排好队了

油菜生长的过程中，出现了由于植株过密引起的油菜的长势不均，幼儿发现了这个问题，产生了"会不会太挤"的疑惑，保育员老师的介入引发了幼儿的追问，自然获取了"油菜要移株"的新经验，他们拿起小铲子等工具尝试自己动手给油菜移株。教师发现幼儿种得浅，故意轻轻一拉，让幼儿继续尝试，获取油菜要往深种才能种好的经验。

皮亚杰游戏理论"让儿童在玩中学"指出：要尊重幼儿主动探索的欲望，要鼓励幼儿按照自己的想法试验，在观察试验的过程中，不断调整获得新的经验。幼儿通过发现油菜的长势不均提出问题，愿意互动，主动追问，从而获得移株的新经验，并在自己亲手使用工具进行移株的过程中将这种经验内化成了终身受益的知识。

经过了移株的油菜种植地里植株分布更科学了，移株后的油菜长势也会更好，接下来的油菜将会继续成长，后续会带来更多的关于油菜种植过程中可能出现的问题。教师要关注幼儿的问题，抓住契机进行深入探究，让幼儿在游戏中学习，习得种植油菜的经验。

113

故事五： 蜈蚣是怎么死的

　　秋高气爽的午后，我们散步来到后花园，孩子们四散地蹲在了地上，找一找油菜有没有什么变化。浩宇说："我的油菜上次是两片叶子的，今天这里又长出来两片叶子。"麦兜看了看自己以前种下的菜苗说："我的油菜好像叶子还是 3 片，但是有 2 片叶子变大了，有了花边形状了。"突然，希希叫了起来："呀，这边有一只蜈蚣！"大家一听，赶紧都围了过来，果然，一条蜈蚣静静地躺在地上。"蜈蚣会咬人！"胆小的修齐赶紧提醒大家，"对对，蜈蚣咬人会死的。"佳逸赶紧补充，于是大家马上对蜈蚣远观起来，不敢靠近了。过了几分钟，看着蜈蚣一动也不动，希希大胆地靠近了蜈蚣，仔细一看说："蜈蚣好像死了。"佳逸找了根小树枝戳了一下说："嗯，蜈蚣真的死了。"又挠了挠小脑袋疑惑地问："蜈蚣怎么会死的呢？"希希指着有洞的菜叶说："我觉得蜈蚣肯定是吃了我的油菜死了，你们看，这个菜叶上有一个小洞。"大家一看，都认可了希希的观点，转而又担心起来："油菜怎么会有毒呢？""有毒的油菜以后结出油菜籽还能吃吗？"教师也故作着急地问："油菜怎样才不生病呢？"孩子们的办法可真多，纷纷举起小手说："给油菜捉虫。""可以喷洒药水。""给油菜拔草。"……

图 6-11　蜈蚣死了

图 6-12　菜叶有个洞

　　幼儿仔细观察比较着油菜的变化，交流着自己的发现，感知着"叶子变多变大、叶子长出花边形状"等油菜生长发育的过程和特征。幼儿观察到有洞的菜叶下躺着一条死去的蜈蚣，大胆猜测蜈蚣是吃了油菜死的，还引发了"油菜怎么会有毒"等讨论，教师抓住契机适时抛出"油菜怎样才能不生病"的问题，幼儿自然想到给油菜除虫、喷洒药水、拔草等养护照顾的方法。

陈鹤琴说过："孩子们能想的，让孩子自己去想；孩子们能做的，让孩子自己去做。"油菜种植地为幼儿提供了最佳的探索场地与机会，教师要鼓励幼儿在动手中学习，在观察中学习，在体验中学习。当幼儿发现油菜下面的蜈蚣和菜叶上的洞洞时，教师并没有直接介入，而是充分信任幼儿，让他们细致观察、讨论，幼儿主动联系已有经验，产生联想，提出大胆猜测"油菜有毒"的担心和油菜会遇到虫害的现象。教师随即提出养护照顾油菜的要求，幼儿更乐意接受并投入其中。

幼儿关于"蜈蚣是怎么死的"的讨论，正是教师引导幼儿发现油菜有虫害的极好时机，也是幼儿观察探究油菜生长过程中必不可少的内容。幼儿可以在观察养护中，直接获取油菜生长过程中的除虫经验。接下来，教师要继续给予幼儿尊重、肯定和支持，鼓励幼儿提出自己的疑问，展开深入持续的探究，去观察发现油菜开花、结果等变化，并尝试用自己的方式表述表达。

❤ 故事六：小米粒是什么

经历了几天的阴雨后天气终于放晴，暖暖的太阳，凉爽的风儿，让大家的心情格外舒畅。到了后花园，孩子们迫不及待地分散去观察。亭亭玉立的油菜如今花苞朵朵，含苞欲放，在花苞最多的油菜前，聚集了好几位小朋友，有的聚精会神地观看着，有的七嘴八舌地讨论着。妍妍说："油菜花开出了一粒粒小珍珠，像小星星，还像小眼睛。"瑶瑶伸出小手触摸了一下花苞，动作又轻又慢，生怕弄疼了花朵。小宝高兴地跑过来说："老师，我发现油菜花上面有好多的小点点。"旁边的婉玲跟着说："是的，我也看到了，它们很小，有点像小米粒。"说完，两个小伙伴点数起来："1、2、3……"辰辰跑过来拉着老师说："我种的油菜也有了粒小米粒。"老师问："你知道小米粒是什么吗？"辰辰摇了摇头说："我不知道。"老师神秘地说："这是花苞，里面藏着美丽的花瓣，以后会开出金黄的花朵，特别漂亮。""真的吗？"辰辰激动地说。老师说："你看这枚花苞，已经露出了几片花瓣，我们要爱护它们，不能动手去摘。"孩子们都兴奋起来，迫不及待地在记录纸上画下今天的发现。

图 6-13 油菜长出了小米粒

图 6-14 油菜上面有米粒

通过一段时间的持续观察，幼儿发现了种下的油菜不仅已经长大长高，还长出了一个个米粒样的东西，通过观察、讨论、触摸、数数等多种方式感知油菜的生长变化，表达自己对油菜的喜爱。幼儿把小花苞想象成小米粒，可见，幼儿并不认识小花苞，教师的介绍给幼儿带来了惊喜，也引发了对油菜花开的期待，同时，提出爱护油菜花的要求，适时适宜，更容易得到幼儿的认可。

观察是一切知识的基础，大班幼儿观察力的核心经验就表现在能够同中求异和异中寻同的能力。油菜在种植一段时间后个体差异明显，花苞、花朵形状颜色完全不同，这对大班幼儿有很大的吸引力，能提高观察兴趣。幼儿在观察、数数、记录小花苞的过程中，大胆表现自己对油菜花的特征与变化的认识，这也体现了《指南》的要求："通过观察、比较与分析，发现并描述不同类物体的特征或某个事物前后的变化。"

油菜在幼儿的精心照料下长得越来越好了，花苞也在含苞待放着，让幼儿心心念念的金黄色的油菜花即将开放了。接下来教师要引导幼儿用自己的方法去多关注油菜花开的情况，探究油菜花的特征。

❤ 故事七: 什么是积肥

　　大家都在观察自己的油菜花，林林在一边闷闷不乐。老师问："林林，你怎么不去看你的油菜花呀？"林林说："我看过了，我的油菜比希希的油菜要小很多，又细又矮，而且开出的小米粒花苞也很少。"老师也着急地说："这是为什么呢？"睿涵说："会不会油菜喝水少了？"乐乐说："会不会是它们种在一起太挤啦？"孩子们又去请教保育员老师，保育员老师说："油菜的生长需要肥料的浇灌，还要有足够的生长空间。"孩子们一个个围在保育员老师身边问："到哪里去弄肥料，好让油菜吃了长得又高又壮呢？"保育员老师指着菜地边上的大泥洞说："那个泥洞就是用来积肥的。"林林眨巴着眼睛问："什么是积肥？"保育员老师笑了笑说："你们可以把一些剩菜、树叶等放进去，等它发酵后就成了绿色天然的有机肥。"孩子们跃跃欲试，说干就干，他们去食堂收集每天清理下来的剩菜叶，又去操场收集每天清扫出来的树叶，他们或两人一组，或三人一组，抬着菜叶、树叶去往菜地泥洞，把它们倒进洞里，又用地毯把洞口盖住，好让菜叶、树叶快快发酵。尽管剩菜菜叶和树叶有的已经腐烂发出一阵阵臭味，可孩子们一点儿都不怕，他们捂着嘴巴、鼻子，兴致勃勃地完成了积肥工作，还给这个洞取了个好听的名字——肥料魔法洞。接下去的每一天，孩子们都会猜测和讨论肥料有没有变出来。

图 6-15　树叶放进大泥洞

图 6-16　肥料快变出来啦

林林发现自己的油菜又细又矮而闷闷不乐，教师借机引导幼儿讨论，大家各自猜测可能的原因。保育员老师的提示让幼儿知道油菜的生长还需要肥料，而"到哪里弄肥料"又成了幼儿迫切需要解决的问题，此时，知道"油菜要移株"的保育员老师自然也成了幼儿眼中的专家，他们围着保育员老师期待获得解决问题的方法。保育员老师提出的大泥洞积肥的方法，更激起幼儿参与积肥的兴趣，他们自由结伴去食堂、操场收集生菜叶、树叶放进大泥洞，学习发酵制肥，他们不怕脏不怕累，还给积肥洞取了个有趣的名字，体验着积肥的快乐。

《指南》指出："要支持幼儿在接触自然、生活事物和现象中积累有益的直接经验和感性认识。帮助幼儿学习发现问题、分析问题和解决问题，不断积累经验，并运用于新的学习活动，在幼儿头脑中留下了深刻的记忆，形成终身受益的学习态度和能力。"积肥对幼儿来说是一个完全陌生的知识，他们从保育员老师那里获取积肥的经验后，主动去收集树叶和菜叶放入洞内等待它们发酵。这些都给幼儿留下深刻的体验，感受着积肥过程的辛苦与快乐。

观察种植油菜的过程中，幼儿总会遇到各种各样的问题，解决不同的问题有不同的途径，教师要引导幼儿通过向成人求助、与同伴分享交流等途径去解决。在这次的积肥活动中，幼儿通过有经验的保育员老师的解答，获得了积肥的新经验，让探究油菜的活动更增添了趣味性和满满的期待。

♥ 故事八： 油菜花儿开

在一丛丛油菜花中，有的花已经开了，金黄金黄的，美极了！有的花还半开半闭，像个害羞的小姑娘；有的还是花骨朵，却像马上就要爆开似的。这些花在微风中徐徐摆动，像是在点头，又像是在跳舞。孩子们迫不及待地跑过去，想更仔细地看看自己种下的那棵油菜花开了没有。

"老师，我的油菜花开了，开得好大呀，太漂亮了。我要去拿个放大镜来看看油菜花的花心。"老师点头表示同意，馨影跑到工具区拿了个放大镜仔仔细细地观察起来，边观察边招呼着："思涵，你快来看，我的油菜花里面的花心像一个一个小铃铛呢。"思涵跑了过来，站在馨影身边，睁大眼睛仔细地看着，说："我来数一数，有几个小铃铛花心。"边说边用手指指着油菜花数起来："1、2、3……"

麦兜正和小宝用工具在测量着油菜的高度。麦兜兴奋地叫起来："哇！我的油菜长得太高啦，都快和我一样高了，我要来量一量它到底有多高。"他认真地用皮尺量着一棵高高的油菜，量了一会儿，又跑过来叫老师："老师，你快来看，我的油菜是不是有48米（厘米）啦？"老师走过去看了看说："你的油菜是有48厘米高了，不是米。"麦兜似懂非懂地答应着，又去帮忙量小宝种的油菜了。

图6-17　数数有几瓣	图6-18　油菜花里面还有好多花心

期待中的油菜花终于开了，金黄色的油菜花又多又香，油菜都长得很高，有的已经跟幼儿长得一样高，深深吸引了幼儿，工具区收集摆放的各种工具自然也成了幼儿观察探究的首选，他们有的用放大镜仔细观察油菜花的特征，有的用尺子测量油菜的高度……观察油菜活动成为一个涉及观察、测量、协作、表现、责任感、任务意识及审美等多方面经验的综合活动。

观察活动要让幼儿习得经验必须讲究方法，《指南》指出："教师要支持、引导幼儿用适宜的方法探究和解决问题，或为自己的想法收集证据。"把幼儿从"在课堂中学习"引领到"在自然情景中学习"。幼儿在油菜地里，借助放大镜更好地对油菜花进行了细致的观察，用尺子学习正确测量油菜高度的方法，更好地体现了"玩中学"的意义。

种植地里的大片油菜花为幼儿提供了各种探索油菜花的机会，每个幼儿都可以从中享受真实体验，获得直接经验，体验发现和自主探究的快乐。接下来，油菜花会成熟，会结果，教师要继续引领幼儿深入完整地探究油菜花的果实，让幼儿通过种植活动获得"全收获"的经验。

故事九： 豆荚是什么

　　金黄的油菜花开过之后，繁花落尽，生出一串串籽儿鼓鼓的豆荚，随着绿色的豆荚一天天变黄变白，逐渐成熟起来。看到自己亲手种下的一粒油菜籽又轮回到一粒粒黑油油的菜籽时，孩子们舒心地笑了，奔走相告着："我们成功啦！我们真的种出油菜籽来啦！"紧接着，"油菜籽怎么摘？""有的豆荚是绿绿的，有的豆荚是黄色的，摘哪些呢？"大家议论纷纷。老师请有种植经验的豆豆奶奶来园一起参与采摘油菜豆荚的活动。经过豆豆奶奶的解释和示范，孩子们知道了绿色的豆荚还没有成熟，黄色的才是成熟的，成熟的摘下来最合适。细心的孩子们还发现一株油菜的豆荚最下面的是白色，然后是黄色，最顶端的是绿色。突然，瑶瑶说："为什么有的豆荚是空的呢？"豆豆奶奶说："那是因为豆荚熟透了，豆荚皮裂开，油菜籽儿就滚落到土壤里了。"孩子们恍然大悟。涵涵一手扶着油菜杆，一手吃力地拽豆荚，边拽边说："好难啊？为什么大人可以轻松地拽下来呢？"豆豆奶奶边摘边说："你看，捏着豆荚往下轻轻一拽就好了。"涵涵笑了笑说："原来是用力的方向不同，那我们摘油菜籽有什么用呢？"豆豆奶奶告诉大家："有两个作用，一个是明年把种子种在土里，可以长出新的油菜。还有一个重要的作用就是可以榨油，油菜籽榨出的是菜籽油，可以做菜吃。"采摘豆荚的活动就在孩子们的问与豆豆奶奶的回答中愉快地进行着。

图 6-19　剥开来看一看

图 6-20　豆荚里菜籽有多少

油菜花盛开落败之后，随之而来的就是结出小小的油菜豆荚了，这对幼儿来说又是一个全新的事物。"怎么采摘豆荚""豆荚里的菜籽有多少"等知识经验都是需要幼儿去亲身感知和体验获得的。教师邀请有种植经验的豆豆奶奶参与采摘活动，给予幼儿手把手的指导，幼儿认识了不同成熟期的油菜豆荚，也获得了正确采摘豆荚的方法。同时，家长的参与也拉近了教师与家长的距离，使家园合力共育再上新台阶。

"玩中学"理论告诉我们，幼儿学习探索的过程就是幼儿作为学习者体验的过程。玩，是幼儿最重要的探索方式。幼儿的学习是以直接经验为基础，在游戏和日常生活中进行的。采摘豆荚的亲身体验是幼儿获取经验的主要途径，也是幼儿认识油菜豆荚的基本方式。

通过幼儿的亲身探究和体验，他们获得了收获油菜豆荚的经验，黑黑的油菜籽放在了区域里，让幼儿在游戏中对油菜籽的认识更加深入了，伴随着幼儿的观察探究，一个接一个的新问题也会不断产生，需要教师及时捕捉并给予支持和帮助。

♥ 故事十：怎样筛菜籽

刚打下来的菜籽和豆荚壳等杂物混合在一起，孩子们又担心起来："油菜籽这么脏，怎么榨出油来呢？榨出的油还能吃吗？"老师把这个任务交给孩子去和爸爸妈妈探讨解决。大家各显神通，各自带了自己的宝贝兴冲冲地来园了。孩子们各自交流介绍着自己选择或自制的筛子，用自己的方法筛选着油菜籽。小宝拿起用一次性泡沫碗自制的筛子摇一摇、晃一晃，一粒粒菜籽从洞洞里落下来；安琪选择一个网格状的篮筐来分离菜籽，很快感受到成功的喜悦；璐璐用一次性杯子做的筛子边用边完善，效果也不错；睿涵选择了一个渔网做筛子，可是，筛了好久，除了掉出来一点泥土外，啥也分不出来，他很郁闷。老师问："你觉得会是什么原因呢？"睿涵指着渔网说："我的网洞洞太小了。"老师又问："那你有没有什么办法去解决呢？"睿涵想了一会儿说："我要用剪刀把这些小洞剪剪大。"老师点头说："好的，你可以去试试。"睿涵拿起剪刀就剪渔网，洞眼变大了，油菜籽从洞眼里落下来。

图 6-21　摇一摇，晃一晃　　图 6-22　有洞洞的泡沫碗筛出了油菜籽

幼儿发现自由掉落下来的油菜籽混合着杂质，怎么清理掉油菜籽中混合的杂质成了他们想搞清楚的问题。教师鼓励幼儿与父母讨论、收集制作筛子，从中获取基本的分离出干净油菜籽的间接经验，他们用自己选择或自制的筛子尝试帮菜籽分离，知道了筛子洞洞大小与菜籽能否分离之间的关系。虽遇到失败，幼儿互相帮助，探讨改进筛子的洞眼的大小，重新获取成功的体验。

《纲要》指出："为幼儿的探究活动创造宽松的环境，让每个幼儿都有机会参与尝试，支持、鼓励他们大胆提出问题，发表不同意见，学会尊重别人的观点和经验。"在筛菜籽活动中，幼儿亲手收集、制作筛子，体验筛菜籽的探究过程，发展了初步的探究能力；在改进筛子并进行交流分享中，幼儿获得了与他人及环境积极交流互动的能力。

幼儿自由收集筛子并进行筛菜籽的过程中，教师要敢于放手让幼儿去不断尝试筛子的作用，用语言不断激发幼儿持续筛菜籽的兴趣。一旦发现幼儿感兴趣和有探索需求，就应抓住契机激发和引导他们把好奇心转化为探究的行动，让科学探究活动更有效。

故事十一： 怎么榨菜油

通过大家的努力，黑黑的油菜籽终于呈现出干净的样子。几个小伙伴围着老师问："我们好想看到黑黑的菜籽里隐藏着的香香的菜油，怎么才能榨出菜油啊?"老师又鼓励孩子回家与爸爸妈妈商量解决，他们信心满满地带来了自己选择的"榨油神器"，有了上次的"筛菜籽"体验，这一次的神器选择的目的性更强，实用性也更好。修齐等几个孩子带来了家里捣大蒜的罐子；毛豆的爸爸是医生，他带来的是一个针管，说只要把菜籽放入针筒，再推一下，菜油就能挤出来；斯弥家是山东籍，可能平时食用面食较多，所以她带来的是一根擀面杖和一张纸，说只要把菜籽放在纸上，再用擀面杖擀一下，菜油就能出来；永昊家是在华东商业城开小商品店的，他带来的工具最厉害，是一个玩具小石磨……

"榨菜油"活动热火朝天地展开了，修齐用力地捣着菜籽，小小的菜籽圆溜溜的，滚来滚去，修齐说："老师，菜籽只掉了黑黑的皮，里面是有点黄色的肉，可是没有菜油出来。"永昊说："菜籽里是有油的，你看我的石磨底部颜色变了，有油浸过的样子。"说着，翻开了石磨给大家观察，果然，原本清爽的石磨底部有了一圈油渍的印子，亦辰和小宝低下头闻了一下说："嗯，是有一股菜油的香味。"大家都争相来闻，感受着一股香香的菜油味儿。

图 6-23 用力捶呀捶

图 6-24 菜籽皮掉了，里面是黄色的

微项目六 油菜花儿开

123

黑黑的菜籽清理干净后，榨油成了幼儿紧迫需要解决的任务。菜油的压榨虽然需要一个更专业的工序，但教师继续放手让幼儿自主选择工具，自主实践检验工具，亲历简单榨油的过程。修齐通过捣菜籽发现了黑色的菜籽掉了皮里面有黄色的肉；永昊通过石磨磨菜籽发现了石磨上菜油的痕迹；大家一起低头闻出了菜油的香味……他们用捣、磨、闻等不同的方法证实了菜籽里面含有菜油，闻到了菜油的香味，获得了菜籽能榨出油的初步经验。

玩是幼儿的天性，"在玩中学"是幼儿学习成长的基本方式，游戏是幼儿探索世界、认识世界的基本方法。对于幼儿来说，用油菜籽榨油的过程实质上是一个快乐的榨油小游戏，给幼儿营造出更科学、更有趣、更易于接受的探究环境，真实的探究环境和玩中学的体验让幼儿能够真实地表达，他们积极主动地参与到选择工具榨油的活动中，观察、体验、发现，获得全收获。

教师是幼儿活动的引领者，当幼儿的探究停滞不前时，教师适时的介入就尤为重要。"你的工具能榨出油来吗？""你们在说榨油的什么事呀？能告诉老师吗？"各个问题使老师自然融入到幼儿的观察讨论中，对幼儿观察力的提升具有推进作用。虽然只是榨出一些菜油渍，但是幼儿从中获得了油菜籽能榨油的初步体验，教师要继续关注幼儿，将活动引向深入。

♥ 故事十二： 菜油什么味道

"好想吃一吃菜油的味道啊。"希希说。涵涵说："我也是啊，我还没有吃过菜油是什么味道呢。"为了满足孩子们的心愿，老师联系了食堂，让孩子们亲手制作品尝一次葱油面。当食堂保育员老师送上下好的白面条和热好的菜油时，孩子们不由自主地发出了一声声欢呼声。

希希用勺子舀了一勺菜油，说："原来菜油跟油菜花一样，都是金黄色的啊。"若琰凑近看了一下，又用鼻子闻了一下，说："真的哎，好香的菜油啊，有一股奶奶烧菜的味道。"璐璐急不可耐地说："我们快点把它放在面里尝一尝吧。"大家轮流用勺子把菜油浇在了带有葱花的面上，发出了轻轻的"滋滋"声，教室里充满了葱油的香味。孩子们用力地翻着自己碗里的面条，睿涵边翻边先用舌头舔了一下，说："咦，菜油是没有味道的，淡淡的。""真的吗？我也来尝尝。"边上的斯弥吃了一口面条，对对面的欣怡说："是淡淡的，没有味道。"这时，所有的孩子都已经开始了葱油面的品尝之旅，尽管这是一份没有加佐料的阳春白雪面，可是每个孩子都吃得津津有味，边吃还边说："这是世界上最美味的葱油面。"

图 6-25　菜油拌一拌

图 6-26　葱油面真香啊

幼儿通过榨油活动已经感知了菜油的存在，品尝菜油的愿望就自然而然地产生了。教师尊重幼儿的意愿，联系食堂制作葱油面，为幼儿品尝菜油创造了条件。幼儿通过看一看、闻一闻、尝一尝，感知了解菜油是透明的、黄色的、可以流动的、吃起来没什么味道等特征。在自己亲手用菜油拌面的过程中感受了探究的乐趣，体验到成功的喜悦。

活动体现"玩中学"的宗旨，幼儿在看看、做做、尝尝中充分调动了各种感官，激发幼儿参与活动的兴趣。幼儿在制作、品尝菜油拌面的过程中，感知了解菜油的颜色、有香味等特征，真正做到让幼儿在玩中学，在学中玩。只有幼儿通过实际体验与操作得到的经验，才是属于幼儿自己的经验，才是幼儿的学习所得，也会使幼儿记得更牢。

活动告一段落，教师要继续把眼光转向幼儿，去倾听幼儿的心声，观察幼儿的言行，关注幼儿的经验，了解幼儿的需要，引导幼儿继续深入探索。

分享回顾

幼儿从种下油菜籽到收获，期间经历了油菜生长过程中的种种探究，获得了属于他们独有的收获，呈现出了属于他们自己的《油菜成长故事书》，教师也制作了视频"油菜花儿开"，为幼儿的交流分享创造了条件。

午餐后的小憩时间，雨卉招呼身边的几个幼儿坐在了一起，一边翻阅故事书一边说："看，我的油菜花开花时花瓣这么多呢。"辰辰说："你们看，这是我在榨菜油，我以为黑黑的菜籽打开后就会流出菜油来呢，可是我用力地敲打了菜籽，圆圆的油菜籽又硬又滑，好难把它敲碎，最后好不容易把黑黑的壳弄掉了，可是里面还是黄黄的肉，根本没有菜油呢。原来菜油要经过机器压榨后才能出来啊，太神奇了。"

老师把幼儿在活动中一些专注的照片，以及油菜花生长过程中不同阶段的照片逐张回放的时候，他们都露出了惊喜的表情。在电教手段的巧妙介入中，幼儿的知识经验再次获得递进和梳理，相信这些精彩的瞬间和记忆，也将更加激荡起幼儿对科学探究的欲望和热情，让更多幼儿、老师、家长能看到油菜的种植过程。

图6-27　我的油菜花开花时花瓣这么多

图6-28　我和油菜的故事

评价反思

希希：我很高兴我自己种出了油菜，原来油菜花是这样种出来的，原来烧菜的菜油是用油菜籽榨出来的。

涵涵：油菜长大时需要给它施肥、捉虫的。

小宝：我喜欢种油菜，我以后还要在菜地里种许多许多的油菜。

妍妍：我觉得油菜花的种子太神奇了，我回家还要再种一次。

瑶瑶：我觉得油菜籽榨凵的菜油真香啊！葱油拌面太好吃了。

麦兜：油菜长得好高啊，跟我一样高。

萱萱：我觉得油菜花开得好漂亮啊，金黄色的一大片。

希希妈妈：孩子们太幸福了，能在城市里感受到我们小时候的事，并且能用绘画的方式记录油菜的生长过程、自己的发现以及与老师和同伴一起经历的有趣的事。

涵涵爸爸：在分离菜籽的活动中，看到孩子回到家翻箱倒柜地寻找可以替代筛子的物品，我都感受到了孩子参与活动的积极性和浓浓的兴趣。

小宝妈妈：最好玩的是活动最后孩子们真的榨凵了菜油，感受到了菜油的来历，现在对各种油都充满了兴趣，总爱问它们是怎么来的。老师开设的这种活动真好，让孩子们体验到了戋们小时候的快乐。

轩轩妈妈：种植活动是幼儿与自然接触的方式之一，能引导幼儿在大自然中学习、游戏、陶冶幼儿的性情，培养幼儿的探索能刀。

妍妍妈妈：幼儿园的种植活动太有趣了，孩子亻亲手种下了属于自己的种子，感受一颗小小的种子是这样冲破泥土生根发芽的！

麦兜妈妈：这次活动，让住在城市里的孩子们亲历了种植这一感性经验，在劳动中获得锻炼，体验了劳动的快乐。

种下油菜籽后，幼儿像一个科学家一样细心云发现、寻找秘密，观察油菜的变化。老师引导幼儿充分运用各种感官，采用分组记录、分组绘画、轮流讲述的形式，了解油菜的生长；采用区域活动与集体活动来探索油菜在不同季节的不同变化。并对油菜的生长产生了很多质疑："为什么移栽后的油菜长得高？""油菜被虫吃了怎么办？""菜籽怎么变成菜油？"……这些变化深深吸引着他们，激发了他们的兴趣，促使他们不断探究的欲望。期间，幼儿根据别人的观点，有疑问、有探讨，因为他们都参与了探究、反复地思考，所以思维相当活跃，于是教师有选择地结合探究的科学理论知识，帮他们获得解答，得出结论，也使幼儿明白了，原来植物的生长过程以及它们与环境的关系和作用，都具有一定的规律性。有了兴趣的依托，他们能主动、积极地与环境互动，并生成了"给油菜排队""肥料魔法洞""筛菜籽""榨菜油"等有趣的活动，从中获得许多有益的知识和经验，充分了解了油菜的生长过程。

在种植油菜的实践中，看着油菜种子发芽、成长、开花结果。让幼儿在实践中探索，在实践中发现。他们在实践中学到很多知识，从实践中感受自然，进而热爱自然，激发自己对自然界的探索欲望。不仅能够通过自己的观察探究发现油菜的特点，了解油菜的生长过程，而且可以亲身感受到自然界的奇妙和植物顽强的生命力，培养了他们的好奇心和探究能力，以及关爱与呵护植物的情感。

大班幼儿有强烈的好奇心和求知欲，对于不熟悉的事物他们会产生很多疑问，这些问题和疑问就是他们的兴趣点，经过梳理才能转换成经验积累。教师要有一双善于发现幼儿兴趣的眼睛，这样的兴趣会像投进小河的一块石头，激起一圈圈美丽的涟漪。教师帮助幼儿梳理的过程也是教师获取信息、判断幼儿的探究能力是否得到提升的依据。

微项目七 捕光捉影 （大班）

微项目由来

　　五月初夏早已骄阳似火，随着气温的不断攀升，晨锻时不少孩子开始变得"慵懒"，往日里的嬉闹狂奔变成了小聚聊天，鸿攸和易妍两人凑在一块坐在屋檐下无所事事……

　　"好没劲啊……"鸿攸感叹，"你看那里！我们去走独木桥吧……"易妍指着地上的黑线条，鸿攸欣然接受，两人沿着地上的线条走了起来……不一会儿，后面跟了长长的一队小朋友。"你们在玩什么呀？"老师忍不住问道。"走独木桥，老师你也一起来吧！"传玥邀请道。"独木桥？""对，就是这个影子！"易妍回答。"怎么影子不见了？"鸿攸见地上原有的线条变淡了着急道。"为什么影子会变化？""影子和太阳有什么关系？"一系列疑问应运而生，引起了大家的关注。

　　走影子狍木桥中的突发问题"怎么影子不见了"引起了孩子们的注意，老师结合大班孩子的年龄特征——好奇、好问、爱观察，捕捉其关注点，支持、鼓励孩子大胆猜测、尽情尝试，追随自己的兴趣不断建构起认知结构，萌生对生活中"光"的兴趣及探究欲望，从中体验探究之趣，享受发现之乐。

图 7-1　我们去走独木桥吧　　图 7-2　嘿，我踩到你影子啦

问题搜索

关于影子，我知道……

人、植物、动物都会有影子。

影子是会动的。

只要有太阳就会有影子。

影子是看不清楚眼睛、鼻子和嘴巴的。

影子是不会说话的，但是会一直跟着我。

有的影子很大，有的影子很小。

有光就会有影子。

我什么姿势，影子就是什么样子。

关于影子，我想知道……

什么时候有影子？

没有太阳也会有影子吗？

一个人只有一个影子吗？

影子一定比东西大吗？

影子都是黑色的吗？

跳来跳去的点点是镜子的影子吗？

镜子里的我也是影子吗？

光线钻过小洞洞的时候是什么样的？

思维导图

捕光捉影 —— 踩影子大闯关 —— 只有白天有影子吗 —— 没有太阳就没有影子吗 —— 一个人只有一个影子吗 —— 影子一定和光源数量相同吗 —— 影子一定比物体大吗 —— 影子一定是黑色的吗 —— 特别的光斑 —— 镜子里的我 —— 光线钻洞洞

备注：蓝色表示幼儿的问题或话题；绿色表示集体活动；橙色表示区域活动；玫红色表示亲子活动。

活动导航

序号	活动名称	活动目标	实施途径		
			集体活动	区域活动	亲子活动
1	踩影子大闯关	• 观察影子，尝试寻找影子与物体的联系 • 在找影子中初步了解影子形成的原因	✓		
2	只有白天有影子吗	• 观察一天中影子的变化，发现其形成条件 • 能和家长查找影子资料，与同伴分享			✓
3	没有太阳就没有影子吗	• 阴天寻找影子，拓展其形成条件的认知 • 能发现影子的深浅与光线强弱的关系		✓	
4	一个人只有一个影子吗	• 尝试关注光源、物体及影子三者的关系 • 能细致观察并有自己的想法		✓	
5	影子一定和光源的数量相同吗	• 观察影子在可移动光源下数量的变化 • 大胆猜测，积极与同伴分享自己的发现		✓	
6	影子一定比物体大吗	• 通过改变位置，观察影子与物体的异同 • 能用合适的工具对影子进行长度测量		✓	
7	影子都是黑色的吗	• 尝试寻找各种物体的影子 • 能在游戏中发现影子的基本特征		✓	
8	特别的光斑	• 利用镜子进行"追光"，初步感知光反射 • 能关注镜子、光及影子三者的关系	✓		
9	镜子里的我	• 利用多面镜子发现物体成像的变化 • 体验光反射的多样性，丰富"光"认知		✓	
10	光线钻洞洞	• 通过变换小孔，发现"F"像的变化 • 初步体验小孔成像的特性		✓	

❤ 故事一： 踩影子大闯关

"只能踩黑的地方！否则你就掉到陷阱里了！""呀呀呀，好险！"按照惯例，饭后散步经过人文长廊时，孩子们特别活跃：有的踮着脚尖走，有的边走边跨跳……"你们又在玩什么呀？"老师忍不住问道。易妍有些害羞地低头不语。"我们在闯关！"铭浩赶紧抢过话题。"闯关？""对的！不能踩到亮的地方！"恒语争先恐后道。"原来走廊里也可以玩影子呀！"老师恍然大悟。"影子？对，就是影子！"易妍也打开了话匣子。

"为什么走廊里也有影子呢？"散步回到班级后趁着空闲，我们便聊了起来。"我知道，是因为有太阳！"欣晨扯着嗓子比划了起来。"走廊哪有太阳呀？"恒语表示不认同。"但是外面有太阳啊！"铭浩皱着眉头说。"对，走廊有窗，太阳照进来就有影子了！"欣晨理直气壮道。"原来只要有太阳，我们就能玩影子游戏了。那没有太阳能玩影子游戏吗？"老师话音未落，亦凡一边摇头一边连声回答："不能！不能！""哦？那就是晚上不能玩影子了。"老师表现出一丝可惜，"以后我们还可以试试找个好办法来跟影子做游戏怎么样？"老师提议道，大家伙若有所思地点了点头。

图 7-3　踩影子闯关

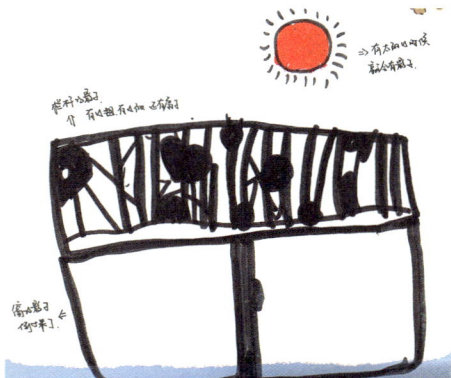

图 7-4　影子闯关地图

从起初晨锻时的"避暑走独木桥"到现在的踩影子闯关，幼儿将影子游戏从户外逐步延伸到室内，面对教师的提问"你们在玩什么？"，易妍和铭浩表现出前所未有的兴奋，争相介绍游戏的玩法，却对"影子"浑然不觉。教师再次利用平等对话的方式，用问题"为什么走廊有影子"引发幼儿的再"察觉"及思考，从一定程度上吸引着更多幼儿参与到讨论中来，尝试探究影子形成的真实原因。

幼儿是一个个鲜活的个体，他们生活在一定的环境中，用自己的方式与周边环境相互作用。一个偶然的机会，一次随机的游戏，都有可能成为较好的教育契机。都说兴趣是广泛的，想要整个班的幼儿都热衷于每一个活动是有困难的，可是当每一名幼儿都投入到某一个游戏时，那必然是兴趣、经验所致。在踩影子闯关中，教师紧紧抓住幼儿"玩"的兴致，提出了一个难题——"为什么走廊里也有影子"，引发其思维碰撞，从而进一步拓展幼儿思考的广度，推进影子探究活动。

教师在幼儿多次与影子无意识"互动"后，及时抓住"爱"这一动机，利用集体活动的形式，带着幼儿在园内四处寻找各种各样的影子，大到活动操场，小到每一个室内角落，抛出一个问题——"想办法与影子做游戏"，鼓励幼儿利用自己的方式进行摸索，探究"哪里有影子""怎样才能玩影子"等等，将兴趣进一步化为经验。

♥ **故事二：只有白天有影子吗**

自从上次提出"想更多玩影子的游戏"后，班级材料区里的小朋友也越来越多了，大家常常会找各种材料到阳台上去玩影子游戏，或是拼搭城堡、机器人等，或是跨跳游戏，阳台一下子成了大家玩影子游戏的聚集地。大家正玩得带劲，铂睿凑到老师面前，示意老师弯下身子："我告诉你一个秘密！""哦？什么？""我发现只要有亮的东西就会有影子，我们就可以玩影子游戏了！""亮的东西？"老师重复道。"对，晚上也有影子的！"一旁的恺阳听到后手舞足蹈起来。"亮的东西？可是晚上没有太阳呀……"韵睿一脸疑惑。"亮的东西又不是只有太阳！"铂睿说着说着声音也变大不少，瞪圆了眼睛："开个灯就很亮！"韵睿一下子恍然大悟，表现出极大的兴趣："哇，我今天要去试一下。""是吗？你是怎么发现的？"老师索性蹲下身。更多的孩子围了过来，"我自己看到的呀！我，我站在路灯下面就会有影子了！"铂睿激动中又带着些许紧张。"对的对的！有路灯就会有影子的。""我也知道，我还跟爸爸一起玩踩影子呢！"恺阳也来劲了。"那，我们是不是可以在教室里玩影子？"老师提议道。"对！我有主意了。"铂睿说着三步并作两步地朝班级材料区走去，找来了手电筒。"真的，这里也有影子！"韵睿崇拜地说道。

图7-5　电筒就能找到影子

图7-6　灯光下有影子

　　铂睿在与同伴进行影子游戏时想起了教师曾经的提问："什么时候会有影子？"就将自己的发现与教师分享。与此同时，周围的幼儿也参与到交流中来，纷纷讲述自己在家里的探究活动及发现。大家一起探索光的来源，挖掘新光源（手电筒），更新了有关光与影子的经验，知道有光就会有影子，也将影子的游戏从户外阳台逐步扩展到班级各个游戏区角。

　　正如《指南》所言，大班幼儿"能在活动中出主意，想办法"，他们特别喜欢与人分享，当同伴与自己意见相左时他们也能够大胆地提出自己的观点，在倾听的同时尝试思考：光是影子的来源。在幼儿的已有经验中，光＝太阳，因此幼儿提出了自己的困惑："晚上没有太阳怎么会出现影子呢？"可见，部分幼儿的认知经验仍是片面的、局限的，光还可以来自于非自然界。正是这样的矛盾冲突，引发了幼儿间的相互探讨与论证，这便是科学探究最初的动力。

　　上次集体交流后，教师有意识地为幼儿创设了一定的探究环境：在班级的材料区投放了各种不同材质的物品，除了之前的低结构材料外还增加了少量的镜子、电筒及放大镜等。同时，教师利用班级qq群等途径与家长们分享幼儿对"影子"的热情，建立一定的家园合作平台。家长们主动参与到幼儿的探究活动中来，利用夜间散步与幼儿一同观察、认识影子，甚至带着幼儿一起玩起了手影游戏等。无缝隙的家园协作给幼儿的自由分享带来了极大的帮助，相互之间的碰撞更是激发了幼儿更多的游戏空间及探究欲望。

♥ 故事三：没有太阳就没有影子吗

　　散步时间到了，大家陆续来到自己的队伍里。"今天去玩什么好呢？"政询自言自语道。"我们继续踩影子吧！"亦凡凑上前来。"好呀，好呀！"政询欣然接受，忽然又皱起了眉头，"不对，今天是阴天！""对啊，阴天又没有太阳，怎么可能玩踩影子呢！"恒语边说边耸了耸肩。"但是有亮的东西就可以玩踩影子呀！"亦凡继续争辩道。"亮的东西是要有灯的，我们总不能带个电筒出去玩影子吧。"鸿攸疑惑地说。"可你看外面就是亮的呀。"亦凡据理力争。"跟你说没有影子的，不信你出去看呀！"恒语气得插起了腰。刚走出门厅，政询就转身对亦凡说"你看，是没有影子的！"亦凡有些小失落……

　　散步回班级的路上，"大家找到影子了吗？"老师问道。"没有！"这一次的回答显得特别整齐。"哦，看来没有太阳，不用手电筒的话真的是没有影子的。"老师也表现出一丝失落。话音未落，易妍便大叫了起来："有影子的，我发现影子了！"大家都寻声看了过来，"哪有？""怎么可能？"……易妍示意大家安静蹲下身子："你们看，这个就是影子！"说着她用手指了一下，然后站起身子，"我走一下，这里就有东西晃过去了，看到了吗？这就是影子。"易妍停顿了一下补充道："不过，这个影子好淡。""对，要很认真看才行，根本不能玩影子游戏！"鸿攸接话道。

微项目七　捕光捉影

图 7-7　这里有点淡淡的影子

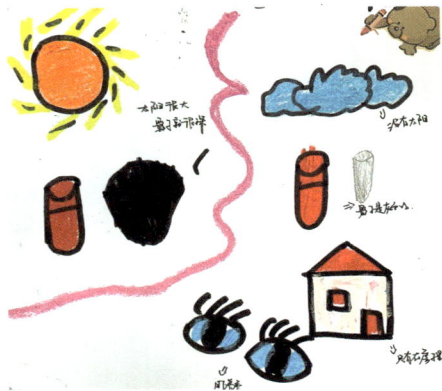

图 7-8　阴天也有影子的

持续几日的散步踩影子游戏让大家越发地沉迷其中，面对阴沉沉的天气，亦凡"我们继续踩影子"的提议再度引来热议，恒语、鸿攸等人都一致认为没有太阳就不存在光，绝对是不可能会有影子的。然而，在寻找的过程中，易妍却突破性地发现了淡淡的影子，进一步帮助大家更新了有关光与影的认知：光线的强弱会影响影子的深浅。

在之前相互交流的过程中，幼儿对于影子的来源有了较为共性的认识：有光就有影子。然而光是什么？光从哪里来？部分幼儿还存在着模糊的概念，面对阴天到底有没有影子的问题，幼儿间产生了认知的碰撞。《指南》指出：大班幼儿"对自己感兴趣的问题总是刨根问底"。正是这样"不见黄河心不死"的决心引领着幼儿投入到阴天影子的搜索行动中来，大家四处寻觅，想尽一切办法来寻找答案。"能通过观察、比较与分析，发现并描述不同种类物体的特征或某个事物前后的变化"这一初步的探究能力，也从一定程度上助推幼儿获得一个新的认识：阴天也有影子！

当矛盾产生时，教师始终是有力的支持者：面对幼儿争执不休，选择聆听，做安静的听众，给予其畅所欲言的空间，不限制其思维；面对幼儿扫兴而归，用疏导的办法，做他们情感的共鸣人，分享自己的发现，不否定不表态；面对幼儿的认知瓶颈，用设疑的办法，做空白的求知人，与孩子共享成果，肯定其认知的突破。教师始终给予幼儿自主解决问题以充分的信任及时间，支持他们用实验解答自己的困惑。

♥ 故事四：一个人只有一个影子吗

操场上彦伶和心玥两人争执了起来。"我踩到你了！"彦伶开心地站在一个黑乎乎的影子上说。"这个不是我的影子。"心玥瞥了一眼，理直气壮道。"啊？"彦伶疑惑地张望着，"这个就是你的影子！""不对，你看，我的影子是这个！"心玥着急得有些结巴了，说着便对着自己的影子张牙舞爪起来，"我举手，它举手，这才是我的影子！而且，我们每个人都只有一个影子，这个不是我的！"心玥越说越激动。"不对不对！"一旁的君诺听到了两人的对话凑上前："一个人可以有好多个影子的！""啊？"彦伶一下子被吸引了过来。"对啊，我上次晚上试过的！"君诺站直了身子。"不会吧？你一定是看错了。"心玥疑惑地说。"真的，上一次晚上，我站在路灯那里玩，有好几个我的影子呢！像个怪物一样。"君诺滔滔不绝地说着。"我们一会去试一下！"心玥半信半疑地对彦伶说。

回到班级，两个小姑娘就拿起手电筒找影子，彦伶取来了一个纸卷芯，心玥打开手电筒。"一个，只有一个影子！"心玥激动地叫了起来。她们喊来君诺证实："你看，只有一个影子！你上次一定是看错了。"君诺抓了抓脑袋："我知道了……"说着她又取来一个手电筒照着纸卷芯，"看到了吗？两个，一个纸卷芯有两个影子！"君诺义正辞严。"真的呢！原来要2个手电筒。那如果多拿几个手电筒呢？"心玥念叨着。"那我明天再带几个过来，肯定会有更多的影子！"彦伶嘴角泛起微笑。

图 7-9　1、2，有两个

图 7-10　影子数＝光源数

在游戏中，因为"我踩到你的影子了""这不是我的影子"，彦伶和心玥产生了争执，同时引出了全新的话题——一个人只有一个影子，这样的谈话引来了君诺的经验分享——一个人可以有好多个影子。彦伶和心玥更是为了证实这一"听说"，在班级材料区进行了手电筒照纸卷芯的实验游戏，从中发现影子的数量与光源之间的关系。

幼儿有着与生俱来的好奇心和探究欲望，在偶然的游戏中，为了决定胜负关系，幼儿相互据理力争，也正是这样的不甘示弱，同伴间相互的认知矛盾引发了再一次的经验冲突与重组。大班幼儿已有一定的社会经验，在交往过程中尝试使用自己的"知识体系"来证明自己、说服他人。同时，大班幼儿又特别喜欢表现自己，愿意关心帮助他人。在问题情境下，他们尝试提出自己的解决策略，正是这样的心理及轻松自由的交往氛围，将幼儿引入了全新的"捉影"行动——影子的数量。

在彦伶、心玥和君诺的三人交流中，教师给予其充分的表达机会，让幼儿懂得每个人都可以提出质疑，同时及时支持彦伶和心玥的"解惑"行动。回到班级后，教师第一时间让两名幼儿在较为宽松自由的环境中澄清自己的困惑。接着，教师利用分享交流的机会，鼓励彦伶和心玥将自己的探究所得在集体中进行分享，进一步将探究结果扩大化。

♥ 故事五： 影子一定和光源的数量相同吗

嘉妍和梓欣两人在材料区捣腾手电筒。"这么多手电筒一定会有好多影子的！"嘉妍双手捧着电筒激动地说道。"不行，这样我们怎么拿呀！"梓欣一边放下纸卷芯一边说。"找人来！"说着两人请了天成来帮忙。梓欣和嘉妍一手拿着一个电筒，天成也分到一个。电筒陆续打开了，"呀，有两个！"嘉妍叫了起来。"不对，应该有五个的呀……"梓欣扭头看了看。"不行，电筒没有对准……"大家调整了自己的位置，地上的影子也多了起来。"1、2、3、4、5……真的有五个！"梓欣激动地跳了起来。"不要动！"天成一下子提高了分贝。"这里好像变小了！""我看，我看。"嘉妍凑近了身子。"又变了！变少了你看！""不对，这里变大了！"梓欣争先恐后地说。嘉妍小心翼翼地将电筒往上移了移。"又回来了！现在又是五个影子了！"天成认真地说。接着三个小朋友又试了起来。"这个影子大，这个影子小，这些是一样的！"嘉妍试着总结起来。"我知道了！"梓欣抬头看了看大家手里的电筒，提议道："都靠近一些吧。"大家把手都靠在了一起。"你们看，只有一个影子了。"梓欣得意地说。"对，还好大好大，都看不清楚是什么东西了！"天成补充道。接着，大家又试着把电筒慢慢向外分开，"你们看，影子又多了，也看得清楚了！"梓欣解释道。"真的！手电筒靠的近影子就会变少。"嘉妍也恍然大悟，"而且不一定就是5个影子。"

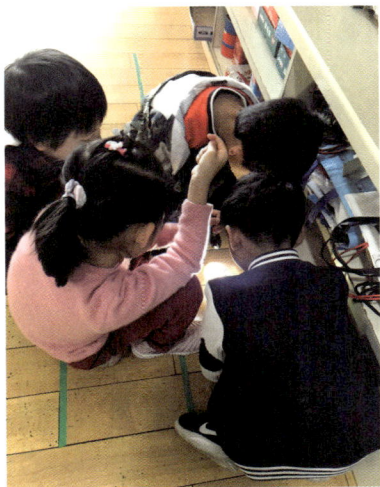

图 7-11　影子有点数不清

图 7-12　影子数≠光源数

　　再次体验多光源的寻影游戏中，嘉妍和梓欣提出了更大胆的设想：光源越多，影子越多。她们尝试利用更多手电筒来玩游戏，而一时的"激动"却导致寻影的"失败"，原先的影子数量也因为人为的"光源变动"产生了变化。三个小朋友就在变化中开始不断尝试移动手电筒的位置，从而再次摸索光源与影子数量的关系。

　　如今班里幼儿已具备了一定的学习方法及习惯，面对之前被告知的科学论证"手电筒的数量＝影子的数量"，他们开始提出自己的假设，并尝试进行验证，却发生了小小的意外，正是这样的意外才引发了新观察、新论证及新认知。科学探究就是一个螺旋式不断上升的过程，与其说是意外铸就了新观念的诞生，不如说是科学助推了"意外"，而在此过程中，幼儿更多地尝试面对意外，解决意外，从而建立全新的认知：有时，手电筒的数量≠影子的数量。

　　从幼儿开始探究影子与光源的数量关系起，教师就及时进行了材料调整：在材料区增加了手电筒等光源设备为幼儿的再探究奠定充分的物质基础。整个探索活动中教师始终是一位观察者，面对幼儿一次次的"不行""不对"，教师给予其充分的观察空间及解决问题的信心，使其自主发现与总结，肯定其科学"成果"。同时，利用集体分享、奔走相告、记录等方式使得更多幼儿融入到此次探究活动中。

139

♥ 故事六：影子一定比物体大吗？

嘉妍一个人在材料区拿着手电筒玩着找影子的游戏。她先拿来了纸卷芯筒照一下，一会儿拿来了奶粉罐，又换了各种各样的瓶子，老师也蹲下身一起看了起来。"老师，我有一个新的发现！"嘉妍神秘地说。"什么？""我觉得所有的影子都要比它们大！""怎么可能！"一旁的恒语可急坏了，"不是这样的，有的影子就是比东西小。"说着便取来了一个手电筒。"你可以试试看，我试了很久，都是影子大的！"嘉妍也不甘示弱。"我来！"恒语往前走了几步，打开手电筒，光斜斜地照在纸卷芯筒上。"你看，是不是？是不是很大？都变粗了！"嘉妍提高了好几个分贝。恒语赶紧举高了拿电筒，又往前挪了几步，"你看！是不是变小了？"看着黑色区域影子变小，恒语也更神气了。"还真有趣，要不要试试看量一下？什么时候影子和东西一样大？"老师的提问引来了两人的兴趣。"好啊！"恒语赶忙往材料区走去，"这里没有尺子！"他有些失落。"没事，用这个不就行了。"嘉妍举起身旁的油画棒盒子，"这样也可以量……""行！"恒语干脆地答应了下来。"我们量这个瓶子的影子吧，这个瓶子和油画棒盒子一样高。"说着，嘉妍将一个饮料瓶放在了中间的地上，恒语将手电筒直直地照在上面。"影子在哪里？我都找不到了。"嘉妍有些抱怨，恒语立刻将电筒放低了不少，还改变了方向。"有了有了！影子在变长，停！差不多了，我来量。"嘉妍立刻拿起油画棒的盒子量影子，"这样正好，影子和瓶子一样大！""那这样好像又变大了，你看！"恒语一边移动手电筒，一边分享道。

在玩中学——幼儿科学微项目活动精选

140

图 7-13　我用盒子量一量

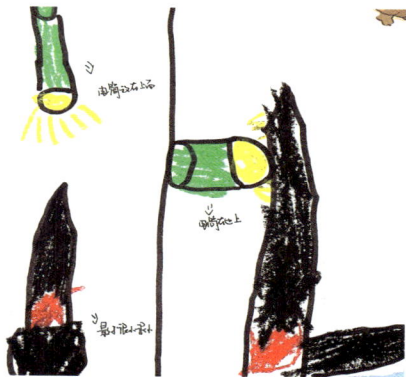

图 7-14　影子是会变化的

多次活动后，越来越多的幼儿乐于与同伴分享自己的发现。嘉妍把自己经过几次试验得到的经验"影子一定比物体大"与恒语分享时引来了恒语的质疑，同时，恒语尝试用实验的方式证实自己的观点。此时教师巧用时机引入"量一下什么时候影子和东西一样大？"这一问题，帮助幼儿学会用更加科学的方式来比较物体的大小。

"能用一定的方法验证自己的猜测"本就是大班幼儿探究能力的表现，对周边事物的探究中，很多幼儿不局限于观察本身，开始借助一些工具来验证。目测可以简单判断大与小，然而"一样大"这一概念无疑更为精确。教师的问题一提出，幼儿开始尝试用更加公正的方式进行判断与比较，在没有尺子的情况下，利用与物体等高的盒子对影子进行测量，从而判断光源位置与影子大小的关联。正是这种科学方法——测量的引入，让幼儿的探究不再"空"了。

在幼儿进行影子大小比较的过程中，教师先是采用了观察的方式，追随着幼儿的活动进程，尝试捕捉教育契机。在适当的时机，教师提出了新的挑战：什么时候影子和东西一样大，间接地鼓励幼儿尝试选用科学方式——测量来解决"比较"的问题。同时，教师在材料区新增直尺、卷尺等科学测量工具和简单的记录表为幼儿后期的游戏发现提供帮助。

♥ 故事七：影子都是黑色的吗

影子游戏已经在班级里持续了一段时间，渐渐的，材料区里失去了往日的热闹，老师细问才得知不少孩子最近有些小失落。"影子为什么都是黑色的呢？""有彩色的影子吗？"不少孩子对于影子的色彩提出了自己的困惑。这时，嘉妍站起身子说："我看到过彩色的影子。"她的话一下子吸引了所有人的注意，"哪里？哪里？"小朋友们齐刷刷地看了过来。"就在材料区里啊，我上次玩过的，很有意思。"嘉妍声音也更响亮了，老师示意她可以给大家演示一下。嘉妍很快就拿来了几片色块材料："就是这个，用手电筒照就会出现彩色的影子了。"大家一个个更加好奇了，铂睿凑了上来："我试试！"他举起手电筒对着一块红色片照了起来。"哇！是粉色的，太好看了！"几个女孩一边说一边睁大了眼睛。"我也来！"欣晨接过手电筒拿起一块黄色片试了一下。"淡黄色，是淡黄色！"孩子们叫了起来。放下手电筒，欣晨若有所思地说："我知道了，因为它们都是透明的，没有完全挡住光，所以影子就是彩色的了。"

　　那次讨论后，材料区里的色片成了影子的好搭档，孩子们经常争先恐后地去寻找它们的色彩。"快看，这样两种颜色叠在一起还会变色呢。"天成激动地呼唤大家一起来欣赏自己的成果，"黄色和红色的影子是橙色的！""真的，跟颜料一样！"希妍边看边说："那如果再加一个颜色会不会也有变化？"说着她递来一块绿色块。"有点变化。"天成若有所思地说。"我们全都放在一起试试吧？"诗恩提议道。"天哪！变黑了！哈哈哈，就跟颜料一样！"天成总结道。

图 7-15　我找到了彩色的影子

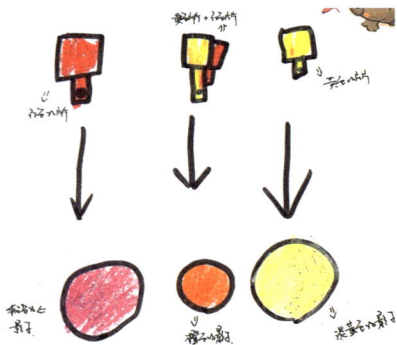

图 7-16　彩色影子会变色

　　嘉妍关于"彩色影子"的经验分享引发了幼儿对于影子的重新关注，在她分享的过程中，欣晨、铂睿等人迫不及待地验证其形成的原因，与此同时他们发现了其中的小秘密：透明的物体无法完全挡住光线。在后面的游戏中，天成与诗恩两人更是玩起了变色游戏，通过调整色片的颜色、数量及位置，不断探究光线透过彩色片后形成的"影子"。

　　皮亚杰理论告诉我们：大班幼儿仍处于形象思维向抽象思维转换的过渡阶段。同时幼儿的思维是跳跃的，面对一成不变的黑影，他们开始寻找色彩，半透明色片的投入一下子给"捉影"游戏注入了全新的生命力，幼儿在热衷于色彩变化的同时尝试对比其他物体与色片的差异，并通过观察摸索光、物体、影子的相互联系，开始理解影子是如何产生的——物体遮挡了光线的传播。

　　幼儿兴趣的稳定性仍在发展中，当教师发现幼儿对影子游戏的探究兴趣"骤减"时，及时介入了解原因，并采用了集体分享的方式尝试解决幼儿的困惑：影子为什么都是黑色的。正是这次分享，幼儿开始尝试寻找彩色的影子。有了一定的问题情境，幼儿重燃探究热情，回到"寻影"游戏中来。同时，教师扩大了玩影子的空间及时间，给予幼儿更多的自由度，为幼儿的探究游戏提供有力支撑。

故事八： 特别的光斑

　　"老师，那里有好多亮的小点点，都照到我眼睛了……"希妍还没说完，晖晖便凑了上来："是我！我在玩。"晖晖一边比划着手里的镜子一边继续说："你看，这个手电筒照在镜子上就会有亮的点点，还可以跳来跳去呢。"希妍一边看一边表现出了惊奇的模样。"你要不要试试看？"晖晖递过手电筒和镜子示意，希妍羞涩地接过，玩了起来。

　　"为什么镜子的影子不是暗的，还会有些刺眼？"游戏结束后孩子们讨论起了这个问题。恺阳一本正经地说："我知道，其实镜子是玻璃的一种，后面涂了一层东西让它可以照出别的东西来。"听了恺阳的解释，孩子们一脸茫然，于是老师补充道："没错，就是镜子后面的这层东西给了镜子一种特别的本领，使得光照在镜子上会'弹'出去，这样就会出现亮亮的光斑。"孩子们似懂非懂地点了点头。"你们说如果在镜子上贴一些小东西会发生什么呢？"老师再次提问。"我觉得镜子就不会亮了。"恒语若有所思地说。"我觉得不对，肯定还是一样的。"诗恩托着下巴说。"我觉得肯定会有变化。"欣晨抓了抓头发说。"你们看，这样就有一个黑点了，不是全亮的！"晖晖再次拿着镜子试了起来，不少孩子也玩开了，"咦，这个光斑好亮，是谁的？"老师指着墙面上一块很大的方形光斑问。"希妍的！""对，就是她的！""你们怎么知道？""因为她的镜子是方形的。"诗恩补充道。"哦，原来光斑的形状和镜子也是有关系的呀。"老师试着做了一个小小的总结。

图 7-17　猫捉老鼠大战

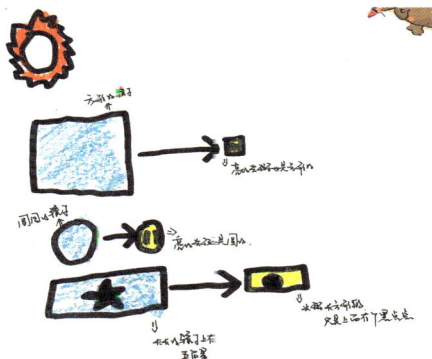

图 7-18　镜子上的小秘密

自从发现了彩色影子，幼儿更加热衷于挖掘物体的影子了：瓶子、服装甚至班级的大镜子也赢得了手电筒的青睐。晖晖在一次游戏中无意识地将手电筒与镜子进行了组合，闪亮的光斑就常常在班级里来回穿梭，引来了希妍的困惑：为什么有这么多亮的小点点？教师也借此机会带着幼儿一起玩起了追光游戏，在此过程中幼儿不断摸索并尝试观察镜子与光斑的联系。

《指南》提到："当幼儿好奇地摆弄物体，探索物体和材料，试图通过各种动手动脑的方式解决问题和寻找答案时，正是幼儿好探究的表现。"每一个幼儿都是天生的科学家，面对同一个事物总会有不同的创意，并在对其摆弄中寻找到不同的闪光点。这次，在班级墙面上随意晃动的光斑引发了幼儿对于影子的质疑，在相互交流中，结合对镜子的特性认知，进一步解释了光的传播特性。幼儿通过细致观察、大胆猜测推导出光斑与镜子形状的联系等，将对影子的探究逐步转移到了对光的探究。

看到幼儿对镜子反光游戏兴致盎然，教师即刻组织了一次集体活动，带着大家来到操场，这里有空旷的场地及大面积的白墙，幼儿可以尽情利用镜子来捕光。幼儿科学探究的过程中，教师需要为他们创设合理的情境，集体活动给幼儿提供了多样性的可能，更有益于激发他们的困惑与思考，也为他们对光的进一步认知解开了兴趣之锁。

♥ 故事九：镜子里的我

班级材料区里又放置了各种各样的镜子，天成在材料区摆弄着镜子，一边照镜子，一边疑惑地对果果说："你说这个镜子里的我是不是我的影子？""这个好像也算吧。"果果皱了皱眉头说，"你知道吗？镜子里的你和真实的你是不一样的！"果果接着说。"怎么可能？"天成有些不可思议，"你看，我笑他也笑，就是一样的。""那你试试看把你的右手举起来。"天成听了果果的话，试着将右手举高。"你看，镜子里是不是左手？"天成想了想说："真的耶，真的是反的呢！"

这时，心玥又拿来了一面镜子，眨了眨眼睛说："你们说，两面镜子的话是不是就有两个我？"天成和果果愣了一下，"我觉得，应该是有 3 个你！"果果看了看镜子认真地说。天成则赶紧将镜子放在一起观察了起来。"1个、2个，不对不对，只有两个！""那这个棒子放在这里会有几个呢？"老师也凑上前去。"肯定是两个！""那如果横过来放，会出现什么呢？"老师接着问。"还是两个！"果果边回答边试了起来，"哇！竟然是三角形！"心玥惊呼道。"快，我们再试试这个！"她赶忙拿出来一个圆弧形块。"你们看，圆形！"天成叫了起来……

图 7-19 哇，变多了

图 7-20 镜子里的图像是反的

天成在进行材料自由组合的游戏时无意中发现了镜子与"我"的关系，并提出自己的疑惑：镜子里的我是不是影子的一种，通过动作示范等方式发现镜子中的我与自身的差异。心玥的加入直接把大家带进了多面镜成像的游戏中，他们共同猜测、观察，试图挖掘镜子中的像与物体、镜子数量间的关系。

所有的人、事物都是环境的一部分，环境自然会和孩子们产生对话。这次，幼儿将对光斑的注意转移到了镜子本身，并与其进行对话，在质疑"镜子中的我是不是影子"的同时，尝试总结、建构自身的经验——镜像与本身相反。同时，多人的探究更引发了他们对多面镜的观察，在不断的比较、分析中得出结论，体验多面镜成像的趣味。

在幼儿玩起追光游戏后，教师便在班级区角增加了不少光学小实验材料，例如多面镜成像。幼儿从单面镜子的成像逐步过渡到多面镜子同角度的成像，最终体验多面镜子不同角度情况下成像的微妙变化。幼儿天生有着好奇心和想象力，喜欢自己得出结论，整个过程中，教师更多的是观察与聆听，不急着教幼儿知识，做一个"迟钝"的大同伴，与幼儿一同大惊小怪，一起感受光世界的丰富与博大。

♥ 故事十：光线钻洞洞

　　班级科学区新投放了一份小孔成像的材料，恒语整个游戏时间都沉浸其中，一会儿将影像板移动，一会儿又前后拉动光源，后来还试着转动中间的小孔板。楸泽凑了过去："你玩好了没？什么时候可以给我玩？"语气中有些不耐烦。"还没有呢！"恒语停顿了一下，"不过，你可以跟我一起玩！"听完，楸泽马上在旁边的凳子上坐了下来。"这个是字母F啊！"楸泽一边看一边自言自语道，"诶，怎么倒过来了？"他不自觉地身子往前凑了凑。"对！我也发现了。"恒语附和道，"你看，这里也会有变化！"说着恒语试着将中间的小孔板进行变换。"这个三角形的洞，那里的点点就变成三角形了。""那这个是不是就会变成正方形的？"楸泽指了指边上的正方形小孔说。"对的，就是这样！"恒语一边说一边演示了起来。"哇！不对不对，你看，这个F好像又大了！"楸泽突然提升了音量，"我看，这个板移过来就会变大。哇！你看越来越大啦！""停停停！你看都看不清楚了……"楸泽阻止了恒语继续移动。"怎么样，这份材料好玩吗？"老师也忍不住凑近细问。"嗯，是挺有意思的，但是，还是有点不知道为什么是这样的。"恒语放慢了语速回答道。"的确如此，关于光其实还有好多有趣的游戏，下次我们慢慢再来玩。"

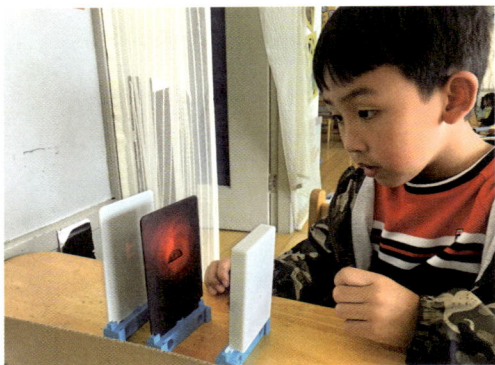

图 7-21　光线钻过小洞洞

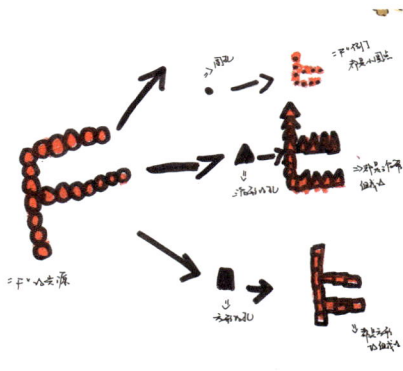

图 7-22　小圆点变形状啦

　　对于教师新投入的材料"小孔成像"，恒语乐此不疲地研究着，看似简单的三块板，恒语却用自己的方式与它们进行着互动：调节板之间的距离，使成像板上出现图案；变换小孔板上的孔形，观察成像板上图案的变化……在一次次的重复中体验着探究带来的惊喜与刺激。

新鲜事物的出现往往能在第一时间抓住幼儿的眼球，正如这次新投放的材料，一下子就吸引了幼儿。游戏理论告诉我们：游戏具有一种自发练习的功能，每一次重复，对幼儿掌握和巩固这一知识和能力都有极大的意义。恒语正是在反复尝试的过程中不断充实与总结自己的理论与经验。同时，同伴间还有一个特别重要的作用：互递性。当恒语将自己粗浅的见解与同伴分享时便会引发更多的"声音"，从而带来不同的思维冲击，这也就更好地解释了"游戏促进发展"这一道理。

在此过程中教师仅仅是个奠基人，看到幼儿对光的敏感度，便在班级"无限"扩大并营造"光"环境，带给他们更多的"光"互动。在幼儿与材料互动时，教师又开始"隐"起来，给他们更多的机会自己去猜测、发现与收获。此时的教师已不再是与幼儿一同解读科学的同行者，而是打开全新"未知"大门的垫脚石，将幼儿的兴趣一一解读、追踪并转化为经验后再重燃全新的探究欲望。

分享回顾

　　从生活中踩影子游戏开始，"捕光捉影"里记录了一个半月以来孩子们与光之间的点滴小故事。班级的"五号影院"角色区早已改成了"皮影戏剧院"，孩子们用自己绘制的图片进行着一次又一次"影子"汇报表演。每一位参与工作的孩子事先会进行皮影人偶的绘制工作，并调节好灯与幕布间的距离以保证影子的清晰可见。

　　"各位观众，魔术表演开始啦！"君诺拿着人偶和瓶子站在幕布前。"什么魔术？"心玥拿着另一个人偶。"瓶子变戏法，我说变它就变！"君诺试着站起身子。"怎么变？""一个变三个！1、2、3，变！"君诺将三个手电筒举了起来。"哇，真的是三个！"心玥将人偶往后挪了几步说："变，变，变！"君诺又将手电筒移了一下。"变一个了！"心玥叫了起来。"你们喜欢今天的魔术吗？下一场表演是影子变色术，欢迎下次光临！"说着，君诺关掉了手电筒，鞠躬致意。

　　在活动区的互动墙前常常会有小小解说员为大家介绍自己的光影探秘记。彦伶指着其中一张记录纸说："你看，这些影子都是比东西本身大的，但是有时候影子也会变小，你知道为什么吗？"她停了停。"快说！"梓欣有些小着急。"只要把手电筒放在它的顶上，影子就变小啦！"彦伶一边说一边比划起来。

图 7-23　光影剧场正在上演

图 7-24　捕光捉影的小发现

评价反思

欣晨：镜子的反光游戏太好玩了，谁也追不到我的光斑，因为我有小秘密：拿着镜子的手一定要稳稳的，不要随便把镜子翻来翻去，否则光很快就会逃走了。

恒语：我最喜欢玩光线钻洞洞的游戏了，这个"F"上面的小点点会因为小洞洞的形状发生变化呢。我还发现用里面一个很小的半圆形洞洞，"F"上面的点点却是圆形的，真是太有意思了。

嘉妍：第一次发现色卡的影子是彩色的时候我特别高兴，玩了整整一个上午。后来我把自己的发现说出来的时候特别骄傲，觉得我自己特别厉害。

政询爸爸：最近每天晚上都会跟孩子一起在路灯下看自己的影子，一会影子变长了，一会影子又没有了，小家伙可以来来回回在家门口的路灯下玩好久。起初还有点纳闷，我儿子什么时候开始喜欢玩我小时候玩的无聊把戏了，后来在班级群相册里发现，原来这些不经意的游戏竟然是孩子探究乐趣的源泉，看来我们不能小视游戏的价值啊。

诗恩妈妈：总是在听女儿跟我说自己班级里影子游戏的事，她还告诉我班级里开了一个"光影剧场"，那天有机会在古镇玩的时候带她一起观赏了一出皮影戏，突然发现她特别认真和投入，最后还去幕布后讨教了一番。我的女儿真的长大了，她越发明白自己想要什么，该怎么做。

心玥妈妈：听说玩光影的游戏，那天野餐我带着她做了一个放大镜的聚光，没想到第二天她就去班级跟小朋友分享了，回来的时候跟我讲述自己当小老师的模样，一脸的自豪和得意。一向三分钟热度的她竟然持续了这么久的热情，看来是真爱了。

《指南》口提到：应鼓励幼儿在探究中认识周围事物和现象。幼儿就是在与周边事物的相互作用中建构起自己的认知体系的。微项目活动"捕光捉影"就是从幼儿每日可以接触到的物理现象——影子入手，利用周边多样性的材料进行互动，从而生成自身理论体系的科学探究活动。

活动中，幼儿是探究的主人。他们从兴趣出发与影子进行各类游戏互动，从尝试踩影子到记录影子再逐步开始寻找影子、挖掘影子的秘密，最后开始去寻找光，体验光线的神奇变幻，在玩中不断地丰富、拓展着自己的知识体系。整个过程中，他们大胆猜测、积极分享、勇于质疑、敢于尝试，在不断澄清问题、不断引出新实验的过程中尽情享受着推翻、新建的探究之乐。同时，在一次次的实验分享中，孩子们养成了随手记的习惯，越发密集的成果展示墙面，日渐加厚的记录故事书，无一不承载着孩子们的成长。五号影院的光影剧场更是孩子们的心血，场地布置、道具准备以及精彩演绎如实展示着孩子们不断提升的认知、情感及交往能力。

活动中，教师是幼儿探究有力的支持者和助推者。教师通过观察捕捉到幼儿"踩影子"的兴趣，从问题"影子从哪来?"引发幼儿各种兴趣连接。教师时刻关注着幼儿的游戏状态，当幼儿遇到困惑时平等介入互动，分享经验，引发他们建构各类知识。教师用心地记录着幼儿的游戏点滴，保持时时在线，提供材料，引发他们各类经验拓展。"捕光捉影"活动中，教师关心着、操心着，看似默默围观，实则用心支持，与幼儿一同成长。

活动中，家长则是幼儿最忠实的粉丝。在班级群相册中时刻关注着幼儿在活动中的突破，在成长故事书中收获幼儿自己建构的小小理论，同时更是使出了自己的十八般武艺，带着幼儿玩起了手影游戏、聚光实验等等。家长从看客逐步变成了参与者，转变自己的教育观念与幼儿一同试着在生活中"玩"与"学"，与幼儿一同快乐，一同享受"成功"的喜悦。

微项目八 嗨！螳螂 （大班）

微项目由来

　　铭铭和爸爸在草丛中抓住了一只螳螂，用盒子装好带到班级来饲养。"铭铭，你带来的盒子里装的是什么？"辰辰好奇地问。"我把它放在桌上，我们一起看。"几个小朋友围上来，细细观察着盒子。"你们快看，这是一只螳螂哎，好棒，我以前只在图片上看到过螳螂。"浚承看着螳螂啧啧称奇。"这是我和爸爸抓到的，我们把它放在盒子里带来。你看盒子上面是镂空的，可以让它呼吸。"铭铭骄傲地说。"你们看它的脑袋是三角形的，好有趣啊。"潼潼开心地说。"它站着一动不动，好威风！""螳螂是昆虫吗？"辰辰提出疑问。

　　《指南》指出：和幼儿一起通过户外活动、参观考察、种植和饲养活动，感知生物的多样性和独特性，以及生长发育、繁殖和死亡的过程。孩子们对大自然有着最敏锐的直觉和最向往的憧憬，螳螂的到来激发了孩子们探究的兴趣，老师要充分抓住孩子感兴趣的自然资源，带领孩子走进自然、发现自然，自主探究，在亲身实践中挖掘大自然的秘密，培养探究能力，体验科学探究的乐趣。

图 8-1　螳螂好威风

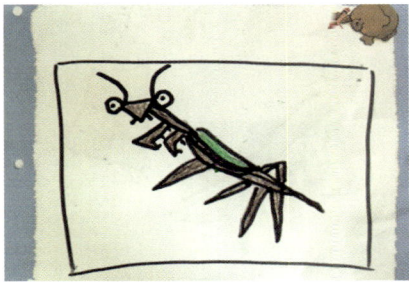

图 8-2　螳螂的脑袋是三角形的

问题搜索

关于螳螂，我知道……

螳螂有两把"大刀"。

螳螂有6条腿。

螳螂有两个触角。

螳螂的脑袋像个三角形。

螳螂喜欢倒挂着。

螳螂的便便是椭圆形的。

关于螳螂，我想知道……

螳螂是昆虫吗？

教室里的螳螂是什么种类？

螳螂喜欢吃什么？

螳螂是益虫还是害虫？

怎么分辨雄螳螂和雌螳螂？

怎么照顾螳螂？

螳螂要喝水吗？

螳螂是怎么抓捕食物的？

螳螂怎么保护自己？

螳螂是怎么生小螳螂的？

雌螳螂一定会吃掉雄螳螂吗？

思维导图

嗨！螳螂 — 螳螂来了 — 螳螂的品种 — 雌螳螂和雄螳螂 — ? 螳螂吃什么 — ? 螳螂怎么抓捕食物 — ? 是益虫，还是害虫 — 制作捕虫工具 — ? 螳螂怎么保护自己 — ? 螳螂新娘怎么了 — 螳螂产卵 — 螳螂发布会

备注：蓝色表示幼儿的问题或话题；绿色表示集体活动；橙色表示区域活动；玫红色表示亲子活动。

活动导航

序号	活动名称	活动目标	实施途径		
			集体活动	区域活动	亲子活动
1	螳螂来了	• 观察了解螳螂的外形特征 • 初步了解螳螂的生活习性	✓		
2	螳螂的品种	• 了解几种常见螳螂的品种 • 观察、辨别教室里螳螂的品种		✓	
3	雌螳螂和雄螳螂	• 了解雄螳螂与雌螳螂的异同 • 尝试辨别雄螳螂与雌螳螂		✓	
4	螳螂吃什么	• 知道螳螂是食肉昆虫，会捕食其他昆虫 • 尝试抓捕昆虫喂食螳螂		✓	
5	螳螂怎么抓捕食物	• 初步了解螳螂的捕食方式 • 了解其他昆虫的捕食方式			✓
6	是益虫，还是害虫	• 了解益虫和害虫，知道螳螂是益虫 • 知道要保护环境，爱护益虫		✓	
7	制作捕虫工具	• 尝试制作捕捉昆虫的用具 • 探索用多种方式寻找、捕捉昆虫	✓		
8	螳螂怎么保护自己	• 知道螳螂遇到危险会用保护色保护自己 • 了解其他利用保护色自我保护的昆虫			✓
9	螳螂新娘怎么了	• 通过故事学习初步了解螳螂繁殖的方式 • 丰富对螳螂习性的认识		✓	
10	螳螂产卵	• 观察、记录螳螂产卵的过程 • 喜欢探究螳螂的秘密，学会照顾螳螂		✓	

♥ 　故事一：　螳螂来了

　　"铭铭，你带来的这只螳螂的大钳子好像没有图片上那么大。"希希说。"这不叫大钳子，我爸爸说这是螳螂的前臂。"铭铭纠正。"螳螂的前臂好像一把镰刀，上面还有尖尖的刺。"浚承仔细观察后得出结论。"螳螂的嘴巴上还有须，它是昆虫吗？"希希好奇地问。"我来数数螳螂有几条腿，老师说昆虫都有 3 对足。"小羽认真地数了数。"螳螂的两把大刀算吗？""算啊，这是它的前臂。"铭铭说。"那螳螂有 3 对足，它也是昆虫。""等等，老师说过昆虫还有别的特征呢，有两对翅膀。""昆虫可以分成头、胸和腹。"铭铭补充。孩子们又开始细细观察螳螂，"螳螂都有，那它就是昆虫。"希希兴奋地说。

　　"你们看，螳螂刚开始来的时候是站着的，现在为什么一直是倒着吊在盒子上面？"潼潼提出问题。"对啊，难道它不会头晕吗？上次爸爸和我玩，把我倒着抱一会我就头晕了。"希希说。"那我们把它弄下来。"铭铭建议。孩子们试了一会，用手敲敲盒子，又用手敲敲螳螂，但螳螂还是紧紧地抓着网。

图 8-3　螳螂有 3 对足

图 8-4　螳螂是昆虫吗

　　幼儿第一次看到真正的螳螂都觉得很新奇，聚在一起观察、探究螳螂的秘密。幼儿仔细地观察了螳螂的外形特征，发现螳螂身体分成头、胸和腹，有 3 对足、2

对翅膀等特征，在讨论中回顾了昆虫的特征，明确了螳螂是昆虫。随后，幼儿仔细观察，发现一开始站着的螳螂，后来爬到顶部倒挂在网格上，还引发出新的问题：一直倒挂着的螳螂不头晕吗？

饲养活动是幼儿亲近大自然的一种方式，在探究过程中隐藏着许多的知识和问题，等待幼儿去发现、探索、解决。铭铭带来螳螂正是幼儿观察的好时机，教师需要给以幼儿仔细观察、充分交流的机会，从中获取螳螂是昆虫的知识经验。从幼儿的对话中可以看出他们对螳螂很感兴趣，他们为螳螂一直倒挂着而担心，试着让螳螂到容器底下，但螳螂一会又倒挂着了，他们的探究兴趣越来越浓。

幼儿的每一次观察、每一次提出问题都是共同学习的过程，在这个过程中发展探究能力。经过查阅资料我们发现由于螳螂属于伏击型昆虫，多数是倒挂着休息的，所以饲养螳螂的容器内必须有攀爬物，以便螳螂倒挂休息，而我们的容器上面是软纱网正适合。在寻找答案的过程中，幼儿解决问题的能力得到提高，在建构新知识的同时，丰富了认知经验。

♥ 故事二：螳螂的品种

"这本书上都是昆虫，这还有螳螂哎！"艺潇兴致勃勃地翻阅昆虫的书籍。"你们快看，我们教室里的螳螂像不像书上这只？"艺潇指着书上的螳螂兴奋地对曼文说。曼文看了一下书上的螳螂，没有说话。"你再看一下，真的很像。""我们去把螳螂拿过来，对着书上的图片比一下吧。"希希说。艺潇心急地把装有螳螂的盒子拿到桌上，"你们看，是不是一样？"几个小伙伴一会看看书上的图片，一会又细细看一下螳螂，"真的很像。""它们的身体都很修长，都有一点绿色，触角都是又细又长，长得是一样的。"艺潇自信地分析着。"嗯，但是你知道书上的螳螂叫什么名字吗？"曼文问。小朋友们互相看看，都摇了摇头。"我们都不认识书上的字，要不问一下老师吧。"希希提出自己的建议。很快，曼文找来了老师，"老师，我们发现教室里的螳螂和书上的一样，书上写着这是什么螳螂？"老师指着书上的图片说："这是中华大刀螳，是我们国家常见的一种大型螳螂。""原来它是中华大刀螳，真厉害！""你们猜猜我们国家有多少种螳螂呢？"老师问。孩子们纷纷摇头。"书上写了我们国家有一百多种螳螂，但是常见的就是教室里的中华大刀螳。""那还有什么螳螂比较常见呢?""书上这种咖啡色的螳螂是什么品种?""我们在学校里会不会找到别的品种的螳螂?"……

图8-5　和书上的螳螂一样

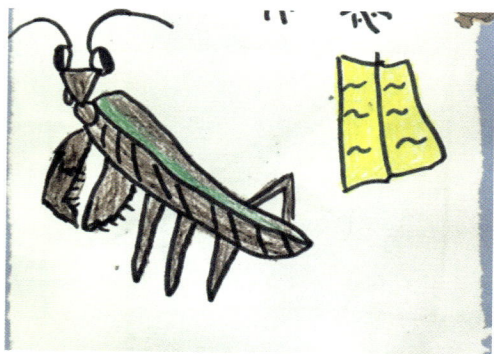

图8-6　中华大刀螳

教师在区域中投放了一本关于昆虫的书籍,幼儿都很喜欢,常常会去翻阅。艺潇在阅读时发现书中也有关于螳螂的内容,书上的螳螂和教室里的螳螂非常相似,由此产生了兴趣,于是邀请好朋友一起观察、比较,分析教室里螳螂的品种。

好奇心和兴趣是开展幼儿科学探究活动的前提。幼儿对螳螂的经验仅仅停留在外形特征上,当她们偶然发现书上的螳螂内容,由此引发出探究教室里螳螂的品种,这是幼儿自发生成的探索活动。教师要关注幼儿的活动,了解幼儿当前的已有经验,在幼儿需要时给予恰当的支持。

教师在幼儿的探索过程中只是一个合作者,对他们的发现表示赞同及惊叹,给他们继续探索的信心及兴趣。当幼儿需要进一步深入探究螳螂时,教师又和幼儿一起认真阅读书中的知识,丰富对螳螂的认知。幼儿明确了教室里的螳螂是我们国家比较常见的中华大刀螳,在此基础上教师提出问题:"你们猜猜我们国家有多少种螳螂呢?"将幼儿的思维进行拓展,从一种类型的螳螂延伸至螳螂的种类,衍生出新的探究内容。

♥ 故事三： 雌螳螂和雄螳螂

"看，这是我带来的螳螂，周末我和爸爸妈妈在公园里找到的。"潼潼骄傲地展示自己的螳螂。"咦，你的螳螂好像和我的有点不一样。"铭铭观察了一会后得出结论。两个小伙伴把两只螳螂并排放在桌上，几个小朋友也细细地观察了两只螳螂。"铭铭的螳螂大一点，潼潼的那只小一些。"乐乐说。"它们会不会一只是雄螳螂，一只是雌螳螂？"铭铭大胆地猜测。"哇！"小朋友都兴奋起来。"也有可能是它们品种不同。"小杰想了想说。"我们可以再仔细看一下，比比两只螳螂有哪些相同的地方，又有哪些不同的地方。"老师建议说。"我发现它们的颜色不一样，铭铭的螳螂颜色深一点，像枯掉的叶子，潼潼的螳螂是绿色的。"小宝说。"它们的身体都是长长的。""除了这些，还有吗？"老师又问。"好像它们尾巴处的毛也不一样，这只是 4 根，那只是 2 根。"

"如果这两只是雄螳螂和雌螳螂，你们猜哪只是雄的，哪只是雌的？"乐乐问。"我猜铭铭那只是雄的，因为它长得大，你看我们人类都是男孩子比较大。"小杰说，其他小朋友纷纷表示赞同。"那可不一定，说不定螳螂和我们不一样。"潼潼反驳道。"老师，怎么区别雄螳螂和雌螳螂？""这个问题老师也不清楚，我们可以怎么找到答案？""我知道了，我们可以网上找找资料！"

图 8-7 两只螳螂不一样

图 8-8 雄螳螂还是雌螳螂

班级里又来了一只跟原来的有点不一样的螳螂，幼儿通过对两只螳螂的观察比较发现：铭铭带来的螳螂大一些，颜色偏咖啡色，而潼潼带来的螳螂个头小一点，颜色偏绿色。由此，幼儿产生了新的问题：这两只螳螂是同一品种吗？它们是雄性还是雌性？针对这个问题，有的幼儿请家长一起分析，从书本中寻找相关的资料；有的和爸爸、妈妈上网查阅螳螂的资料……

幼儿科学学习的核心是激发探究兴趣，体验探究过程。教师要支持和鼓励幼儿大胆联想、猜测问题的答案，并设法验证。幼儿对两只不一样的螳螂的好奇心引发了他们探究的兴趣，从观察两只螳螂的颜色、体型等方面入手，比较它们的相同点及不同点，在观察比较中提出新的问题，引发新探索。教师要善于追随幼儿的兴趣，即时生成探究活动，鼓励幼儿在探究的过程中利用多种途径积极动手动脑寻找问题的答案，在解决实际问题的过程中推动活动深入发展，拓宽幼儿获取知识经验的渠道。

教师和幼儿一起将收集的资料以海报的形式展示在教室中，根据收集的资料，幼儿知道同种类的螳螂体型大的是雌性，瘦小的为雄性。腹部 8 节是雄性，腹部 6 节是雌性。幼儿仔细地对教室中的螳螂进行观察与比较，最终明确了它们的性别，在这个过程中也学习了观察的方法，培养了观察与分类的能力。

❤ 故事四：螳螂吃什么

"螳螂好几天没有吃东西了，我们应该给它喂食了吧。"浚承看着螳螂说。"老师，那螳螂吃什么呢？"希希问。"你们猜猜它会喜欢吃什么？""会不会喜欢吃草呢？它一直待在草丛里。""不是的，我爸爸说螳螂喜欢吃虫子。"铭铭反驳说。"那你看到过吗？"希希问。"没有。""那我们去拔点草，再去抓只西瓜虫看看螳螂喜欢吃哪个。"浚承建议说。几个小伙伴纷纷表示同意。

"快看，地上有一只飞蛾。"宇泽对潼潼说。"它怎么一动不动？"潼潼好奇地问。铭铭从地上捡起一片树叶轻轻碰了碰飞蛾，还是一动不动。"它可能已经死了。"铭铭得出结论。"啊，我想到了，我们可以把飞蛾拿回去给螳螂吃。"

回到教室后，在老师的帮助下，孩子们打开了装螳螂的盒子，将飞蛾和青草轻轻地投放进去，他们聚精会神地盯着螳螂。等了好久，螳螂还是一动不动。"它是不是没有看见飞蛾？"宇泽轻轻地问。"那我们再等一会。"又过了一会，螳螂还是没有动静。

过了一晚，孩子们发现螳螂还是没动那只飞蛾。老师问道："你们觉得这是为什么？"孩子们的答案五花八门：有的说螳螂不喜欢吃飞蛾，有的说螳螂并不饿，有的说螳螂喜欢吃活的昆虫……老师并没有否定孩子们的答案，而是让他们逐一讨论，最终孩子们决定继续观察。

图 8-9　螳螂喜欢吃什么

图 8-10　螳螂会吃死飞蛾吗

螳螂来到班级几天后，幼儿想到了喂食问题，由此开启了"螳螂吃什么"的话题并进行讨论。根据已有经验，幼儿间产生了"螳螂喜欢吃草"和"螳螂喜欢吃昆虫"两种观点，为了验证猜想，幼儿分别在盒子中投放青草及小昆虫进行实验。

以探究为主的学习活动是满足幼儿好奇心、学习科学的主要途径。教师应支持和鼓励幼儿在探究的过程中积极动手动脑寻找答案或解决问题。活动中，教师根据幼儿的兴趣和需要，适时地创设问题情境，为幼儿探究搭建支架。幼儿通过实验否定了螳螂喜欢吃青草及死昆虫后，继续寻找答案。抓住蚱蜢后，幼儿对要不要给螳螂喂食进行了讨论。最终幼儿通过自己的观察及实验发现：螳螂喜欢吃活的小昆虫。

幼儿从"螳螂喜欢吃什么？"这一问题出发，在不断的猜测与验证中丰富自己的认知，建构新的知识经验。"螳螂会吃比它大的昆虫吗？""是不是所有的小昆虫螳螂都喜欢吃？"当幼儿在探究中出现问题时，教师及时引导幼儿进行讨论，通过提问等方式引导幼儿思考并对问题进行比较观察和连续观察。

"爸爸，你知道吗，螳螂不喜欢吃青草，也不喜欢吃死飞蛾，它喜欢吃活的小昆虫。"铭铭说。"你是怎么知道的？"爸爸问。"我和好朋友在幼儿园里做了实验，把青草和死飞蛾放在装螳螂的盒子里，过了好几天螳螂都没有吃呢，肯定就是不喜欢吃。"铭铭说。"它就喜欢吃活的小昆虫，我们抓了一只活的蚱蜢给螳螂吃，后来蚱蜢不见了，被螳螂吃掉了。"

"爸爸，你知道螳螂是怎么抓昆虫的吗？"铭铭好奇地问。"螳螂的身体绿绿的，它就悄悄地躲在草丛中守株待兔，虫子还没看见它的时候，就被它用大刀抓住然后快速吃掉了。"爸爸耐心地解释。"螳螂的大刀这么厉害啊，一下子就能抓住昆虫？"铭铭很惊奇。"对啊，这是螳螂的前足，它主要靠它的前足捕捉食物。"爸爸说。"爸爸，你快看，螳螂前足上有很多细细的刺，这些刺肯定是用来钩住食物的。"铭铭细细地观察。"你观察得很仔细。"爸爸赞赏地说。"爸爸，我想去抓点昆虫喂螳螂，小朋友们也很想看看螳螂是怎么抓昆虫的。""好啊，现在我们去草丛里抓点蚱蜢，明天带去幼儿园喂螳螂。"

来到教室后，在爸爸的帮助下铭铭小心翼翼地将蚱蜢倒进盒子中，孩子们仔细观察，只见螳螂一开始一动不动，过了一会悄悄地靠近蚱蜢，然后猛地举刀一扑，食物就落网了。

图 8-11　给螳螂喂食

图 8-12　螳螂要抓蚱蜢

铭铭将"螳螂爱吃活的小昆虫"这一发现告诉爸爸，又提出"螳螂是如何捕捉昆虫？"这一新问题，在与爸爸的交流互动中，铭铭得知螳螂主要是靠前臂抓捕食物，于是细细地观察螳螂的前臂，大胆猜测螳螂前臂上细细的刺就是抓捕昆虫的关键。铭铭和爸爸一起抓了许多的蚱蜢和蝗虫带来幼儿园喂食螳螂，与小伙伴们一起耐心地观察螳螂捕食的过程。通过自主探究活动，幼儿解决了问题，提高了探究能力。

教师要善于发现和保护幼儿的好奇心，充分利用自然和实际生活中的机会，引导幼儿通过观察、比较、操作、实验等方法，学习发现问题、分析问题和解决问题，发展初步的探究能力。铭铭从爸爸处获得了螳螂捕食的知识经验，并抓来蚱蜢喂食螳螂，为幼儿观察螳螂捕食创设了条件，幼儿在观察螳螂捕食的完整过程中，知道螳螂主要依靠自己的前足抓捕食物，对螳螂的特征及生活习性有了进一步的了解。

科学探究，动手固然重要，动脑也必不可少。在活动中，教师可以组织幼儿进行相应的表达、交流，分享个体经验，碰撞、总结出正确的知识经验。幼儿了解螳螂的捕食方式后又提出了新的问题：其他昆虫是怎么捕捉食物的？幼儿们又开始了新一轮的思考与探索，幼儿分享了自己的经验，如蜘蛛织网捕捉小昆虫等，继续探索昆虫的习性。在探究中，幼儿感知小昆虫也是一个生命，教师也适时地进行小结并进行生命教育。幼儿生命启蒙教育不只是教育幼儿要珍爱自己的生命，而且珍爱所有的生命，包括动植物。通过观察螳螂进食，幼儿也更加体会到要尊重和珍惜生命，保护环境，热爱生命！

♥ 故事六：是益虫，还是害虫

"螳螂都不喜欢吃青草，米饭也不吃，就喜欢吃小昆虫，明天我还要去抓点蚱蜢。"铭铭说。"我散步的时候还看到了一只死飞蛾，本来还想捡回来喂螳螂，可是想到上次我们喂它死飞蛾，它也不要吃，就没有捡。"潼潼说。"螳螂为什么只喜欢吃活的小昆虫？如果它喜欢吃青草，我就可以一直喂它了。""螳螂只要吃活的小昆虫，好残忍啊。""对，螳螂会伤害小昆虫，它是不是坏的？"曼文问。"我爸爸说螳螂是益虫，它能帮助我们。"铭铭说。"什么是益虫？"潼潼好奇地问。"我也不清楚，爸爸就说螳螂是益虫。"

"小朋友，你们知道昆虫可以分为益虫和害虫吗？"老师问。小朋友纷纷摇头。"益虫就是帮助动植物和我们人类的昆虫，危害动植物和人类的昆虫是害虫。""老师，我知道蚊子肯定是害虫，因为它总是咬我们，要吸我们的血。"天天抢着说，小朋友纷纷笑了。"那苍蝇肯定也是害虫，它不讲卫生。""老师，那螳螂是益虫还是害虫？"轩轩继续问。"它肯定是害虫，因为它要吃活的小昆虫。"轩轩坚定地说。"那万一它吃的是害虫呢？那螳螂不就是益虫了。"铭铭反驳说。"要知道螳螂是益虫还是害虫，我们首先要了解螳螂的生活习性。"老师给出建议。"我们可以分别寻找资料，明天再一起分享自己得到的结果，我们再来确定螳螂到底是益虫还是害虫。"

图 8-13　螳螂在吃活的蚱蜢

图 8-14　螳螂是害虫吗

　　幼儿通过实验发现螳螂喜欢吃活的小昆虫，观察之后觉得螳螂捕食这一行为很残忍，进而引发"螳螂是害虫吗？"的讨论，绝大部分幼儿都认为螳螂是害虫，因为它会吃活的小昆虫。针对幼儿的问题和困惑，教师通过提问帮助幼儿初步建立关于益虫和害虫的认识，引导幼儿继续关于"螳螂是益虫还是害虫"的探究。最终，幼儿通过观察、查找资料、分析比较等途径，了解到螳螂在田间和林区能消灭蚱蜢等伤害农作物的害虫，因而是益虫。

　　创设安全的探究环境是幼儿主动学习和探究的基本前提和条件，在自然探究过程中，幼儿由于缺乏相关的经验认知，常常会产生一些有趣的想法或是错误的认识。教师要尊重幼儿的想法，允许幼儿出错，并通过积极的引导帮助幼儿构建有益的知识经验。在教师的积极引导下，幼儿开始大胆梳理关于益虫和害虫的前期经验，并对螳螂是益虫还是害虫有了自己的猜想，最终通过查阅资料，了解了螳螂的生活习性，确定螳螂是益虫。在此过程中，幼儿通过已有经验的重组和碰撞，构建了有关益虫和害虫的有益经验。

日常活动中，教师应和幼儿一起发现并分享周围新奇、有趣的事物或现象，一起寻找问题的答案。教师要敏锐地发现幼儿感兴趣的问题，结合幼儿的经验和教育目标进行价值判断，并转换生成适宜幼儿探究的问题。针对"螳螂是益虫还是害虫"的问题，教师没有直接告诉幼儿答案，而是引导幼儿积极思考，同时提供相关的视频和书籍，帮助幼儿了解益虫和害虫的相关知识。当幼儿知道螳螂吃掉蚱蜢是对农作物有益的行为，马上就对螳螂进食有了不同的理解。之后，教师还引导幼儿讨论怎样保护益虫和消灭害虫，商讨"消灭害虫大行动"的办法，不断在探究中思考，提出问题，寻找答案，将活动推深发展。

♥ 故事七： 制作捕虫工具

"你们看，螳螂吃饱了就挂在那边，好舒服啊。"辰辰看着螳螂对旁边的小伙伴说。"我昨天又抓了一只蚱蜢，喂给螳螂吃了。"龚龚自豪地说。"你好厉害哦！你是怎么抓蚱蜢的？"潼潼问。"昨天我和妈妈散步的时候在小区里的草丛中发现了一只蚱蜢，我轻轻地靠近它，然后用手一抓就抓住了。"龚龚绘声绘色地描述。"我也想抓蚱蜢，可是我不敢。"曼文有点委屈地说。"你是女孩子，你肯定不敢。""我知道了，你可以做一个捕虫工具，这样你就敢抓虫了。"灏辰建议。"对的，以前我和妈妈在公园玩的时候就是用工具抓蝴蝶的。"潼潼说。"那怎么做捕虫工具？需要什么材料？"曼文犯难了。"我们一起做吧，可以先去教室外面的材料箱找找有没有合适的材料。"龚龚提出建议。

孩子们来到教室外面的材料箱旁，翻翻捡捡，不一会就找到了罐子、纸卷芯、长棒等材料。"材料找到了，该怎么做呢？"孩子们讨论起来。"就把它们粘在一起可以吗？""不行，这样马上就掉了。""你们可以像设计师叔叔那样先试着画张设计图，这样照着做就简单了。"老师给出建议。"对啊，我们可以想想，设计几个不同的捕虫工具，做完了还可以比一比。"灏辰说。"我想设计一个网状的，上面贴上双面胶，这样小昆虫就会粘在上面。"孩子们开始纷纷表达自己的想法并开始设计、制作。

图 8-15 制作捕虫工具

图 8-16 我设计的捕虫工具

幼儿交流着关于螳螂的经验，曼文提出不敢抓虫子喂食螳螂，引发了大家的讨论。灏辰根据自己的已有经验建议曼文制作捕虫工具，小伙伴由此讨论、寻找、准备制作捕捉、饲养昆虫工具的材料。找到材料后，幼儿遇到了"怎么做捕虫工具？""材料粘在一起会掉"等困难，此时，教师建议先画设计图再制作，大家各自按自己的想法设计制作捕虫工具，他们选择散步时在幼儿园内寻找、捕捉昆虫，充分体验探究的乐趣。

大班幼儿有一定的合作分享意识，教师应支持幼儿与同伴合作探究与分享交流，引导他们在交流中尝试整理、概括自己探究的成果，体验合作探究和发现的乐趣。他们一起讨论和分享自己的问题与发现，一起想办法收集资料和验证猜测。教师观察发现幼儿遇到的问题，根据幼儿的交流进行小结或给出建议，让幼儿寻找解决的方法，设计制作捕虫工具。有了清晰的思路，探究的过程就有了条理，有了方向，也有了思考，衍生出新的活动。

幼儿绘制了设计图，并和教师及同伴一起分享自己的想法，学习表达自己和倾听别人，这是一种重要的思维过程。幼儿对自己关心的和想知道的问题能积极主动地进行观察和探究。幼儿与同伴交流自己的捕虫经验，教师适时提升幼儿经验，"用哪种捕虫工具捕虫又方便又有效？"幼儿能大胆分析表述，回顾已有经验，从探索过程中构建新知识，丰富认知经验。

故事八：螳螂怎么保护自己

"爸爸，螳螂要吃小昆虫，那要有动物要吃螳螂怎么办？"安玌提出问题。"螳螂会保护自己啊！"爸爸说。"螳螂是怎么保护自己的？是不是举起它的两把大刀？我上次和淘淘一起拿根草拨弄它时它可凶了，举起两把大刀。"安玌对爸爸说。"除了这个，螳螂还有一个自我保护的方法。你猜猜是什么？"爸爸反问。"那是什么？""它有保护色。"爸爸神秘地说。"我知道了，是不是说螳螂会变色？我只知道变色龙会变色。""螳螂躲在草丛里就会慢慢变成和草丛一样的绿色，它这样做是为了隐蔽自己捕捉虫子。""我没有看到过螳螂变色，我想看。"安玌对爸爸撒娇。"那我们一起来做个小实验吧。我们找个绿色的东西放在螳螂下面看看会怎么样？""我的小包是绿色的，我去拿！"

安玌在爸爸的帮助下放了一个绿色袋子在螳螂的身下，然后耐心地和爸爸一起观察。"爸爸，你看螳螂的翅膀现在是咖啡色的，它会变绿吗？""我们耐心等等。"过了一会，"爸爸，你看螳螂的翅膀好像有点变绿了。"安玌兴奋地说。"再等一会它是不是全都会变成绿色，原来它可以通过变色来躲在草丛里。""不管是昆虫还是小动物，它们都会有一些保护自己的方法。"爸爸说。"我明天要去教室告诉小朋友们，他们还不知道螳螂会变色呢。"

图 8-17 放个绿包在螳螂身下

图 8-18 螳螂变色了

安玌从螳螂喜欢吃小昆虫的现象引发出"动物要吃螳螂"的问题，爸爸告诉安记螳螂会保护自己，安玘马上迁移螳螂会举起大刀的已有经验。爸爸又告诉安玘螳螂还有自我保护的方法，并鼓励安玘猜测，安玘很快想到了螳螂会变色，还提出要做小实验的要求。在和爸爸一起探究的过程中，安玘耐心观察，发现了螳螂的翅膀会变色的现象，了解了关于螳螂保护色的知识。

幼儿的思维特点是以具体形象思维为主，注重直接感知、亲身体验和实际操作进行科学学习。安玘对螳螂的保护色产生兴趣，家长并不是简单地灌输知识，而是提出问题鼓励安玘猜测，一起观察探究，让安玘主动参与其中，通过实践操作获得不同的经验，亲身感知螳螂有保护色的现象。

安玘获得了关于螳螂有保护色的知识经验，产生去幼儿园与同伴分享的想法。教师作为活动的支持者和陪伴者，接下来可以和幼儿一起深入探究"不管是昆虫还是小动物，它们都会有一些保护自己的方法"这个新经验、新知识。

♥ **故事九： 螳螂新娘怎么了**

嘉悦和宇泽安静的在区域里看书，"宇泽，你快看，书上面有个螳螂新娘在哭。"嘉悦指着书上的图片对宇泽说。"是啊，好像是独角仙警察要抓她，发生什么事情了?"宇泽说。"浚承，你认识这些字吗?""我也不认识，这里的字太难了。"一旁的浚承看了看书。"我们可以让老师给我们读一下书上的内容，老师都认识。"俊峰提出建议。

几个小伙伴找到老师，"老师，你可以给我们读一下这些字吗? 我们想听这个故事。""好的，瓢虫来到警察局报案……"老师慢慢地讲起故事。"原来是这么回事啊，那么螳螂新娘真的会吃新郎吗?"嘉悦问。"老师记得在小时候看过黑猫警长的动画片，里面就有螳螂的故事，我们可以一起看一下。"

动画片一播放，孩子们就专注地看起来，"你看，螳螂新娘被抓了，她被黑猫警长关到监狱里去了。"俊峰对旁边嘉悦说。"她真的吃了螳螂新郎，为什么?""你继续看，螳螂新娘说了，她也不想这样，可是只有吃了螳螂新郎，才能保证小宝宝有足够的营养。"嘉悦说。"那螳螂新郎好可怜，为了宝宝被吃掉了。"浚承说。"每只螳螂新娘都会吃了螳螂新郎吗?""如果营养够了，螳螂新娘还会吃螳螂新郎吗? 还是它们就一起照顾宝宝?"俊峰又问。

图 8-19 螳螂新娘被抓了

图 8-20 螳螂新娘为什么哭

《有趣的昆虫》一书很受幼儿欢迎，经常能看到他们在阅读区翻阅书本里的内容。嘉悦看到书上的螳螂新娘在哭泣，这就引发了她的探究兴趣。嘉悦和旁边的小伙伴一起分析原因，通过图片间相关联的内容大胆猜测："为什么独角仙警察要抓螳螂新娘？"探索关于螳螂的秘密。幼儿了解到螳螂新娘要吃螳螂新郎，对此产生了探究兴趣，当遇到问题时，幼儿及时向教师寻求帮助。螳螂的繁殖有其独特性，教师分享自己的经验，让幼儿以观看动画片的形式继续探究。

让科学探究贴近幼儿的生活，通过阅读书籍丰富幼儿对螳螂的认知，进而自主生成新的探究内容。幼儿生性好奇，有趣的科学现象最能引发幼儿的好奇心及探究欲望。现实生活中幼儿很难通过直观的观察捕捉到螳螂新郎被吃这一现象，因此教师利用故事、动画片这些更能为幼儿所接受的形式。幼儿了解到螳螂交配时螳螂新娘要吃掉螳螂新郎以保证营养产卵，这是它们繁衍生息的一种方式，对大自然充满好奇。

幼儿对大自然有着最敏锐的直觉和最强烈的憧憬。教师要支持幼儿在接触自然、生活事物和现象中积累有益的直接经验和感性认识。幼儿在探索过程中随时会产生问题和困惑，需要教师给予指导，教师通过谈话、视频、图片等间接经验丰富幼儿的认知，同时鼓励幼儿也通过相互之间的知识交流或者和父母一起查阅资料去了解，进一步探索螳螂的繁殖。

♥ 故事十： 螳螂产卵

"你们快看，这白白的是什么？"龚龚指着螳螂惊奇地问。"螳螂是在拉便便吗？"曼琪猜测。"不是吧，以前我们看到螳螂拉的便便都是一粒一粒的，而且有点黑黑的，可这次螳螂拉出的是白白的泡沫。"正心否定了曼琪的观点。"难道螳螂是吃坏肚子了？"曼琪说。"我以前吃坏东西的时候也会拉肚子，螳螂是不会是拉肚子了吧？"小朋友一阵沉默。"这些白白的泡沫没有流下去，好像慢慢地结在一起了。"大宝仔细地观察。"你们说它是不是在产卵？"曼骐大胆猜测。"你是说螳螂在生宝宝了？"几个小伙伴又惊又喜。

"有可能，难怪上次国庆节后铭铭带螳螂回来的时候感觉它变胖了。""对啊，那时候我就觉得螳螂的肚子圆滚滚的，好像住了一个小宝宝，可是铭铭说是因为他和姐姐给螳螂抓了好多的蚱蜢和蝗虫，它是吃胖的。"妍妍说。"我们那时候还怕它吃撑了。""那它生完宝宝肚子是不是就扁了？"宇溪好奇地问。"可是我们没看到它吃螳螂爸爸啊？不是说螳螂新娘要吃掉螳螂新郎才会生螳螂宝宝吗？"几个小朋友又安静地思考起来。"说不定送过来的时候它就是螳螂妈妈了。"龚龚说。"慢慢的它的肚子才大起来，我们的妈妈怀宝宝的时候肚子也是慢慢大起来的。""那小螳螂会从这里钻出来吗？要多少时间才能看见呢？"

图 8-21 螳螂在做什么

图 8-22 白白的"泡沫"是什么

龚龚发现螳螂在拉白白的的东西感到惊奇，也引发了曼琪的猜测："螳螂是在拉便便吗？"正心根据自己的已有经验"螳螂拉的便便都是一粒一粒的，而且有点黑黑的"提出了否定意见，又猜测"螳螂是不是拉肚子了"，大宝仔细观察发现"白白的泡沫会慢慢地结成块"，又引发了曼琪"是不是在产卵"的猜测，几个小伙伴又猜测着"螳螂在生宝宝了"，充满了惊喜。

《指南》指出："幼儿科学学习的核心是激发探究兴趣，体验探究过程，发展初步的探究能力。"当幼儿面对螳螂拉的白色泡沫产生疑问时，教师善于发现和保护幼儿的好奇心，给幼儿充分地交流分享的时间，鼓励幼儿根据已有经验大胆猜想，发表自己的见解，帮助幼儿不断积累经验。

幼儿认为螳螂的肚子里住着小宝宝，教师要尊重幼儿已有的认知水平，进一步拓展和提升幼儿的经验。从幼儿提出的问题出发，一起讨论问题和分享发现，通过查询资料寻找螳螂产卵的秘密，帮助幼儿获得关于螳螂产卵的知识经验，推动幼儿继续深入探究。

分享回顾

活动结束后，老师和孩子们一起策划了主题墙，将探究螳螂的内容以图文并茂的方式展示在幼儿园的门厅中，让更多的孩子、家长、老师一起参与、互动。

教室里的"螳螂发布会"开始了，安玘带来了她的"螳螂小档案"，利用实物投影仪投放在电视机上。"你们知道吗？螳螂也要喝水，这是我在给螳螂喂水！""螳螂会喝水吗？它是怎么喝的？"潼潼好奇地问。"我把螳螂拿到盒子外面，然后用一个小滴管给它喂水，它可乖了！"

铭铭展示了一组照片，分享了自己和姐姐一起去草丛中抓蚱蜢—喂螳螂—螳螂捕食的过程，和同伴互动，架起沟通的桥梁。

孩子们在散步或是来园离园时还会主动分享螳螂的趣事给他人，包括其他班级的小朋友、老师或是家长，"妈妈，这是我们班饲养的螳螂，你看这里有两只螳螂，你猜猜它们谁是雌螳螂？"希希兴奋地问。"可能是这只小点的吧。""哈哈，你答错了，是这只大螳螂，雌螳螂都比雄螳螂大。"希希兴奋地开始介绍墙面上的螳螂内容。

孩子们大胆分享螳螂的故事，积极交流自己的发现，讨论各自的经验及体会。老师还将孩子们观察螳螂的照片及视频制作成微视频，家长扫码即可观看，与孩子一起互动，在此过程中收获了愉悦的情感体验，探索的积极性更高，兴趣也更浓厚！

图 8-23　这只小的是雄螳螂

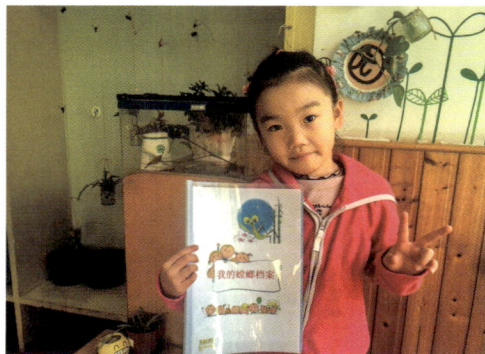

图 8-24　我的螳螂档案

评价反思

铭铭：螳螂身上有好多秘密，我知道了螳螂喜欢吃小昆虫，螳螂也需要喝水，螳螂居然喜欢倒挂着。挂在网上，后来我们放了一根树枝，它就倒挂在树枝上，如果是人倒挂着，早就头晕了。

曼文：班上的小朋友都很喜欢教室里的螳螂，他们经常会去抓虫子喂螳螂，但是我不敢，后来我和小朋友一起设计、制作了捕虫工具，我们还去校园里抓昆虫呢，有了捕虫工具我也敢抓昆虫了。

龑龑：教室里后来有两只螳螂，一大一小，我们查了资料后又细细地观察两只螳螂，终于学会了怎么区别雄螳螂和雌螳螂。让我惊喜的是我们居然看到螳螂生小宝宝了，太神奇了。后来和老师一起查了资料，发现原来螳螂不交配也能产卵，但是却孵不出小螳螂，希望我能看到小螳螂！

安玙爸爸：安玙在周末将螳螂带回家照顾，对螳螂特别感兴趣，我们和安玙一起做了螳螂变色的实验，安玙细心地将家里的门窗都关上，就怕螳螂跑掉。当她通过实验发现螳螂会变色后，兴奋不已，迫不及待地想将自己的发现和小朋友一起分享。这种自然现象正是孩子们平时比较少接触的，女儿的探索意识也有所增强。

铭铭爸爸：这只螳螂是和铭铭在散步时无意间发现的，我们就将它带到了班级，没想到受到班级小朋友的追捧。每天回家，铭铭都会和我们说一说今天和小朋友一起观察螳螂，发现了螳螂的秘密，比如：螳螂总是喜欢倒挂着，怎么区分雌螳螂和雄螳螂，等等。铭铭在这个过程中丰富了对螳螂的认识，对相关的科学知识也非常感兴趣。

希希妈妈：这段时间，女儿放学回家说的最多的就是班级里螳螂的故事，还经常拉着我们去草丛中抓蚱蜢，说是要带到幼儿园喂给螳螂吃。有一天，希希非要我去接她放学，然后带我走到一面展板那儿兴致勃勃地给我介绍关于螳螂的几块内容，诉说着在幼儿园里给螳螂喂水、照顾螳螂的趣事。

幼儿园的种植饲养活动是一种非正式的科学活动，它是科学教育的一部分，同时也是幼儿园课程资源的重要组成部分。幼儿对班级里的螳螂产生了浓厚的兴趣，自主生成了一个个小的科学探究活动，不断围绕螳螂的一系列问题发现—观察—猜测—记录—验证—总结，这些探究活动前后经验相互联系，给幼儿一个具有延续性的探究空间，逐步深入。

"嗨！螳螂"微项目活动来自幼儿，幼儿探索兴趣浓厚。在整个活动的开展过程中，幼儿通过找一找、看一看、说一说、记一记等活动，与螳螂零距离接触，一日活动中都能看到孩子们与螳螂互动的身影。幼儿在观察与实践中习得了螳螂的相关知识，了解如何照顾螳螂，如给螳螂喂水、清理便便等。活动后，幼儿迁移经验，继续探究别的昆虫，对于不认识、不熟悉的昆虫，也会通过相互之间的交流或者和父母一起查阅资料去了解，丰富知识。幼儿在建构新知识的同时，丰富了认知经验，掌握了许多学习方法，对科学探究活动的兴趣也提高了。

教师适时地引导幼儿在饲养螳螂的过程中探索、发现，不断丰富幼儿已有经验，又根据幼儿自主生成的内容引导他们持续观察，比如：螳螂吃什么？通过观察、比较、操作、实验等方法，发现问题、分析问题和解决问题，在观察螳螂的过程中不断积累经验，并运用于新的学习活动，形成受益终身的学习态度和能力。

《纲要》指出：家庭是幼儿园重要的合作伙伴，应本着尊重、平等、合作的原则，争取家长的理解、支持和主动参与。家长中有小学科学老师、昆虫爱好者，我们充分挖掘资源，家园合作，一起收集资料，一起进行实践操作，一起探究，给予幼儿支持，探究螳螂的秘密，与幼儿共成长。

微项目九 番茄苗架子工程 （大班）

微项目由来

　　孩子们在班级的阳台自然角里种植了番茄，从番种到种子发芽、从抽出新叶到长高长大……他们天天浇水除草、观察记录。有一天，小海给番茄浇水，发现其他组的番茄苗都长得直直的，只有自己组的番茄苗长歪了。他的嘴角立刻挂了下来，哭丧着脸对老师说："我们组的番茄苗长歪了，怎么办呀？"老师不答反问道："那你想想有什么好办法呢？"这时同组的昊宇用手扶起番茄，靠在旁边的竹篱笆上说："就让番茄苗靠着篱笆，这样它就直了！"小海并不满意，摇了摇头："不行不行，你一放手，番茄苗还是会倒下来的。"

　　幼儿是从意识到问题的存在才开始真实地积极探究和学习，幼儿只有产生了疑问和对追求谜底的渴求，才能真正开始探究。《指南》中提出鼓励幼儿根据观察或发现提出值得继续探究的问题。因此，相较于教师提出问题外，我们更支持幼儿自己提出问题。在番茄长大的过程中，当小海发现番茄苗长歪了的时候，提出了一个有价值的问题。教师敏锐地发现这个问题能引发幼儿的探究，于是把这个问题抛回给幼儿，让大家围绕这个问题展开一系列的探究活动。

图 9-1　番茄苗长歪了
　　　　怎么办

图 9-2　想想有什么好办法

问题搜索

关于番茄架子，我知道……

番茄的苗太细了，所以会倒下来。

旁边需要有东西给番茄苗靠着就不倒下来了。

架子太矮了不行。

架子的材料太软了不行。

我奶奶种菜的菜地里也会搭架子。

爬藤的植物需要架子。

幼儿园种植园地里的架子是门卫爷爷搭的。

关于番茄架子，我想知道……

番茄苗为什么会歪了？

油菜杆子为什么不能做架子？

矮木桩为什么不适合做架子？

一根竹竿的架子为什么没有三根竹竿的架子牢固？

三角形为什么比别的形状稳固？

生活中还有哪些地方藏着三角形呢？

思维导图

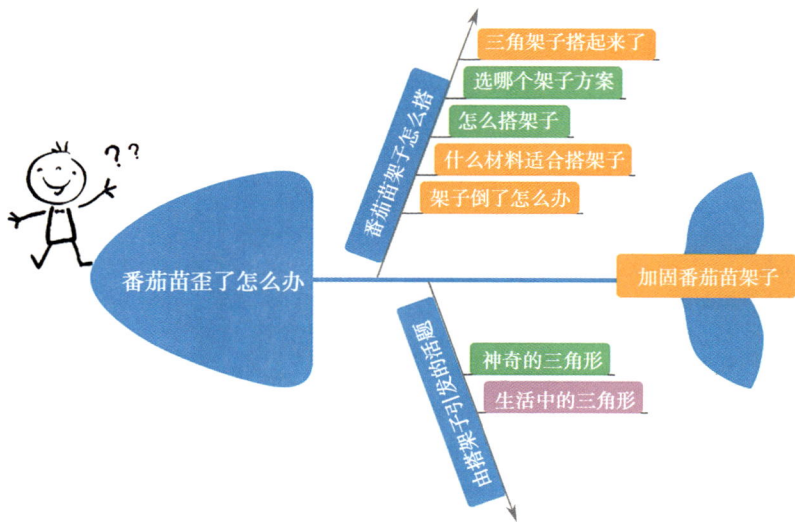

备注：蓝色表示幼儿的问题或话题；绿色表示集体活动；橙色表示区域活动；玫红色表示亲子活动。

在玩中学——幼儿科学微项目活动精选

174

活动导航

序号	活动名称	活动目标	实施途径		
			集体活动	区域活动	亲子活动
1	架子倒了怎么办	• 尝试利用身边的材料，寻找解决问题的多种方法 • 尝试遇到问题能自己单独或和同伴一起解决		√	
2	什么材料适合搭架子	• 分析、归纳、总结适宜材料的特点 • 大胆说出自己的想法，倾听他人讲述		√	
3	怎么搭架子	• 多种感官感知种植园地里的各种架子 • 观察、比较、讨论各种架子的特点和作用	√		
4	选哪个架子方案	• 尝试用绘画或标记的方式记录搭架子的材料和方法 • 大胆表述，认真倾听，以投票的方式来决定架子方案	√		
5	三角架子搭起来了	• 讨论、协商方案中架子的合适材料 • 尝试互相配合，多人合作搭建架子		√	
6	神奇的三角形	• 动手实验、比较发现四边形和三角形的稳固性不同 • 初步了解生活中三角形的作用	√		
7	生活中的三角形	• 寻找生活中的三角形，了解三角形稳定性的运用 • 用绘画或标记的方式记录下自己的发现			√
8	加固番茄苗架子	• 合作探索加固番茄苗架子的方法 • 尝试已有经验的再运用、再提升		√	

微项目九　番茄苗架子工程

175

❤ **故事一：架子倒了怎么办**

小海发现自己组的番茄苗长歪了，正一筹莫展时，老师微笑着提醒道："你可以请自己组的小朋友们一起来想想，有什么好办法可以解决这个问题呢？"小海想了想，立刻叫来了自己组的好朋友，大家聚在自然角里一起商量起来。这时吴宇大声说："我有办法了，我们来给番茄苗搭个架子吧！"大家都同意这个办法。小泽左看右看，突然歪着脑袋笑眯眯地说："叮咚，我想到一个好办法！"只见他捡起了散落在地上的几根长短不一的油菜杆子，插在番茄苗的盆里。大家看了都摇头，觉得没有用，根本撑不起长歪的番茄苗。小锐在同伴的启发下，在自然角兜来兜去，希望能找到点什么，这时他在角落里发现了一个矮矮胖胖的木桩，他兴奋地把木桩放在番茄苗的旁边试了试，但是木桩很矮，只能撑起番茄苗的一部分。这时，一直没有说话的吴宇剥开一根枯了的短短的油菜杆子横插在另一根比较长的油菜杆子上，做成了一个像竹蜻蜓一样的东西。吴宇把这个油菜杆子做成的架子插在泥土里，把长歪的番茄苗靠在架子上。大家看了，都开心地拍手称好。但是过了半天，孩子们再去看的时候，发现油菜杆架子已经倒在地上，他们顿时像泄了气的皮球一样失望极了。

图 9-3 做成像竹蜻蜓一样的架子

图 9-4 把番茄苗靠着竹蜻蜓架子

活动中小海在教师的提醒下将自己无法解决的问题告诉了同组的伙伴，昊宇提出为长歪的番茄苗搭个架子的办法，用什么材料来搭架子就成了当前聚焦的问题。身处自然角的幼儿自然而然地将目光投向周围环境，散落在地上的几根长短不一的油菜杆子闲置在自然角角落里，矮矮胖胖的木桩成为搭架子随手可得的材料。幼儿开始尝试探索这些现成的材料，这个过程也是他们从发现问题到尝试解决的过程。

《指南》提出："大班幼儿能主动发起活动或在活动中出主意、想办法。"活动中昊宇提出给番茄苗做一个架子，这样番茄苗就可以通过架子改变长歪的状态，可见幼儿有了解决问题的意识。这时教师并不急于告诉他们正确的答案，而是给予足够的时间，支持他们按自己的想法做事，放手让他们自己做，即使做得不够好，也给予鼓励。在这个过程中，幼儿积极动脑、互相学习、比较观察，逐步建构经验。

教师在一旁耐心等待和仔细观察，等待、观察幼儿在活动中出现的问题，并给予适当的支持。教师发现幼儿有了搭架子的想法，在自然角就地取材，找了矮矮的树桩，枯萎的、绵软的油菜杆子这些材料进行搭建，却始终没有成功。原因一：幼儿没有搭架子的相关经验，所以没能清晰地考虑架子要用什么材料、做成什么样子才能支持起长歪的番茄苗，因此每次尝试还有些盲目。原因二：自然角里的现成材料是有限的，幼儿的尝试还需要更多的材料支持。在整个过程中，教师没有阻止幼儿的探索，而是让幼儿自己在操作体验中，自己发现这些材料并不合适，这样搭起来的架子也不牢固，从而激发他们进一步去思考。

♥ 故事二：什么材料适合搭架子

老师建议把这个问题告诉班级里的其他孩子们。大家决定来帮助第一组寻找搭架子的合适材料。小锐提议说："我们去班级的材料区看看，那里的材料最多。"于是，孩子们纷纷到材料区寻找。小海找来了几个日常卷纸芯摆弄着，旁边立刻有小朋友说："卷纸芯太短了，而且放在室外，一下雨就烂掉了，这个不行。"小锐找来了另一种长长的、厚厚的线卷芯。他尝试着插进泥土，却发现线卷芯太粗，根本插不进。这时小俊找来了一些粗粗的塑料吸管，他轻轻松松就把吸管插进了泥土，可是又觉得太矮了，于是把两个吸管拼插在一起，吸管变长了。然后再次插进泥土，并把番茄苗轻轻地搭在吸管架子上。旁边的小雨看到了说："吸管一点都不牢固，风一吹就会倒的。"

这时老师提问："我们到底需要什么特点的材料，哪些更适合给番茄苗搭架子呢？"经过讨论，大家比较了之前的材料，分析后总结得出：要找长长的、直直的、牢固的材料来搭架子，还需要能固定架子的辅助材料。

活动室材料区里的材料都不合适，那怎么办呢？小朋友们提出到教室外面去寻找更合适的材料。于是，孩子们来到山坡区、草地区，他们找到了稻草、树枝、竹子等，经商量后觉得粗粗的、长长的树枝和直直的、牢固的竹子、木条等都适合做番茄苗的架子。

图9-5　用塑料吸管试一试　　　图9-6　什么材料最适合呢

当幼儿在寻找材料做架子遇到瓶颈时，教师建议将问题抛给全班幼儿，大家一起来想办法解决。于是，更多幼儿参与讨论，思维被激发，有人提议去材料区寻找更合适的材料来搭番茄苗的架子。当幼儿发现教室材料区没有适合的材料时，将材料搜索的范围拓展到了广阔的户外。

《指南》指出："教师要真诚地接纳、多方面支持和鼓励幼儿的探索行为，认真对待幼儿的问题，引导他们想一想。"由于幼儿没有意识到问题的关键，导致他们在材料区寻找材料时出现了一系列问题：纸卷芯怕湿、吸管不牢固等。此时，教师引导幼儿思考什么样的材料更适合给番茄苗搭架子。幼儿通过之前的失败经验，通过观察、比较、分析，总结出：要找长长的、直直的、牢固的材料来搭架子。于是就明确了搭架子材料的要求，寻找材料就变得有目的性了。

在这个过程中教师观察了幼儿的实际情况，给予两方面的支持。一方面是材料支持，材料是解决问题的关键，教师引导幼儿从身边寻找材料解决问题，幼儿从班级自然角，到教室里的材料区，最后到室外，空间不断拓展，可选择的材料就更加丰富了；另一方面是语言引导，帮助幼儿梳理零碎的经验，尝试观察分析那么多材料不好用的原因，归纳总结具有什么特征的材料是适合搭架子的。教师的支持帮助幼儿在提出问题后进一步分析问题、研究问题，这就是幼儿探索学习、主动建构经验的主要过程。

♥ 故事三：怎样搭架子

材料都找到了，那么番茄苗的架子该怎样搭呢？当孩子们一筹莫展的时候，老师适时提出建议："可以到幼儿园里找找看，说不定能得到什么启发呢！"孩子们兴奋地来到户外，开始寻找可以参考借鉴的东西。

小锐来到菜地，第一个叫起来："你们快来看，这里有个丝瓜架子。"孩子们跑过去仔细观察，发现架子下面是两根竹子，搭成了三角形，这样的三角形并排有两个，上面横放着一根长长的竹子，每个接头都是用布条固定。爬藤的丝瓜就沿着架子往上长。雨桐看了笑着说 "好像我家里的帐篷啊！""这个架子搭得真牢固，是谁搭的呢？"小锐问。"我知道，是门卫爷爷搭的。"细心的雨桐回答。行动派小锐立刻跑到门卫爷爷那里询问起来，爷爷很乐意为孩子们解答疑惑。随后，孩子们又发现每一棵高高的向日葵旁也插着一根长长的竹子，并用布条在上下两处进行固定；孩子们还发现高大的樱花树四周有很多根木条斜着撑地，用很多个三角形架子进行固定。老师请大家仔细观察，樱花树的木条架子搭出了多少个三角形。欣欣数了数说："有四根木条像四条腿斜斜地插在泥土里，有四个三角形。"旁边细心的然然说："不对，还有四根短短的木条绑在长长木条的脚上，还有四个小三角形呢！"

图9-7 丝瓜架子真牢固

图9-8 好像家里的帐篷

幼儿虽然经常在户外活动，但是很少关注植物的架子，这一次带着目的去观察，有了很多发现。幼儿首先想到去菜地，那里的环境和班级的自然角最相似，马上找到了像帐篷一样的丝瓜架子。随后还发现了用一根竹子固定的向日葵、用很多根木条固定的樱花树……每种架子的材料、固定的方式都不一样，幼儿在观察讨论中进一步了解各种各样架子的特点，为后面搭架子活动奠定基础。

《指南》指出："教师要鼓励幼儿根据观察或发现提出值得继续探究的问题，支持、引导幼儿学习用适宜的方法探究和解决问题。"问题导向的学习模式就是一个不断产生问题、解决问题的过程。有了材料却不知道该怎么搭架子，幼儿遇到的新问题推动着活动更加深入发展。解决问题的方法有很多，利用身边的资源主动寻找解决问题的途径，这也是探索学习的过程。除了可以利用网络、书籍等多种途径获得信息，还可以向生活、大自然这些现成的教师学习。

搭架子的方法是难点，幼儿在教师的鼓励和提示下，来到了户外仔细寻找可以借鉴的经验。在寻找的过程中，幼儿还自发地去询问了门卫爷爷，他们通过观察和咨询了解了搭架子的方法。此外，教师也给了幼儿充分探索的时间，找到丝瓜苗架子后并没有直接结束探索活动，而是让大家带着问题去幼儿园户外寻找各种各样的架子。在这个过程中引导幼儿在观察的基础上进行比较，了解架子的异同点，激发幼儿思考架子的特点，积累有关架子的经验。

♥ 故事四： 选哪个架子方案

　　孩子们带着这些发现，兴高采烈地回到了教室。老师请小朋友们以小组为单位，讨论架子需要什么材料、怎么搭，并用自己喜欢的方式记录下来。于是，孩子们展开了热烈的讨论。第七组的组长新雨麻利地拿来了记号笔、油画棒和记录单放在桌上，其他几位小朋友纷纷围坐下来。"我想搭个三角架子。"雨桐一边比划一边说，"三只脚站着不容易歪。""老爷爷介绍是用布条固定的。"天天慢吞吞地补充道。组长新雨睁大眼睛认真地听着伙伴们的建议连连点头，并在记录单上刷刷地画了起来。旁边第五组的小朋友们也在积极讨论着。"先让我说！"童童一上来就提出了自己的想法，"我家有一根长长的竹竿，我明天带来插在番茄苗旁边，就像种植园地里的向日葵架子一样。"……

　　小组讨论后，孩子们兴奋地围坐在一起，迫不及待地要介绍自己小组讨论出来的搭架子方案。老师引导大家介绍自己的方案并说说理由。最后发现一共有三种方案。方案一：用一根树枝和布条固定番茄苗，简单方便。方案二：用两根竹子分别固定在番茄苗的两边，两根竹子比一根竹子牢固。方案三：用三根竹子搭成三角形的架子来固定番茄苗，很牢固。通过介绍，大家把焦点聚焦到牢固上，到底选择哪一种方案呢？有人提议举手投票，最后方案一和方案二落选，方案三以最高票数通过。

图9-9　三只脚站着不容易歪

图9-10　可以用布条来固定

幼儿在观察了解多种搭架子的方法后，通过小组讨论的方式商量给番茄苗搭架子。每个幼儿都有表达的机会、聆听的时刻、思维的碰撞，尤其在小组介绍时，每组都不止一个幼儿想表达自己的想法，非常积极踊跃，不断有人补充自己的想法，分析自己的理由。当出现几个方案时，幼儿运用已有的经验提出投票决定，这个意见得到了大家的赞同。

《指南》目标提出："大班幼儿能用图画等方式记录，在探究中能与他人合作与交流。"幼儿虽然不会写字，但是能用图画的方式记录过程，同样可以帮助他们梳理思路。当给番茄苗搭架子这个问题成为大家共同感兴趣的话题时，幼儿就自然生发出与人交流的愿望，在交流中不断调整自己的思维，明确自己的想法。小组讨论的方式让大家进行了一次大脑风暴，能力强的幼儿积极表达自己的想法，大胆记录小组的讨论结果；能力弱的幼儿能补充建议，聆听学习。大班幼儿会运用投票来决定事情，初步学会了协商的方法。

当幼儿个人无法解决问题时，教师帮助幼儿成立学习共同体，互相讨论、分工、合作。教师在小组交流时提出了明确要求，让幼儿能围绕问题有目的、有针对性地讨论，把探索到的知识迁移到当前的问题中，并用于解决问题。当幼儿提出多种方案时，教师追问理由，让幼儿思考搭架子的真正目的，引导大家思考不同架子的不同特点和作用，最终由幼儿自主举手投票选出方案，把决定权交给幼儿。

♥ 故事五： 三角架子搭起来了

根据投票选出的方案，孩子们纷纷回家收集了方案中所需要的材料。第二天星雨、昊宇和小哲拿着长长短短的竹子和一段布条，来到自然角。星雨举着两根短短的竹子兴奋地说："用我找到的竹子。""用我的吧！"昊宇把手里的竹子直立在地面上和自己的身高比了比，骄傲地说："我的竹子比较长，都和我一样高了，番茄苗需要高一点的架子。"旁边的小哲有点不服气地说："我的竹子和你的一样高，而且还比你的粗，我的更牢固，用我的吧！"三个孩子互相看了看，决定把竹子都立在地面上，通过比较挑选出合适的竹子。他们发现昊宇的竹子虽然长，但是太细了，一用力就弯了，不适合用来做架子。最后孩子们商量决定把最长的竹子靠着番茄苗直直地插入泥土，把另外两根短短的竹子斜插入泥土，并用布条固定。可是竹子太滑了，绑到一半散架了，绑得松了又散架了，老师在一旁微笑着投去鼓励的目光。经历了多次失败后，孩子们终于通力合作把架子搭好了。番茄苗靠着架子还不行，孩子又找来一些绳子把番茄苗上下都固定在架子上，小哲一边绑一边说："要多绕几圈，这样才牢固！"新雨则说："你们轻一点，番茄苗会痛的。"终于，长歪的番茄苗借助架子直立起来了，孩子们高兴地拍手笑了起来。

图9-11　多绕几圈更牢固　　　　图9-12　轻一点，番茄苗会痛的

　　幼儿现在到了实战阶段，要自己动手搭建番茄苗架子了。他们在众多的材料中选择粗细、高矮合适的竹竿，讨论了三根竹子的位置安排及三角形的角度大小等。三名幼儿有的扶、有的绑，分工合作搭好了三角架子，将长歪的番茄苗固定在架子上。这个过程中，幼儿有冲突，有协商，有交流，有合作，全程都十分投入，最后成功地搭建起了架子。

　　虽然前期解决了搭架子的材料、设计了搭架子的方案，但是从思到行，又是一大难点。动手搭架子时，幼儿又遇到了一系列的问题：用什么样的竹子更合适，怎样搭出方案中三角形的架子来，番茄苗需要怎样固定……有了前期解决问题的成功经历，幼儿已经不再哭丧着脸，或者只知道向教师求助，而是一起讨论、商量，最后成功地搭起了番茄苗的架子。在这个过程中，幼儿的动手能力、创造能力、合作能力均得到发展，也充分体验到探究的快乐。

　　在整个搭建的过程中，教师没有给幼儿提供材料，更没有教搭建的方法，而是至始至终在旁边观察，在幼儿多次搭建失败时也没有着急插手帮助他们，而是给予微笑和鼓励。幼儿在教师的表情中感受到肯定，在教师的不干预中获得探究的空间，这些就是教师给幼儿的情感支持。幼儿在教师无声的支持中克服困难，战胜挫折，坚持完成搭架子工程。

♥ 故事六：神奇的三角形

在搭番茄苗架子的时候，孩子们发现很多植物的架子中都可以找到三角形，于是自然而然地对三角形产生了兴趣。针对孩子们共同的兴趣点，老师带领小朋友们一起做了一个有趣的实验。老师用四根硬板纸条以围合的方式做成了一个正方形，请小朋友拉动纸条，观察会发生什么变化。小易拉住正方形的对角，发现变形了，旁边的小雨立刻喊了起来："正方形变成菱形了！"老师又用三根硬板纸条用围合的方式做成了一个三角形，请大家猜测三角形会不会变形，有三分之一的孩子认为会像正方形那样变形，有三分之二的孩子认为不会变形。孩子们开始动手实验，最后验证了三角形不会变形，稳定性非常好。这时，老师给孩子提供了一些生活中的图片，请大家找找里面有没有三角形，孩子们在上海东方明珠塔、自行车架子、照相机架子等物体上都找到了三角形，有的还不止一个。活动最后，老师请孩子们在幼儿园里或者回家和爸爸妈妈一起继续寻找生活中的三角形，用照片或者绘画的方式记录下来，并思考这些三角形的作用，下次跟班级里的小朋友们进行交流分享。

图9-13　正方形变成菱形了

图9-14　三角形不容易变形

幼儿观察到很多植物架子中都有三角形，但是不知道为什么，于是对这个问题非常感兴趣。在教师的支持、引导下，幼儿通过直接感知、亲身体验、实际操作，惊奇地发现了四边形容易变形，而三角形非常稳固。小小的实验慢慢拨开了三角形的神秘面纱，也激发了幼儿进一步探究三角形的兴趣。

《指南》指出："大班幼儿能发现常见物体的结构与功能之间的关系。"教师口头讲解的方式并无法向幼儿直观展现三角形的稳定性，基于大班幼儿的学习与发展特点，教师组织了本次活动，幼儿在观察、比较、操作、实验中自己发现问题，思考规律，找到用三角形搭架子能提高稳定性的关键原因。这是一个发展幼儿逻辑思维能力的过程，为幼儿在其他领域的深入学习奠定了基础。

一开始，为番茄苗搭架子只是个别幼儿感兴趣的问题，随着活动的不断推进，班级里大部分幼儿对三角形为何能稳固做架子的问题都产生了浓厚的兴趣，于是教师抓住幼儿的共同兴趣点生成开展相关的集体活动。在课程游戏化精神引领下，根据幼儿的兴趣和需求生成集体活动，有其价值所在。教师通过有目的地引导，创设实验情景，帮助幼儿梳理散乱的经验，分析、归纳、总结、提炼有关三角形的经验，在实验中进一步了解三角形的特性，感知其结构的稳定性。

♥ 故事七： 生活中的三角形

做完小实验，孩子们就迫不及待地要在幼儿园寻找三角形了。来到操场上，眼尖的小桢和小锐一下子就发现拓展区里的双面攀爬架就是一个大大的三角形，两个人每人摸着一面，小桢笑呵呵地说："这里是斜斜的，我们可以爬上去。"小锐踮起脚尖摸摸顶上说："这里有一个角，三角形是不是应该有三个角呢?"他的问题引起小桢的兴趣，开始寻找三角形藏起来的另外两个角。只见小锐退后几步，远远地望过去，用手比划着："下面不是还有两个角吗?"说完拿出准备好的笔和记录纸找了空地认真地记录起来。形形在喜欢的树屋里找到了斜斜的爬梯，浩浩在大门口找到广告牌的撑脚，天天找到帐篷的三角顶……

孩子们的兴趣浓厚，回到家后和爸爸妈妈一起寻找生活哪些地方还有三角形。在家长的支持下，孩子们发现生活中有很多三角形，衣架、台历、折叠桌和小椅子的椅脚、照相机架子……甚至有的孩子还发现了高跟鞋、蜘蛛网等都藏着三角形，从而进一步了解三角形的特点及其在生活中广泛运用，激发了幼儿对生活中三角形的兴趣。

图 9-15　家里的衣架是三角形

图 9-16　三角形树屋爬梯

在寻找三角形的过程中，幼儿对三角形在生活中的运用有了新的认识。大部分幼儿能找到明显的、一目了然的三角形，如户外锻炼区的攀爬架、滑梯、楼梯，家里的衣架、折叠桌、椅子、台历等，细心的幼儿还能找到大人不注意的东西，如妈妈的高跟鞋鞋底和鞋跟之间形成的三角形、角落里的蜘蛛网藏着无数个三角形……

布鲁姆将认知领域的目标分为识记、理解、运用、分析、综合和评价六个层次，幼儿的学习不能只停留在识记或理解层面，更需要引导幼儿向更高层次提升。幼儿把从种植园地发现搭架子的方法，迁移到给自己长歪的番茄苗搭架子。从番茄苗的三角形架子，进一步探索生活中的三角形，初步感受理解三角形稳定性最强，所以被运用到生活中的方方面面，发挥了很大功能。他们的经验得到迁移和运用，并不断螺旋式上升。

做完小实验后，教师引导幼儿寻找生活中的三角形，这个环节将活动延伸到家庭中。在家长的支持下打破空间和时间限制，让幼儿有更充足的时间、更广阔的空间，走出幼儿园，到家里、到户外去发现三角形在生活中的运用。家长的知识经验、家长与幼儿的互动交流，也能帮助幼儿更深入地理解这个问题。

♥ 故事八： 加固番茄苗架子

　　早上，小海依旧给番茄苗浇水，笑眯眯地看着搭好的架子。这时，小锐顽皮地摇动了一下番茄苗架子，只有三根竹竿的架子前后摇晃了一下，番茄苗也跟着摇晃起来。小海急得叫起来："不能摇，摇了架子会倒的！""我只是摇一摇，看看架子牢不牢固。"小锐挠挠脑袋，撇着嘴说，"看来这个架子还是有点不牢固！"小海小嘴一翘，反问道："那怎么办呢？"新雨听到两个人的对话，也凑了过来提议道："我爸爸的摄像机架子有四条腿，斜斜地撑住四个方向，很牢固！"小锐连忙接着说："我们的番茄苗架子少了两根，难怪不牢固。""我们给番茄苗架子加固一下吧！"新雨建议道。"好啊，好啊！"小海听了连连点头。于是三个人很快找来了两根短短的竹竿，新雨一边指挥一边说："你们每人握住一根竹竿，我来绑！"小海和小锐握住竹竿，一头斜斜插在架子前后两个方向，另一头倚着中间的长竹竿，紧紧靠在一起，新雨用布条一圈一圈缠绕加以固定。"好了！"新雨打完结拍拍手宣布。小锐用手轻轻摇了摇番茄苗架子，这回架子牢牢站着一动也不动，小海终于露出满意的笑容。

图 9-17　再加两根竹竿

图 9-18　番茄苗架子更牢固

幼儿第一次搭的架子只有一长两短三根竹竿，两根短短的竹竿斜插着固定，形成一个平面的三角形，虽然左右不会摇晃，但前后并没有固定，因此在小锐前后摇动竹竿时，架子也晃动了起来。新雨发现了其中的秘密，联想起爸爸的摄像机架子，将摄像机架子的原理直接运用到番茄苗架子上，增加两根竹竿，加固四个方向，形成立体三角形。

给番茄苗加固是个经验迁移的过程，三位幼儿在迁移经验的能力上存在差异：小海和小锐只能发现原来的架子不够牢固，而新雨则发现了不牢固的原因，并用摄像机架子的原理解决了这个问题。在加固架子的过程中，新雨是指挥者，她发现问题、分析思考、解决问题，发出指令，完成加固任务；小海和小锐积极配合，快速、有目的地找到短竹竿，配合新雨，共同完成加固任务。三位幼儿都在他们原有经验基础上有所提升，有所进步。

在这个环节中，似乎看不到教师的支持。的确，在幼儿能自己发现并解决问题的时候，时不时地询问、强加指导、热情帮助只会打断幼儿的思路，教师只要做个安静的观察者，给幼儿足够的时间和空间，让幼儿自主讨论、探究、操作、体验，在这个过程中自主迁移经验、建构新经验。

分享回顾

　　活动已经接近尾声，在这个过程中，孩子们观察、绘画、讲述、记录，每一组都有一本有意义的成长故事书，里面藏着大家的问题、发现、思考和收获，这一本本成长故事书就成为了孩子们分享回顾的宝藏书。每一组的孩子们聚集在一起，翻看自己的故事书兴奋地交流着。小海骄傲地指着长歪的番茄苗说："这是我发现的，番茄苗是从这里开始长歪了。"雨琪指着一个黑黑的英文字母T，歪着脑袋问："这是什么呀？""哎呀！这是我用油菜杆搭的T形架子。"吴宇立马解释。雨琪点点头说："真像竹蜻蜓呀！"在小组充分交流回顾后，老师请每组推选代表在班上进行分享。第七组的孩子特别积极，6个人都想上来介绍，新雨建议："我们'剪刀、石头、布'吧，赢的人上去介绍！"两两猜拳后，3位孩子胜出，他们跟老师商量3人轮流介绍，老师同意了。孩子们一边用实物投影仪展示成长故事书，一边介绍搭架子时的有趣故事，其他孩子都听得很认真，并时不时地补充。

　　在整个搭架子的过程中，有精彩瞬间，也有记录发现。师幼共同把这些内容展示出来。"瞧，这是我在墙角里发现的蜘蛛网，有很多三角形呢！"彤彤指着自己的记录纸。"我们晨锻时玩的木架子也是三角形的。"灵灵笑眯眯地说。孩子在与环境的互动中回顾已发生的事情，梳理经验；教师观察判断将提供什么样的材料和资源；家长能看到学习的过程和价值。

图 9-19　你讲完了我来补充

图 9-20　蜘蛛网也有很多三角形

评价反思

小海：我发现番茄苗长歪了，很担心。先是组里的好朋友来想办法，然后全班的小朋友都来想办法，办法真多呀！现在我们给番茄苗搭了一个非常牢固的架子，再也不用担心苗苗长歪了，我等着吃红红的大番茄呢！

小锐：原来我们幼儿园里有这么多大大小小的架子，幼儿园和家里能找到这么多三角形。我最喜欢做小实验，发现三角形有三个角和三条边，为什么三角形不会变形呢？我每天上学路上都会找一找哪里还有三角形。

新雨：我是第七组的组长，我们组的番茄苗架子方案得到的票数最多，这是我记录和介绍的哦！我还给番茄苗架子加固了呢，大风也吹不倒了。我回家告诉奶奶，给奶奶种的蔬菜也搭了架子，奶奶夸奖我真能干！

小海家长：最近小海每天回家都跟我们说给番茄苗搭架子的事情，番茄苗长歪了，架子倒了，就伤心和难过；找到搭架子的合适材料和好办法了就开心得不得了，一心惦记着幼儿园里的番茄苗什么时候能长出大番茄。我们家小海在班级里是年龄偏小的，这次看到他非常积极主动地想办法、找材料，真没想到幼儿园的这些小家伙居然真的把架子搭成功了，他特别自豪，自信心也强了！

小锐家长：我记得初中的时候学过三角形的稳定性，只是从书本上学到这个知识点，而现在的孩子通过给番茄苗搭架子、做小实验，在观察、比较中知道三角形不容易变形的特征，从而对三角形产生了浓厚的兴趣。他现在每到一个地方就开始找三角形了，简直着魔了，从来没有看到他这么执着研究一个问题，真像一个小科学家。

新雨妈妈：孩子回家自豪地跟我们介绍他们搭番茄苗架子的事情，还说她想了个好办法给架子加固，小朋友都崇拜她。在家里也到处收集木条、塑料管、小竹竿，说这些都是很好的搭架子材料，最近帮奶奶菜地里的茄子苗搭了个架子，奶奶高兴得合不拢嘴。看到孩子这样能干和自信，我们也很欣慰！

从"番茄苗长歪了"这个小小的问题，引发了一系列"番茄苗架子工程"的探索活动。寻找合适的材料、发现搭架子的方法、分组讨论最佳的搭架子方案、合作动手搭架子、寻找生活中三角形、改进番茄苗架子……经历了明确问题、前期探索、设计方案、合作制作、再次改进的工程实践远程。

幼儿是经验的主动建构者，他们在活动中围绕问题、主动质疑、思考分析、研究讨论、商量合作、制作改进，解决问题。幼儿发现各种材料的异同，根据实际分析判断哪种材料最合适；发现幼儿园里的多种架子，寻找到事物之间的联系，将经验运用到实际问题中来；在观察、比较、操作、实验中解决问题；在搭架子过程中引发对三角形的兴趣，进行持续探究……这一系列幼儿自发生成的活动提升了他们的科学探究能力和素养，同时也增强了他们的语言表达、动手操作、商量合作等多方面的能力。

教师在整个活动中时而是观察的人，时而是引导的人，时而是引发幼儿思考的人，更是支持幼儿克服困难、解决问题的人。当幼儿找不到合适的搭架子的材料时，除了提供丰富的公共材料区，还带着幼儿到种植园地中寻找答案；当幼儿的做法行不通，搭架子屡屡失败时，教师不急于告诉幼儿正确的方法，而选择让他们自己试一试；当试验失败时，再一起从失败中学习如何纠正。教师给幼儿的探索搭建了适宜的鹰架，推进幼儿在"问题的学习模式"中，提高解决问题的能力、迁移的能力、合作的能力、创造的能力。

家长在活动中是积极的支持者。配合幼儿寻找各种各样的材料，在家聆听幼儿讲述幼儿园里为番茄苗搭架子的故事，和幼儿一起寻找并记录生活中的三角形，支持幼儿倒腾家里的蔬菜地……家长们在这个过程中，懂得了什么是真正尊重儿童，逐渐改变教育观念，知道幼儿是在亲身体验、自主探究中学习，主动建构经验，这就是符合幼儿年龄特点的、独特的学习模式。

扫码阅读

想要了解更多精彩幼儿科学微项目活动，可以扫描下面的二维码阅读。

微项目十　柿子红了

微项目十一　树上的黑精灵

微项目十二　野火饭飘香

附录：

《微项目》链接
《3—6岁儿童学习与发展指南》明细表

年龄段	《3—6岁儿童学习与发展指南》（科学探究）		微项目成长故事
	总目标	各年龄段目标	
小班	目标1：亲近自然，喜欢探究	1. 喜欢接触大自然，对周围的很多事物和现象感兴趣	一—1 逃走的皮球 二—10 脱掉"小帽子"
		2. 经常问各种问题，或好奇地摆弄物品	一—2 "棍子组"首战告捷 一—4 加长版棍子 一—5 求助"警察叔叔" 二—4 工具来帮忙
	目标2：具有初步的探究能力	1. 对感兴趣的事物能仔细观察，发现其明显特征	一—9 掉进高高轮胎里的皮球 一—10 困在池塘里的皮球 二—1 火龙果里的"小芝麻"
		2. 能用多种感官或动作去探索物体，关注动作所产生的结果	一—3 各显神通 一—6 不要钻缝隙 一—8 "不要玩球"标志 二—2 怎么挖果肉 二—3 "小芝麻"浮起来了 二—5 种子洗澡 二—8 "小芝麻"盖"被子"
	目标3：在探究中认识周围事物和现象	1. 认识常见的动植物，能注意并发现周围的动植物是多种多样的	二—6 晒种子 二—7 "小芝麻"会自动发芽吗 二—9 "小芝麻"发芽了
		2. 能感知和发现物体和材料的软硬、光滑和粗糙等特性	一—7 黄色积木排排坐

年龄段	《3—6岁儿童学习与发展指南》（科学探究）		"幼儿微项目活动"成长故事
	总目标	各年龄段目标	
		3. 能感知和体验天气对自己生活和活动的影响	二-6 晒种子 二-8 "小芝麻"盖"被子"
		4. 初步了解和体会动植物和人们生活的关系	二-1 火龙果里的"小芝麻" 二-2 怎么挖果肉
中班	目标1：亲近自然，喜欢探究	1. 喜欢接触新事物，经常问一些与新事物有关的问题	五-9 管子能升起来吗 五-10 人能上树吗 三-6 鸭鸭下池塘
		2. 常常动手动脑探索物体和材料，并乐在其中	十-1 给柿子宝宝浇水 十-3 给柿子宝宝找朋友 十-4 给柿子宝宝盖被子 十-8 做柿饼 三-1 给鸭鸭做个窝 四-1 水果怎么变果汁 四-3 榨汁机怎么动了起来 四-4 果汁混在一起会怎样 五-1 怎么弄掉"刺" 五-4 管子怎么摆 五-6 抢救"火箭2号" 五-8 "多轮巴士"开动了
	目标2：具有初步的探究能力	1. 能对事物或现象进行观察比较，发现其相同与不同	五-2 圈圈能有什么用 五-5 "火箭1号"真高 十-7 柿子宝宝变颜色 三-4 鸭鸭最喜欢吃什么 四-5 谁是果汁王 四-10 橘子皮可以泡茶吗
		2. 能根据观察结果提出问题，并大胆猜测答案	十-2 没有动静的柿子宝宝 三-5 怎样让鸭鸭回家 四-6 水果切多大
		3. 能通过简单的调查收集信息	三-3 鸭鸭喂什么 三-7 鸭鸭舞 四-2 哪种榨汁机更合适 四-9 水果渣有用吗
		4. 能用图画或其他符号进行记录	五-3 管子有多长 十-5 什么也不做 三-2 漂亮的"鸭鸭幼儿园" 三-8 双休谁来喂鸭鸭

（续表）

年龄段	《3—6岁儿童学习与发展指南》（科学探究）		"幼儿微项目活动"成长故事
	总目标	各年龄段目标	
	目标3：在探究口认识周围事物和现象	1. 能感知和发现动植物的生长变化及其基本条件	十－6 柿子宝宝醒了 三－9 鸭鸭长大了多少
		2. 能感知和发现常见材料的溶解、传热等性质或用途	四－4 果汁混在一起会怎样
		3. 能感知和发现简单物理现象，如物体形态或位置变化等	五－7 管子变"隧道" 五－8 "多轮巴士"开动了 五－9 管子能升起来吗
		4. 能感知和发现不同季节的特点，体验季节对动植物和人的影响	一－10 吃饼饼
		5. 初步感知常用科技产品与自己生活的关系，知道科技产品有利也有弊	四－2 哪种榨汁机更合适
大班	目标1：亲近自然，喜欢探究	1. 对自己感兴趣的问题总是刨根问底	六－1 油菜籽种哪里 六－4 为什么移株 十一－1 树上的是什么 七－4 一个人只有一个影子吗 八－4 螳螂吃什么 十二－3 蚕豆怎么剥 九－1 架子倒了怎么办
		2. 能经常动手动脑寻找问题的答案	六－1 油菜籽种哪里 六－5 蜈蚣怎么死的 十一－5 采黑木耳 十一－6 高高的黑木耳怎么采 七－5 影子一定和光源的数量相同吗 七－6 影子一定比物体大吗 七－8 特别的光斑 七－10 光线钻洞洞 八－2 螳螂的品种 八－5 螳螂怎么抓捕食物 十二－4 砖块怎么运 九－3 怎样苔架子

年龄段	《3—6岁儿童学习与发展指南》（科学探究）		"幼儿微项目活动"成长故事
	总目标	各年龄段目标	
		3. 探索中有所发现时感到兴奋和满足	六-2 油菜籽发芽了 六-9 豆荚是什么 十一-3 又发现了黑木耳 七-1 踩影子大闯关 七-9 镜子里的我 八-10 螳螂产卵 十二-8 野火饭熟了么 九-7 生活中的三角形
	目标2：具有初步的探究能力	1. 能通过观察、比较与分析，发现并描述不同种类物体的特征或某个事物前后的变化	六-2 油菜籽发芽了 六-6 小米粒是什么 十一-9 干木耳和湿木耳 七-3 没有太阳就没有影子吗 七-5 影子一定和光源的数量相同吗 八-3 雌螳螂和雄螳螂 十二-6 肉丁怎么切 九-2 什么材料适合搭架子
		2. 能用一定的方法验证自己的猜测	六-3 工具有啥用 六-6 小米粒是什么 十一-7 寻找合适的工具 七-3 没有太阳就没有影子吗 七-4 一个人只有一个影子吗 七-7 影子都是黑色的吗 八-8 螳螂怎么保护自己 十二-2 蚕豆怎么采 九-2 什么材料适合搭架子
		3. 在成人的帮助下能制定简单的调查计划并执行	六-7 什么是积肥 六-1 油菜籽种哪里 十一-2 这是黑木耳树吗 七-6 影子一定比物体大吗 十二-1 野火饭计划书怎么设计 九-5 三角架子搭起来了
		4. 能用数字、图画、图表或其他符号记录	六-8 油菜花儿开 六-9 豆荚是什么 十一-4 寻找黑木耳 七-10 光线钻洞洞 十二-1 野火饭计划书怎么设计 九-4 选哪个架子方案

年龄段	《3—6岁儿童学习与发展指南》（科学探究）		"幼儿微项目活动"成长故事
	总目标	各年龄段目标	
		5. 探究中能与他人合作与交流	六-7 什么是积肥 六-11 怎么榨菜油 十一-8 采高高的黑木耳 七-2 只有白天有影子吗 七-7 影子都是黑色的吗 七-8 特别的光斑 八-7 制作捕虫工具 十二-9 香香的野火饭 九-5 三角架子搭起来了 九-8 加固番茄苗架子
目标3： 在探究中认识周围事物和现象		1. 能察觉到动植物的外形特征、习性与生存环境的适应关系	六-9 豆荚是什么 六-5 蜈蚣怎么死的 十一-10 泡发黑木耳 八-1 螳螂来了 八-6 是益虫，还是害虫 九-1 架子倒了怎么办
		2. 能发现常见物体的结构与功能之间的关系	六-3 工具有啥用 六-10 怎样筛菜籽 七-7 影子都是黑色的吗 七-9 镜子里的我 十二-5 灶台怎么搭 九-6 神奇的三角形
		3. 能探索并发现常见的物理现象产生的条件或影响因素，如影子、沉浮等	六-11 怎么榨菜油 六-7 什么是积肥 七-3 没有太阳就没有影子吗 七-8 特别的光斑 十二-7 柴火怎么点燃
		4. 感知并了解季节变化的周期性，知道变化的顺序	六-8 油菜花儿开 六-11 怎么榨菜油
		5. 初步了解人们的生活与自然环境的密切关系，知道尊重和珍惜生命，保护环境	六-7 什么是积肥 六-12 菜油什么味道 八-9 螳螂新娘怎么了

编后语

　　《在玩中学——幼儿科学微项目活动精选》一书从开发生成到梳理组稿，历时五年有余，经历了多次"风暴式"讨论与修改，终于与大家见面了。

　　这是一本记录幼儿在玩中探究的故事集，也是一本记录教师建构课程的参考书，更是一本记录幼儿科学启蒙新探索的成果集。衷心感谢省、市、区教育部门领导、专家学者的关心和指导；感谢老师们在微项目构建中的辛勤付出。

　　玩是幼儿的天性，在玩中学的故事正追随着幼儿的探究足迹不断生成、生发、生长。

肖菊红

幼儿教师专业成长书系

合

出幼教看幼教　　　　　　　　　　　　　朱家雄

的幼儿教育故事　　　　　　　　　　　　朱家雄

儿识字与早期阅读　　　　　　　　　　　朱家雄

悦幼教（第二版）　　　　　　　　　　　周念丽

悦托·幼　　　　　　　　　　　　　　　周念丽

儿教师的教育哲学观：通向幸福的教育之道　　胡华

儿教师的教育智慧：来自实践现场的倾听与对话　胡华

敢些，选择这样做教师　　　　　　　　　贺蓉

定些，选择这样做园长　　　　　　　　　贺蓉

工具到伙伴：30 + 幼儿教师与 AI 共生的实践案例

　　　　蔡伟玲 主编　陈晓泉 副主编

幼儿对话——这样说，孩子更开心

　　　　［日］增田香 著　卢中洁 译

童早期发展中的观察与评估 ［意］　沃尔夫冈·波特

　　西尔维娅·海尔楚格 克莉丝汀·诺恩海姆 著　王晓 译

周走近教育名家系列（霍力岩 总主编）

周走近陈鹤琴　　　　小蔷薇 杜宝杰 昼虹瑾 编著

周走近张雪门　　　　黄爽 姜丹丹 高宏钰 编著

周走近陶行知　　　　　　　　壹传慧 编著

周走近福禄贝尔　　　房阳洋 潘帅 张仁甫 编著

周走近杜威　　　　　　　　姜珊珊 等编著

周走近班杜拉　　　　　　　姜珊珊 等编著

周走近加德纳　　　高宏钰 宋高阳 黄爽 编著

究活动与课程

解幼儿 STEAM 项目式学习　　唐雪梅 雷有光 主编

儿园探究活动案例　　　　　　卢娟 唐雪梅 主编

儿园探究课程怎么做　　　　　　唐雪梅 编著

探究中成长——幼儿园科学项目活动精选　肖菊红 主编

玩中学——幼儿园科学微项目活动精选　肖菊红 主编

做中学——幼儿 STEM 项目活动精选　　杨凌 主编

小探究家—— 幼儿园项目探究活动精选　　华婷 编著

转户外：幼儿园自主游戏精选　　　郜春芳 主编

体验 爱劳动——幼儿园角色体验式劳动教育案例

　　　　　　　　　　　　　　何秀凤 主编

儿园田园课程：游戏与学习　　　黄小燕 主编

儿园 "五动教育"　　　　　　　潘晓敏 主编

幼儿园管理

幼儿园工作流程图解（第二版）　　　张欣 主编

幼儿园区域环创指导　　　　　　　　王秋 主编

幼儿园环境创设　　　　　郭晓盛 郭海燕 主编

消弭边界——幼儿园户外环境赋能与教研支持

　　　　　　　　　　　林美津 朱小艳 主编

幼儿园应用文写作指导　　　　张欣 刘秦中 主编

上海市幼儿园信息化建设与应用指南（试行）及标杆园

创建应用案例

　　　　上海市教育委员会信息中心学前教育信息部 编

活教育

"活教育"中的食育　　　　　　　　周念丽 主编

"活教育"中的毛育　　　　　李然然 张照松 主编

"活教育"中的毛育课程建构与实施　　蔡樟清 主编

"活教育"中的民族文化教育　　　　邢保华 主编

"活教育"中的致善教育　　　　　　欧赛萍 主编

"活教育"中的"三生"教育　　　　　郁良军 主编

"活教育"中的山西文化之旅　　　沃德兰东大 主编

"活教育"中的乡土资源教育　　　　李桂芳 主编

好玩的甲骨文　　　　　　　　　　张红霞 主编

"活悦读"托育 · 亲子活动方案　　　　刘珂 主编

家园共育

体验式家园共育——教职工队伍建设篇　匡欣 荆杨 主编

家园共育课程　　　　　　　　　　董颖春 著

幼儿园、家庭、社区协同共育　　　　吴冬梅 主编

课程·教师·共育：幼儿园至真教育　　韩凤梅 主编

婴幼儿托育

托育机构一日活动操作指引　　　　茅红美 王岫 主编

托育机构一日活动方案　　　　　茅红美 金荣慧 主编

0-3 岁亲子早教课程　　　　　　　　陈海丹 主编

0-3 岁婴幼儿毛育课程设计（上册）　　张星星 主编

0-3 岁婴幼儿毛育课程设计（下册）　　张星星 主编

宝贝和我的幸福时光——祖辈科学育孙指导　何慧华 著

戏剧教育

儿童戏剧教育概论　　　　　　　　　林玫君 著

幼儿教师专业成长书系

儿童戏剧教育活动指导：肢体与声音口语的创意表现

林玫君 著

儿童戏剧教育活动指导：童谣及故事的创意表现　林玫君 著

活用绘本

语图叙事的童年想象：347 种图画书赏析与共读设计

姚苏平 编著

绘本中的创意美术　　　　　　　　　　林琳 主编

绘本中的音乐创作与活动　　　周杏坤 兰芳 主编

绘本中的戏剧活动　　　　　　　　瞿亚红 主编

绘本中的舞蹈　　　　　　　　　　张海燕 主编

绘本中的科学　　　　　　　应彩云 王红裕 主编

中国原创绘本主题活动设计　　郑蕙苡 沈荣 编著

游戏活动与课程

图解游戏：让幼儿教师轻松搞定游戏

鄢超云 总主编　余琳 文贤代 吴庆国 主编

图解游戏：让家长秒懂游戏

鄢超云 总主编　余琳 文贤代 吴庆国 主编

观察点亮游戏　　　　北京荣和教育儿童研究发展中心 主编

嘉阳的 18 次挑战　　　　　　　鄢超云 余琳 主编

你好，蚕宝宝　　　　　　　　　鄢超云 余琳 主编

玩帐篷　　　　　　　　　　　　鄢超云 余琳 主编

做泡菜　　　　　　　　　　　　鄢超云 余琳 主编

利津户外游戏　　　　周念丽 主审　赵兰会 刘令燕 主编

童谣游戏 1/2　　　　　　　　　胡志远 张舒 主编

幼儿园游戏精编 1/2　　　　　　　幼儿园游戏精编 1/2

婴幼儿游戏活动 300 例　　　　　　　程沿彤 主编

快乐学数 智慧玩数　　　　　　　　　陈青 主编

回归生活——幼儿园教育活动案例及评析　　夏力 主编

幼儿园互动式主题课程（小班）　　张雪 黄艳 主编

幼儿园互动式主题课程（中班）　　张莉 郝江玉 主编

幼儿园互动式主题课程（大班）　　郝江玉 董晓妍 主编

幼儿园游泳课程探究　　　　　　毛美娟 诸君 主编

幼儿园社会体验课程设计 22 例　　　　李丽丽 主编

致善之路——幼儿园感恩教育探索与实践　　欧赛萍 主编

听说，故事可以这样"讲"——幼儿园文学与艺术统整课程

方红梅 主编

五大领域

幼儿语言核心经验与活动设计　　　　王晓燕 主

幼儿合作性游戏棋：配备、设计制作与应用

郭力平 石凤梅 谢萌 白洁琼

幼儿数学玩具：设计制作与应用　　　郭力平 等

幼儿园民间美术活动设计方案　　　　林琳 主

幼儿园创意美术主题活动方案（上、下）程沿彤 王燕媚 主

幼儿运动分解教学　　　　　　　　　窦作琴 主

幼儿足球训练游戏　　　　　　张光元 陆大江 主

亲子运动游戏　　　　　　　　刘继勇 陆大江 主

3-6 岁儿童运动游戏实例　　　　陆大江 张勇 主

儿童长高运动游戏指导　　庞海 陆大江 童梅玲 主

0-5 岁儿童运动娱乐指导百科　　　　陆大江 翻

幼儿生活好习惯培养指导　　　　　　张欣 主

少儿科普（钱海红 曾艺 总主编）

智护大眼睛　　　　　　　　　　　　周行涛 主

智胜口腔病　　　　　　　　　　　　刘月华 主

智防传染病　　　　　　　　　　　　应天雷 主

智创无烟城　　　　　　　　　　　　郑频频 主

青少年合唱

乐理与视唱——为童声合唱编写　　　徐亮亮 主

春天的歌——童声合唱初级教程　　徐亮亮 沈婉君 主

全国幼儿园特色课程系列

QUANGUO YOUERYUAN TESE KECHENG XILIE

U0731003

在探究中成长

——幼儿园科学项目活动精选

主编　肖菊红

编委　周惠英　周丽敏　王剑虹　戴雪芳

　　　张　琼　杨萌娟　马晓娟

复旦大学出版社

图书在版编目(CIP)数据

在探究中成长——幼儿园科学项目活动精选/肖菊红主编. —上海：复旦大学出版社，
2017.3(2023.12 重印)
(全国幼儿园特色课程系列)
ISBN 978-7-309-12623-5

Ⅰ. 在…　Ⅱ. 肖…　Ⅲ. 科学知识-教案(教育)-学前教育　Ⅳ. G613.3

中国版本图书馆 CIP 数据核字(2016)第 258183 号

在探究中成长——幼儿园科学项目活动精选
肖菊红　主编
责任编辑/谢少卿

复旦大学出版社有限公司出版发行
上海市国权路 579 号　邮编：200433
网址：fupnet@ fudanpress.com　http://www.fudanpress.com
门市零售：86-21-65102580　团体订购：86-21-65104505
出版部电话：86-21-65642845
上海丽佳制版印刷有限公司

开本 787 毫米×1092 毫米　1/16　印张 10　字数 140 千字
2023 年 12 月第 1 版第 5 次印刷

ISBN 978-7-309-12623-5/G·1657
定价：52.00 元

在探究中成长

——幼儿园科学项目活动精选

自"九五"以来，历经 20 多年，江苏省吴江实验小学幼儿园始终致力于幼儿园科学启蒙教育的实践研究，《在探究中成长——幼儿园科学项目活动精选》是我园多年来的研究成果之一。它记载着我们的辛勤和努力，承载着我们的梦想和希望，寄托着我们对孩子们的关爱和期待，记录着孩子们的快乐和成长。

项目活动作为实施幼儿园科学启蒙教育的主要载体，指的是在连续一段时间内，围绕某个幼儿感兴趣的事物或内容开展的微型系列科学探究活动。它根据幼儿生活经验和兴趣确定科学活动主题，并以该主题为中心予以分化、放大，加以扩散，让幼儿在自主探究活动中，学会观察现象、描述事物、提出问题、解决问题、交流观点、发现规律、形成独立见解等，从而初步发展幼儿细致的观察力、丰富的想象力、求异的思维力、多维的创新力，让幼儿真正成为"好奇、好问、好学、好动"的"本真"儿童。它把遵循"顺应天性，回归本真"这一核心理念作为构建与实施课程的出发点和归宿，不以"单纯的结果和知识技能的掌握"为唯一目标，而以"幼儿求真精神和创新能力的培养"为价值导向 以"尊重幼儿、关注幼儿知识经验的建构过程"为基本策略，以"自主探究活动'为主要方式，处处回归"幼儿求真精神和创新能力的培养"这一价值取向，体现"尊重童性，张扬个性，启迪灵性"三大独特内涵，是实施幼儿园科学启蒙教育的自然之道。

项目活动基于幼儿探究心理，主张尊重幼儿好奇好问的天性，满足幼儿亲近自然的天性，促使幼儿的探究本能得到更积极、主动、有效的发展。无论从项目活动类型的建构，还是每个项目活动的开展，都特别强调从幼儿感兴趣的问题出发，关注、呵护其好奇心和求知欲，充分利用幼儿园的空间，发挥家庭、社区资源的优势，让幼儿身边的一墙一角、一草一木，都成为幼儿探究的内容，为幼儿提供天天接触、长期观察、亲自管理、动手操作的机会。它基于幼儿生活经验，关注幼儿生活经验和需要，关注幼儿学习方式和特点，强调保持积极的师幼互动，让幼儿通过实物感知、多通道参与、游戏探究、交流分享等多种方式自主探究，倡导幼儿研究真实的事物，亲历真实的探究过程，表达真实的探究体验，建构个性化、多元化的经验，养成主动探究、乐于发现、实事求是的科学态度，促使幼儿内蕴的灵性得到最大限度释放，智慧得以生发，不断焕发出生命的活力和生机。

　　项目活动聚焦"求真、解放、游戏、体验"四大关键点，并使之成为生成、实施项目的一种理念、一种态度、一种倾向。"求真"是基本要求，其实质是探究真事物。它既是一种态度和精神，也是一种策略和方式，是最基本的核心价值追求。"解放"是基本准则，其实质是"做中学"。强调幼儿自主选择，强调幼儿多通道参与。"游戏"是基本途径，其实质是"玩中学"。教师既要巧设游戏化情境激发幼儿探究兴趣，又要巧用游戏化手段保持幼儿探究热情。"体验"是基本方式，其实质是"悟中学"。它既是一种亲历探究的经历，也是一种亲历探究的感悟。"求真、解放、游戏、体验"相互交织在一起，共同编织成项目活动所特有的价值和追求，为幼儿科学探究注入不竭动力。"快乐石之旅"追随幼儿对雨花石的兴趣而生发，经历了问石的期待，享受着寻石、玩石的快乐，满足了他们好探究、亲近自然的天性。在寻石中，感知石制品的多样性，感受石头"变身"的兴奋；在玩石中，探索石砚研墨的方法，体验用研出的墨画画、写字的快乐；在探究中发现石磨的秘密，建构摩擦生热的概念，尝试分辨火山石的方法，生发磨出小海螺项链的智慧……"蚕宝宝来了"由幼儿对神秘盒子里黑色小蚕卵的强烈好奇而引发，幼儿在与蚕宝宝亲密接触中充分动口、动手、动脑，好奇心和求知欲随着蚕的蜕变而愈发地强烈，他们用自己亲身的经历不仅获取了关于蚕的知识与经验，更可贵的是获得了探究体验的机会，感受到了探究发现的成功与快乐……

项目活动从关注生活、关注幼儿、关注环境入手，收集幼儿生活中有价值的科学内容，收集整理幼儿感兴趣的科学问题，收集自然界中有趣的科学现象，进行分析、梳理、筛选、再造，形成具有"探究式"模式的适合幼儿实践、教师实施的有价值的操作载体，突出微、真、活。它以较小的切入点展开探究，其主题来源于幼儿问题，活动扎根于幼儿生活，价值体现于探究过程，是一种自然、开放、动态的微型主题科学探究活动。其主题微小，体现问题性，目标清晰，体现层次性；内容丰富，体现真实性；方式多样，体现过程性；环境灵动，体现互动性；评价多元，体现开放性；感悟真切，体现思辨性。"种向日葵"则从园花"向日葵"入手，既立足生活又体现园本特色。从葵花籽的种植到葵花籽发芽长大最后开花，这个过程持续了一个学期，幼儿在观察中记录，在记录中发现问题，从问题中寻找答案，幼儿充分按自己的方式去探索、学习，获得发展。"快乐石之旅"从幼儿熟知的、感兴趣的石头入手，生成丰富多彩的活动（如：嗨！石头、石头变身记、石磨和石臼、螺蛳贝壳项链等），引导幼儿感知石头的基本特征，了解石头种类的多样性和作用等，让幼儿用开放敏锐的心去感受，在充满乐趣的情境中尽情享受探索、发现和创造的乐趣。

项目活动伴随着幼儿的自主探究逐渐完善、丰富起来，逐渐形成了系列，内容涉及动物类、植物类、自然物类、生活用品类四大探究类型，每个项目包含问题搜索、主题导引、主题网络、活动导航、主题探究、主题环境、主题评价、主题感悟八大版块，体现项目活动的完整性和系统性。

问题搜索是我们实施前通过设计"小问号卡"开展的活动记录，主要围绕"关于××,我知道……""关于××,我想知道……"这两大问题对幼儿进行前期调查，梳理出适合幼儿探究的关键问题，并以"小问号墙"的形式呈现出来，借此了解幼儿的已有经验和兴趣点，为幼儿创设自由表达交流的空间。

主题导引主要说明主题产生的背景、主题目标、活动方式、资源利用及注意事项等。

主题网络则根据问题搜索所获取的幼儿已有经验和兴趣点，围绕探究活动编织主题网络。活动导航主要说明活动名称、活动目标、实施途径等。

需要说明的是：动物类与植物类项目活动的"主题网络"及"活动导航"两大版块的构建是根据幼儿探究过程逐渐完善的，主要包含"我知道……"和围绕"我想知道……"展开的探究活动两个方面。

主题探究主要包含集体探究、区域探究、亲子探究。集体探究即以集体教学的方式展开的探究活动。区域探究指区域化、小组化的自主探究活动。主要包括科学区、自然角、种植园的探究。亲子探究是家长和孩子一起的探究。

主题环境突出师幼互动、图文并茂，其创设是伴随项目活动的开展而不断丰富的。

主题评价着眼于以幼儿的发展过程评价幼儿的表现，通过教师、家长和幼儿三位一体的多元互动评价，帮助幼儿实现个性化发展。"教师的评价"采用星级制，划分三个层次：★★★表示能完成、★★表示基本完成、★表示稍有困难。评价内容与活动导航中所涉及的活动目标相对应。"幼儿自我评价"由家长记录孩子参加项目活动的感受和体验。"家长的评价"则由家长描述孩子在项目活动中认知、技能、情感等发展情况。

主题感悟是教师对项目活动实施过程中幼儿学习方式、教师指导策略及师幼科学素养提升等的所思、所想、所悟。同时，在每个项目的开发与实施过程中，教师们细致地观察着幼儿的探究与发现，并以故事的形式记录项目实施过程中发生的各种真实鲜活的教育事件和发人深省的动人故事，表述自己的亲身经历、内心体验以及对幼儿科学启蒙教育内涵的体悟理解。

本书共汇编了"蚕宝宝来了""种向日葵""快乐石之旅""车轮轱辘辘"四个经典案例，有一种"麻雀虽小，五脏俱全"的小而精致的感觉。它记载着吴江实幼人的智慧与勇气，留下了实幼人认真研究的足迹。一个个项目活动追随幼儿探究天性自然生发、生长，它扎根于幼儿园科学启蒙教育的土壤中，润泽了幼儿灵性，实现了幼儿探究的生动、互动和灵动，师幼在探究中共成长。

目 录

項目一

蚕宝宝来了

（建议年龄段：大班）

一 问题搜索

图 1—1　小问号卡

请家长鼓励幼儿围绕"关于蚕宝宝，我知道……""关于蚕宝宝，我想知道……"说一说，并记录在"小问号卡"上，交给各班老师。

关于蚕宝宝的调查汇总

关于蚕宝宝，我知道……

蚕宝宝喜欢吃桑叶

蚕宝宝白白的、胖胖的

蚕宝宝还有彩色的

蚕宝宝的粪便是黑色的

蚕宝宝会蜕皮

蚕宝宝长大会变成蚕蛾

蚕宝宝会吐丝

蚕宝宝会结茧子

茧子可以做蚕丝被和真丝衣服、丝巾等

关于蚕宝宝，我想知道……

蚕宝宝小时候是什么样子的？是怎么来的？

蚕宝宝的身体为什么这么软？

蚕宝宝为什么喜欢吃桑叶？

蚕宝宝为什么只吃桑叶不吃别的叶子？

蚕宝宝是怎么变成飞蛾的？

蚕宝宝有嘴吗？怎么吃东西？它会咬人吗？

蚕宝宝有脚吗？怎么爬的？

蚕宝宝有没有男宝宝和女宝宝？

蚕宝宝为什么会吐丝？是怎么吐丝的？

蚕宝宝在密闭的茧子中会不会闷死？

表 1—1

项目一　蚕宝宝来了

3

主题导引

　　五月是养蚕的好日子，鱼米之乡的吴江，一直是一个养蚕重镇，丝绸与纺织是吴江的一道独特风景。虽然时代变迁，但很多孩子的爷爷奶奶还在乡下养蚕，因此，蚕宝宝自然而然就出现在孩子们面前了。

　　早上来园时，聪带来了一个盒子，上面还盖着块黑布，他神秘兮兮地招呼小伙伴："这是我带来的蚕宝宝哦！"孩子们马上围过来想看个究竟。聪轻轻地揭开黑布，黑乎乎的蚕卵瞬间成了孩子们关注的焦点，大家七嘴八舌地议论起来："蚕宝宝应该是白白胖胖的，怎么是黑黑的、圆圆的小点点，像芝麻一样？"檬一脸的不解。"这是蚕宝宝小时候，奶奶说叫蚕卵，长大了就会变成白色的。"聪迫不可待地解释着。"这么小的蚕卵怎样才能变成蚕宝宝呢？"看着大家兴致如此高涨，我便和孩子们商量饲养蚕宝宝的事情。"我家原来养过蚕宝宝的，蚕宝宝要吃桑叶的，长大了还会结茧。"有的孩子已经按捺不住地呼喊起来……

　　神秘盒子里的黑色小蚕卵，引发了孩子们对蚕宝宝的强烈好奇，于是，我们围绕蚕宝宝开展问题大搜索，创设"蚕宝宝来了"主题墙，鼓励幼儿自由表达交流，并将孩子的问题一一梳理，了解孩子对蚕宝宝的已有经验和兴趣点，带孩子与蚕宝宝相约。一下子，观察、饲养蚕宝宝成了孩子们每天的必修课，蚕宝宝也真正融入到了孩子们的生活，他们用眼、耳、嘴、手等感官观察、探究着，体验着观察发现的快乐。

　　苏霍姆林斯基说过："儿童就其天性来讲，是富有探索精神的探索者，是世界的发现者。"自由和探索是儿童的天性，教育就应顺应这种天性，引导并促进他们进一步去探索和发现。蚕宝宝来了，科学探索的快乐旅程开始了！

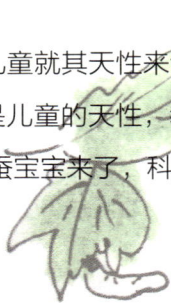

主题网络

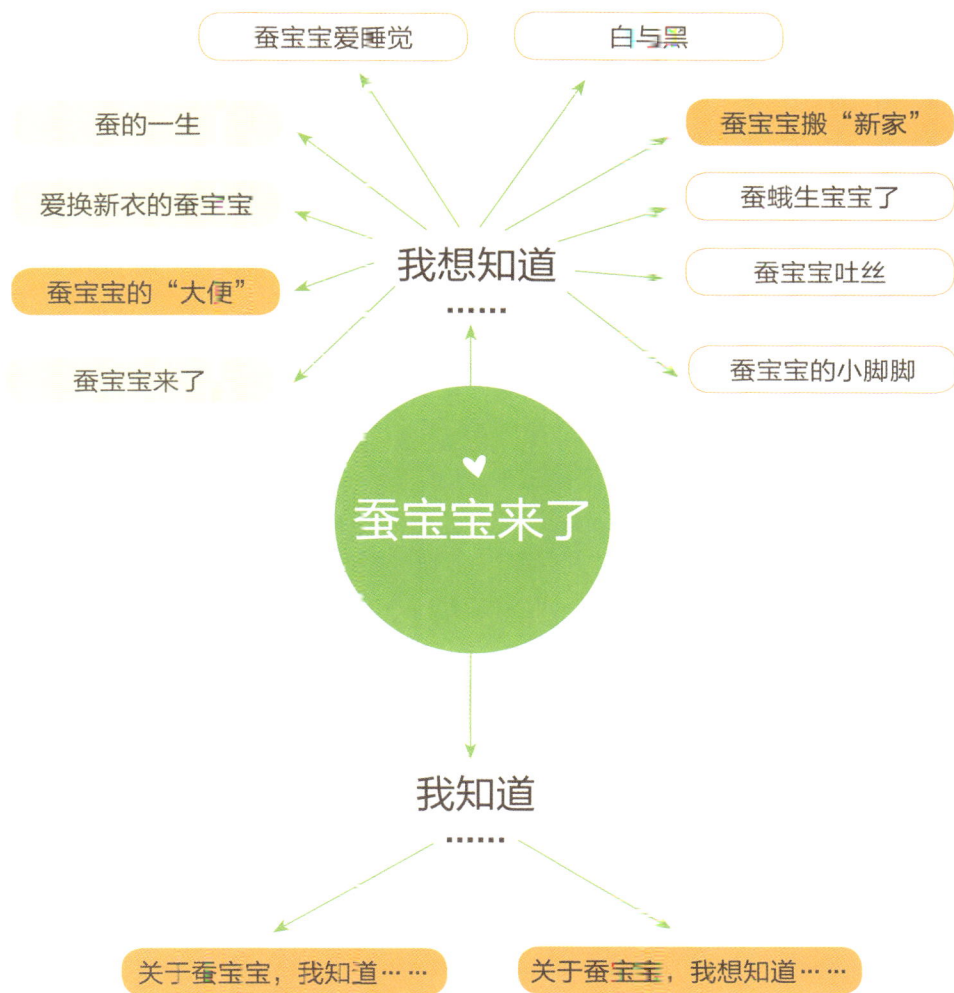

蚕宝宝爱睡觉

白与黑

蚕的一生

蚕宝宝搬"新家"

爱换新衣的蚕宝宝

蚕蛾生宝宝了

蚕宝宝的"大便"

蚕宝宝吐丝

蚕宝宝来了

蚕宝宝的小脚脚

我想知道
······

♥

蚕宝宝来了

我知道
······

关于蚕宝宝，我知道······

关于蚕宝宝，我想知道······

图 1—2

备注：　　　表示集体探究　　　表示亲子探究　　　表示区域探究

四 活动导航

表 1—2

序号	活动名称	活动目标	实施途径		
			集体探究	区域探究	亲子探究
1	蚕宝宝来了	• 学习饲养蚕宝宝，观察了解蚁蚕的基本特征 • 知道蚕喜欢吃桑叶，会用桑叶喂蚕宝宝	√		
2	爱换新衣的蚕宝宝	• 观察蚕宝宝蜕皮前后外形的变化 • 愿意讲述并记录蚕宝宝的蜕皮过程	√		
3	蚕的一生	• 在观察、操作中，进一步了解蚕的生长变化过程 • 了解蚕的用途，知道蚕给人们的生活带来方便	√		
4	白与黑	• 仔细观察蚁蚕的形状、颜色等，并做记录 • 能讲述、分享自己的观察发现		√	
5	蚕宝宝爱睡觉	• 知道蚕宝宝在四眠时不吃不动的特点 • 对蚕宝宝的四眠与蜕皮有好奇心		√	
6	有趣的小脚脚	• 观察发现蚕宝宝用胸脚和腹脚爬行 • 尝试记录蚕宝宝脚的数量等		√	
7	蚕宝宝吐丝	• 观察、记录蚕宝宝吐丝结茧的过程 • 知道蚕丝的作用，珍惜蚕宝宝		√	
8	蚕蛾生宝宝了	• 感知蚕蛾的外形特征，知道蚕蛾是蚕的成虫 • 初步了解雌蛾和雄蛾交配产卵繁殖后代		√	
9	蚕宝宝的"大便"	• 观察发现蚕宝宝的蚕屎的变化 • 学习清理蚕宝宝的蚕屎			√
10	蚕宝宝搬"新家"	• 观察蚕宝宝是从嘴里吐丝，把自己包裹起来 • 和父母一起为蚕宝宝结茧做新家			√

在探究中成长——幼儿园科学教育案例精选

6

主题探究

（一）

集体探究

图 1-3 这是我们的新朋友蚕宝宝

♥ 1. 蚕宝宝来了

● 活动目标

1. 学习饲养蚕宝宝，观察了解蚁蚕的基本特征。

2. 知道蚕喜欢吃桑叶，会用桑叶喂蚕宝宝。

● 活动准备

饲养蚕宝宝用的纸盒、桑叶若干、观察记录本、相机等。

● 活动过程

一、出示蚁蚕，引起幼儿兴趣

我们班级来了新朋友，你们知道是谁吗？

二、自由观察，相互交流，初步了解蚁蚕的外形特征等

三、集体交流分享

1. 蚕宝宝小时候是怎么样的？

2. 为什么叫它们蚁蚕？

3. 蚁蚕喜欢吃什么？

四、幼儿自由给蚁蚕喂桑叶，观察记录蚁蚕吃桑叶的样子

2. 爱换新衣的蚕宝宝

● 活动目标

1. 观察蚕宝宝蜕皮前后外形的变化。

2. 愿意讲述并记录蚕宝宝的蜕皮过程。

● 活动准备

记录纸、放大镜、有关蚕蜕皮的图片或多媒体资料。

● 活动过程

一、幼儿自由交流蚕宝宝的新变化

1. 蚕宝宝来了已有两周了,你发现蚕宝宝有哪些变化?

2. 幼儿从蚕宝宝的大小、颜色、食量、蜕皮等的变化大胆交流。

二、集体交流分享:蚕宝宝换外衣

1. 蚕宝宝为什么要蜕皮?

2. 将要蜕皮的蚕宝宝是怎样的?

3. 蜕皮前后的蚕宝宝有什么不一样?

4. 蚕宝宝每次蜕皮要用多长时间?

5. 你知道蚕宝宝总共要蜕几次皮?

三、观看蚕宝宝蜕皮过程的录像片

蚕宝宝蜕皮真有趣,我们一起仔细观察并记录下来哦。

图 1-4 蚕宝宝换新衣了

3. 蚕的一生

● 活动目标

1. 在观察、操作中，进一步了解蚕的生长变化过程。

2. 了解蚕的用途，知道蚕给人们的生活带来方便。

● 活动准备

课件、蚕生长过程图片。

● 活动过程

一、猜谜导入

小时穿黑衣，长大穿白
袍，到老一卷丝，给人
做嫁衣。

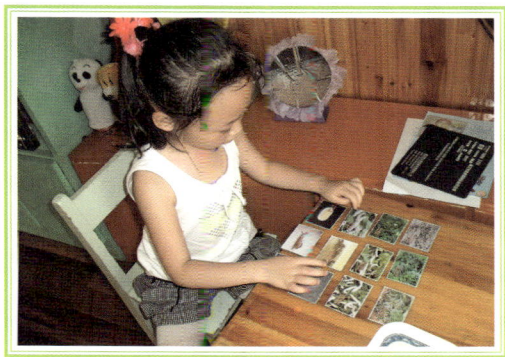

图 1-5　给蚕宝宝一生排排队

二、了解蚕的生长变化过程

1. 蚕宝宝是由什么变成的？（蚕卵）蚕卵是什么样子的？

2. 蚕卵孵出来的幼蚕像什么？叫什么？

3. 蚕宝宝吃了很多桑叶，一天天地长大，它又有哪些变化？又变成什么
样子？

三、请幼儿按蚕宝宝的生长过程，排一排先后顺序

蚕宝宝长大要经过哪几个阶段？（蚕的一生要经过卵、幼虫、蛹和成虫
四个阶段。经过四次蜕皮，身体慢慢变白、变大。最后，蚕开始吐丝作
茧蜕皮变成蛹，蛹变成蛾，咬破茧爬出来，雌蛾产卵后不久就死去）

四、了解蚕的用途

蚕屎可做枕芯，有药用价值；蚕茧能抽丝纺织成丝绸，可做面料和服
装。蚕对人们的生活帮助很大，是人类的好朋友。

主题探究

（二）

区域探究

图 1—6

❤ 1. "白与黑"

（2014 年 5 月 12 日）

　　今天昊从家里带来了一些黑乎乎的小客人，孩子们围着它们仔细观察，昊说："这是蚕宝宝，你们不认识吗？"妍看着这些小黑条，不禁皱着眉头说："蚕宝宝怎么是黑的，不是白的吗？"昊立刻纠正妍的想法，"这是蚕宝宝刚刚孵出来的样子，就是黑色的呀，你看，这个白色的圆泡泡就是蚕宝宝的家，我看到它是从那里出来的。"妍还是有点将信将疑，"怎么看上去像蚂蚁呀？"旁边的壮听着他们的谈话，终于忍不住插话了："我也养过蚕宝宝的，这个刚孵出来的蚕宝宝就叫蚁蚕呀，所以它真的很像蚂蚁的。"这回，妍相信了，这个黑乎乎的小东西真的就是蚕宝宝，知道了蚕宝宝并不是一直是白色的。

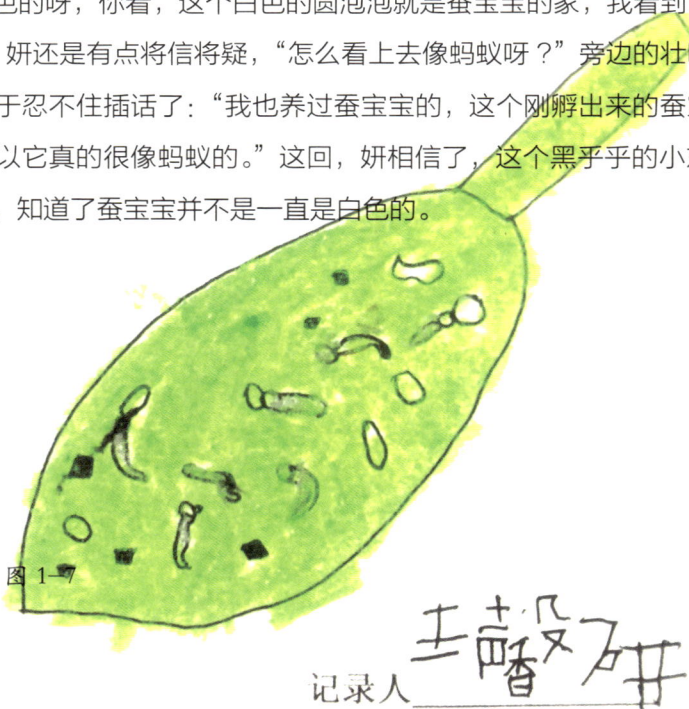

图 1—7

记录人 ____

2. 蚕宝宝爱睡觉

（2014 年 5 月 18 日）

一个星期过去了，蚕宝宝越来越大了，一天早上瑶忽然大叫起来："老师，快来，快来，蚕宝宝都死了！"我走过去一看，真的！只见蚕宝宝一个个都仰着脑袋，一动也不动，瑶伸手去拨弄着，但是蚕宝宝还是一动也不

图 1—8

动，难道真的都死啦！瑶的脸沉了下来，"怎么会都死了！"这时佩正好来上幼儿园，看到我们都围在一起议论着，佩的奶奶走了过来，"蚕宝宝都死了！"孩子们嘀咕着，奶奶笑着说："蚕宝宝没有死，是眠了！""眠了？什么是眠了啊？"奶奶耐心地说："蚕宝宝的一生要睡四次觉、换四件衣服！这是它第一次睡觉、换衣服，叫头眠，这时，它就这样不吃不动，等蜕蜕下了，又要开始吃了！"听了佩奶奶的一番解释，孩子们豁然开朗，瑶竖起食指，"嘘！轻一点，蚕宝宝在睡觉呢！"

图 1—9

记录人　姚玉瑶

3. 有趣的小脚脚

（2014 年 5 月 26 日）

一吃完午饭，妍就去看自然角的蚕宝宝，她跟畅一起清理蚕宝宝的"家"，只见妍将一条条蚕宝宝轻轻地抓到新鲜的桑叶上，边放还边说："小蚕宝宝，肚子饿了吗？我们来吃新鲜的桑叶吧。"畅也在一边仔细地看着，

图 1—10

突然说："蚕宝宝有八只脚。"这话引起了妍的注意，也蹲下身子观察蚕宝宝的脚，并数着："一、二、三、四。蚕宝宝有四只脚。"畅立马反驳："不对，蚕宝宝两边都有脚。"妍又凑近看了下："真的啊，蚕宝宝的脚是对称的，左边四只，右边四只，一共八只脚。"妍很高兴自己终于弄清楚了蚕宝宝有几只脚，却又遭到了畅的反驳："还是不对，蚕宝宝怎么前面也有脚啊？"于是又引发两个孩子对蚕宝宝的细致观察，两人都看到了蚕宝宝胸部的脚，"蚕宝宝前面的脚跟后面的脚长得不一样。"两个小朋友对蚕宝宝的脚进行了很长时间的观察，并仔细地做了记录。

图 1—11

4. 蚕宝宝吐丝

（2014年6月9日）

早上，瑶一走进教室就去看蚕宝宝，突然，她好像发现了什么，立刻招呼刚进教室的妞："妞，快来看呀，蚕宝宝结茧啦！"妞也立刻跑过去看，两个小家伙趴在桌上认真地看着。"蚕宝宝结的茧子是椭圆形的呀，我

图 1—12

还以为是圆形的。"瑶边看边说，"你看，旁边还缠了许多的丝。"妞也发表自己的看法。这时，瑶又注意到了另外一个茧子："你看，这个茧子还能看到蚕宝宝在里面呢！"于是两人又凑近了看，"蚕宝宝可能还在里面吐丝吧。蚕宝宝怎么能吐出这么多丝来呀，它把自己关在里面闷不闷呀？"瑶的想法很多，"它不停地吐丝又不吃桑叶，饿不饿呀？"妞也补充了自己的想法，两人于是向老师寻求答案。我鼓励她们将问题记录下来，请大家一起来讨论……

图 1—13

❤ 5. 蚕蛾生宝宝了

（2014 年 6 月 10 日）

刚开始结茧的时候，还能看见蚕宝宝在茧子里面一动一动的（这一幕让孩子们感到很有趣、很兴奋），茧子结得厚了就看不见了。过了好几天，蚕蛾从茧子里出来了，围在茧子边上，扑腾着翅膀，也不飞走，有的孩子说，

图 1—14

这是在生宝宝吧，有的孩子说，它是在减肥，因为它太胖了飞不动。孩子们都在等待着看蚕蛾什么时候飞起来。汤忍不住捏了一下蚕茧，很快就瘪掉了，汤开心地说："蚕茧是空的了！"孩子们还有一些问题没有弄明白：蚕宝宝是怎么吐丝把自己包住的呢？它为什么能吐丝呢？蚕蛾为什么没有马上飞走？过了个周末，孩子们来园时惊奇地发现茧格边上排着很多蛾子，还有很多淡黄色的圆圆的卵，蚕茧的上面还有一个洞。蚕茧边上一粒一粒细小的黄色的卵是不是蚕宝宝的种子？孩子们对此都持肯定的态度，大家一起上网搜索了关于蚕蛾生宝宝的资料和图片，确认了蚕蛾生宝宝的事情。大家非常佩服蚕宝宝，对蚕宝宝在这么短的时间内，变化如此丰富多彩的一生，充满了惊奇。而在这段时间里，孩子经过对蚕宝宝的饲养和照料，了解了蚕的生长过程，获得了很多平时课堂上学不到的知识。

图 1—15

主题探究

（三）

亲子探究

图 1—16

♥ 1. 蚕宝宝的"大便"

（2014 年 6 月 4 日）

晚上吃完晚饭，瑶就去清理蚕宝宝的"家"，只见瑶将一条条蚕宝宝轻轻地抓到新鲜的桑叶上，边放边说："小蚕宝宝，肚子饿了吗？我们来吃新鲜的桑叶吧。"我也在一边仔细地看着，瑶突然说："蚕宝宝有四只脚。"我引导她再看看清楚。瑶又凑近看了看："蚕宝宝的脚是对称的，左边四只，右边四只，一共八只脚。"瑶很高兴自己终于弄清楚了蚕宝宝有几只脚，但我却又提出了疑问，"好像不是吧。""还是不对，蚕宝宝怎么前面上有脚啊？"于是又引发孩子对蚕宝宝的细致观察，她看到了蚕宝宝胸部的脚"蚕宝宝前面的脚跟后面的脚长的是不一样的。"接着瑶又发现了新的秘密："妈妈，我还发现蚕宝宝的大便也在变大。"我一愣"真的吗？""是啊，上次我打扫的时候，发现它的大便是很小的黑点，可是这次黑大便比芝麻都大了！"瑶认真地说。"为什么它的大便会变大呢？"我又问。瑶呵呵笑了一会说："它长大了，吃得多了呗！吃得多，拉得大！哈哈哈！"

图 1—17

2. 蚕宝宝搬"新家"

（2014 年 6 月 10 日）

小蚕长得可真快，没几天工夫，就感觉它大了好多，二毫米、五毫米、十毫米……当蚕不吃桑叶的时候，它会缩成一团，外表变黄，好像生病一样。第二天，蚕宝宝又变白了，原来蚕要蜕皮。蚕经过四次蜕皮，长得又肥又壮。

图 1—18

女儿说："蚕宝宝整天吃了睡，睡了吃，太胖了，给它们做个新家吧，不然它们太挤了。"我们响应女儿的号召，找出了大盒子，给蚕宝宝搬了新家。又过了几天，蚕宝宝不吃桑叶了，身体变得黄亮亮的。蚕宝宝开始吐丝了！丝从蚕嘴里吐出，又细又长，蚕个个昂着头晃来晃去。吐啊吐啊，没完没了，有白的、金色的，最后用它把自己包起来，这就是蚕茧。女儿开心地说："妈妈，我们再给它们做个新家吧，一个蚕茧一个家，它们以后要生小宝宝的。"于是，我们又给蚕宝宝造了一格一格的"新家"。

图 1—19

在探究中成长——幼儿园科学教育案例精选

六 主题环境

小问号墙

图 1-20

图 1-21

图 1-22

图 1—23　蚁蚕来到我们自然角

图 1—24　蚕宝宝喜欢吃新鲜的桑叶

图 1—25　蚕宝宝换新衣服

图 1—26　长大一些的蚕宝宝

图 1—27　蚕宝宝开始造房子了

图 1—28　蚕宝宝结茧啦

主题评价

表1-3　"蚕宝宝来了"评价表

	序号	评 价 内 容	★★★	★★	★
教师的评价	1	• 学习饲养蚕宝宝，观察了解蚁蚕的基本特征 • 知道蚕喜欢吃桑叶，会用桑叶喂蚕宝宝			
	2	• 观察蚕宝宝蜕皮前后外形的变化 • 愿意讲述并记录蚕宝宝的蜕皮过程			
	3	• 在观察、操作中，进一步了解蚕的生长变化过程 • 了解蚕的用途，知道蚕给人们的生活带来方便			
	4	• 仔细观察蚁蚕的形状、颜色等，并做纪录 • 能讲述、分享自己的观察发现			
	5	• 知道蚕宝宝在四眠时不吃不动的特点 • 对蚕宝宝的四眠与蜕皮有好奇心			
	6	• 观察发现蚕宝宝用胸脚和腹脚爬行 • 尝试记录蚕宝宝脚的数量等			
	7	• 观察、记录蚕宝宝吐丝结茧的过程 • 知道蚕丝的作用，珍惜蚕宝宝			
	8	• 感知蚕蛾的外形特征，知道蚕蛾是蚕的成虫 • 初步了解雌蛾和雄蛾交配产卵繁殖后代			
	9	• 观察发现蚕宝宝的蚕屎的变化 • 学习清理蚕宝宝的蚕屎			
	10	• 观察蚕宝宝是从嘴里吐丝，把自己包裹起来 • 和父母一起为蚕宝宝结茧做新家			

孩子的话（请家长记录孩子对此项目活动的感受）：

家长的话（请家长描述孩子在此项目活动中认知、技能、情意发展情况）：

主题感悟

天文学家卡尔·萨根曾经说过："每个人在他们幼年的时候都是科学家，因为孩子都和科学家一样，对自然界的奇观满怀着好奇和敬畏。"养蚕是一段快乐的科学探究历程。这些"小家伙们"得到了孩子们的特别关注。刚开始养蚕时，孩子们有着很多问题："它叫什么名字？""蚕宝宝吃什么？""蚕宝宝像毛毛虫，它会变成蝴蝶吗？""蚕宝宝是怎样结茧的？"孩子们的好奇心和求知欲随着蚕的蜕变愈发强烈。养蚕中，孩子们都担当了饲养员，通过找桑叶、喂蚕宝宝、清理蚕屎、记录养蚕日记，孩子们了解了蚕的生长过程，看到了蚕结茧的过程，知道了蚕的生活习性。在养蚕的日子里，孩子们收获的不仅仅是蚕宝宝形态变化的知识，更重要的是自己获得了探究体验的机会，亲身感受到成功的喜悦。喂养蚕宝宝的活动，不仅可以提高孩子们对科学的探究兴趣，更重要的是可以培养孩子们的责任心。

养蚕的那一个多月，孩子们对于蚕宝宝的探究热情分外高涨，我想这或许是因为蚕宝宝的生长变化有很多的地方能让孩子们去观察，蚕宝宝在生长阶段的形态各不相同，需要孩子们每天去喂吃的，去细心照顾它们，可以看到蚕宝宝生长变化的具体过程……诸如这些，都是孩子们对蚕宝宝感兴趣的原因。确实，来自孩子们身边的蚕宝宝，生动有趣，充满了各种发展变化，深深吸引了孩子们去探究，去发现世界的奇妙。

从"蚕宝宝来了"微项目活动中，我们总结了这个活动的内涵：（1）幼儿科学教育是引导幼儿主动学习、主动探索的过程。（2）幼儿科学教育是支持幼儿亲身经历探究过程、体验科学精神和探索解决问题策略的过程。（3）幼儿科学教育是使幼儿获得有关周围物质世界及其关系的感性认识和经验的过程。在

"蚕宝宝来了"项目活动中，我们为幼儿提供了充分自主的、孩子可以动手参与的环境。孩子在自己动手探索的过程中，对物质之料进行充分的感知、发现，我们将学习目的巧妙地隐藏在材料之中，支援幼儿的自主学习和发现，让孩子在游戏状态中主动建构知识，在探究中发现、在操作中表达、在玩耍中想象，孩子在获得、运用知识技能的同时，其情感、道德、创造、审美等得到全面的发展。

探究故事

图 1-29 蚕宝宝小小的、黑黑的，像蚂蚁一样

❤ 1. 蚕宝宝出生啦

时间：2014 年 5 月 6 日

地点：科学区

幼儿：大四班幼儿

　　在孩子们的精心呵护下，才两天的时间，一条条黑黑细细的蚕宝宝从卵壳里探出了脑袋，伸着懒腰慢慢地爬了出来。

　　"老师，这就是蚕宝宝吗？小小的、黑黑的，像蚂蚁一样。"（见图 1-29）孩子们惊讶不已。我马上解释说："这是蚕宝宝刚出生的时候，像蚂蚁一样，名字就叫蚁蚕。"小朋友们兴奋不已。

　　宇拿起放大镜仔细地看着，突然开心地叫起来："老师，你看，这条蚕宝宝的头一直在甩啊甩，头上白色的东西是什么呀？"聪凑过来，笑了笑说："这个套在头上白色的、圆圆的，是蚕宝宝的卵呗。"一旁的宇也哈哈大笑起来："哈哈，真好玩，蚕宝宝的头上像顶着一顶白色帽子。""这里还有几个蚕卵怎么还没有生出蚕宝宝呢？"（见图 1-30）妍似乎有点担心。"蚕宝宝是头先出来还是尾巴先出来的？"我顺势问孩子们，妍抬起头说："是头吧，是头先出来的。""不对，是尾巴先出来。"细心的宇反驳道："你们看，蚕宝宝是把卵甩掉之后，头才最后出来的呀！"

图 1-30　还有几个蚕卵怎么还没有生出蚕宝宝呢？

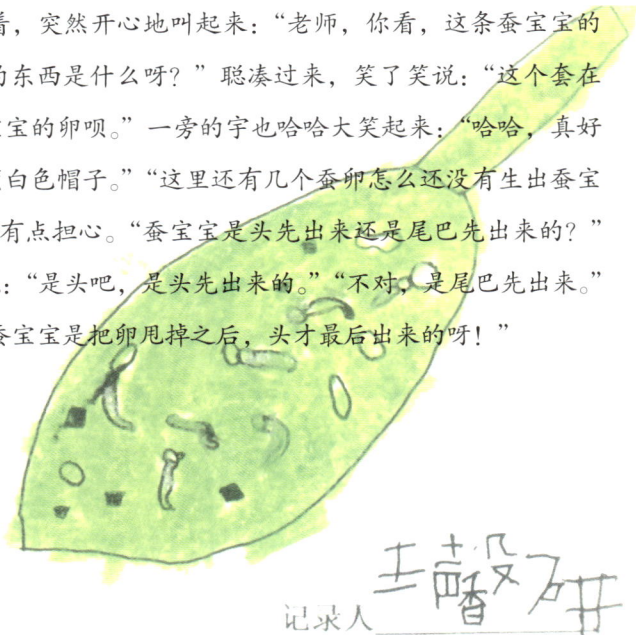

记录人

"蚕宝宝这么小，这么大的桑叶它咬得动吗？"轩轩拿起一张嫩嫩的桑叶又担心起来。"不急，我们把桑叶剪碎了喂就行了。"我告诉孩子们。"是吗？"孩子们将信将疑，他们拿来小剪刀剪桑叶，剪成一小块一小块，放在蚕宝宝身上，小蚕宝宝一个个扭动着身体吃得可欢啦。

说起蚕宝宝，孩子们就会在脑中想象出蚕宝宝那胖嘟嘟、软乎乎、白白净净的可爱模样来。面对聪聪带来的神秘盒子里那黑乎乎的蚕卵，孩子们一时很难与他们心目中的蚕宝宝形象联系起来。当看到蚕宝宝从卵壳里探出了脑袋蠕动的样子，孩子们非常惊讶，也因此激发了他们对饲养、探究蚕宝宝的热情。案例中，教师及时响应了幼儿的惊奇发现，明确告知了幼儿蚕卵的概念，提供了探究材料，在幼儿遇到困难（当幼儿担心小蚕宝宝咬不动桑叶时，教师直接告诉幼儿喂小蚕宝宝的方法）时，及时给幼儿以支持，让幼儿对于养蚕这一新鲜事物，有能够胜任的信心。给予幼儿支撑，又对幼儿提出了适度的调整和要求，一步一步引导幼儿进入对蚕宝宝的观察、饲养等活动之中。

苏霍姆林斯基说过："在人的心灵深处都有一种根深蒂固的需要，这就是希望自己是一个发现者、研究者、探索者，而在儿童的精神世界中，这种需要特别强烈。"探究对于幼儿来说，是一种天生的本能，作为教师要尊重幼儿的自主探究，让他们得到积极、主动、有效的发展。在观察蚕宝宝出生的过程中，教师应始终以一个观察者、旁观者的身份给予幼儿支持，还幼儿一份探究的自由，让幼儿体验探究发现的快乐。

23

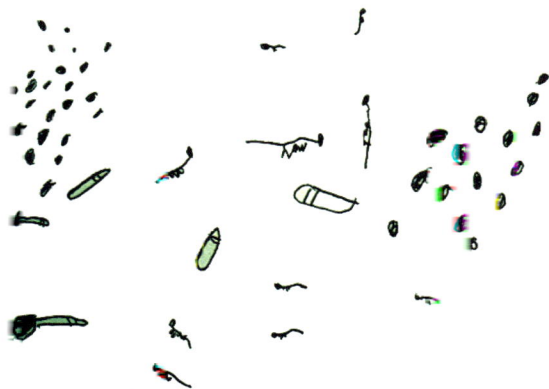

2. 蚕宝宝是个宝

时间：2014 年 5 月 10 日
地点：科学区
幼儿：大四班幼儿

图 1-31　蚕宝宝吃桑叶时会发出沙沙声，像下小雨

几天过去了，蚕宝宝慢慢长大了、变白了，聪拿起一片新鲜的桑叶盖在蚕宝宝身上，眼睛一眨不眨地看着蚕宝宝吃桑叶。"看！蚕宝宝用前面的六条腿捧紧了桑叶的边，一刻不停地把叶子往嘴里塞！"几个孩子一起围了过来，仔细地观察着蚕宝宝吃桑叶的样子。"看，蚕宝宝吃剩的桑叶像锯子。"聪显然有点兴奋，又提议："我们一起来听听蚕宝宝吃桑叶时会不会发出声音？"几个小伙伴齐声说："好！"随即，他们不约而同地低下头静静地倾听着。"蚕宝宝吃桑叶时会发出沙沙沙的声音，就像下小雨。"（见图 1-31）

"老师，蚕宝宝的家里有好多黑黑的东西。"聪显得非常焦急。"真的呀，难道是小蚕宝宝？"宁说。聪不同意："不会的，蚕宝宝自己都那么小，怎么生小宝宝呢？"孩子们争论着。宁伸手抓起一粒，一旁的聪跳起来了，"老师，宁抓小蚕宝宝了。"一下子很多人拥过来。宁委屈地看着我："我只是抓起来看看清楚是不是小蚕宝宝，它长得黑黑的，看不清楚。"我笑了，从教室里拿出放大镜，说："你们仔细瞧瞧！"几个人你一言我一语，"怎么不动呀？""没有嘴巴的。""这是蚕宝宝的大便吧，我听我奶奶说过。"……宁恍

图 1-32　哈哈，蚕宝宝一边吃一边大便

然大悟，低下头凑了闻惊奇地说："蚕宝宝的大便一点也不臭。"大家一起凑近闻了闻，都哈哈大笑起来："哈哈，蚕宝宝一边吃一边大便……"（见图1-32）大家笑得前仰后合。随即，我又告诉孩子们蚕宝宝的粪便又叫"蚕沙"，蚕沙有很多功能，不但可以当肥料，还可以用来做药，有些人还把蚕沙晒干后做枕头芯用呢……"哇，蚕宝宝的大便也这么神奇啊，蚕宝宝真是个宝！"

蚕宝宝慢慢长大了，幼儿对蚕宝宝的观察也越来越细致，他们观察到了蚕宝宝吃桑叶的样子，发现它们啃过的桑叶像锯子，还去听蚕宝宝吃桑叶的沙沙声。蚕宝宝的排泄物黑黑的、小小的，成了幼儿议论的话题，宁还抓起一粒仔细研究。此时，教师为幼儿提供放大镜，让幼儿能够更清晰地观察。当有幼儿提出可能是大便时，宁恍然大悟，还凑近闻了闻。此时，教师告诉幼儿"蚕沙"的概念，并介绍了蚕沙的作用，幼儿对蚕宝宝的喜爱之情似乎更浓了。

对于幼儿来说，关于养蚕的已有经验并不多，他们将蚕屎误认为小蚕宝宝，是最正常不过的。此时，教师并没有直接告诉幼儿答案，而是在一旁静静地观察，适时提供放大镜帮助幼儿解开谜团。幼儿的观察是细微的，他们通过看一看、闻一闻，不断丰富自己关于蚕宝宝大便的认知。教师抓住时机向幼儿介绍蚕沙及其功能，更激起了幼儿对蚕宝宝的关注，喜爱之情溢于言表。

❤ 3. 蚕宝宝吊起来了

时间：2014 年 5 月 12 日
地点：科学区
幼儿：大四班幼儿

图 1-33　蚕宝宝头顶上也有两个，是眼睛吗？

　　婧和聪早早地来到幼儿园，他们拿起桑叶盖在蚕宝宝的身上，"这样会不会把蚕宝宝压死啊？""不会，不会。"聪指着在桑叶边爬着的蚕宝宝说，"蚕宝宝会从边上爬上来吃的。""看，蚕宝宝的身体是一节一节的，它的尾巴后面还有一根'小刺'呢！"聪说："我知道，妈妈说这根'小刺'是保持平衡的。""咦，蚕宝宝身上还有好多黑点，头顶上也有两个，是眼睛吗？"（见图 1-33）"当然是啊，奶奶告诉我的。"聪自信满满地说。

　　突然，调皮的衡把手中的那片桑叶拎了起来说："看，蚕宝宝吊起来了。"（见图 1-34）"快放下，快放下，蚕宝宝摔下来会死的。"婧着急地说。衡一脸的不在乎，继续拎着，还自言自语地嘀咕起来："咦，蚕宝宝怎么不掉下来呀？"

图 1-34　看，蚕宝宝吊起来了！

　　"为什么不掉下来？"我也故作惊讶地问。三个小伙伴盯着桑叶上的蚕宝宝议论纷纷。"大概是蚕宝宝的嘴巴咬住了桑叶吧。""不对，不对，摇一摇它也没有掉下来啊。""难道蚕宝宝的身上有胶水吗？""蚕宝宝会吐丝，它是不是把自己绑在桑叶上啦？"……孩子们的猜测真是五花八门。

"我知道了！"衡突然像发现新大陆似的大叫起来："是蚕宝宝的脚。"停了停，衡继续说："看，蚕宝宝身体下面有很多脚都吸在桑叶上了啊！"婧和聪一齐凑过来仔细地观察着，"哎，真的，蚕宝宝的脚好像吸盘一样，怪不得不会掉下来哦。"

幼儿的思维具有"泛灵论"的特点，在他们眼里，蚕宝宝就是一个鲜活的生命，就像他们身边的同学朋友一样，是和他们平等的、一样的生命。因此，他们时刻关注着蚕宝宝的健康成长，也因此，他们在喂蚕宝宝吃桑叶时会担心蚕宝宝会不会被压死，蚕宝宝挂在桑叶上时他们会担心它会不会摔死。案例中，衡拎起桑叶发现蚕宝宝吊起来时，其观察的注意力完全集中在这张桑叶上，对小伙伴们的担心也就全然不顾了。教师随着衡的想法装作惊讶的样子，更激起了幼儿寻找蚕宝宝不掉下来的原因，大家在仔细地观察中了解到了蚕宝宝脚的特点，寻找到了答案。从喂蚕宝宝吃桑叶到发现蚕宝宝脚上的秘密，都是幼儿在自我观察和探究中发现的。

瑞吉欧有一句教育箴言："站在一边静静地等待一会儿，给学习让出时间和空间，仔细观察儿童的所作所为，从中有所发现，有所感悟，而后，你的教学就可能不同于往常。"日常观察也如此，给幼儿安静思考的时间，就是为他们提供自我发展的空间。在幼儿观察、交流、讨论的过程中，教师一直在一旁观察、倾听，对于幼儿各种各样的猜测，教师也没有直接给出正确答案，而是提出问题引发幼儿继续探究，因为任何细小的变化都能吸引幼儿的眼球，从而激发他们自主寻找答案，体验成功。

4. 蚕宝宝爱睡觉

时间：2014 年 5 月 14 日

地点：科学区

幼儿：大四班幼儿

图 1-35　蚕宝宝怎么不吃桑叶了

一大早，几个孩子直奔蚕宝宝那儿，拿起新鲜的桑叶喂蚕宝宝，可蚕宝宝一点动静都没有，等了半天还是不吃也不动。"蚕宝宝怎么抬起头一动都不动，桑叶也不吃了呢？"（见图 1-35）凡神情似乎很紧张，直直地瞪着一双小眼睛。皓端详了很久忍不住说道："是死了吗？"小伙伴们也都不解地盯着里面的蚕宝宝，只见那些白色的小家伙还是一动不动（见图 1-36），静静地躺在那里，一个个仰起头，连平时最爱吃的桑叶也不吃了。

图 1-36　蚕宝宝仰起头一动也不动

"是啊，会不会死了？"萱也紧张起来，她伸出小手指轻轻地点了一下蚕宝宝仰起的头，蚕宝宝微微一动，萱激动地叫了起来："哇，蚕宝宝动了，还活着。""那它为什么不吃桑叶呢？"皓又提出了疑问。我顺势问："蚕宝宝为什么不吃桑叶了呢？"凡说："它是不是在想事情？"皓说："它吃饱了要睡觉了！"一时众说纷纭。一整天，孩子们不时过来瞧瞧，围在蚕宝宝身边想看个究竟。

两天后，萱又像往常一样去看蚕宝宝，突然开心地叫起来："蚕宝宝又动了，它又开始吃桑叶了，它真的没死，好高兴哦！"皓说："我回去问奶奶了，奶奶说蚕宝宝一生要睡 4 次觉，睡一次它就会蜕一层皮，然后长大好多。"原来如此！孩子们为蚕宝宝睡觉后会长大而欢呼。

　　幼儿和往常一样给蚕宝宝喂桑叶，发现蚕宝宝一动也不动，桑叶也不吃了，大家个个流露出紧张的神情，生怕蚕宝宝死了。担心之余，萱尝试着用手指去点蚕宝宝抬起的头，发现蚕宝宝微微一动后又感到欣喜万分。继而，又对蚕宝宝不吃桑叶产生了疑问。此时，教师顺势一问"蚕宝宝为什么不吃桑叶了呢？"把问题引向深入。这是一种有效的追问，拓展幼儿的思维，引导幼儿进一步探索和发现，从而获取蚕宝宝"睡觉"的直接经验。

　　儿童心理学研究表明：观察是一种有目的、有意识、比较持久的感知活动。在养蚕的日子里，正是幼儿与蚕宝宝朝夕相处，他们才更有目的、有意识地观察，才发现蚕宝宝一些细微的变化，积累关于蚕宝宝会眠及眠时会抬起头、不动也不吃等知识经验，这对于幼儿来说是一次难忘的探究之旅。可见，科学活动不是传授知识的过程，而是创造机会让幼儿自主探究的过程。幼儿只有在自己亲自动手观察探索的过程中，才对事物有充分的感知和兴趣，才能对事物有所疑问和发现。

5. 蚕宝宝换"新衣"

时间: 2014 年 5 月 21 日

地点: 科学区

幼儿: 大四班幼儿

图 1-37　蚕宝宝要蜕皮啦!

　　祺轻轻地拨开已风干的桑叶, 蚕宝宝的头上出现了一道裂缝, 那道缝渐渐地变粗, 一会儿, 从中间钻出来一个小脑袋。与此同时, 头前那个"小脑袋"没有力气地垂了下来, 变得干瘪了。祺忍不住大叫起来:"皮, 皮, 蚕宝宝要蜕皮了。"(见图 1-37)很多孩子都拥过来了, 大家屏住呼吸, 注视着蚕宝宝。只见蚕宝宝的头频频地左右扭动着使劲向前伸, 表皮并不很听话, 紧紧地粘住它的身子。蚕宝宝的腿使劲地往前爬, 还是不行; 它又翻滚着身体, 表皮还是牢牢地裹在它的身上。5 分钟, 又是 5 分钟, 蚕宝宝的外衣脱了一半, 它还在不停地爬、扭动、翻滚, 重复着起初的这些动作。

　　"蚕宝宝能凭着自己的力量顺利地把旧衣服脱掉吗?"带着我的问题, 孩子们耐心地等待着蚕宝宝蜕皮。

　　集体活动刚结束, 孩子们就迫不及待地去观察蚕宝宝, 几个孩子兴奋地说:"蚕宝宝成功啦!"(见图 1-38)我立刻走了过去, 只见雪白的蚕宝宝懒懒地扭动着身子, 边上是黄褐色的"旧衣"。"看, 蚕宝宝变白了, 变胖了, 旁边还有它蜕下的皮, 黄黄的、皱皱的。"双指着蜕皮的蚕宝宝说。"这里的蚕宝宝小一些, 应该还没有蜕皮吧。"祺得意地介绍起来。"哦, 我想起

图 1-38　蚕宝宝成功换新衣

来了！"祺似乎又想起了什么，挠了挠小脑袋说："老师不是说过吗，蚕宝宝一生要蜕4次皮。"'对，蜕皮时的蚕宝宝就变成这样了'……孩子们你一句我一句的说着自己的发现。

　　蚕宝宝蜕皮经历了好长一段时间，蜕皮的过程也很艰难。这丝毫没有影响大家观察的兴致。教学活动时间到了，教师提议给蚕宝宝一点时间，既自然地过渡到下一环节，也激发了幼儿耐心等待蚕宝宝蜕皮的强烈愿望。当幼儿发现蚕宝宝蜕皮成功时，大家掩饰不住心中的兴奋，细致地观察着，比较着，他们把自己亲眼看到的现象和从老师那儿获得的知识架构起了连接点，认识也更深刻了。

　　《指南》指出：幼儿科学学习的核心是激发探究兴趣，体验探究过程，发展初步的探究能力。蚕宝宝蜕皮的现象引发了幼儿的好奇心，他们用眼睛细致地观察着，用稚嫩的语言描述着自己的发现，他们从真实的养蚕经历中获取了最真实的、动态的知识与经验，这就是科学探究的价值所在。

6. 蚕宝宝饿了

在探究中成长——幼儿园科学教育案例精选

时间：2014 年 5 月 23 日

地点：科学区

幼儿：大四班幼儿

图 1-39　蚕宝宝快没吃的了，怎么办啊？

　　孩子们越来越喜欢这群小宝贝了，他们天天给蚕宝宝换垫子，喂桑叶，蚕宝宝越长越大，越变越白，桑叶的需求量也大起来了，这可是个头痛的问题。

　　看着蚕宝宝饿得直抬头，檬急得快哭出来了，"蚕宝宝真可怜，快没吃的了，怎么办啊？"（见图 1-39）孩子们也跟着着急起来。"哪里有桑叶呢？"佳举起小手说："乡下的家里也养蚕宝宝，那里有桑叶，我去采。"

　　第二天一大早，佳像只小鸟似地跑过来说："老师，我给蚕宝宝带来了好多桑叶。""真的吗？"佳拎起一大包桑叶自豪地说："看，桑叶很多吧，这可是我跟爷爷一起去采的。"大家一起围过来拍手欢呼着："哇，太好了，这下蚕宝宝可有吃的了，它们就不会饿了。"

　　孩子们争先恐后地拿起桑叶放进一个个装了蚕的盒子里，他们一起围着盒子仔细地看着、讨论着："看，蚕宝宝吃得好快啊！"

　　一天又一天，孩子们关心着可爱的蚕宝宝，大家一起想办法，到处打听哪里有桑树，和大人们一起去采桑，摘来新鲜的桑叶喂蚕宝宝。（见图 1-40）

图 1-40　摘来新鲜桑叶喂蚕宝宝

随着蚕宝宝的长大，桑叶的需求量也大起来。而桑叶的采摘对于城市的幼儿园而言，是非常头痛的事。看着蚕宝宝饿得直抬头的样子，佳凭着乡下家里养蚕这一独特优势，主动承担起了采摘桑叶的任务。当佳第二天拎着一大包桑叶来园时，大家几乎欢呼起来，佳也感受到了强烈的自信。于是大家一起想办法，参与桑叶的收集与采折。

家庭是幼儿园的合作伙伴，在采桑叶的过程中，幼儿对蚕宝宝没桑叶吃的担心，引发了他们采摘桑叶的强烈愿望，也带动了家长积极参与，大家一起想办法，通过多种途径采摘桑叶。这一过程中，幼儿收获的不仅仅是"蚕宝宝长大了，吃桑叶更厉害了"的知识经验，更重要的是幼儿情感态度也得到了培养，他们表现出对生命的极大关注和强烈的责任心。

7. 蚕宝宝结茧了

时间：2013 年 5 月 30 日

地点：科学区

幼儿：大四班幼儿

图 1-41　蚕宝宝结茧啦。

经历了四次蜕皮，蚕宝宝的身体变得有些黄了，还有点透明。"蚕宝宝要结茧了。"孩子们兴奋不已。"我们来给蚕宝宝做个结茧的新房吧。"我的提议立马得到了大家的响应。说干就干，我们在养蚕宝宝的盒子里铺了些稻草，又折了几个五颜六色的纸圈，蚕宝宝的新房大功告成了，孩子们开始期待蚕宝宝结茧时刻的到来。

"哇，快看呀，蚕宝宝结茧啦。"（见图 1-41）涛像发现了新大陆似的大叫，大家立刻围过来，"真的结茧了，太棒啦！""原来，蚕茧是椭圆形的。""蚕茧像鹌鹑蛋一样。""雪白雪白的蚕茧好可爱。""看，蚕茧的四周还有许多的细丝缠绕着。"……小家伙们无不流露出惊喜之情。

忽然，洋用手指着角落里的蚕宝宝说："你们看，这条蚕宝宝在吐丝，它也要结茧啦！"一句话把孩子们的视线都转移到了正在吐丝的蚕宝宝身上，目不转睛地盯着它的一举一动。只见这条蚕宝宝在盒子角落里高昂着头左右摆动地吐丝。洋轻轻地说："蚕宝宝开始吐丝了，大家轻一点，别吵着它，蚕宝宝会害怕的。"大家屏息凝视，生怕吵到了"工作"中的蚕宝宝。

"蚕宝宝吐丝原来是从嘴里吐出来的，我还以为是从屁股里出来的呢。"涛边说边学着蚕宝宝扭动着头吐丝的样子。"我发现蚕宝宝喜欢在有角的地方吐丝结茧。这个结好的茧子在角落里，这条蚕宝宝也爬到角落里吐丝了。老师，这是为什么呀？"（见图 1-42）"你觉得呢？"我没有告诉他答案，而是想听听他的想法。"可能角落里安全。"洋不确定地说。"我觉得角落里方便结茧，蚕宝宝的丝吐出来缠在角落里，越吐越多，慢慢把自己围起来，蚕茧就结好了。"正卧在桌上仔细观察的妍也发表了自己的见解。这时，涛伸手想去摸摸正在忙碌着的蚕宝宝，立刻被妍制止，"不许碰，我奶奶说过，蚕宝宝吐丝的时候是不能动它的，要不然它就不吐丝了。"涛的手"嗖"地缩了回去，拍着自己的胸口，长嘘了口气："还好，我还没碰它。"

图1-42 蚕宝宝喜欢在有角的地方吐丝结茧

好长时间，孩子们都小心翼翼地围在盒子边，静静注视着薄薄的茧里鼓动的身子，用惊讶的目光一起观察着这一惊喜的发现。

蚕宝宝要结茧了，大家兴奋不已，一齐动手给蚕宝宝做新房，等待蚕宝宝结茧的惊喜一刻。他们细致地观察着，发现茧子后更是惊喜不已，各自说着自己的发现。此时，幼儿的观察也更仔细了，蚕宝宝吐丝时的一些小细节也观察到了，还发现了蚕宝宝喜欢在角落里结茧，继而又大胆猜测。当涛忍不住想去摸蚕宝宝时，妍制止的理由，又让大家获取了新的知识与经验。

从给蚕宝宝做新房，到静静等待蚕宝宝结茧，再到结茧后的细致观察，这一过程中，幼儿对蚕宝宝无不流露出喜爱、关注之情。面对幼儿对蚕宝宝喜欢在角落里结茧产生的疑问，教师没有作出明确的解释，而是请幼儿想想为什么，自由表达自己的见解，让幼儿在与同伴的交流互动中，产生思维的碰撞，尝试自己去解决问题，去检验、归纳，从而得出结论，完善思维过程。

♥ 8. 破茧成蛾

时间：2013 年 6 月 5 日

地点：科学区

幼儿：大四班幼儿

图 1-43　蚕蛾在茧子上咬了个小洞洞

蚕宝宝都结茧了。这些白白亮亮的茧已经好几天没有动静了。

"大家快来看啊，这个蚕茧在抖动！"浩惊喜地招呼着小伙伴们。大家都跑来想看个究竟，一只只小眼睛一眨不眨地盯着那个蚕茧，静静地等待着奇迹的出现。三四分钟过去了，茧的一端变黑了，浩一脸的疑惑，指了指变黑的茧问："茧的这里怎么变黑了？""会不会是蚕蛾的嘴或眼睛？"强提出了自己的看法。"再仔细看看，接下来会有什么变化？"我提醒道。大家大气不敢喘一声，弯下身子继续观察，比刚才看得更仔细了。又过了三四分钟，蚕蛾的头终于一点一点钻了出来，它艰难地一点一点往外挪。

接下来的很长一段时间里，蛾子似乎没有任何进展，看样子它已经竭尽全力，不能再前进一步了。孩子们个个屏住呼吸，显得非常焦急和紧张。又过了大概二十分钟，蚕蛾的爪子终于挤出了茧外，使劲往外扒茧子。浩突然拍手叫起来："哇，蚕蛾的爪子真像蜘蛛的爪子！""嗯，还像螃蟹的爪子。"强也开心地说着自己的想法。

没过多久，蚕蛾就整个钻了出来，茧子上留下了一个小洞洞。（见图 1-43）"哇！蚕蛾真厉害，茧子上咬了个小洞洞。"蚕蛾出来啦！孩子们欢呼雀跃起来。（见图 1-44）

图 1-44　蚕蛾出来啦！

经过一天一天的饲养、观察和记录，孩子们终于等到了蚕宝宝破茧成蛾的这一刻，沉寂了几日的科学区也因此而沸腾了起来，女儿看到蚕宝宝从茧中蹒跚而出时的那种惊喜，是无法用言语描述的，这一切只因为在整个活动中幼儿是一个主动的观察者和记录者。

蚕宝宝破茧成蛾的活动中，孩子们从发现"异样"，到进行持续不断的观察，教师只是在适当时刻进行了一点小提示，幼儿完全自发地进行观察、交流与记录，这个过程中幼儿是学习的主体，是主动的学习者和建构者，他们的观察能力、探究能力、记录能力、发现问题和解决问题的能力得到了相应的提高。

这次养蚕活动，幼儿亲自动手，亲历了蚕的生命周期，既收获了白花花的茧子，又在一次次的思考与实践中收获了经验。在饲养蚕宝宝的一个多月里，成长的不仅仅是蚕宝宝，幼儿、老师也一起共同成长……

项目二

种向日葵

（建议年龄段：大班）

请家长鼓励幼儿围绕"关于向日葵,我知道……""关于向日葵,我想知道……"说一说,并记录在"小问号卡"上,交给各班老师。

图 2—1   小问号卡

关于向日葵的
调查汇总

关于向日葵,我知道······

向日葵的花是黄颜色的

向日葵的种子就是我们吃的瓜子

向日葵的花可以跟着太阳转

向日葵花像一个圆圆的盆子

向日葵的叶子很大

向日葵是在夏天开花的

向日葵籽有很多种,壳上的花纹也不一样

关于向日葵 我想知道······

种向日葵的时候应该哪一头向下呢?

为什么生瓜子才能长出苗,熟瓜子不行?

向日葵可以生长在水里吗?

向日葵是怎样长大的?

向日葵的叶子是怎样长的?

向日葵的种子长在哪里?

向日葵要喝太多水会长高吗? 喝太多会死掉吗?

世界上最大的向日葵有多大?

表 2—1

"春种一粒粟，秋收万颗子。"在这播种希望的季节里，大二班的孩子们从家中带来了各式各样的种子，在琳琅满目的种子堆里，有的孩子发现了葵花籽，于是讨论开始了。"这是瓜子啊，我奶奶最喜欢吃瓜子了，它怎么会是种子呢？"有的附和着："就是啊，它应该是零食！"葵花籽究竟是不是种子呢？教师鼓励孩子回去后问问家里的爷爷奶奶，或者和爸爸妈妈一起去找找资料。第二天，当大家看到然带来的向日葵的图片，都忍不住发出惊叹："哇！好漂亮的向日葵啊！"伴随惊喜的还有疑惑："这粒小小的瓜子真的会变成美丽的向日葵吗？向日葵真的会跟着太阳转吗？向日葵是不是也叫太阳花？向日葵应该怎么种？多久会发芽呀……"随着讨论的深入，孩子们的问题也越来越多，教师把孩子们的问题进行了分类汇总（见上表）。

　　带着这些疑问，"向日葵"的种植活动就此开始。孩子们开始忙碌起来：收集种子，讨论种植的方法，准备种植的材料与工具，和老师一起制定种植与观察计划，共同设计记录本……相信孩子们一定会用一双双爱发现的眼睛寻找关于"向日葵"的秘密。

4月22日

4月23日

4月24日

4月25日

4月26日

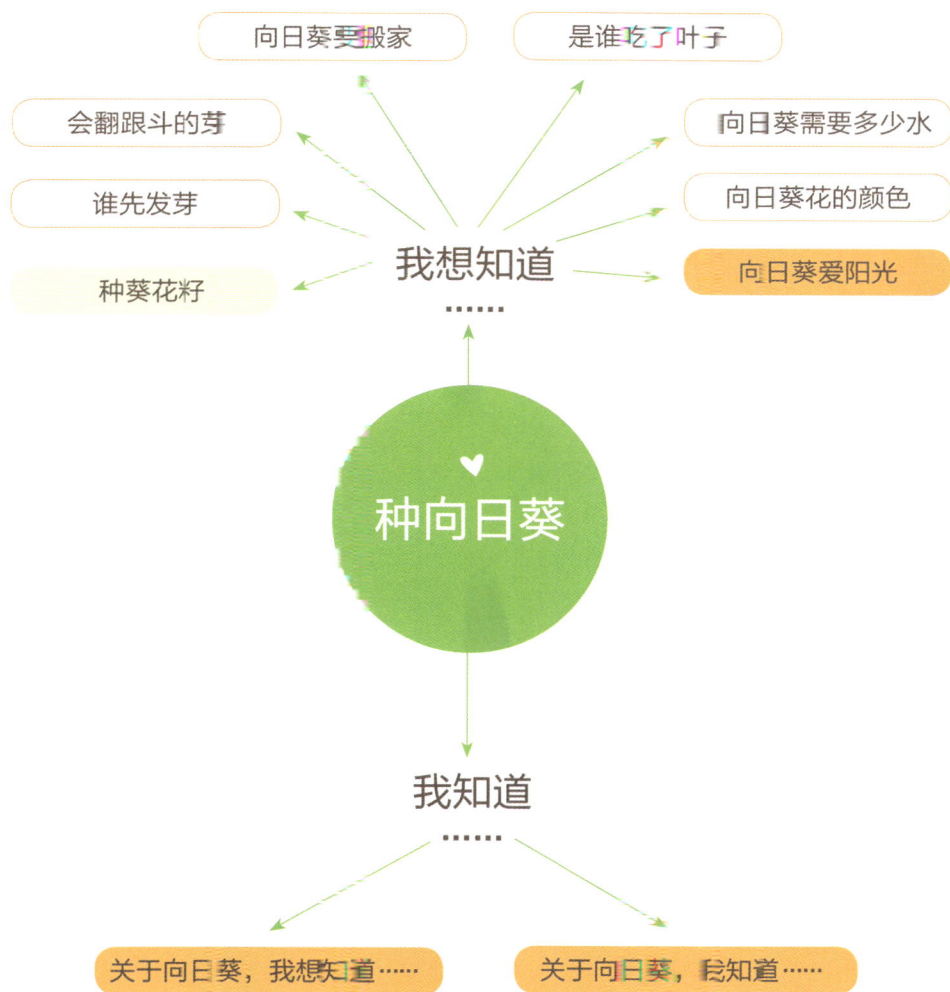

向日葵要搬家

是谁吃了叶子

会翻跟斗的芽

向日葵需要多少水

谁先发芽

向日葵花的颜色

种葵花籽

向日葵爱阳光

我想知道
……

♥
种向日葵

我知道
……

关于向日葵，我想知道……

关于向日葵，我知道……

图 2—2

备注：_____ 表示集体探究　_____ 表示亲子探究　_____ 表示区域探究

表 2—2

序号	活动名称	活 动 目 标	实施途径		
			集体探究	区域探究	亲子探究
1	种葵花籽	• 观察葵花籽的主要特征，了解照顾向日葵的方法 • 尝试自己动手用不同的方法种葵花籽，并为花盆做标记	√		
2	谁先发芽	• 观察比较哪种方法种的向日葵先发芽 • 仔细观察向日葵嫩芽的形状、颜色并做记录		√	
3	会翻跟斗的芽	• 观察发现不同的种植方式发芽生长过程也不同 • 会形象地记录嫩芽生长时的形态		√	
4	向日葵要搬家	• 尝试选择材料、工具移植向日葵 • 能细心照顾移植后的向日葵以便它适应新环境		√	
5	是谁吃了叶子	• 敢于大胆猜测是谁吃了向日葵的叶子 • 会想办法保护向日葵的叶子不被鸟类啄食或免受虫害		√	
6	向日葵需要多少水	• 持续观察向日葵浇水后的生长情况 • 知道适量的水可以让向日葵长得更好		√	
7	向日葵花的颜色	• 观察葵花现蕾、绽放的过程，学习用自己的方式记录 • 仔细观察向日葵的花瓣颜色		√	
8	向日葵爱阳光	• 观察向日葵的生长形态，大胆猜测向日葵长歪的原因 • 知道向日葵生长需要阳光			√

主题探究

（一）

集体探究

图 2—3　幼儿种葵花籽

♥ 种葵花籽

● 活动目标

1. 观察葵花籽的主要特征，了解照顾向日葵的方法。

2. 尝试自己动手用不同的方法种葵花籽，并为花盆做标记。

● 活动准备

葵花籽，自带花盆（装好泥）。

● 活动过程

一、观察葵花籽的主要特征

1. 观察外壳，围绕"颜色、形状、大小、纹理"说说自己的发现。

2. 观察葵花籽仁，观察果肉的颜色形状。

3. 小结：葵花籽有很多品种，每一个品种各有不同。

二、种葵花籽

1. 猜测：葵花籽怎样种在泥土里发芽的速度最快？

2. 幼儿自主选择葵花籽，讨论种植方法。

3. 幼儿按自己意愿种葵花籽。

4. 幼儿为花盆做好标记。

三、讨论：照顾向日葵的方法（浇水、施肥、松土）

主题探究

（二）

区域探究

图 2-4

♥ 1. 谁先发芽

（2013年4月16日）

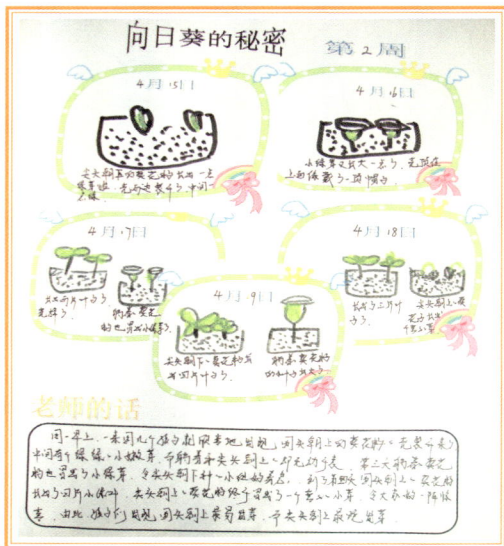

图 2-5

一周后的早上，我刚走到教室门口，朵就拦住我兴奋地说："我们组的葵花籽宝宝长出来了！"说完她高兴地拉着我的手去看。果然，种子圆头朝上的一个盒子里长出几个小绿芽，壳两边裂开了，中间露出一点点绿。我故作疑惑地说："为什么只有一个盒子里长出小绿芽呢？"聪明的轩说："我们都是圆头朝上种的。"看着孩子们几家欢喜几家愁，我安慰大家："别着急，再等等看。"

两天后，躺在泥土中的葵花籽也有了变化，尖头那里冒出了嫩芽，壳平平地顶在上面，像戴了一顶帽子，有趣极了。这下热闹了，他们边看边比较。"我的长出来了！""有什么稀奇，我的都这么长了。""可是我们的怎么还没长出来呢？""你的肯定长不出来了。"尖头朝上的向日葵还没长出来，就让我们一起耐心等待吧。

2. 会翻跟斗的芽

（2013 年 4 月 25 日）

孩子们惊奇地发现"圆头朝上"和"尖头朝上"的种子发芽情况不太一样：前者是有一根像根一样的绿杆杆将种子顶至泥土的上面；后者是种子还在泥土中，但在种子尖头的地方长出白白的芽。种子的嫩芽到底在哪里？我们没有对孩子的回答做出回立，而是请孩子带着疑问继续观察两者不同的发芽情况。孩子们在每天的观察中发现了"圆头朝上"和"尖头朝上"的种子不同的成长方式：圆头朝上的两片叶子用力将瓜子壳撑破后长大，尖头朝上的"芽"钻进泥土后另一头钻出泥土长出了叶子。孩子们通过观察发现了葵花籽采用不同的种植方法后不同的生长方式。

图 2—6

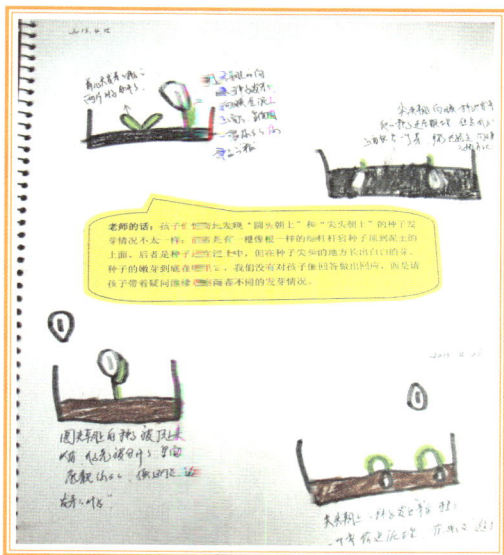

图 2—7

项目二 种向日葵

47

♥ 3. 向日葵要搬家

（2013年5月13日）

随着葵花籽的长大，我们为一部分向日葵进行了移植。孩子们发现刚移植的向日葵第二天都蔫掉了，非常着急。有的说："要拿竹竿撑住。"有的说："它们肯定在新家里不舒服。"有的说："向日葵搬家生病了。"……我安慰孩子们不要着急，继续观察或者再回家找找答案。过了两天向

图 2-8

日葵都挺立了，孩子们也知道了植物移植过程中它的根需要适应新的环境。

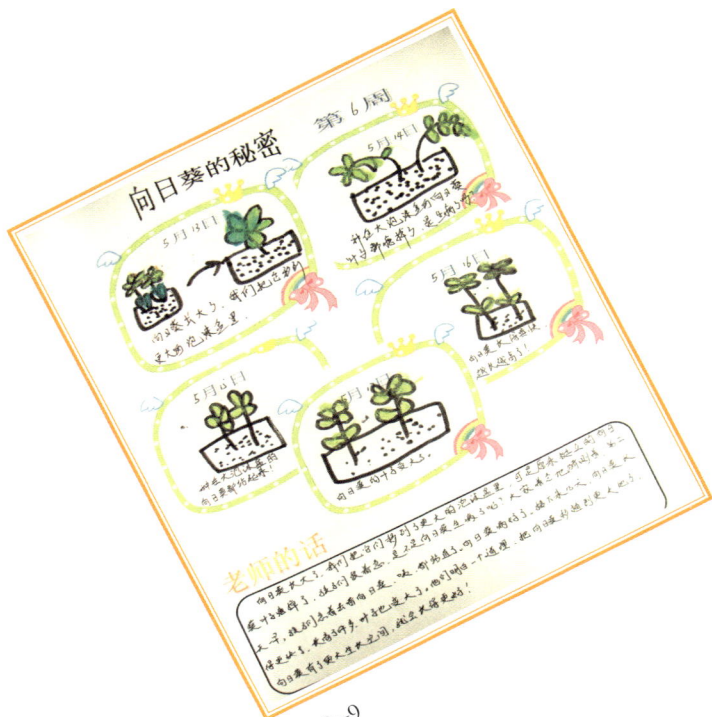

图 2-9

❤ 4. 是谁吃了叶子

（2013 年 5 月 17 日）

妍招呼老师说："沈老师，我们葵花子苗的叶子都被谁吃掉了！"看到的孩子都很气愤，珠说："还有几棵明天不会也被吃掉吧？""啊？"大家有些惊讶。教师很惋惜说："这样下去不行，我们得查出偷吃叶子的凶手！"孩子们有的说："我们偷偷躲着看，看看谁来偷吃。"贝说："晚上，把它们放在楼下的监控下，看看晚上谁来偷吃。"泽说："在盆里插面小旗，鸟儿就不会来吃了！"昕说："放个捕鸟器吧！"

图 2—10

图 2—11

❤ 5. 向日葵需要多少水

（2013 年 5 月 30 日）

向日葵的生长到底需要多少水？我们用三棵发芽的葵花苗做一个简单的研究性实验，设计三个不同的标志分别表示：① 不浇水；② 浇适量的水；③ 浇很多水。两周后，通过观察发现：不浇水的向日葵已经枯萎了；浇适量水的向日葵长得很好；浇很多水的向日葵长得很慢，没有力气地弯下了腰。孩子们总结：水分要适量，不可多也不可少。

图 2—12

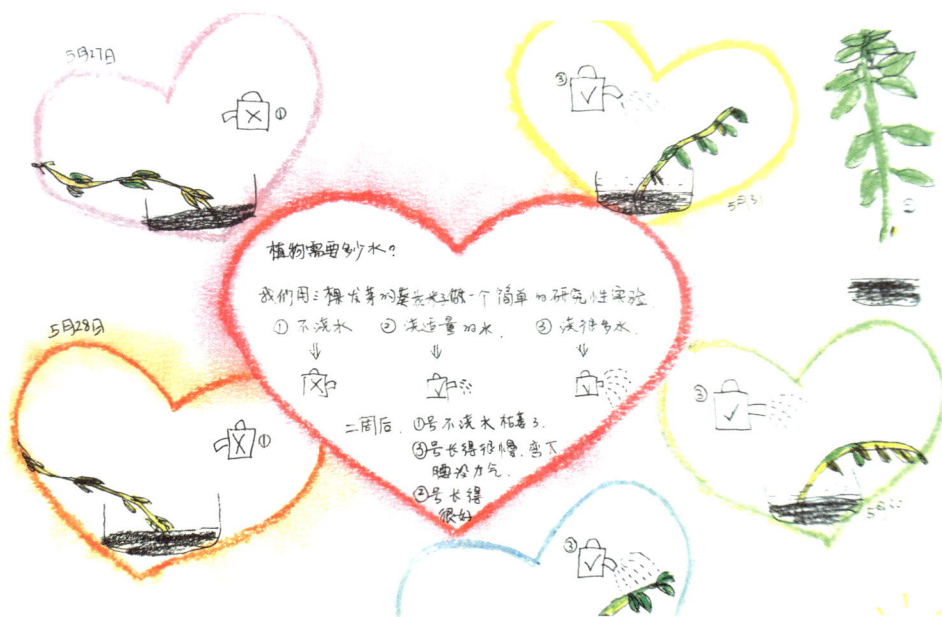

图 2—13

❤ 6. 向日葵花的颜色

（2013 年 6 月 10 日）

这几天向日葵已经长得很高很高，乐开心地说："向日葵开出了绿色和黄色的花了！"洋说："向日葵的花瓣是黄色的，不是绿色的，向日葵的黄色的花瓣被绿色的叶子包裹着，黄色的花瓣细细的，像线条一样！"有好几个小朋友都仔细观察起向日葵的花蕾了。在没有开出黄色花瓣的那里真的能看到被绿色叶子包裹着的花，难怪乐认为有绿色的向日葵花了。

图 2—14

图 2—15

图 2—16

❤ 向日葵爱阳光

（2013 年 3 月 28 日）

还没到种葵花籽的季节，恒就嚷着要种向日葵，大家担心向日葵被冻死，这盆向日葵放在了室内。种在小花盆里的向日葵一天天长高了，恒每天都要去看一看。看到窗台上的向日葵越来越贴近窗玻璃，恒对爸爸说："爸爸，你看，向日葵怎么越长越歪了呀，感觉要贴在玻璃上了。"爸爸看了看说："真的呢，那你知道为什么会这样吗？"恒不太确定地说："有可能是营养不够没力气了。"爸爸说："没力气的话它会枯萎的，可是它现在长得好好的呀。"恒一脸疑惑，爸爸说："有可能是它喜欢阳光。"恒有些半信半疑，爸爸提议把花盆搬的离玻璃远一

些，过段时间看看向日葵是不是又贴着玻璃长了。恒赞成爸爸的提议，把花盆朝外挪了点距离，又给向日葵浇了点水。过了几天，向日葵又贴在了玻璃上。恒激动地说："向日葵真的特别喜欢阳光，它又贴着窗户了。"

图 2—17

六 主题环境

小问号墙

图 2-18

图 2-19

种植园：葵花朵朵开

图 2—20

图 2—21

自然角

图 2-22　我们种植的葵花籽

图 2-23　向日葵一天
天长大

图 2-24　向日葵开花了

图 2-25　盛开的向日葵

七 主题评价

表 2—3   "种向日葵"评价表

	序号	评 价 内 容	★★★	★★	★
教师的评价	1	• 观察葵花籽的主要特征，了解照顾向日葵的方法 • 尝试自己动手用不同的方法种葵花籽，并为花盆做标记			
	2	• 观察比较哪种方法种的向日葵先发芽 • 仔细观察向日葵嫩芽的形状、颜色并做记录			
	3	• 观察发现不同的种植方式发芽生长过程也不同 • 会形象地记录嫩芽生长时的形态			
	4	• 尝试选择材料、工具移植向日葵 • 能细心照顾移植后的向日葵以便它适应新环境			
	5	• 敢于大胆猜测是谁吃了向日葵的叶子 • 会想办法保护向日葵的叶子不被鸟类啄食或免受虫害			
	6	• 持续观察向日葵浇水后的生长情况 • 知道适量的水可以让向日葵长得更好			
	7	• 观察葵花现蕾、绽放的过程，学习用自己的方式记录 • 仔细观察向日葵的花瓣颜色			
	8	• 观察向日葵的生长形态，大胆猜测向日葵长歪的原因 • 知道向日葵生长需要阳光			
孩子的话（请家长记录孩子对此项目活动的感受）:					
家长的话（请家长描述孩子在此项目活动中认知、技能、情感发展情况）:					

八 主题感悟

    项目活动"种向日葵"从孩子感兴趣的向日葵入手，开展与向日葵有关的种植观察活动。让孩子在种植活动中了解向日葵的种植方法、生长过程和影响其生长的环境条件。鼓励他们采取不同的种植方法进行种植并进行对比观察，坚持对向日葵进行连续观察并用自己的方式进行记录，解决在种植过程中遇到的困惑。

    孩子们对向日葵的生长情况进行持续深入的观察与记录，在此过程中他们保持强烈的好奇心和求知欲，体验植物生长所带来的乐趣。通过向日葵的种植活动，不仅让幼儿亲自动手实验来验证自己的猜想，了解植物生长所需的条件及与人的照顾之间的关系，还获得了照顾向日葵的经验，培养了幼儿的爱心与责任感。更有意义的是能让幼儿在种植活动中更加直接、主动地获取科学知识，并且在种植、观察、体验、交流中获得成长！

项目二 种向日葵

57

探究故事

图 2—26　种向日葵葵花籽啦

♥ 1. 种葵花籽喽

时间：2013 年 4 月 12 日

地点：幼儿园种植园

幼儿：大二班幼儿

　　种植活动开始了，问题也接踵而来：孩子们对于种瓜子时哪头应该朝下产生了分歧。杰自信满满地说："我觉得瓜子的大头应该放在下面，这样它才站得稳。"萱也搬出了自己的道理："我觉得应该小头放在下面，它的芽才好从大头里长出来！"就在大家争得不可开交之际，然突然一鸣惊人："为什么它不能横过来放呢？我觉得它躺着才会更快发芽！"然的想法得到了一小部分同伴的支持。在争执不下的情况下，我建议孩子们按照自己的意愿进行播种（见图 2—26）。于是，我们的种植地里出现了这样的情形，一块地里是尖头朝下的，其中埋在土里的深度还不一样，有的是全部埋在土里的，有的是一半埋在土里的，还有的是只露出一个尖头；另一块地里是大头朝下的，有些是全部埋在泥土的，有些是一半埋在泥里的；还有一块地里的向日葵是横着种的。

　　接下来的几天时间里，孩子们一来园就先要看看向日葵发芽了没有，以证明自己当初的判断是正确的。

　　好几天过去了，种子还是迟迟没有发芽，孩子们有些心急了，"是水浇得太多淹死了吗？""会不会是种子有问题啊？""是不是我的种植方法不合适？"……大家猜测着，似乎有点失望。"别急，再耐心等待几天，可能会有惊喜哦！"我安慰他们。孩子们带着这份期待继续等待着！

双休日过后，小伙伴们又像往日一样去观察向日葵。蛋蛋到尖头朝下的那块葵花籽地旁看了看，突然惊喜地叫起来："看，这颗葵花籽壳有点裂开了，里面是绿绿的，是不是它的芽？"大家一致认同。"哈哈，我们的先发芽了吧。"蛋满脸的得意。杰和几个小伙伴也不甘示弱，迫不及待地去大头朝下的那块种植地里仔细观察起来，而后也大叫起来："老师，葵花籽上面有一个白白的东西，是不是也马上要发芽了？""白白的东西有点像豆发芽的根，应该会发芽的。"童表示认同。然看了看自己横着种的葵花籽一点动静也没有，似乎有点泄气，抓耳挠腮起来："怎么会不发芽呢？"

接下来的几天里，这些高高低低、横七竖八的向日葵种子陆陆续续地破土而出：大头朝下和尖头朝下的种子居然差不多时间发芽了。尖头朝下的葵花籽长出来的是叶子，大头朝下的种子先长出来一根尾巴，再"翻"了个跟斗也长出来了两片绿绿的嫩芽，横放着的瓜子虽然发芽的时间晚了些，终究还是发芽了。（见图 2—27）

种子在幼儿的印象里应该都是像豆类一样的，因此当看到一颗颗平时吃的瓜子也在种子之列时，有的幼儿产生了疑惑，教师及时捕捉到了幼儿的兴趣点，鼓励幼儿回家搜集资料后再进行讨论。幼儿通过咨询和寻找答案，获得了关于向日葵的更多信息，并在与同伴的互动交流中进一步丰富了关于向日葵的资料。

在种植过程中，教师给予幼儿充分的支持与鼓励，让幼儿按照自己的意愿进行播种，也因此在之后的观察活动中，幼儿的主动性更高，对向日葵的观察也更加细致入微。在观察过程中，幼儿在交流分享中进行了思维的碰撞，从起初对向日葵种植方向的关注继而对向日葵种子在发芽过程中点点滴滴产生了更浓厚的兴趣。此次向日葵的播种活动，以幼儿求真精神和创新能力的培养为价值取向，以尊重幼儿本真、关注幼儿知识经验的建构过程为首要目标。在播种种子的过程中，不追求孩子最后得出的结果，而是注重他们在整个参与过程中的表现，包括观察、想象、记录、实验、讨论，强调"去权威、去答案、去规则"，更加关注幼儿个体的经验建构。

图 2—27　不同的种植方法发芽方法也不同

❤ 2. 断枝风波

时间: 2013 年 4 月 27 日

地点: 幼儿园种植园

幼儿: 大二班幼儿

种下的葵花籽都发芽了,孩子们渴望向日葵生长的心情也越来越迫切,他们每天来园后的第一件事就是先去种植园报个到,看看向日葵苗长得怎样了。

慢慢地,向日葵长出了叶子,叶子越长越多,向日葵也越长越高,孩子们个个兴奋不已。这不,今天一早来园,大伙儿又兴冲冲去看向日葵了。"看,这里又有两片小叶子长出来了!"毛伸出手

图 2-28 吸管能支撑起向日葵吗?

指着刚长出两片小叶子的向日葵兴奋地叫起来。"嗯,是的,向日葵的叶子就是两片一起长出来的,我早就发现了。"睿显然很得意。"哇!这株向日葵的上半截掉下去了。"艾的惊呼引来了同伴的关注。大家仔细查看,发现原来向日葵的茎不知怎么被折断了。断都断了,接下来该怎么办呢?大家围着耷拉着脑袋的向日葵展开了讨论。熙耷拉着脑袋说:"都已经断成这样了,估计救不活了,干脆拔掉它吧。"毛坚决不同意:"好不容易长这么大,说不定明天它就长好了。"然赶紧附议:"是啊,是啊,像我之前胳膊摔得骨折了,被医生接接就好了啊。"睿受到然的启发,一拍脑袋激动地说:"我想起来了,路边的树被风吹弯了,人们就是用铁架子帮助架好,后来它就长好了的。"其他孩子纷纷点头,说自己也看到过,路边的很多树都有一个支架。最后大家决定给向日葵也做一个支架,可教室里不要说铁架子,连木头都找不到一根。我提议能不能用吸管?睿反复强调是铁

架子，可是在找二到符合要求的材料后大家只能用吸管凑合着做了一个简易的支架，把原本折断的向日葵茎掌了起来，记录在观察日记二。（见目2-28）

第二天一到幼儿园，孩子们不约而同都先去看看绑了吸管的向日葵怎样了。大家痛心地发现 向日葵终究还是没能挺过来，虽然之灵折断的地方被固定住了，但是由于吸管比较短，结果在另一处又发现了新的折断的痕迹。就这样，大家只能眼看着这株向日葵一天天地干枯下去。

向日葵在孩子们的照料下一日日茁壮成长着，他们细致地观察着，向日葵生长的小秘密也逃不出孩子们明亮的小眼睛，他们互相交流分享着自己的发现。当幼儿发现这株因缺少日照而长得较为细长的茎在一晚上台风的肆虐下竟然折断后，他们就拯救方法而展开了一番讨论。在孩子们激烈地争论时，教师认真倾听他们的想法，在幼儿遇到瓶颈时适时提供一些建议。虽然幼儿的拯救计划失败了，但科学活动不是传授知识的过程，而是创造机会让幼儿自主探究的过程。幼儿只有在自己亲自动手探索的过程中，才能对物质材料有充分的感知和兴趣，才能对材料有所发见和疑问。

这次的折株事件充分激发了幼儿的好奇心和探究欲，他们在讨论过程中能结合自己的生活经验，并在与同伴的交流互动中激发新的灵感，展开抢救行动。科学探究的意义在于幼儿动手动脑主动操作与体验的过程。在这次的解救活动中，幼儿乐于开动脑筋，进行思维的碰撞，解放了大脑；在与材料的互动中，乐于动手操作，实现自我建构、自我探究、自我发展与自我学习，解放了双手；在体验与交流中，幼儿用语言表达自己的发现，进行互动分享，充分解放了嘴巴。

3. 向日葵的"拯救"行动

时间：2013年5月20日

地点：幼儿园种植园

幼儿：大二班幼儿

周一，忻和几个小伙伴一来到幼儿园就拿起矿泉水瓶给向日葵浇水。"哎呀，这里的泥都裂缝了……"丞感叹道，"可怜的向日葵，叶子都耷拉下来了，它会不会干死啊？"（见图2-29）展有些伤感。"不会的，老师说向日葵的生命力很强，只要马上给它浇水就可以活了！"卓插着腰说道，大伙这才松了口气。"那我再去弄点水来！"丞转身朝盥洗室走去……热闹的周一早晨，孩子们忙忙碌碌地为两天没有"喝水"的向日葵进行紧急救助。

吃过饭，孩子们又来到了种植园："哎呀，泥又干了！"忻刚准备再去浇水，康立刻阻止道："不行不行，中午的时候给花浇水花会死掉的！""那怎么办，不浇水它一定会死掉的！"忻更加担心了。康说："不要紧的，等太阳落下来时再浇吧！我奶奶也是这样浇水的。"忻似乎不再那么担心，点了点头说："那好吧！"

离园时，奶奶刚走进教室门口，忻就拿起早已装满水的矿泉水瓶径直往种植园奔去，其他的小伙伴也赶来了，大家一齐给向日葵浇水，期待着第二天向日葵能长得更好。

第二天一早，大家又迫不及待地来给向日葵浇水，看到向日葵的叶子又神气地挺拔了起来，大家欢呼雀跃："向日葵救活啦！"（见图2-29）满脸的自豪。

图2-29 向日葵会不会干死啊？向日葵救活啦！

最近一个月阴晴不定的天气，给向日葵照料工作带来了不少麻烦，同时也让幼儿对向日葵有了更多的了解：它的生命力是那么强大，只要一点阳光就能灿烂；酷爱水，只要有水的灌溉就会"屹立不倒"！在这一个月里，幼儿把"向日葵的照顾工作"视为一种乐趣，常聚在一块观察，相互交流自己的知识与猜想，不断丰富自身的经验，提高自我科学认知；面对向日葵的种种问题，"小科学家们"总会调动已有经验来解决，不断提高自己解决问题的能力，建构专属自己的"向日葵小学堂"。这里的向日葵不再是"你的"，也不再是"我的"，而是"大家的"，哪盆"生病了"就齐心协力一起来"急救"！幼儿从园丁变成了"小医生"，为向日葵"诊断"、"开方"，悉心照料，享受着点滴收获。

♥ 4. 量一量向日葵长多高

时间：2013 年 5 月 23 日

地点：幼儿园种植园

幼儿：大二班幼儿

图 2-30 量一量向日葵有多高

天气越来越热，向日葵也越长越高，孩子们不时流露出惊喜和好奇。早晨，妍和文给向日葵浇好水后，又仔细地观察起来。"看！原来光滑的叶子边缘变得一曲一曲的了。"妍兴奋地告诉一旁的文。文凑过来也摸了摸叶子说："真的，摸上去还毛毛的呢。"妍神秘地说："这大概就是向日葵真的在长大吧。"文点了点头。"看，这些向日葵长得还有高有矮，它们能长得比我们还高吗？"文笑了笑说："我们用尺来量一量不就知道它长多高了吗？"顺着孩子们的话题我提议："这个办法真好，从今天开始你们就一起来测量记录向日葵的身高，看看它能长多高，希望你们能坚持哦。""那我们用什么来量呢？"妍有点困惑。"用老师的尺啊，上面有数字，我们就能量出来了。"文很快就想到了办法，说完就直奔教室拿来了直尺。他俩在一棵长得最高的向日葵旁蹲下身体，把尺竖直放在靠近向日葵茎的最下面，妍站着伸出手在向日葵最高处不停地比划着，"哇！向日葵好厉害啊，已经快到 40 刻度啦！"文刚想松口气拿掉尺，妍蹲下来看了看说："你量的不对，这把尺在刻度 0 的前面还有一小段是没有刻度的，要直接从刻度 0 开始的！"文有点不知所措。妍接过文手中的尺慢慢地把尺的一头插进了泥土，等刻度 0 与泥土表面对齐时，妍煞有介事地说："看，这样量出来的身高才正确哦！"文点了点头，站起身比划了一下说："向日葵正好 40 厘米了，等会儿我们记录下来哦。"（见图 2-30）"哎呀，这可是这把尺的最大刻度了，向日葵再长高，这尺就不够量了，我们得找一把更长的尺。"妍又提议。文一听来了劲说："老师那里还有一把很长的尺，我们可以借来量啊。"我点了点头表示赞同。

为葵花苗苗测量身高的游戏每天都在进行，孩子们用数字等方式记录着葵花苗苗的生长情况。在测身高时，大家还发现葵花的叶子越来越大，于是孩子们又开始了用短尺来量叶子。葵花的茎叶越来越粗，孩子们又开始想玩测量茎的游戏了。他们会主动挑战一个一个有难度的测量游戏。

幼儿的探究、学习是在游戏中进行的，游戏是幼儿建构、了解世界的主要方式。教师顺着孩子的话题巧妙地设置量葵花"身高"的游戏来引导幼儿关注葵花的长大，让幼儿在游戏中探究，在摆弄中发现，在操作中表达，在玩耍中想象，让幼儿在获得、运用测量知识和技能的同时，其情感、道德、创造、审美等得到全面的发展。这一过程中，我们不追求幼儿测量的是否准确精准，更重要的是引导幼儿用自己的方式去发现向日葵的变化，让幼儿在一种宽容、宽松、自主的游戏活动中探究向日葵的奥秘。

在观察、照料植物的活动中，蕴含了许多幼儿感兴趣的、对幼儿的学习与发展有促进价值的内容，如果教师能够抓住这些教育契机，那么幼儿就有机会在生活中学习，在生活中建构有意义的知识经验。故事中，教师顺应幼儿的兴趣需要，鼓励幼儿测量葵花"身高"，以此引导幼儿关注葵花的生长变化，这样不仅可以丰富幼儿有关测量的数学经验，而且可以培养幼儿主动关注周围事物变化的积极情感。在测量过程中，教师不追求幼儿测量的是否准确精准，而是更关注幼儿能否迁移自己原有的经验去理解长度单位的含义，引导幼儿用自己的方式去发现向日葵的变化，让幼儿在一种宽松、自主的游戏氛围中探究向日葵生长的奥秘。

时间：2013 年 6 月 10 日

地点：幼儿园种植园

幼儿：大二班幼儿

图 2—31　圆盘里面有一些黄色

早上，西来到自然角里给向日葵浇花，她浇完水站在向日葵前面看了一会儿，伸出小手指了指向日葵的顶端，扬起小脸问我："老师，中间这个圆圆的是什么呀？"我反问了她一句："你觉得是什么呢？"西低头想了想说："是花吗？"我笑了笑说："有可能哦，你接下来每天都来观察，看它到底是不是花，好吗？"西用力地点点头。

几天后小朋友们经过向日葵时，西惊讶地说："老师，这里有一点黄色。"（见图 2-31）旁边的乐马上接话："这是向日葵的花啊！"我追问："你怎么知道的呢？"乐说："我看到过向日葵是黄色的，所以这肯定是向日葵的花。"孩子们被他们的对话吸引了，纷纷围过来观察。西一边用手摸了摸，一边猜："这里到底包着什么呢？"乐连忙制止，把西的手移开："不能摸，摸了它会受伤的。"旁边的天说："里面是瓜子吧！"孩子们对此有着浓厚的兴趣，非常想知道黄色的花瓣打开以后是什么样子的。

经过一个星期，向日葵终于开花了，黄色的小花伸展开娇嫩的花瓣，半遮半掩，终于向孩子露出了它的花心（见图 2-32）。孩子们开心地又跳又叫，并且进行了细致的观察。西说："它的花瓣有点卷。"天说："里面黑色的东西肯定是瓜子。"乐说："花心里有点黄色，有点绿色，像个圆圆的盘子。"东还走过去闻了闻说："有一点点淡淡的香味。"孩子们都有一双善于观察的眼睛。玲说："向日葵真美丽，我们把它画下来吧！"于是，我把整个向日葵开花过程的照片放给小朋友们看，通过照片的回放，孩子们看到了向日葵花开的全过程。

幼儿一开始对向日葵顶端的圆圆的东西感兴趣，这是花吗？教师并没有给出肯定的答案，而是鼓励幼儿通过持续观察来揭示答案。当花朵初绽时，大家开始大胆地猜测和推理。有的调动了已有的经验，知道向日葵是黄色的，所以进行符合逻辑的推理，认定这就是向日葵的花。同时，

图 2—2　向日葵露出了花心

半开的花朵进一步激发了幼儿继续观察的兴趣，大家都很想知道花瓣打开以后是什么样子的。这就需要幼儿遵循自然规律，耐心等待向日葵开花。当向日葵在幼儿的精心照顾下完全绽放时，幼儿的喜悦是无与伦比的，他们对花瓣、花蕾都进行了细致的观察，运用多感官通道进一步感知向日葵。

《指南》中提出："和幼儿一起发现并分享周围新奇、有趣的事物或现象，一起寻找问题的答案；通过拍照和画图等方式保留和积累有趣的探索与发现。"在等待向日葵花开的过程中，教师没有直接传授向日葵的相关知识，而是和幼儿一起等待与发现，并用拍照和绘画的方式进行记录。在这个探究和发现的过程中，幼儿不仅获得了有关向日葵的知识，更重要的是学会了各种方式的观察、耐心细致的等待、大胆合理的猜测、科学的记录、多感官的感知，对向日葵产生了浓厚的兴趣，知道科学要遵循自然规律，用事实说话，这正是探究科学启蒙教育研究的核心所在。

项目二　种向日葵

67

快乐石之旅

（建议年龄段：大班）

问题搜索

请家长鼓励幼儿围绕"关于石头，我知道……""关于石头，我想知道……"说一说，并记录在"小问号卡"上，交给各班老师。

图 3-1　小问号卡

关于石头的调查汇总

关于石头，我知道……

石头可以用来造房子、造桥、修路

石头的形状、大小等都不同，有的光滑，有的粗糙

家里铺在地上的大理石也是石头

有的石头很贵的，钻石就是这样

古代人用石头来点火

石头很硬，打到人会痛

石头有很多：玉石、鹅卵石、大理石、钻石、雨花石、钟乳石等

大理石可以做石桌子，还可以做地板

石头可以装修房子，可以铺路

关于石头，我想知道……

石头为什么会有不同的样子？

石头凉凉的，会变得很烫吗？

为什么石头会有各种颜色的？

为什么有的石头有花纹　有的没有？

石头可以做哪些东西？

为什么会有石头呢？是从哪里来的？

雨花石为什么会光滑又漂亮？

恐龙化石有毛毛的吗？

石头里面有什么？

世界上最大的石头在哪里？有多大呢？

陨石是什么？我们这里为什么没有陨石？

表 3-1

　　艾从南京带来了几块色彩斑斓的雨花石，大家纷纷围过来观赏，捧起石头在手里把玩着，爱不释手。

　　新《纲要》指出："幼儿的科学活动应密切联系幼儿的实际生活，教师应充分利用幼儿身边的事物与现象作为科学探索的对象。"于是，我们从孩子的兴趣和需要出发，生成了"快乐石之旅"科学系列活动，带孩子和石头来一次亲密接触。我们从幼儿熟知的、感兴趣的石头入手，开展与石头有关的科学活动。引导幼儿去寻找各种各样有趣的石头，再以石头为中心，引导幼儿感知石头的基本特征，让他们初步了解石头的作用，认识石头种类的多样性，知道它们的特性，让幼儿用开放敏锐的心去感受，在真实的情境中尽情享受探索、发现和创造的乐趣。

　　本活动主要采用观察、参观、游戏、实验操作等活动方式。可利用的资源主要有：家长资源和小区资源。

　　实施主题时注意：提供丰富的有关石头的图、实物数据，充分地支持、引导幼儿操作、探究。可请家长带孩子去公园、小区发现观赏石、假山，去走一走石子小路，让孩子更深刻地感受石头的作用。

图 3-2

备注： 表示集体探究　　　表示亲子探究　　　表示区域探究

四 活动导航

表 3-2

序号	活动名称	活动目标	实施途径		
			集体探究	区域探究	亲子探究
1	嗨！石头！	• 在摸、听、说等过程中感知石头的多样性及其特性 • 观察比较石灰石、鹅卵石和火山石的特性	√		
2	石头变身记	• 在模拟环境中主动建构生活中石头的常见用途 • 对生活中的自然物有好奇心和探索精神	√		
3	我会磨米粉	• 知道石磨和石臼是研磨的石制工具 • 感知比较石磨和石臼磨米粉的不同，并尝试记录	√		
4	神奇的石砚	• 知道石砚是由砚石制成的一种砚台 • 探索石砚研墨的方法，尝试用研出的墨写字、画画	√		
5	螺蛳贝壳项链	• 探索磨刀石磨出螺蛳贝壳孔的有趣现象 • 能将磨出孔的螺蛳贝壳串成项链		√	
6	变冷变热的石头	• 感知石头变冷变热的现象 • 探索使石头变冷变热的多种方法并记录		√	
7	神秘箱	• 通过摸、听、说等途径感知石头的多样性 • 观察感知石头的特性，丰富关于石头的认识		√	
8	多样的石路	• 感知走在不同石路上的感觉，了解石路种类 • 体验与父母摸、走石路的快乐			√
9	各种各样的假山	• 欣赏假山，知道假山是由各种石材堆积而成的 • 体验与父母一起观察、攀爬假山的快乐			√

五 主题探究

图3-3 摸一摸、比一比，哪块石头最光滑

（一）集体探究

♥ 1. 嗨！石头！

● 活动目标

1. 在摸、听、说等过程中感知石头的多样性及其特性。

2. 观察比较石灰石、鹅卵石和火山石的特性。

● 活动准备

1. 神秘箱若干：内装卵石、未经加工过的表面粗糙的石头、光滑的鹅卵石、墨石、昆山石、磬石、千层石。

2. 石灰石、鹅卵石和火山石。

3. 各种各样的石头课件。

● 活动过程

一、勇探神秘箱，感知石头的特性

1. 请幼儿运用多种感官：摸一摸、摇一摇、听一听、闻一闻等猜猜箱子里的是什么？

2. 分组打开箱子：揭示谜底——都是石头。

3. 交流分享：从纹路、颜色、形状、大小、软硬光滑、粗糙等小结石头的特性。

二、与石头的亲密互动，了解石头的特性

1. 幼儿大胆猜测记录

　　① 石灰石、鹅卵石和火山石，哪块石头摸上去最光滑？

　　② 石灰石、鹅卵石和火山石，哪块石头能写字？

　　③ 石灰石、鹅卵石和火山石，哪块能浮起来？

2. 幼儿操作记录，感知三种石头的特性

　　① 哪块摸起来最光滑？

　　② 哪块可以在黑卡纸上画画？

　　③ 放进水中，漂浮在水面的是哪块？

三、欣赏石头风景图，了解各种各样的石头（播放课件）

　　大千世界，有各种各样的石头，下面就让我们一起走进美丽的石头风景中吧！

图 3—4　猜猜我的神秘袋里有什么？

2. 石头变身记

● 活动目标

1. 在模拟环境中主动建构石头的常见用途。

2. 对生活中的自然物有好奇心和探索精神。

● 活动准备

1. 石子小路一条。

2. 创设各种石头布置的小屋：石桌、石椅、弓槽、石磨、石臼、石斧、石锅、碁脚石。

3. "有用的石头"课件。

● 活动过程

一、走一走，体验石头的保健功能

参观的时候要经过一条特殊的路。请幼儿走一走石子小路，说说走在石子路上的感觉。

二、玩石头。

1. 看一看，玩一玩

幼儿在"小屋"中自由探索，发现用品的特别之处。

2. 说一说

① 这个小屋有什么特别的地方？

② 你还知道石头的其它用处吗？（幼儿结合自己的生活经验自由讲述）

三、话石头（播放课件：石头变身记）

1. 混凝土的合成视频介绍、建房铺路、石阶、磨刀石、盆景假山、石头工艺品等等；

2. 观赏性的石头：假山、收藏石、工艺品、佩戴的饰品、美容养颜的玉石，还有一些雕塑纪念碑和教堂；

3. 标志性的石头：牌坊、石狮子、墓碑；

4. 工业原材料石头：铁矿石、铜矿石、铝矿石；

5. 打火……

● 活动延伸

石头的用处可真大，你觉得石头还可以做什么呢？请把你的想法画下来。

图 3—5　我们的石头小屋

3. 我会磨米粉

● 活动目标

1. 知道石磨和石臼是研磨的石制工具。

2. 感知比较石磨和石臼磨米粉的不同，并尝试记录。

● 活动准备

小石臼、小石磨若干，浸好的糯米。

● 活动过程

一、观察石磨和石臼，知道它们是研磨的石制工具

1. 你们喜欢吃糯米圆子吗？它是用什么做的？糯米粉还可以做什么？
（元宵、汤团、米糕等）

2. 糯米是怎么变成糯米粉的？（出示石臼、石磨）

二、幼儿自选石臼、石磨磨米粉，比较两种工具磨米粉的异同

小结：石磨和石臼是将粮食去皮或研磨成粉末的石制工具。用石臼磨米粉用的时间较长，磨出的米粉比较粗一些；用石磨磨米粉用的时间较短，磨出的米粉比较细一些。

三、知识经验迁移

石磨和石臼还可以研磨哪些粮食？

图3-6 石臼捣一捣，米也会变米粉！

4. 神奇的石砚

● 活动目标

    1. 知道石砚是由砚石制成
       的一种砚台。

    2. 探索用石砚研墨的方
       法，并尝试用研出的墨
       写字、画画。

图 3-7　我们一起来磨墨

● 活动准备

    1. 石砚与墨块若干。

    2. 每组一瓶水、毛笔、宣
       纸、记录纸、记号笔。

● 活动过程

  一、出示石砚，导入活动

    1. 你见过砚台吗？砚台有
       什么用？

图 3-8　磨好墨汁来写字、画画

    2. 出示石砚，知道石砚是砚台的一种。

  二、探索用石砚研墨的方法

    1. 幼儿猜测：怎么用砚台磨出墨？

    2. 幼儿尝试用墨块、水在砚台中进行研磨，观察砚台中水的变化并记录下来。

    3. 分享交流：你的砚台磨出墨了吗？

    4. 幼儿尝试用研出的墨写字、画画。

  三、知识经验迁移

    砚台有许多种类，有的是用石头做成的，还有一些是用其他的材料做成
的，请你回去找一找还有哪些不同的材料制成的砚台。

（二）

图 3-9　我准备的海螺、磨刀石、丝线

1. 螺蛳贝壳项链

● 活动目标

　1. 探索磨刀石磨出螺蛳贝壳孔的有趣现象。

　2. 能将磨出孔的螺蛳贝壳串成项链。

图 3-10　我做的海螺三件套

● 材料准备

　磨刀石、丝线、各种螺蛳、贝壳等。

● 指导要点

　幼儿拿起一个螺蛳或贝壳，将尖头、突起的部分放在磨刀石上进行摩擦，直至磨出小洞。依次将所有的螺蛳或贝壳磨出孔。将磨好洞的螺蛳或贝壳用丝线一个个串联起来，将串好的螺蛳、贝壳项链戴在脖子里展示，感受成功的快乐。

♥ 2. 变冷变热的石头

● 活动目标

　1. 感知石头变冷变热的现象。

　2. 探索使石头变冷变热的多种方法并记录。

● 材料准备

　鹅卵石等其它石头若干。

● 指导要点

　提出问题："石头会变冷变热吗？用什么方法能使石头变冷变热？"幼儿自主探索，并用自己的方式记录下来。

图 3–11　摩擦石头会不会使石头变热呢?

图 3–12　石头真的变热了!

3. 神秘箱

● 活动目标

1. 通过摸、听、说等途径感知石头的多样性。

2. 观察感知石头的特性，丰富关于石头的认识。

● 材料准备

神秘箱（箱内分别装入雨花石、火山石、珊瑚石、岩石、鹅卵石）、记录表。

● 指导要点

1. 幼儿自主探索：摸一摸、听一听、说一说，感知不同石头的特性。

2. 幼儿大胆交流分享对不同石头的感知。

图3—13　神秘箱里有什么？
来摸一摸。

图3—14　原来是石头啊！

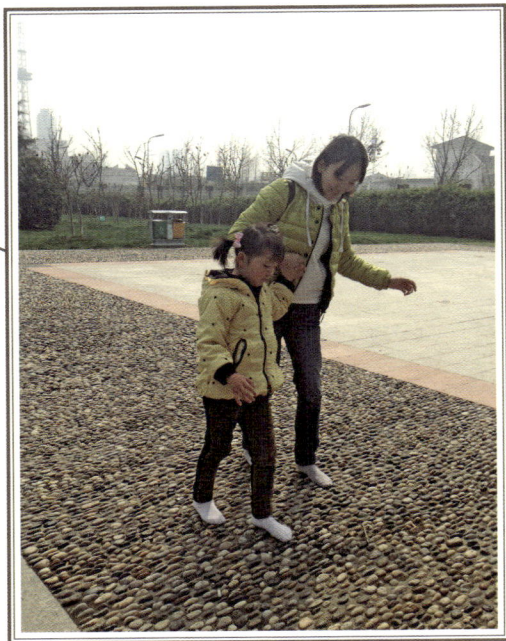

图3—15 走在鹅卵石路上，好痛哦！

（三）

亲子探究

1. 多样的石路

● 活动目标

1. 感知走在不同石路上的感觉，了解石路的种类。

2. 体验与父母摸、走石路的快乐。

● 材料准备

1. 选择鹅卵石路、小石子路、大石头路、石板路等各种石路。

2. 建议大人、小孩穿上棉袜。

3. 活动适合在天气暖和、阳光照射过石路后进行。

● 指导要点

家长可分别带孩子走在不同的石路上，发展孩子的脚底触觉，提高触觉的敏感度，同时体验在不同石路上走的感觉，并将感觉与妈妈分享。脱掉鞋子走在鹅卵石路上，注意脚尖对着脚跟走路，发展孩子身体的平衡感。活动后，及时换洗袜子，以保持清洁。

表 3-3 "多样的石路"记录表

班级：   姓名：

石路的种类	用手摸一摸……	用脚走一走……

备注：
1. 幼儿用图画或符号记录石路的种类及摸、走石路的感受。
2. 家长可以文字记录的方式对孩子记录情况进行简单说明。

图 3-16　假山的石头上一条条纹路是什么？

❤ **2. 各种各样的假山**

● 活动目标

　　1. 欣赏各种各样的假山，知道假山是由各种石材堆积而成的。

　　2. 体验与父母一起观察、攀爬假山的快乐。

● 材料准备

　　选择观察、攀爬的假山。

● 指导要点

　　观察、攀爬假山时，请孩子说说假山的名称，大胆想象假山像什么，摸一摸、钻一钻、爬一爬，说出自己的感受，并鼓励孩子用图画或符号记录下来。

表 3-4　"各种各样的假山"记录表

班级：　　　　　　姓名：

假山的名称	假山像什么？	钻一钻、爬一爬，你有什么感受？

备注：
1. 幼儿用图画或符号记录假山的名称、外形及钻爬假山的感受。
2. 家长可以文字记录的方式对孩子记录情况进行简单说明。

六

主题
环境

石之问

图 3—17

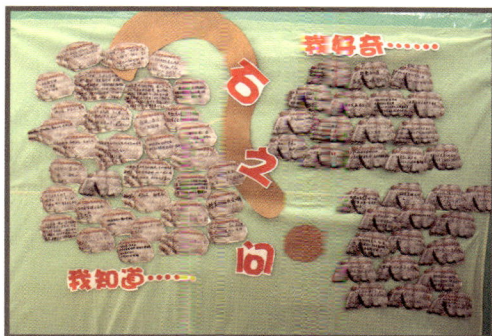

图 3—18

图 3—19

石之展

图 3—20

图 3—21

图 3—22

图 3—23

七 主题评价

表 3—5 "快乐石之旅"评价表

	序号	评 价 内 容	★★★	★★	★
教师的评价	1	• 在看、听、说等过程中感知石头的多样性及其特性 • 观察比较石灰石、鹅卵石和火山石的特性			
	2	• 在模拟环境中主动建构生活中石头的常见用途 • 对生活中的自然物有好奇心和探索精神			
	3	• 知道石磨和石臼是研磨的石制工具 • 感知比较石磨和石臼磨米粉的不同，并尝试记录			
	4	• 知道石砚是由砚石制成的一种砚台 • 探索石砚研墨的方法，尝试用研出的墨写字画画			
	5	• 探索磨刀石磨出螺蛳贝壳孔的有趣现象 • 能将磨出孔的螺蛳贝壳串成项链			
	6	• 感知石头变冷变热的现象 • 探索使石头变冷变热的多种方法并记录			
	7	• 通过摸、听、说等途径感知石头的多样性 • 观察感知石头的特性，丰富关于石头的认知			
	8	• 感知走在不同石路上的感觉，了解石路种类 • 体验与父母摸、走石路的快乐			
	9	• 欣赏假山，知道假山是由各种石材堆积而成的 • 体验与父母一起观察、攀爬假山的快乐			
孩子的话（请家长记录孩子对比项目活动的感受）：					
家长的话（请家长描述孩子在比项目活动中认知、技能、情感发展情况）：					

　　石之旅渐近尾声，通过与石头的亲密接触，我们发现原来看似冷冰冰的石头有这么多有趣的秘密……

　　前奏篇：活动开展前，我们设计了一张"小问号卡"，围绕"关于石头，我知道……""关于石头，我想知道……"两个问题对孩子进行前期的调查，了解孩子对石头的已有经验和兴趣，在此基础上设计相关的活动，让每一位孩子在石头的探秘中有所收获。

　　欣赏篇：石头的种类有很多，于是我们充分利用家长、教师和社区等多方位的资源，收集了各种各样的石头、石制品和图片等，布置成陈列展示区，日常活动时老师和孩子一起欣赏着各种石头、讲述着图片上特殊石头的相关知识、同伴间相互介绍着自己带来的石头……在师幼互动和生生互动中又积累了石头的知识与经验。

　　实践篇：为了让孩子进一步探索发现石头的秘密，我们组织开展一系列活动。在"嗨！石头！"的活动中，孩子们通过摸一摸、听一听、说一说等途径感知石头的多样性；在"石头变身记"的活动中，孩子们在幼儿园寻找各种各样的石头，在不同的石子路上走一走，感知石头的保健功能；穿梭在假山和石屋中发现石头的特殊用处；和同伴一起操作、记录中认识石磨、石臼、石砚等石制工具……在科学区，我们投放丰富的区域材料，一起玩"螺蛳贝壳项链""彩绘石头"等游戏，让孩子在与材料的互动中探索发现石头的更多秘密；我们请家长和孩子一起与石头更亲密地接触，和孩子一起去公园、小区观察不同的石头，一起脱鞋走在鹅卵石路、小石子路、大石头路、石板路等各种石路上，体验在不同石路上走的感觉，并用自己的方式记录下来，与同伴分享。

　　石之旅是快乐的，孩子们走进石头的世界，感受着石头的秘密，享受着探索、发现和创造的乐趣。

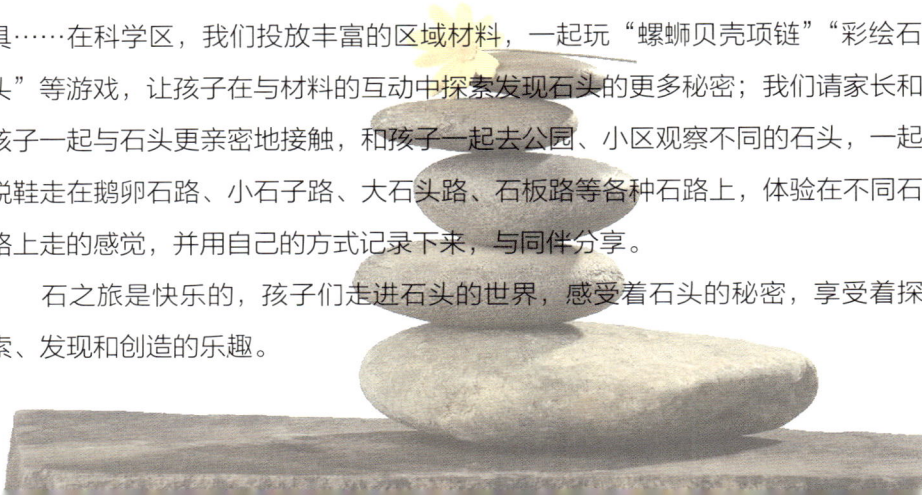

九 探究故事

1. 石头变身记

时间：2013 年 3 月 19 日下午

地点：街心公园

幼儿：大三班幼儿

　　艾带来的雨花石引发了孩子们搜集石头的强烈愿望，他们开始在家中翻箱倒柜起来，带来了各式各样的石头。这些石头吸引了孩子们的眼球，他们争相观赏、把玩。洋带来的石头像是路边捡的，还沾着一点泥土，显得很是突兀。原本就较为内向的洋更沉默了。看着落寞的洋，我灵机一动，举起洋的那块石头问："你们知道洋这块石头是做什么用的吗？"这一问马上引来了大家的关注。有的说是路边废弃的石子，有的说好像看到在修路的上方有这种石块。我的视线看向洋，洋有些不好意思地介绍道："这是我在爸爸盖房子的工地上找到的石头。""洋真是个细心的孩子，他发现了就在我们身边的石头，其实我们的生活中就有很多石头做的东西呢。"我略带夸张的赞许赢得了孩子们的认可，他们开始了新一波的讨论，身边的石头在哪里呢？

　　带着疑问，我和孩子们来到了街心公园，一路走一路看。"老师，我发现了一块大石头！"羔激动的喊声引起了同伴们的注意，"哇！好大的石头啊！"孩子们的惊叹声此起彼伏。"哇，这里的桌子、凳子都是石头做的。""这里还有石靠椅。"……孩子们一边奔走相告自己发现的石制品，一边各取所需，开始了跟石头的亲密接触。有的四仰八叉躺在石椅子上（见图 3-24），有的坐在石凳子上休闲地聊着（见图 3-25），有的脱下鞋子踩着石子乐（见图 3-26），更有的试图

图 3—24　靠靠石椅子

图 3—25　坐坐石头凳

图 3—26　踩踩石子路

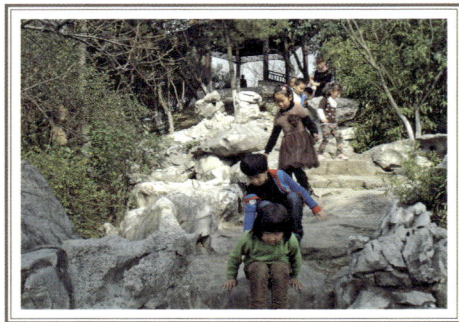

图 3—27　爬爬石头山

挑战一下爬爬石头"山"（见图 3—27）……

　　孩子们的热情也感染着我，"你们想不想体验一下不穿鞋子走在石子路上的感觉？""好啊！好啊！"好动的扬举着双手投赞成票，于是好奇心强烈的孩子们开始脱鞋和老师一起走起石子路来，个别"保守"的孩子决定在旁边先观察再决定，看着走在石子路上的我们一个个张牙舞爪的怪异表情，把他们乐得前仰后合。

　　美丽的雨花石将孩子们导向了挖掘各种奇珍异石的方向。洋带来的虽然是一块生活中再普通不过的石头，但老师给予的是充分的肯定。也正是这块普通的石头，将孩子们一味猎奇的行为导向到了关注身边的石头。

《纲要》指出：'幼儿的科学活动应密切联系幼儿的实际生活，教师应充分利用幼儿身边的事物与现象作为科学探索的对象。"幼儿学科学的活动开始于对周围事物的好奇，并由此产生对周围世界的探索过程。幼儿通过自己的活动，运用自身的感官去感知、探索、发现周围世界。在与真实石头的亲密互动中，孩子们自然而然地调动起自己的多种感官。在寻石活动中，孩子们惊奇地发现原来生活中就有这么多石头'变身"而成的物品。这一过程是孩子主动获得经验的过程，他们在真实的环境中主动建构关于石头的知识和经验。

♥ 2. 神奇的石砚

时间：2013 年 3 月 20 日

地点：活动室

幼儿：大三班幼儿

图 3-28　倒点水磨一磨，水变黑了

这几天，孩子们依然沉浸在找石制品的喜悦之中。丞丞带来了一个石砚，一下子就吸引了孩子们的眼球，几个孩子围在一起，左看右看。"像个小碗一样。"毅毅忍不住说道。"这个是用来写字的。"丞丞得意地说。"写字吗？"一旁的乐乐质疑道。"怎么写啊？"毅毅也一脸的疑惑。几个孩子左看右看，还是一头雾水。"哦，要在里面倒上水，我爸爸就是这样写的。"丞丞解释说。"我们试试看吧！"一旁的我微笑地表示赞同。

孩子们说干就干，丞丞用杯子舀来了水，小心翼翼地倒在里面，毅毅拿起美工区的棉签，在里面蘸了蘸，在纸上一画，咦，除了一个淡淡的水迹，什么也没有。"我爸爸写出来的字是黑的。"丞丞摸着下巴疑惑不解。这时，旁边的乐乐不经意间拿起墨条，"这是什么呀？"他在水里蘸了蘸，只见石砚里的清水马上有一圈像黑色的烟雾一样的东西在水中散开。"看，黑色的！"乐乐惊奇地说。几个小脑袋又一次凑到一起，紧紧地盯着墨条，毅毅突然拿起墨条在砚台里来来回回地磨了起来，只见刚才还清清的水渐渐变黑了，"哇，水变黑了！"（见图 3-28）孩子们的脸上露出了兴奋的神色。"我也来试试！"乐乐迫不及待地接过墨条，学着毅毅的样子来回磨着，几个孩子轮流地尝试着，不久，砚台里的水变得越来越黑，越来越稠。"我们来写字吧！"乐乐的提议马上得到了小伙伴们的响应，大家纷纷来到美工区寻找写字的工具，他们找来了毛笔、棉签、宣纸、铅画纸，乐乐拿起毛笔在砚台里蘸了蘸，在宣纸上写了一个"大"字。"我们来画画吧！"丞丞和毅毅几乎异口同声突发奇想，他拿起毛笔和棉签蘸墨画了一朵花、一只小猫（见图 3-29）……俨然像个小画家，写着、画着，乐此不疲……

孩子们在"石头变身记"活动中找到了很多平时不太关注的石制品，非常兴奋。这种兴奋之情激起了孩子找更多石制品的愿望，带来了石磨、石臼、石碾等。丞丞带来了爸爸写字的石砚。这对于孩子来说是初次接触的东西，他们充满好奇，忍不住看一看、摸一摸，甚至想玩一玩。一开始，

图 3-29 我们用毛笔、棉签蘸墨汁写字、画画

他们在石砚里倒了水就迫不及待地想写字，是丞丞运用爸爸写字的经验，他们把清水当墨水，可见丞丞对爸爸写字的观察只是粗浅的。而对于孩子的错误尝试，教师没有马上纠错，而是以微笑表示赞同，来引发孩子继续探究的勇气。当孩子们用砚台里的清水只能写出浅淡的水印时，丞丞又自然关想起爸爸写字的情境。乐乐不经意间拿起的墨条其实是教师有目的地投放的暗示材料，给了孩子一种暗示、一种支持。当孩子们看见把墨条放在石砚中出现"黑色烟雾"时，激发了磨墨的灵感，他们在墨条和黑字之间建立起了连接，自然而然地引发了毅毅的尝试：用墨条在石砚里磨了起来。这一磨，不仅把水磨变黑了、变稠了，更磨出了孩子们的惊喜。他们用自己磨出来的墨写字、画画，体验到了探究的快乐。

在探究石砚的过程中，教师没有直接演示，始终以守护者的身份，或微笑点头，或耐心等待，给予孩子足够的探究空间，支持孩子的好奇心，满足孩子的探究欲望，让他们有机会通过观察、尝试来揭示真正的奥秘。孩子们运用自身的经验去看、去触摸、去聆听、去观察、去探索，互相分享着自己的发现，在亲身的体验中建构真实的经验，从而激发孩子在生活中发现科学奥妙的兴趣和勇气，有效地推动孩子的探究进程，帮助孩子养成良好的科学态度。

3. 石磨新发现

时间：2013 年 3 月 21 日

地点：活动室

幼儿：大三班幼儿

图 3—30　磨盘里有米粉，为什么不落下来?

科学区里投放了孩子们收集来的石磨和米，孩子们纷纷围在一起。"我来磨，你放米！"溜溜和展展商量着，展展点了点头，小心翼翼地将碗里的米倒进了石磨上面的小洞里，溜溜握着石磨的推手磨了起来。可不知怎么的，就是推不动，"哎哟，怎么回事呀？"溜溜有些泄气，"我来试试吧！"展展着急了，说着两手接过把手，俯下身子试了一下，石磨的盘向着逆时针方向推动了。"我来，我来！"溜溜这下又来劲了，学着展展的样子磨了起来，俯下身子，两只手朝着同一个方向（逆时针）用力推。嘿！还真是有效呢，磨盘越转越快。他们边转磨盘边放米，不一会儿工夫，一小碗米几乎倒了一半，可是什么也没有磨出来。究竟怎么回事呢？两个小家伙上看下看，寻思起来。"会不会漏下来了呢？"溜溜蹲下身子在桌子底下找起来。"一定是米放得太少了，所以磨不出米粉来。"展展托着下巴沉思起来。"让我来看看吧。"展展端起磨盘一看究竟：磨盘底有纹路，上面有白白的一片"米粉"，有的细有的粗，竟然还有许多没有磨过的米。"这里有米粉啊，为什么不落下来呢？"（见图 3—30）展展一脸的郁闷。"哇！我磨出来了。"一旁的潇潇和越越惊呼起来。

展展和溜溜不约而同地转过头去看。突然，展展拍了拍脑袋叫了起来："有办法了！"说着，展展把磨盘放下来，握着把手换了个方向（顺时针）磨了起来。刚磨了几下，白白的米粉就从磨盘中洒落下来。"哇，我磨出米粉喽！"（见图 3—31）展展兴奋地跳起来。"让我也来试一试！"溜溜学着展展的样子磨了起来。米粉磨出来了，大家欢呼起来。

溜溜和展展一起磨米粉，他们分工明确。展展推磨的方法给了推不动石磨的溜溜一份信心，她开始继续尝试并获得了成功。当展展和溜溜磨了小半碗米还没有磨出米粉来时，孩子们开始寻找原因，他们的想法非常天真。展展端起磨盘后发现了磨齿底的纹路和米粉而不解时，一旁潇潇

图 3-31　换个方向磨一磨，米粉磨出来啦!

和越越的惊呼声引发了展展和溜溜的观察、比较，他们很快就从同伴的成功体验中获得了磨米粉的经验，改变了推磨的方向，获得了成功。

《3—6 岁儿童学习与发展指南》科学领域中提出"3—6 岁儿童应具有初步的探究能力，能通过观察、比较与分析，发现并描述不同种类物体的特征或某个事物前后的变化"。磨米粉的游戏孩子们非常感兴趣，对他们来说也有一定的挑战性。教师在提供石磨和米后，没有直接提示孩子操作的方法，而是给予孩子充分自主探究的机会，让孩子在推磨的过程中通过观察比较感知推磨的方法，掌握推磨的要领。从"推不动"到"推动"，从"磨不出"到"磨出米粉"的过程中，教师没有更多的介入，而是放手让孩子自己去思考，去观察，去比较，去分析，自主建构自己的认知经验。

4. 石头"热"了

时间: 2013 年 3 月 22 日

地点: 科学区

幼儿: 大三班幼儿

图 3-32　敲敲石头，石头会发出声音哦

自主游戏开始了，涛涛、童童、乐乐一起来到了科学区，他们玩起了同伴们收集的各种各样的石头。涛涛一会儿拿着石头左看右看，一会儿用手摸着不一样的石头，一边摸一边自言自语地说："这块石头摸上去光光的，这块石头摸上去毛毛的。"一会儿敲敲石头，听着两块石头发出的撞击声（见图 3-32）……突然，他拿起两块石头不停地摩擦起来。一旁的乐乐跑过来告状："老师，涛涛又敲石头又磨石头，石头都要弄坏了！"看样子很是担心。"不急，我们来看看涛涛会有什么发现。"见老师没责怪的意思，涛涛劲更足了，他又使劲磨了几下，伸出小手摸了摸两块石头，突然兴奋地叫起来："老师，你摸摸，石头热了。"（见图 3-33）刚才还有点担心的乐乐也来劲了，她伸出小手摸了摸，惊奇地说："真的，石头热了！是磨了石头才热的吗？"涛涛得意地点了点头："嗯，我把两块石头来来回回地磨，就热了！"乐乐似乎明白了什么，说："是不是摩擦生热啊？"旁边的童童也凑过来说："天冷的时候，我们搓搓手，手就热了。"童童这么一说，乐乐好像想起了什么，眼睛咕噜一转说："我听我爸爸讲过古时候的人是用石头点火的，我们用两块石头一直摩擦会不会也会有火啊？""有这个可能。"我也表示认同。涛

图 3-33　石头磨磨变热了

在探究中成长——幼儿园科学教育案例精选

涛这下可兴奋了，马上说：“好，那我们试试吧。”三个孩子一起找来石头磨了起来，“石头热了！”“石头比刚才更热了！”大家欢呼着。

　　科学区投放的石头是孩子们自己搜集的，对孩子来说更有亲切感。涛涛拿起石头看看摸摸、敲敲磨磨，不时体验着探究发现的快乐。教师对乐乐告状后的"没责怪"给予涛涛的是一种支持，给予乐乐的则是一种对同伴探究的期待。正是这种"没责怪"，引发了涛涛继续探究石头秘密的勇气，同时，也激起乐乐和同伴一起探究的兴趣。涛涛发现石头摩擦变热的现象后的惊喜，马上引起了乐乐和童童的关注，他们的话题自然转向了"摩擦生热"这一较为抽象的概念，纷纷联系自己的生活经验表达着各自对"摩擦生热"的理解和认识，期待着"石头点火"现象的发生。

　　皮亚杰认为幼儿天生就是科学家，对世界充满好奇，喜欢提问，会主动摆弄物体，观察物体的变化情况，然后将所获得的信息纳入自己的认知体系中，重新组织、调整，形成新的概念。在石头"热"了的过程中，教师是幼儿探究的支持者，让幼儿如科学家般进行探究成为一种可能。从一开始涛涛举高、磨石头时乐乐的担心和不解，到石头"热"了的惊奇和投入的过程中，孩子们不断地思考、分析，与已有经验发生碰撞，建构起生动形象的"摩擦生热"概念，体验到了探究发现的快乐。

99

5. 磨出来的智慧

时间：2013 年 3 月 25 日

地点：科学区

幼儿：大三班幼儿

图 3-34　小海螺，我来磨一磨

阳阳带来一块磨刀石，兴致勃勃地向同伴们介绍："这是磨刀的石头！"大家一起围过来想看个究竟。

对于"磨刀"，孩子们显然是缺乏经验的。我想起旅游时曾经给女儿买过一条小海螺做的项链，女儿煞是喜欢。瞬时，一个灵感划过脑海：何不让孩子们尝试把小海螺磨出洞洞串成项链。于是，我又发动孩子们一起收集小海螺，把磨刀石、小海螺和线一并投放在科学区。游戏前，我提议："我们一起来做一条小海螺项链，你们有办法吗？"阳阳高举着小手说："先给小海螺磨出个洞洞，再用线穿起来呗！"说着，他拿起一个小海螺，头朝上尾着磨刀石，在磨刀石上来来回回地磨着。（见图 3-34）阳阳的举动一下子吸引了好几个同伴，他们个个摩拳擦掌，学着阳阳的样子磨起来。其实，一开始我也尝试过这种方法，知道尾部看似磨断了，可小海螺螺旋形的内部结构使得线很难穿通。但我没有阻止孩子们，更没有直接告诉他们答案，而是在一旁静静地等待着。孩子们来来回回地磨了好长时间，终于把小海螺尾部磨掉了，大家迫不及待地拿起线穿起来，可是怎么穿也穿不过去。"老师，怎么穿不进去啊？"孩子们有点失落。"到底是什么原因呢？我们一起来看看。"我故作惊讶地说。孩子们拿起已磨掉尾部的小海螺仔细地观察起来。"里面还是一圈一圈的，怪不得穿不过去。"阳阳挠了挠小脑袋叹了口气说："唉！换个地方再磨磨吧。"他又拿起一个小海螺，把螺蛳凸出来的地方放在磨刀石上磨了起来。壳上的花纹磨掉了，显出了白色的底质，白的粉末留在了磨刀石上。"哎，小海螺磨出了白白的东西，像米粉一样。"阳阳一边伸出食指摸了摸磨刀石上的白色粉末，一边拿起磨刀石向我炫耀着，又低下头使劲地磨

在探究中成长——幼儿园科学教育案例精选

起来。"哇！我磨出洞洞了！"阳阳举起刚磨出洞洞的小海螺欢呼雀跃起来。见阳阳成功了，一旁的孩子也纷纷效仿，手都磨酸了，可还是坚持着。

一个个小海螺磨出了小孔，孩子们拿起线耐心地穿着（见图3-35），一串串漂亮的小海螺项链、手链、戒指纷纷闪亮登场，孩子们个个兴奋不已。

图3-35　磨出了洞喽，我来穿一穿

游戏是幼儿的基本活动，是最适宜幼儿的学习方式。教师从给女儿买的小海螺项链中产生灵感，以"做小海螺项链"这一游戏方式鼓励孩子们来尝试磨小海螺，孩子们的兴趣被大大激发出来。虽然手都磨酸了，还经历了失败，但他们还是坚持着，磨刀石的价值也因做小海螺项链而得以充分显现。磨刀石是阳阳带来的，他还知道它可以用来磨刀，阳阳自然也就成了孩子们崇拜的对象。当老师提出做小海螺项链时，阳阳的办法一下子就得到了同伴的认可，大家纷纷模仿阳阳的办法磨小海螺。此时，教师明知把小海螺尾部磨出线是穿不过去的，但并没有阻止而是静静等待，鼓励孩子自己去发现。孩子们通过细心的观察，找到了失败的原因，同时也积累了关于小海螺内部构造的认知。当孩子们尝试失败后，他们便开始思考改变磨的地方。阳阳选择了小海螺凸出的一面获得了成功，这是孩子经历失败后的成功，显得尤为珍贵。在这一过程中，教师的等待是一种放手。而正是这种放手，才让孩子真正体验了"做中学"、"做中思"。孩子们磨出的不仅仅是小海螺项链，更是一种智慧，一种自己去思考、去解决问题的智慧。

6. 一块白色小石头

时间：2013 年 3 月 26 日

地点：活动室

幼儿：大三班幼儿

图 3-36 "是不是火山石？"大家争论不休

"我发现火山石啦！"越越被一块白色小石头吸引住了，他到处炫耀起来……"快给我看看！"好奇心重的展展猛地冲上前，拿起小白石细细端详着，"哇，真的好像火山石啊！""这个不是火山石啦，是我从海南带回来的！"翔翔非常镇定地反驳着。一下子，围过来好多的小伙伴，争论不休。（见图 3-36）"是！一定是！""不是！不是火山石！"两大阵营很是分明，在争执过后，大伙都不约而同地望向我，似乎在等着公布答案。"到底是不是呢，你们得给我理由啊！"这一问，不少孩子面露难色……越越坚持自己的想法争辩说："我觉得火山石就是这样的，上面有好多洞洞！""不对不对，火山石应该是红色的，这个是白的！""火山石应该会跳的，这个不会跳的！""这个我摸着好光滑呀，应该不是吧！""火山石可以搓脚！"……反对阵营的孩子们七嘴八舌地说着自己对火山石的认识，来说明小

白石不是火山石，他们的观点显然占了上风。"火山石会浮在水面上，"展展似乎想起了什么，"我们来做个小实验不就知道了吗？"说完就端起小脸盆装起水来。越越小心翼翼地将小白石放进盆里。这一刻，大家似乎都屏住了呼吸。"沉下去了！""哎，真的不是火山石！"（见图 3-37）……面对

图 3-37 哎，真的不是火山石！

沉落在水底的小石头，孩子们恍然大悟。

幼儿对火山石外形与基本特性的了解主要是通过观察图片、视频的方式来建构的。当白色的满身洞洞的石头出现在孩子们眼前时，越越、展展他们马上联想起了火山石有洞洞的特征，他们坚信小白石就是火山石，而他们的想法很快就引来了争议。此时，教师并没有直接告诉孩子答案，而是鼓励孩子说出自己的理由。

"是"或者"不是"只是一个纯粹的答案，而答案获得的过程却是一种有益的学习过程。教师鼓励孩子说出理由的方式，其实就是扮演了"催化剂"的角色，把孩子们思考的方向导向解决问题的关键点，让孩子调动自己的已有知识经验进行判断。反对阵营的小伙伴们说出的理由正是自己对火山石的认识，也是在用"论据"来论证自己的观点。展展和越越一起做起了小实验来证明自己的观点，虽然最终证实自己的想法是错误的，却揭开了火山石的神秘面纱，进一步建构起火山石是浮石的经验，也养成了实事求是的学习态度。

7. 踏石之路

时间：2013 年 3 月 30 日

地点：科学区

幼儿：大三班幼儿

清晨，太阳早早地透过窗户晒进了屋子，双休日遇到这么一个阳光灿烂、风轻云淡的好天气，气温适中，非常适宜外出郊游、爬山和逛街……不由得想起森的班级里正在开展的"快乐石之旅"活动，何不赶着这样日子，带森去公园来一次踏石之旅呢！

"我们要去探险啦！"森兴奋极了，跳着蹦着，一会就来到了家门口的吴江公园。

一路走一路看，我们爬上小山坡，爬到坡顶，一条歪歪扭扭的大岩石路吸引了森，森开心地在大岩石上跳过来跳过去（见图3-38），小嘴巴不停地发表着自己的意见："妈妈，这个是什么石头呀？这么大啊！看起来有点光滑啊……"

下了山坡，眼前就有一条大理石铺成的路。我和森脱掉鞋子，穿着袜子走在上面，有点凉凉的

图 3-38　大岩石路上走一走

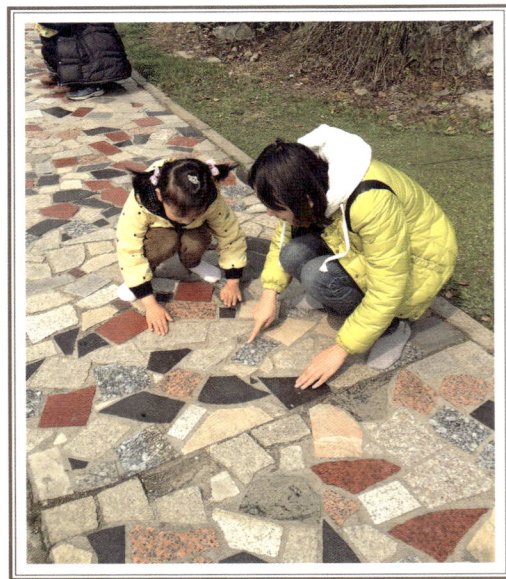

图 3-39　大理石路好光滑啊！

感觉，虽然是一小块一小块的，但一点都不硌脚，就像踩在玻璃上，非常光滑。我蹲下来摸了摸光滑的路面（见图3-39），森也学着我的样子，惊讶地叫起来："妈妈，这个石头好光滑啊！还能照出影子来呢！""对呀，这个光滑的石头叫做大理石！"我们边走边欣赏着大理石不同的颜色、花纹。

路的尽头连着一条看起来很平整的小路，走上去后，感觉脚底心有点毛毛的小粗糙，穿着袜子走还会觉得有种被黏住的感觉。森马上蹲在小石子路上，摸了起来，她开心地对着我说："妈妈，我知道了，这个是粗糙的，你看！它上面都是小石子。"森乐呵呵地享受着小石子路带来的独特触感，眼睛却盯着前面的鹅卵石路，马上又放开我的手飞奔过去。当森踏上鹅卵石路后，那种兴奋、快乐马上变成了痛苦的龇牙咧嘴，她蹲下去摸摸鹅卵石，不解地问："妈妈，鹅卵石很光滑呀，怎么踩上去这么痛？""你观察一下，看看到底是什么原因？"她认真地摸着，看着，然后告诉我："我知道的，因为这是用来按摩脚底的，不痛怎么能享受？"森坏坏地朝我招手："妈妈，你快来呵，我现在觉得按摩很舒服，你也来享受一下吧。"虽然有心理准备，但踩上去后还是疼得很，带着疼痛，挤着微笑，我勇敢地和森一起走完了这条鹅卵石路！

公园里的石路是最平常不过的，家长平时即使带孩子走在这样不同的石路上，也根本不会想到去问问孩子的感受，更不会脱下鞋子去走一走。"快乐石之旅"给家长和孩子带来了与石路亲密接触的机会，提高了亲子探究的目的性。在用手轻轻触摸、脱掉鞋子去接触石路的过程中，让家长孩子共同体验到亲子探究快乐，感受到了大自然赋予的神奇和美丽。

在"踏石"的过程中，家长充分利用家庭周围的环境，鼓动孩子仔细观察，运用各种感官感知石头特点，尊重孩子的想法，追随孩子的兴趣点展开探究，让孩子走在不同的石路上，感受不同类型的石路带来的不同感受，体验与大自然亲密接触的愉悦，同时更激发了孩子对大自然探索的兴趣。

8. 观假山石

时间：2013 年 3 月 31 日

地点：科学区

幼儿：大三班幼儿

图 3-40　假山石上怎么有那么多洞洞？

最近，儿子喜欢上了石头，看到花坛边铺着的鹅卵石，他会捡起来琢磨半天，看到小区正门口写着小区名字的大石头，他就兴奋地冲上去抱一抱、敲一敲……

"今天我们去吴江公园看假山石吧。"午餐过后我提议。"为什么叫假山啊？是不是假的山啊？"喆就喜欢究根问底。"我要去真的山，而不是假的山，假山不好玩！"喆提出了小小的抗议。"这可不一定，假山可有假山的奥秘哦。"喆半信半疑地勉强点了点头。

我和喆来到了吴江公园的假山林。"哇！这些石头好漂亮啊。"来到假山林，喆一下就积极兴奋起来，先前的迁就态度烟消云散。"这块石头像趴着的小乌龟。""这块石头像一只小花狗。"……喆的想象力真是丰富，我还没来得及仔细看，喆就迫不及待地告诉我他的发现，并用图画记录下来，我也在一旁用文字记录下孩子的发现。

"这些石头怎么都有一个个洞洞啊？"（见图 3-40）"嗯，等会你还会有其他发现呢。"我给予喆正面的回应，同时也给了他更大的期待。边说边沿着小山继续往上走。喆一边看一边摸，"这些石头上有好多花纹啊。""石头上还有不同的颜色呢。"喆惊喜地表达着他的发现，我认真倾听着。喆开始研究起石头上的花纹，突然像发现新大陆似的叫了出来："这些花纹会不会是恐龙化石啊？"满脸的兴奋和期待。"有可能哦。"我肯定了他的想法，心想：最近迷恋恐龙，看了很多关于恐龙的书，没想到他把两者联系起来了。

一路走一路看，喆一会儿摸一摸，一会儿爬一爬，一会儿兴奋地说着他的发现，一路欢声！

基于孩子对石头的喜爱，家长提出了带孩子去公园看假山石的建议，可孩子一开始并不感兴趣，还提出了小小的抗议，而家长富有神秘色彩的语言较好地激起了孩子的观察欲望。孩子来到假山林后的兴奋之情溢于言表，他被眼前的假山石吸引住了，感受到了第一次近距离欣赏、接触假山石的欣喜，观察细致，想象丰富。在观赏假山石的过程中，家长只是把自己作为一个随行者，没有刻意地提问题，只有自由的脚步，放手让孩子自主探究，和孩子一起记录下有趣的发现和问题，寻找合适的时机，通过图书、音像、展览等途径带孩子去进一步了解假山石。

这是一次亲子户外之旅，更是一个探索之旅。家长关注的不仅仅是结果，而是孩子那份好奇心和探索欲，让孩子在自由宽松的环境中观察记录，大胆想象，自由表达自己的所思所想，在亲身的经历中获取关于假山石的知识与经验。有了这样的体验，孩子会更留意周围的一切，更主动地去探索和发现。

"快乐石之旅"追随幼儿对雨花石的兴趣而生长，经历了问石的期待，享受着寻石、玩石的快乐，满足了他们亲近自然的天性。在寻石中，感知石制品的多样性，感受石头"变身"的兴奋；在玩石中，探索石砚研墨的方法，体验用研出的墨画画、写字的快乐；在探究中发现石磨的秘密，建构摩擦生热的概念，尝试分辨火山石的方法，生发磨土小海螺项链的智慧……孩子们在探究中游戏，在游戏中探究，体会到了科学家般的自信。

"一块石头，一个故事；一种探究，一份惊喜。"在与石头的亲密接触中，孩子们走进了石头的世界，埋下了好奇、好问、好探究的种子，拥有了如石头般简单而丰富的内涵，朴实而耐人寻味的探究品格。

项目四

车轮轱辘辘

问题
搜索

图 4-1　小问号卡

请家长鼓励幼儿围绕"关于车轮，我知道……""关于车轮，我想知道……"说一说，并记录在"小问号卡"上，交给各班老师。

关于车轮的调查汇总

关于车轮，我知道……

轮子是圆形的，可以滚动

火车的轮子是铁做的，大大的

汽车的轮子是橡胶的，比火车的大

自行车的轮子细细的，长长

轮子需要充气

轮胎上的花纹很特别，可以减少地面的摩擦力

关于车轮　我想知道……

为什么轮子都是圆形的，不是三角形、长方形、正方形的？

独轮车只有一个轮子怎么不会倒呢？

轮子上面为什么有花纹？为什么车一开，轮子变空了？

为什么自行车有两个轮子，三轮车有三个轮子，汽车有四个轮子，火车需要许多轮子？

为什么轮子要在地上跑，不能在天上飞或者水里游？

大轮子滚得快还是小轮子滚得快？

轮子是谁发明的？

轮子为什么都是黑的？

表 4-1

项目四　车轮轱辘辘

111

主题
导引

　　汽车、摩托车、自行车、三轮车都有轮子。辘辘辘的轮子滚动着、转动着，给幼儿惊奇，引发幼儿遐想，令幼儿着迷，他们对车轮充满着好奇和疑问："为什么车子要装轮子？""为什么自行车有两个轮子，三轮车有三个轮子，汽车有四个轮子，火车需要许多轮子？""独轮车只有一个轮子怎么不会倒呢？""轮子上面为什么有花纹？"……追随着幼儿对轮子的兴趣，一起辘辘辘地转动思维，走进轮子的世界。

　　为了更好地了解幼儿关于轮子的已有经验和兴趣点，我们发放关于轮子的"小问号卡"，鼓励家长记录孩子知道和想知道的问题，并布置成"小问号"主题墙，给幼儿与同伴充分分享、交流的机会。在此基础上，我们收集、整理出有价值的问题，组织幼儿探究。

　　在幼儿园，带幼儿直接感知、探究真实的车轮有一定的难度。因此，我们一方面鼓励家长和孩子一起观察、探究家中各种车轮的秘密。另一方面，动员家长收集各种各样的玩具车，如扭扭车、玩具汽车、火车等，让幼儿在与车轮零距离的接触中去观察、去操作、去发现、去主动建构关于车轮的知识与经验，共同经历一次奇妙的发现之旅。

　　建议本主题实施三周。

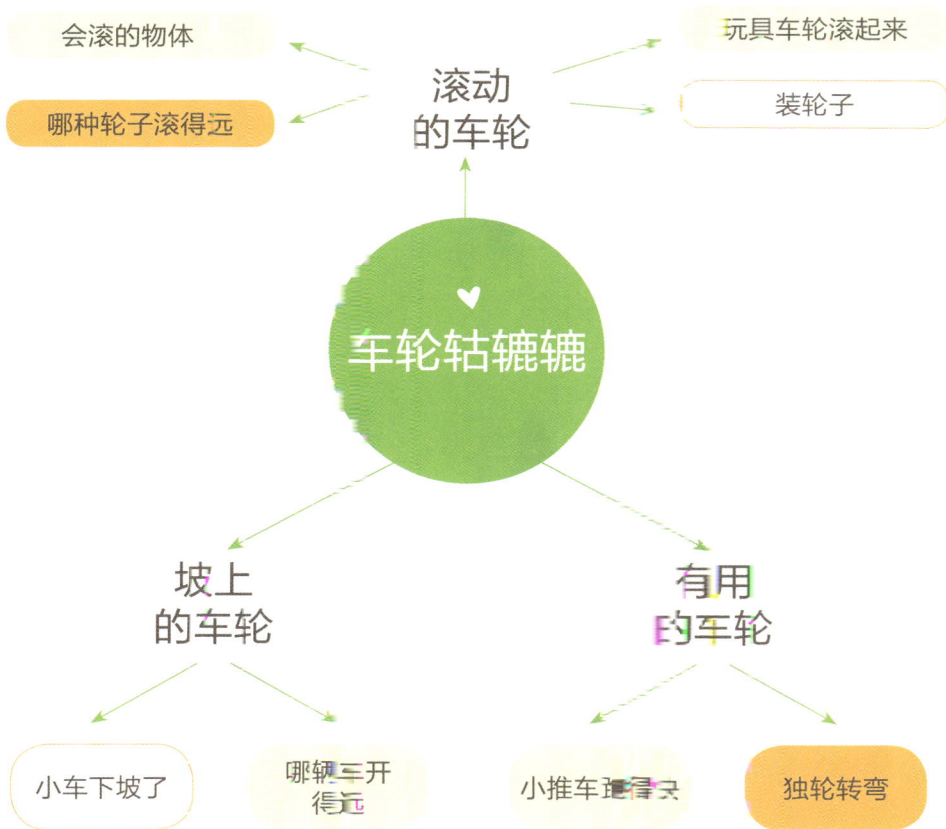

图 4-2

备注：□ 表示集体探究　■ 表示亲子探究　□ 表示区域探究

表 4—2

序号	活动名称	活动目标	实施途径		
			集体探究	区域探究	亲子探究
1	会滚的物体	• 对滚动的物体产生兴趣，发现滚动物体的形状特征 • 探索物体形状与滚动轨迹之间的关系 • 尝试用图示记录自己的操作	√		
2	小推车跑得快	• 自由探索，发现装有轮子的物品会滚动 • 通过尝试、比较，体验小推车运东西又快又省力	√		
3	玩具车轮滚起来	• 在观察交流中感知玩具车轮大小、花纹、数量等方面的不同 • 自主探索并记录有玩具车在不同路面上滚动的现象	√		
4	哪辆车开得远	• 探索汽车滚动的距离与坡度大小的关系 • 能大胆猜测、实验，表达自己的探索发现	√		
5	小车下坡了	• 观察发现不同高度斜坡上小车开动速度的不同		√	
6	装轮子	• 能区分会滚动和不会滚动的物体 • 尝试给小车架装上合适的轮子		√	
7	独轮转弯	• 探索发现轮子在轮轴的不同位置时前进的方向不同			√
8	哪种轮子滚得远	• 探索发现哪种轮胎的车前行的距离较远			√

主题探究

（一）

集体探究

图 4—3　试一试哪些东西会滚动

▼ 1. 会滚的物体

● 活动目标

1. 对滚动的物体产生兴趣，发现滚动物体的形状特征。

2. 探索物体形状与运动轨迹之间的关系。

3. 尝试用图示记录自己的操作。

● 活动准备

蔬菜、水果若干；一次性纸杯；各种形状的盒子；记录纸、水彩笔。

● 活动过程

一、自由操作材料，发现滚动物体的形状特征

1. 出示集体记录表。幼儿猜测并集体记录哪些东西会滚动，哪些不会滚动？

2. 幼儿实验验证。把会滚的放桌上，不会滚的东西放在箩筐里。

3. 集体讨论：为什么这些东西会滚动？（圆圆的和形状圆圆的物体会滚动）

二、玩一玩会滚动的物体，观察发现不同滚动轨迹，尝试用图示记录

● 这些会滚动的物体是怎么滚动的？请你们玩一玩、说一说，并记录下来。

三、观察比较，发现物体形状与滚动轨迹之间的关系

1. 幼儿讨论：

茶叶筒和纸杯长得差不多，为什么会滚得不一样呢？（茶叶筒两头一样
粗会直着滚，一次性纸杯两头粗细不一样会转着弯滚）

2. 小结：

物体的形状不一样，滚动的轨迹也不一样。

附记录表（表4—3）

	玩具水果照片	玩具蔬菜照片	纸杯照片	纸盒照片	纸盒照片
?					

在探究中成长——幼儿园科学教育案例精选

2. 小推车跑得快

● 活动目标

1. 自由探索，发现装有轮子的物品会滚动。

2. 通过尝试、比较，感受小推车运东西又快又省力。

● 活动准备

1. 各种各样带有轮子的玩具、实物。

2. 各种积木、物品（书）、相关图片。

3. 废旧纸盒、瓶盖、剪刀、双面胶、画笔、画纸。

● 活动过程

一、幼儿自由玩玩具，发现装有轮子的物品会活动

1. 这里有好多玩具，我们一起来玩一玩，看看这些玩具有什么不一样？

2. 刚才你玩了什么？怎么玩的？有什么发现？

3. 玩具上的轮子是怎样的？

4. 小结：

　　轮子是圆形的，装有轮子的物品会滚动。

图 4-4　用推车运积木又快又省力

二、运玩具游戏，体验小推车送玩具又快又省力

1. 幼儿自由讨论运玩具的方法。

   要把这些玩具从起点送到终点，再从终点送回来，可以用哪些方法呢？

2. 幼儿自由尝试用手拎、抱、抬和用车推等方法送玩具，体验小推车运玩具又快又省力。

3. 集中交流：你用了哪些方法送玩具？你觉得哪种方法又快又省力？为什么？

4. 小结：

   把玩具装在小推车里送玩具又快又省力。

三、说一说，生活中哪些地方有轮子

   小推车的轮子作用真大，你还在哪里见过有轮子的东西？（大吊车、压路机、挖土机等）

3. 玩具车轮滚起来

● 活动目标

1. 在观察交流中感知玩具车轮大小、花纹、数量等方面的不同。
2. 自主探索并记录玩具车在不同路面上滚动的现象。

● 活动准备

收集各种玩具车；布置三种不同的路面：地板、地毯、有坡度的路面；记录纸、笔。

● 活动过程

一、自由玩玩具车，观察发现玩具车轮大小、花纹、数量等方面的不同

1. 今天我们带来了许多玩具车，一起来玩一玩。看看你的玩具车上有几个轮子，是怎么样的。

2. 小结：玩具车上的轮子都是圆圆的，它们大小不同、花纹不同，轮子的数量也不一样。

二、幼儿自选一辆玩具车，尝试在不同的路面上开，观察发现玩具车速度的变化

1. 介绍三种不同的路面。（平滑的木地板、粗糙的地毯、高低不平的有坡度的路面）

2. 幼儿猜测记录。

请你猜一猜玩具车在哪个路面上开得快？请你记录下来。

3. 幼儿实验记录，交流分享。

① 幼儿实验记录：请你玩一玩，玩具车在哪个路面上开得快？请你记录下来。

② 分享交流：玩具车在平滑的路面上滚动得很长，在粗糙的地毯上滚动很慢。

图 4-5　玩具车在不同的路面上开一开

● 活动延伸：轮子挑战赛

　　请幼儿自由选择草地、操场、沙池等场地上进行开车比赛，感知玩具车在不同材料、不同坡度的地面上的行驶状态。

附记录表（表 4-4）

	———————		〜〜〜
?			
✋			

在探究中成长——幼儿园科学教育案例精选

4. 哪辆车开得远

● 活动目标

1. 探索汽车滚动的距离与坡度大小的关系。

2. 能大胆猜测、实验，表达自己的探索发现。

● 活动准备

长条木板 8 块，高低两种木块若干，汽车 8 辆；红、黄、蓝、绿标记每组一种颜色，人手两个；"哪辆车开得远"记录表。

● 活动过程

一、幼儿自由拼搭斜坡

1. 提出话题。

　　我们一起来搭两条斜坡，比一比哪辆小车开得快。

2. 幼儿两人合作，拼搭坡度高低不同的两条斜坡。

3. 观察发现两条斜坡的不同，并分别给斜坡取名。

二、幼儿猜测记录：小车在哪个斜坡上开得远

1. 小车要在两条斜坡上比赛了，猜猜哪个斜坡上开得远？为什么？

2. 出示幼儿记录纸，讲解记录要求。

3. 个别幼儿讲述猜测结果。

三、幼儿合作开车，观察记录小车在哪个斜坡上开得远

1. 四人为一组，互相商量两人开车实验。（1 人发号令，1 人观察。开车实验者将汽车放在斜坡最顶端标记处，发号者喊开始，两人同时放手注意放手时轻轻放下，不能用力推，观察者看看汽车的远近）

2. 幼儿操作并记录实验结果。

3. 分享交流。

　　在小斜坡上汽车开得近，在大斜坡上汽车开得远。

图 4—6 哪辆小车开得远

表 4—5 "哪辆车开得远"记录表

斜　坡	？	实　验

主题探究

（二）
区域探究

♥ 1. 小车下坡了

- 活动目标

  观察发现不同高度斜坡上小车开动速度的不同。

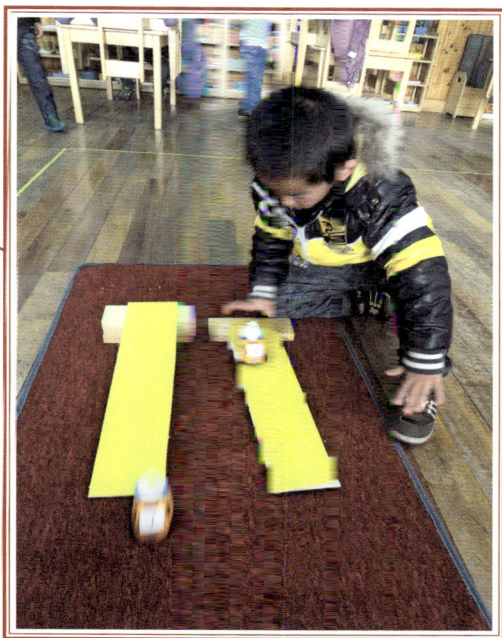

图 4-7　哪辆车子开得快？

- 材料准备

  高低不同的坡度两条，相同的小车两辆，分别标有 1、2 字样。

- 指导要点

  将两辆小车分别从不同高度的斜坡上开下，观察小车的快慢，并作记录。

附记录表（表 4-6）

	1	2
？		
✋		

2. 装轮子

- 活动目标
  1. 能区分会滚动和不会滚动的物体。
  2. 尝试给小车架装上合适的轮子。

图 4-8　给小车装上合适的轮子!

- 材料准备

斜坡 1 个，小车架 1 个，正方体 、圆柱体、球体的木头串珠若干，橡皮泥若干。

- 指导要点
  1. 将各种形状的串珠放在斜坡上端，让串珠自然下滑，观察什么形体的串珠能从斜坡上滚落。
  2. 根据实验结果选择合适的四个相同的串珠给小车架装上轮子。

附记录表（表 4-7）

			○
?			

（三）

亲子探究

图 4-9　雪花片绑在小木棍上，独轮车做好了

♥ **1. 独轮转弯**

● 活动目标

探索发现轮子在轮轴上不同位置时前进的方向不同。

● 材料准备

雪花片、牛皮筋、小木棍若干。

● 指导要点

1. 用牛皮筋把雪花片固定在小木棍上。

2. 将雪花片分别固定到小木棍的左、中、右三个不同位置滚动，观察独轮滚动的方向。

附记录表（表 4-8）

方　向	左	中	右
？			
🖐			

2. 哪种轮子滚得远

● 活动目标

探索发现哪种轮胎的车前行的距离较远。

● 材料准备

1. 自制纸盒小车两辆（一辆车轮较光滑，一辆车轮有复杂花纹）。
2. 同样材料搭成的坡道两个。

● 指导要点

将两辆小车放在坡道上，观察比较车子前行的距离。

图 4-10　哪辆车开得远？

小问号墙

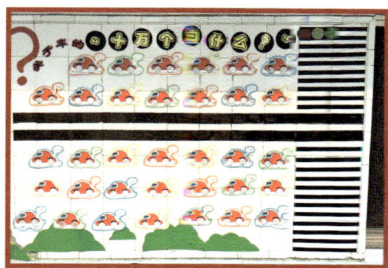

图 4—11

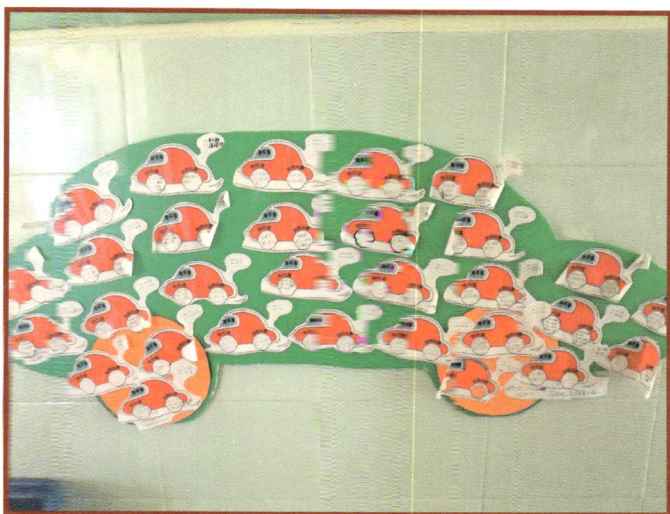

图 4—12

主题墙

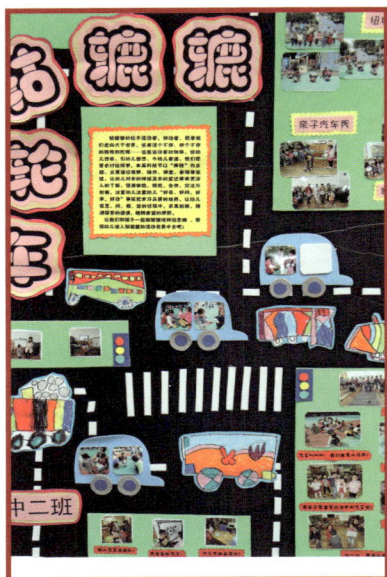

图 4—13

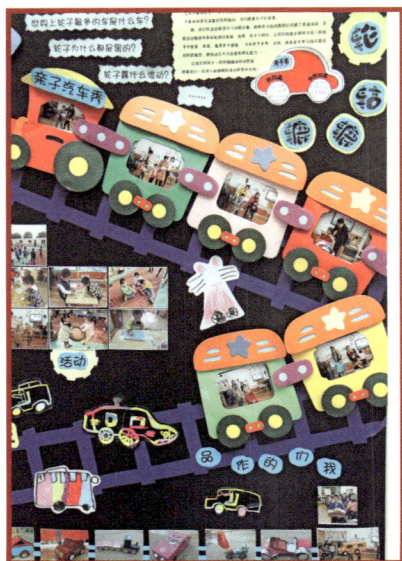

图 4—14

科学区

图 4-15 三轮匹配

图 4-16 帮小车装车轮

图 4-17 各种各样的车轮

图 4-18 车轮轱辘辘

七 主題評價

表 4—9　"车轮轱辘辘"评价表

	序号	评价内容	★★★	★★	★
教师的评价	1	• 对滚动的物体产生兴趣，发现滚动物体的形状特征 • 探索物体形状与滚动轨迹之间的关系 • 尝试用图示记录自己的操作			
	2	• 自由探索，发现装有轮子的物品会滚动 • 通过尝试、比较，体验小推车运东西又快又省力			
	3	• 在观察交流中感知玩具车轮大小、花纹、数量等方面的不同 • 自主探索并记录玩具车在不同路面上滚动的现象			
	4	• 探索汽车滚动的距离与坡度大小的关系 • 能大胆猜测、实验，表达自己的探索发现			
	5	• 观察发现不同高度斜坡上小车开动速度的不同			
	6	• 能区分会滚动和不会滚动的物体 • 尝试给小车架装上合适的轮子			
	7	• 探索发现轮子在轮轴的不同位置时前进的方向不同			
	8	• 探索发现哪种轮胎的车前行的距离较远			

孩子的话（请家长记录孩子对此项目活动的感受）：

家长的话（请家长描述孩子在此项目活动中认知、技能、情感发展情况）：

八 主題感悟

　　结合幼儿园第八届科技节"奔驰"，我们根据中班幼儿年龄特点和兴趣，开展了一系列的活动，通过这些有趣的活动，幼儿不但对各种各样的车有了深入的了解，而且对车轮会滚动的特性进行了深入的探究，获取有关车、车轮、滚动等知识和经验，萌发了幼儿的探索欲望与兴趣。

　　活动中选择的四个集体探究活动"会滚的物体""小推车真能干""玩具车轮滚起来""哪辆车开得远"，从易到难，逐步递进。在"会滚的物体"活动中，孩子们收集了好多物体，这些物体都是教室里常见的，但形状都是不一样的，我们充分利用孩子们熟悉的、喜欢的积木作为实验材料，通过观察、实验、记录、交流等方式，孩子发现了球和轮胎能滚动，三角形、方形积木不能滚动的有趣现象。在记录实验结果的时候，考虑到孩子的个别差异，采用了集体记录和个别记录相结合的方法，使不同能力的孩子都能得到锻炼。在"哪辆车开得远"活动中，我和孩子们一起用积木搭建不同大小的斜坡，用积木拼搭相同类型的小车。可能因为孩子们都有过在不同坡面玩车的经验，所以猜测结果的时候孩子都能准确猜出标准答案，只有个别孩子坚持自己的想法选择了不同的答案。实验时，四人一组，大家分工合作、互相商量。两人开车实验，一人发号令，一人观察。我让选择不同答案的孩子重点观察比较不同的坡度对车轮滚动的影响，通过操作、比较，孩子发现了滚动距离和坡度的关系，统一了结果。虽然一开始的猜测是错误的，但新的发现让孩子欢呼雀跃，整个探究过程是快乐的、有趣的。我为孩子不盲目跟从、坚持自己想法的行为点赞。

　　在活动中我们积极邀请家长参与，他们和孩子一起收集与车有关的图片、文字资料、模型等，和孩子一起利用废旧材料制作各种汽车，开展了亲子活动"汽车秀秀"，展示了家长和孩子一起利用废旧材料制作的各种汽车和他们的奇思妙想，一起分享了合作和成功的喜悦。

九 探究故事

图 4-19　我骑三轮车稳稳的，绕过障碍

1. 车子小秘密

时间：2013 年 11 月 2 日

地点：操场

幼儿：中二班幼儿

这阵子，独轮车、三轮车成了孩子们晨锻活动的首选。晨锻音乐刚响起，孩子们纷纷选择自己喜欢的车子玩起了障碍赛。铭毫不犹豫地推来了独轮车，一个劲儿地往洗衣液桶障碍处冲去。童则不慌不忙地骑上了三轮车悠哉悠哉地向前驶。"我们来个比赛好不好？"童主动向铭发出了挑战。"可以，怎么比？"铭有些疑惑。"谁先绕过那些洗衣液桶把玩具拿回来就赢！"童指了指远处的"障碍"。"没问题！肯定是我快，我跑得可厉害了！"铭得意地抬起了头。"不一定哟，我一直骑车的，飞快！"童也不禁自夸道。Ready？ Go！铭双手紧握独轮车把手，俯冲着上半身往前跑去。童也使劲踩着脚踏板往障碍处前行。快到障碍啦，会是谁先返程呢？哟，果然跑功了得，铭先到达障碍处。咦，怎么回事呢？就在绕障碍的那一瞬间，独轮车一个倾斜，轮子里的玩具掉在了地上……眼看童已经轻松绕过障碍往回走（见图 4-19），铭大喊："不行不行！这车子有问题，摇来摇去的，根本不能跑起来，不比了，不比了！"童也只能作罢下了车，"哪里有问题呀，不是好好的吗？"他摸了摸铭的独轮车把手问道。"你看，它晃来晃去的，怎么跟你比赛呀！"铭一股怨气，狠狠地用手摇了摇车子，"你的车子多好呀，能自己站着。你看我的，不扶着它就倒了！"这一松手，独轮车只能可怜地"躺"了下来。"还真是，怎么不能站起来呢？"童好奇地蹲下身子研究了

起来，他看看独轮车，又扭头瞧了瞧自己的车子，突然高兴起来，"我知道为什么了，你看你的车子只有一个轮子，我的有1、2、3……三个轮子，一只脚怎么站得稳呢？三只脚才稳的！"正当童说得头头是道时，铭扶起了独轮车，"看来我绕障碍的时候要慢慢的，低下来一点，这样就不会倒了！"（见图4-20）一边说一

图4-20　绕障碍时慢慢的　低下来，就不倒了

边慢慢绕过了障碍，"它也可以自己站着的，你看，这里还有两个脚！"童惊呼了一声，指了指独轮车把手下面的两条"塑料腿"。两人哈哈大笑起来。

铭和童在做出了不同的选择——独轮车和三轮后达成了"比赛运玩具"的一致游戏规则，以速度来定胜负。跑步惊人的铭却在绕衣绕桶障碍前丢失了满满的自信，赌气摔车，而正是这次"摔车"引发了两人的自主探究，在童的观察比对中发现了两辆车轮数量的差异，同时做出了"稳定性"的评估报告——三个站得稳，一个不能站。铭也耐下性子来尝试独轮车绕障碍，总结出"慢一点、低一点"的动作要领，最后两人更是找到了独轮车的另外"两条腿"让其站起来。

皮亚杰曾经说过"孩子是在与外界的交互作用中不断学习与收获的"。游戏是幼儿生活的重要形式，正是在一次次游戏中不断尝试，不断探究，才不断建构属于自己的经验体系。正如此次轮子探究活动，就从"障碍赛"起步，在"挫折"中主动探究，寻求"出路"，而教师只是一名支持者，给予幼儿尝试的空间与探究的可能，使每一个幼儿尽情去享受这种发现与成功与喜悦。

❤ 2. 好玩的轮胎

时间：2013 年 11 月 5 日

地点：操场

幼儿：中二班幼儿

图 4-21　哇，轮胎里有个大洞洞

户外活动时间到了，孩子们像一群欢乐的小鸟涌到操场上！有的玩独轮车，有的玩扭扭车……叮当推着独轮车来到操场边，小眼睛不停地盯着一旁的废旧轮胎，伸出小手在轮胎上摸了摸，对旁边的轩说："看，轮胎圆圆的，我们一起来滚轮胎吧。"轩点了点头，"那好吧，我们去问问老师吧。"随后，他俩推着独轮车跑过来，指着废旧车轮说："老师，我们能玩这个吗？"我还在犹豫这笨重的车轮孩子们是否搬得动的时候，叮当和轩已放下了独轮车，做好了玩轮胎的准备。看着他俩迫不及待的样子，我点了点头。两个小家伙"嗖"的一下往废旧轮胎处跑去，他们搬起轮胎滚了起来。

"看，轮胎上有花纹，摸上去粗糙的。"叮当边滚轮胎边说。轩看了看自己的轮子，伸出小手也摸了摸，惊奇地说，"咦，我的轮胎上的花纹还跟你的不一样呢！"。"哇，轮胎里有个大洞洞，我们一起来玩钻山洞吧。"（见图 4-21）轩马上把轮胎竖了起来，叮当放下自己的轮胎，弯下身子在轮胎里钻来钻去……

小伙伴们也积极响应，有的滚轮胎，有的钻"山洞"，有的把轮胎放成一排，玩起了跳"陷阱"、走"小桥"的游戏（见图 4-22），有的直接把轮胎套在身上，用手拿着像"大力士"一样

图 4-22　我们一起玩走"小桥"的游戏

在探究中成长——幼儿园科学教育案例精选

往前走……

叮当盯着轮胎、和轩一起摸轮胎的过程中，他二仔细地观察着，发现了轮胎的形状、花纹，玩轮胎的渴望也表露无遗。面对孩子的渴求，老师给予了点头支持，满足了孩子玩轮胎的愿望。在玩轮胎的过程中，孩子们发现了轮胎会滚动、上面有洞等特征，他们充分发挥想象力，利用轮胎的特点玩起了自己喜欢的游戏。

儿童是天生的科学家和设计师，一个废旧的轮胎在幼儿眼中也能成为最好的探究材料，给幼儿无限的创意灵感和探究欲望。这一过程中，教师要珍视幼儿的发现、创造，以欣赏的姿态去倾听、支持，才能满足幼儿的好奇心和探索兴趣，才能以自己独特的游戏方式去自主观察、探究，获取关于轮胎的知识经验，体验游戏探究的快乐。

♥ 3. 小小轮子作用大

时间: 2013 年 11 月 9 日

地点: 家中

幼儿: 中二班幼儿

图 4-23　小轮子不碰地了，是坏了吗?

刚回到家，茜就嚷着要玩扭扭车，还没等我答应，她已经骑着扭扭车来到了客厅，呜……茜一会用脚用力踩地往前开，一会儿左右转动方向盘，随意前后行驶，速度越来越快，嘴里还伴随着她的欢呼声……一瞬间，客厅成了茜玩扭扭车的小天地。

突然，客厅变得静悄悄的，只见茜坐在地上，把车子翻了个底朝天，目不转睛地盯着车轮，嘴里还念念有词："1、2、3、4、5，原来扭扭车有五个轮子呢，我现在才发现呢！"说着，她又把车子翻过来放好，自己却趴在地上，若有所思地看着，问我："妈妈，扭扭车的一个轮子好像被我弄坏了，它缩在上面，不碰地了。"（见图 4-23）我蹲下来顺着她手指的方向望去，原来是扭扭车 3 个前轮中最前面的小轮子。"是坏了吗? 我也没留意过。我们一起来看看扭扭车的说明书。"刚拿出说明书，眼尖的茜马上发现，这个小轮子就是在上面的，不碰着地的。茜边转动小轮子，边好奇地问："不是坏了，那它要来干什么的呢? 看着好玩吗?"看着她好奇的样子，我顺势说："是呀，可是扭扭车是设计师叔叔精心设计的，每一个部件应该都有它的用处吧，妈妈也不太懂，要不你来找一找它的用途是什么，好吗?"于是茜又玩起了扭扭车，这次扭的时候还试着侧身看车底盘下的小轮子，所以导致车身往一侧偏，眼看要车倒人翻之际，扭扭车却只是小小的倾斜不动了。茜顺势往下一看，发现了秘密，"妈妈，前面的小轮子碰地了。"我追问道："那你觉得小轮子有什么用呢？"茜高兴地说："要翻的时候，顶着地，保证我不让我摔到地上。"沉默一阵后，认真地自言自语："我要把这个秘密告诉我的好朋友，他们一定还不知道，我是科学家哦！"

扭扭车，又称摇摆车，既好玩又能发展身体灵活性，深受孩子喜欢。扭扭车对茜来说是非常熟悉的玩具了，她已经能够灵活掌控。玩了一阵子，对开扭扭车的新奇感逐渐减弱了，开始摆弄起来，发现小轮子不过地，产生了疑问，并从妈妈拿出的说明书上找到了答案。此时，妈妈没有直接告诉孩子小轮子的作用，而是让孩子在亲身经历中，发现小轮子的秘密。

幼儿天生就有好奇心和求知欲，越是年龄小的幼儿，问题就越多，老是喜欢缠着大人问这问那，表现出对各种事物与现象的好奇。爱因斯坦说过："兴趣是最好的老师。"幼儿对某种事物或现象产生了兴趣，才会对它向往，促使幼儿去接触它、了解它，对其进行观察和思考。作为家长，需要营造一个宽松的探究氛围，一方自主探究的小天地，还可以和孩子一同寻找答案。一旦成功，那种喜悦会大大激发幼儿的好奇心，形成良性循环。即使没有找到答案，也能使幼儿养成良好的思考习惯。

♥ 4. 小汽车下坡了

时间: 2013 年 11 月 20 日
地点: 活动室
幼儿: 中二班幼儿

图 4-24　这边的汽车开得快!

科学区, 我投放了"汽车下坡了"的材料, 材料很简单, 两辆一样的小汽车, 三块长方体的积木, 其中两根同长, 一块表面保持原样, 一块表面粘上瓦楞纸。

自主游戏时间到了, 墨拿来材料, 她搭好一个坡, 顺手拿起两辆小汽车, 放在坡的顶端, 两手松开, 汽车从坡道上滑下来了, 可是, 车下坡的快慢并不明显。"墨, 哪辆车开得更快?"我的问题让墨先是一愣:"好像一样快啊。""当然是你先松手的那辆快啊。"一旁的楷忍不住说。"是啊, 你再试试看吧。"我也附和着。墨又拿起两辆车放在坡的顶端, 这次光滑坡道上的那辆车明显先松手, 果然,"嗖"的一下很快就滑下来了。"我说的吧, 先松手的那辆肯定快啊, 因为它先开的。"楷不禁露出几份得意, 还提议:"要一起开才能看出来的吧?"墨似乎无比崇拜。"我来数一、二、三, 你两只手同时放开。"墨又拿起两辆小汽车放在坡的顶端, 楷数到"三", 墨两手同时放开, 汽车一起开了,"快看, 快看, 这边的快。"(见图 4-24)两个小家伙眼睛直直地盯着光滑坡道上的那辆车, 拍手叫了起来。"一次不算, 我们再试一次吧。"楷又建议。第二次, 楷开小汽车, 墨数数, 最后还是光滑坡道上的小汽车开得快。"老师, 我们发现了, 光滑坡道上的汽车开得快。"孩子们欣喜地告诉我他们的发现。

"不一样的坡度, 一样的坡面, 汽车下坡的速度一样吗?"带着新的问题, 孩子们继续探究着。

"汽车下坡"这份探究材料非常简单，因此在幼儿操作前，教师直接投放在科学区，并没有示范，只是简单地告诉他们材料的名称，引发幼儿自主探究。墨在前两次开汽车中存在的问题，教师没有急于纠正，而是让墨和同伴共同去发现，最终达成共识，在轻松愉快的氛围中，幼儿明确了玩汽车的规则，发现了光滑坡道上的汽车开得快的秘密。

每一份探究材料都隐含着规则和奥秘，汽车下坡这个探究小游戏对于成人而言，是非常简单的一件事情，而在幼儿眼里，却要经过他们反复的尝试和探索。因此，教师要善于做幼儿的支持者、引导者和合作者，不能把结果作为唯一的目标，而要更多的关注幼儿的探究过程，哪怕是失败的、错误的，也要给予激励和提示，鼓励他们经过一次又一次的努力去探索其中的奥秘。

♥ 5. 哪辆车开得远

时间: 11月25日

地点: 教室

幼儿: 中二班幼儿

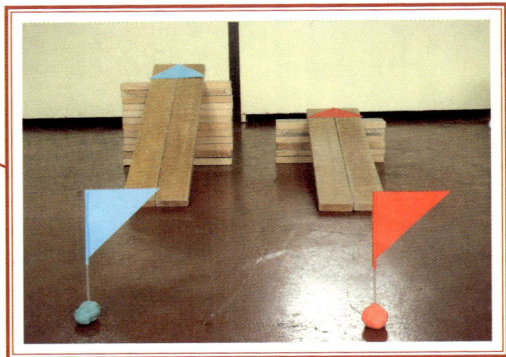

图 4-25   杰用新材料搭好的斜坡

近日, 不同坡面的开车游戏渐渐受到孩子们的冷落, 于是, 老师将原本投放的材料进行了一些微调, 将原本一块表面粘上瓦楞纸的坡面换成了光滑的坡面, 另外增加了一些作为底座的积木。

酷爱汽车的杰第一个发现了这个微小的变化:"老师, 那个瓦楞纸的滑坡怎么不见了?"老师微笑着点了点头:"你的眼睛真亮, 那你还发现了什么变化吗?"得到肯定后的杰信心满满地仔细研究起来, 摆弄了一会儿一拍脑袋说:"我发现了, 现在小坡的面一样了, 但是底座可以变高变低了!"(见图 4-25)于是, 杰拉来了自己同组的好朋友熙和雨等, 一边向他们介绍自己的新发现, 一边开始摆弄起新的坡度来, 杰先搭好了两个高低不一样的底座, 然后让两个好朋友分别将那两块长的积木放上去作为斜坡, 摆好后, 杰很内行的看看了两块斜坡, 又将其中一块的位置调了调, 让两座斜坡看起来在同一条线上, 放好后, 杰很兴奋地拿起之前用积木搭好的两辆小车说:"快点准备好, 小车要开咯, 你们猜, 哪辆开得远?"说完, 很得意地看了看自己的好朋友, 熙和雨都说自己搭的斜坡上的小车开得远, 杰有些迫不及待地松开了手中的汽车, 当熙看到自己坡上的小车开的远时, 激动地扬起双臂, 喊了声"YE", 雨则有些质疑地说:"你刚才先开那辆的! 不算!"杰说:"我们再试一次吧!"熙很快速地将小车拿了回来递给杰, 雨则瞪大眼睛看着杰手中的汽车, 当他看到熙的汽车再次超过自己的小车时, 有些生气地说:"我知道了, 他的小坡高, 所以开得远, 我要换一个。"熙赶紧抱住自己的那堆积木说:"我的远, 才不跟你换呢!"雨一噘嘴说:"不跟你们玩了!"于是转身离开了科学区, 看着雨的背影, 杰提议说:"我们继续玩吧，这次我们轮着开，好不好？"熙点了点头，于是，杰元三继续在科学区中玩着开小车的游戏……

　　在幼儿探究活动中，教师是幼儿的合作者和引导者，起着主导作用。但是教师的引导要适宜，这种适宜性很大程度上体现在教师对幼儿的介入和指导方面。在斜坡小车的区域活动中，老师是材料的提供者和幼儿探索的观察分析者，当教师发现原有的材料渐渐淡出幼儿的兴趣点时，及时地在原有基础上调整了材料，将原本探索不同光滑程度坡面上小车行驶状况调整为探索不同高度坡面上小车的行驶情况。鉴于幼儿有了之前的操作经验，这次教师没有给予更多的信息，而是观察幼儿对这份新材料的反应。从幼儿的互动中可以发现，他们原有的探究经验为新材料的顺利使用起到了十分关键的作用，通过摆弄材料很快找到了新材料的操作关键——坡度底座的变化。活动中，教师并没有更多的介入，而是在幼儿发现材料变化时给予了一些小小的催化剂——即肯定了杰元"火眼金睛"，并通过反问让幼儿进行更深入地观察与操作。

　　材料是幼儿认识周围物质世界的中介，通过连续增加、改变材料的投放，可以提示和引导幼儿由模糊到清晰地去逐渐丰富知识经验。建构区中简单不过的几块积木，只要运用得当，同样能让幼儿体会到探索的乐趣。

编后语

　　《在探究中成长——幼儿园科学项目活动精选》在实践、策划、撰写和编辑过程中，得到省内外诸多专家学者的关心、指导，得到省、市、区教育部门和吴江实验小学幼儿园全体教师的大力支持，在此一并表示衷心的感谢！

　　当然，限于开发者理论水平和实践能力，本书还显得比较稚嫩，存在着诸多缺点、错误和不当之处，需要进一步修改、完善和充实，希望读者和专家多多给予帮助指导，多提宝贵意见。

幼儿教师专业成长书系

幼儿教师专业成长书系

書不盡言

言不盡意

自覺聖智

完成人格

辛卯秋 二〇一一年
九四禔章
南懷瑾

亦新亦旧的一代

南怀瑾 著述

复旦大学出版社

南怀瑾先生（1918—2012），海内外享有盛誉的著名学者。出生于浙江温州书香世家，自小接受私塾传统教育，少年时期就已读遍诸子百家的各种经典。他精研儒、释、道，将中华文化各种思想融会贯通。1969年创立东西精华协会，旨在促进东、西文化精粹之交流。1980年在台湾创办老古文化事业有限公司。

南怀瑾先生在台讲学三十六年，旅美三年，居港十数年，2004年落脚上海。2006年，他定居于江苏太湖之滨的太湖大学堂，终其晚年在这里讲学、授课，培养下一代文化种子。

南怀瑾先生毕生讲学无数，著作丰富，著有《论语别裁》《孟子旁通》《原本大学微言》《老子他说》等近六十部作品，并曾译成多国语言。他用"经史合参"的方法，讲解儒释道三教名典，旁征博引，拈提古今，蕴意深邃，生动幽默，在普及中国传统文化方面取得了引人注目的成就，深受海内外各层次读者的喜爱，半世纪以来影响无数中外人士；而南怀瑾先生融会东西精华、重整文化断层的心愿，亦将永续传承下去。

出版说明

本书初名"二十世纪青少年的思想与心理问题"，由台湾老古文化事业公司于一九七七年九月出版，一九八四年三月第三版时改为"新旧的一代"。它是著名学者南怀瑾先生所作的专题演讲。在演讲中，作者以自己的亲身经历和感受，对本世纪以来中国社会的变迁及其对人们心理状态的影响，做了透辟的论述，提出了许多值得审思的问题。内容叙及：清末民初的社会思潮，重大的政治事变，中西文化的冲撞，学术思想的演变，古代的文化教育制度，现代的道德价值观念，老少之间的代沟，新旧不同的读书，旧八股与新八股，私塾与家教，尊师重道，安身立命，以及青少年的个性、学识、心理、经验、行为，等等。言语委婉，知识丰富。

兹经版权方台湾老古文化事业公司授权，将老古公司《新旧的一代》二○一一年十二月第六版校订出版，易名"亦新亦旧的一代"，以供研究。

复旦大学出版社
二○一七年六月

三版献言

　　《新旧的一代》原名"二十世纪青少年的思想与心理问题"，一九七六年间陆续在《人文世界》杂志连载过，出书以来一直受到社会各界广大读者的共鸣和推崇，被誉为当前社会问题之解剖书、青少年思想教育之诊断书及中西文化交流之过滤书等等。由于作者南怀瑾老师经历过旧社会的种种礼教，也接触到新时代的般般改革，因此，每一件社会问题的来龙去脉，在他口中委婉道来，就仿佛一出剧本中的历史诗篇，但见诸方英雄豪杰、历史人物蜂然而起，在多重变动的大时代中，轮班上演，转眼又默然消逝，了无踪迹。上下古今多少事，尽在笑谈中。讲演中的启示，使我们这些年轻学子，发现了问题的症结。历史人物的典范，使我们确立自己安身立命的中心思想，找到了"中华文化的根"，不再"失落"，也不再"迷失"……

　　今天打开各种报章、杂志，所有政论家对世界动乱根源的分析，都以"经济的不平衡""政治的对立"为引发一切社会问题的主因，而忽略了在政治、经济等表面问题背后的思想文化与心理问题。政治是人对事的安排，主体在人；经济是人对物的处理，主体也在人。而指导人的行为的是主观的思想和客观的文化背景，换句话说，有良好的教育基础及文化素养的人，才能提升到更高的政治层次和经济境界。否则尽管政权再巩固，经济再发展，两种资源都是有限的，怎禁得住人类无穷欲望的冲击？没有精神文化做基础的物质文明，能为人类带来真正的幸福吗？

"神秘的西方，现实的东方。"这是近几年流行美国的口头禅，乍看之下似乎是颠倒了，其实说的是现在中、西文化相互冲击的现况。在印象中，产业革命以来的西方是崇拜唯物、科学、功利，但到二十世纪的末期，却因科技文明的过度发展，人的精神生活反而空前地紧张和压迫，转而追求心灵的自由和解放，存在主义、达达主义、托普艺术、嬉皮生活乃应运而行，终因没有深厚的文化基础为其背景，只如一阵狂风吹过，便无影无踪了！现在呢？这些西方的先进们，抬头仰视东方古奥的文明，从《易经》、太极拳、瑜伽术，乃至禅宗棒喝到道家养生秘诀，愈来愈神秘，愈神秘愈吸引人，昔日为西风吹乱的黄花落叶，夹杂着飘零不尽的余果残核，并随东风缓缓倒吹，这些文化的杂碎，点点滴滴又输入了西方。

东方世界呢？在饱受西方物质文明的冲击及侵略之后，痛定思痛，早已尽弃其固有精神文化，决心全盘西化了。日本的模仿成功了，其他各国都在跟进直追，换句话说，只有科技的、实利的，才是目前东方人追求的目标，这就是所谓"现实的东方"的语意。对于这两种历史主流的反动，到底是两种极端现象的反动

2

呢，还是中西文化确已开始在融通、调和呢？

清末迄今，中国历经百余年的苦难，外患频仍，军阀割据，八年抗日及"文化大革命"，惨绝人寰的摧残，中华文化的命脉已到存亡绝续的关头，昔贤有言："中国文化存，则中国兴；中国文化绝，则中国亡。"秉此精诚，我们决定将《新旧的一代》一书扩充、再版，也希望借此文字因缘，能够把中华文化的种子，传播到世界各地，生根，发芽，茁长。这是我们的希望，也是我们的信心。因为只有中华文化，才能真正地统一中国。也只有中华文化，才能真正带给这个世界和平和安乐！

3

老古文化事业公司　陈世志

一九八四年三月二十九日

前　言

有人称我们这一代为"失落的一代""迷失的一代",或是"没有根的一代"。

我读大学一年级的时候,正逢南怀瑾老师讲述"二十世纪青少年的思想与心理问题"。这个问题对我们来说,实在是太重要了,当时南老师讲得很起劲,句句发人深省,而且层层剖析问题的前因后果,从目前的现实问题,追溯到几千年前的历史文化。青年同学们听得极有兴趣,每堂座无虚席,因为有太多太多的启发,解答了我们许多的疑惑。

南老师的本意,想把心理问题、生理问题、现实问题,甚之,对本世纪的政治、哲学思想问题等等,做一系列有系统的讲述。这些问题也正是我们这一代青年感到迷惘、怀疑、彷徨的症结所在。

谁知刚刚讲个序幕,正要进入高潮的时候,他忽然停住不讲了。我们屡次要求他继续讲下去,南老师答应我们稍过一阵子,继续再讲,也好做个交代。不过,南老师课务繁,杂事多,倒是事实。

我们一直期待着,一年复一年。时间过得很快,一转眼，已经毕业好几年了。可是，仍然没有机会见他旧话重提。现在，怀师又掩室闭关，与外界谢绝往来，不知道哪一天他才出关，为我们后一辈的青年继续研究这个切身的问题，想来不禁令人怅然。

二十世纪是一个动荡的时代；二十世纪的中国，更是在内忧外患中颠沛困顿，力图自强。辛亥革命，中国的专制政体被打倒了；新文化运动，中国的古老文化被破坏了；"文化大革命"后，中国惨遭巨变。生长在这新旧文化夹缝中的青年，整个思想便陷于古今中外的矛盾混乱之中。

2

如今，再翻开前几年南老师的讲稿一读。虽然只是对问题中许多序幕的话，但是，它仍然具有震撼性的启发作用。这些讲稿曾在《人文世界》杂志发表过，颇受各界人士的重视，有许多读者纷纷来函要求出版单行本。所以把它合编成册，另外再附加南老师的其他几篇讲稿，命名为"新旧的一代"，出版贡献给青年朋友们，以及关心青少年的各界人士作为参考。

古国治　谨志
一九七七年六月

目　录

南怀瑾

亦新亦旧的一代

3

一、不满现实

生为二十世纪末期的中国青年，身受古今中外思潮的交流、撞激，思想的彷徨与矛盾，情绪的郁闷与烦躁，充分显示出这时代的冲突与不安，因此形成了青少年们的病态心理。代表上一代的老辈子人物，悲叹穷庐，伤感"世风日下""人心不古"，大有日暮途穷、不可一日的忧虑；正在茁壮中的少年，既无高瞻远瞩，更不知道如何去后顾深思，前路茫茫，一片空白，在无所适从的情态中，陷于烦闷。这是老一辈子的人应该担替的罪过，或是这一代青年们的错误呢？其实，谁也没有罪过；不能把这个责任，推诿给谁来单独承当。这是历史趋势中自然的现象，文化思想在变动的时代中必起的波澜，也是人类历史分段生命中当然的病态。

如要讲究责任谁属的问题，在两千多年前的东方，当中国春秋、战国时期，遭逢历史的巨变，我们公认的圣人——孔子，著述《春秋》大义，是把这种过错，责之于当时身在其位，力足以谋国的"贤者"，孔子这和论断的是与否，那是历史哲学上的一个问题，姑且不论。但至少要知道在《春秋》时代，教育和知识并不普及，因此所谓"贤者"的士大夫们，的确是义不容辞，难逃其咎的。而当时印度的圣人——释迦牟尼，创立佛教，敷扬佛法，却认为历史变乱的罪过，是人类与一切众生的共同"业力"所造成。当共同"业力"构成大势所趋的时期，犹如转动速度极快的火轮，当它正在旋转的时候，谁也无法插手使其停止，阻挠或堵塞，只是增加旋力发生巨变而已。孔子的道理是"因人论世"，所以《春秋》责备贤者。释迦的道理是"因世论人"，所以佛法的观点，便深深悲叹众生的"定业"难移。此外，老子的"无为""因应"观点，也正同此理而立论。我们如从"因世论人"的观点来说，释迦历史哲学的观念，自有其充分理由的论据。如果根据此理，大有可能会袖手旁观，喟然叹息芸芸众生，至可怜悯而已！如果从"因人论世"的观点来说，"天下兴亡，匹夫有责"。为了承先而启后，继往而开来，那么生逢历史时代剧变中的任务，对于现代青少年的思想与心理问题，必须要检讨疏通，求其开展新运。但要检查现代青年思想的病根所在，与心理病态形成的原因，又必须要从历史文化演变的过程中，追溯前因与后果，再来寻求治疗的药方。

永远不满现实的历史心理

在五六十年前的前辈时代，也正是我们出生成长的阶段，我们也正如现代青年一样，具有勇敢、决心、幻想、行动的情绪，同时更有不可一世的气概。但也正和现在青少年相似，怀有无比的彷徨、郁闷、烦躁，和敌视现实、否认一切的心理。这是十九世纪末期和二十世纪初期，新旧文化思想开始交替，东西方文化迈向交流融汇，激起中国文化新思潮的巨浪阶段。由裹成三寸金莲的小足，解放为大足；终身不出闺房一步的女子，争取男女平权。男子们由终日背诵"之乎者也"，提考篮、穿长袍马褂上京求名，而变为写作的呢吗啊，死啃 ABCD，割须剃发，穿上西装革履，大谈洋务与匹学，夸为识时务的俊杰。总之，事无巨细，学无古今，人无老少，一切都在求变、待变、必变的巨变过程中。我们所接触的中年以上的老前辈们，他们面对此情此景，满腔忧患，无限感伤，随时随地都在摇头叹息"人心不古""世风日下"，而进入暮年晚景的低潮，含悲抱愤而去。但在无情岁月的推排之下，曾几何时，我们这些青少年们，不满当时的现实，和轻视否认当时老前辈们摇头叹息的情景，也渐渐地进入我们的心境，成为生活习惯的一种自然姿态。到了第二次世界大战前后，不知不觉，自己也进入中年，昔日老前辈们不满现实的叹息感言，又渐渐地出自我们之口。这种循环性的历史悲剧，犹如新旧交响的乐章，具有时代性旋律的哀怨，永远存在于历史的阴影里。这也正是说明：历史时代的途程在不断地向前推进，而人类在时代的轮转中，却永远不满现实。不论任何时代，青少年们固然如此，老年人们又何尝不如此！由于这个憬悟，我常警醒自己，不必忧伤，不必感叹，假如我过去了，太阳照样会从东方升起，历史依旧会演变下去，后一代的人们，也许比我们活得更有趣、更快乐，也可能更疯狂。

时代演变中的思想与感情

由于身历其境，而了解人们历史循环性不满现实的通病，进

3

而探寻这种随时代年龄而发生差异的思想与心理原因，便可知道人类的感情作用，经常会左右理智慧思的极限。人的感情，不但对个人私心事物有占有把握的牢固性，同时对于具有历史性的生活形态和精神思考的习惯、文化背景、时间和空间的惯适，都有浓厚的感情作用。每当历史随时代的推进而演变的时候，由于人们旧有历史的牢固习惯，只能接受渐变的推排，极难适应突变的打击。尤其对于眼前现实的精神生活，与耳目感官日常周遭事物引发的感想，例如与社会秩序、家庭环境有关的道德规范，行为的善恶标准等观念，在历史文化变更的过程中，最容易引起青少年的心理反应和老辈子的伤感。尤其在二十世纪末期的剧变中，更为显著。站在我们这一代的立场，看到下一代的堕落和疯狂，真有不胜扼腕叹息之感。如果经过一番深思熟虑，检讨历史文化演变的得失、前因后果，便可比较客观地了解青少年们思想与心理趋向的矛盾。在这个时代中，旧的过去了，新的还未产生，随着物质文明的发展，如朽索之驭怒马，他们失去了可循的准绳，找不到控驭自己的鞍辔，盲目自恣，陷于一片迷惘的境地。不但东方的青少年如此，西方乃至全世界的青少年，都已染上这种时代性的传染病症。其实，在这个时代的阶段中，真失去了道德的标准吗？完全没有善恶的意识吗？不然。道德和善恶，它永远存在于人心之中，它是人性中自然具有的一种功能，它只有随着时间和空间的作用，转变形态。在人类的文化史上，过去的道德观念，是基于宗教的因果观念而定；教育的规范由此而教育，思想的习惯由此而思想，稳定社会秩序二三千年。现代的道德观念，由于物质文明的发达，工商业快速发展中的刺激反应，它逐渐接近以经济的价值观念而定，下意识的只有价值与无价值的辨别。过去的善恶观念，是以人性本应善良，对于心理和行为的善恶，具有宗教性的报应而定论。现代的善恶观念，由于科学促使物质文明的重要，同时曲解自由而又极度偏向个人的自私，几乎走向以需要与不需要来决定善恶的标准。这样的道德观念、善恶观念，虽然还未真正构成为现代人思想心理的定型，它的对与不对、是与否，实在是非常急切地等待着我们这一代去博学、审问、慎思、明辨。既不能凭历史文化的感情而一切陷于悲观，更不能徒凭时代的感染而盲从冲动，以至于忽略了随时偕进的理性思想。

尚未成熟的历史与文化

生当这个世纪末期的青少年们，传统的宗教、哲学、教育等道德理性的准绳，已经命如悬丝，失去了它固有的信赖的力量，我们所要的，是有特立独行和"确然而不可拔"的精神，融合古今中外的所长，建立新的文化机运，使后来的一代，走上安定的道路。

同时更需要认识人类历史文化的成果，它永远还很年轻，需要新知的灌溉而求其成熟。宇宙的生命，无论过去与未来，它永远是常新不古，所以曾子在《大学》上，强调汤之盘铭曰："苟日新，日日新，又日新。"《易经》也常提到"随时偕进""与时偕极"的道理，这都是提醒人们不要满足过去，留恋过去，要展望明天，开启未来。青春的活力，它永远是推进历史文明的动能。

道家素来认为"天地是一大宇宙，人身是一小天地"。为了说明人类的历史文化永远还很年轻的理由，引申道家这个观念，可以说"历史是一部大人生，人生是一部小历史"。

因为任何一个人，天赋的本能，都有不同的个性和幻想，尤其在少年和青年的阶段，幻想经常占有青春活力大部分的时间。幻想不是过错，幻想加上学识，在思想和行为上，便成为有守有为的学问素养。幻想不加力学，它可能会变成无羁的劣马，自误也会误人。累积人类的个性、幻想、学识，构成为思想、行为与经验的成果，便综合成为人类的历史与文化。然而任何一个人，由青少年阶段，富于幻想的时期开始，其间加以力学，或者不学，便早已奠定一生成败的基础。到了中年，便是实现他的幻想，而付诸实际行动的时期；无论是事功的成就，或是学术的著作，甚至于宗教家们修道与传道的生活，都不外于此例。到了晚年，大概都是留恋欣赏过去的成果，或者感叹过去的哀乐变为回忆，而随时消逝。所以孔子也说："后生可畏，焉知来者之不如今也。四十、五十而无闻焉，斯亦不足畏也已。"如果以现代医学的观点来说，当每个人由青少年的时期，脑力开始成长，一直到了五十多岁以后，才是脑力成长到鼎盛的时期。但上天注定人类可悲的命运，正当他脑力和智慧刚好成熟，经验的累积又正是到达高峰的时候，便像苹果一样，红透熟烂，又悠然地悄悄落地，还归虚无。除了天赋特别，老当益壮而成为瑰宝的，那是普遍中的例外，为历史点缀了壮丽的场面。此外，无论是从事出世事业的千秋人物，如宗教的教主和大哲学家们，或是从事入世事功的伟人，谁也无法逃出这个自然的规律。

人生的生命既然跳不出这个规律以外，他在智慧上的成就，可以创造历史文化的期限，又如此的短暂而渺小，所以古今中外，累积几千年来的历史与文化，可以说都是青年人扮演主角的成果，中年或老年人担任编辑而写成；它永远都很年轻，并且尚未完全成熟。虽然由原始的宗教而发展为哲学，从哲学的范围而扩充到今天科学的成就。但摆在人类面前几千年的老问题，所有人生生命的奥秘、宇宙生命的奥秘等等悬案，始终还没有得到确切的解答，使人确信不疑而安心于定论。并且显而易见的，集中古今中外人类几千年的思想与学术，仍然不能使这个人类社会得到永恒的平安，究竟享受幸福而快乐。虽然在这个时代，大家震惊于科学的成就，普遍高唱科学文明相号召，但大多数人都被科学文明冲昏了头，忘记科学的发展，只是整个文化的一部分而已。况且人们又迷失了科学的方向，只把自然科学的发展，当作文化全部的需要，忘记精神科学，于是愈来愈空虚，几乎快要成为思想白痴的时代了。尤其科学的分类虽多，到目前为止，却没有一个综合科学的创立，更不能与精神文明的哲学会师，这是一种非常盲目的危机。佛说："菩萨畏因，凡夫畏果。"凡是现代有志有识的青少年们，应该在科学文明的时代中，创立新的历史文化。如此才是现代青年新的出路，徒然的彷徨和郁闷，于人于己，丝毫无补。但既不要为了科学的待遇而求科学，更不要忘记精神科学的急需建设；否则，这个世纪末期的一部人类历史文化，必然要走到"疯狂与镇定剂齐飞，颓丧与麻醉品并驾"的境界，那是毫无疑义，迫在眼前的社会病态。

二、西方文化的影响

现实与反现实

上文讲过人类的心理，是永远不满现实的，但生存在现实的世间，又必须要面对现实，而且想要把握现实。可是当现实摆在面前的时候，却又不满现实，想要跳出现实、摆脱现实。人，就在这种矛盾的心理状态中，反复忙碌地度过他的一生。而人类的历史和文化，也就在这种矛盾的现象中，构成了它巍巍壮观的册页。如果从另一观点来看，正因为人类有了这种心理，才促成历史文明的进步；但从历史生命的过程，和现实人生的经验来说，这种面对现实而又反现实的矛盾心理，便是造成人生悲剧和历史悲惨局面的主要原因。那么，除了这种尖锐对立的现象以外，只要安于现实，便是常理吗？而且自古至今，人类如果一向安于现实，历史和文明哪里会有进步呢？这当然是个很重要的问题，并且也是现实与反现实问题的关键所在，有待逐步分析以寻找它的答案。但把这个问题，牵扯到历史文明的进步和退化来讲，便又引出对历史哲学的认识问题，须得首先解决：历史文化到底是进步或是退化？

如果依照东方文化中有关历史哲学的观念，无论是中国的儒家或道家，以及印度的佛家思想，对于历史文化的发展，大体都认为"今不如古""新不如旧""动不如静"。所以人类的历史文明，经历愈久，退化愈甚。即如西方文化中宗教哲学的观念，也和东方一样，同有这种基本的看法。但是，根据历史的现象和人类现实生活的需要来讲，历史的文明不断地向前推进，不但日新月异，而且必然需要在进步中更求进步。那么，历史与文化到底是进步或是退化呢？这就要从两个基本不同的角度来了解它的答案了。

从东西双方古代文化的历史哲学来说，认为人类历史的发展是退化和堕落的，那是从宗教性道德观念的立场，看到精神文化的褪色，因此而使人类社会迷失方向，拼命追求物质欲望所生的过患而言。如果从人类社会发展的趋势来说，因为物质文明的日新月异，促进社会的发达，使人类在生存方面，社会的秩序，有了日新的进步，因此而有多方面的繁荣。在生活方面，人类更多更大的需要得到满足，因此而享受物质文明的便利。所以便认为历史文明是进步的。由此可知，所谓历史是进步的，是指物质文明与人类的现实生活而言。认为历史是退化的，是指人类的精神生活，距离自然的境界愈来愈远的结论。

近世西方文化的三股潮流

对于历史文明的进步或退化的观念，有了如上的了解，便知人类对于现实和反现实的问题，是从精神意境和物质文明的矛盾冲突而来，历古至今固然如此，往后也未必能够安稳。现在试举近世和现代西方文化，影响了二十世纪青少年思想和心理的趋势，便可知道这种演变的前因和后果。

近世和现代的青少年们和过去的人们一样，最喜欢憧憬以往历史的口号。在西方文化中，动辄提到欧洲的"文艺复兴"；在中国则经常提出"五四运动"。其实，历史的往事过去以后，剩余的陈迹残留在人们的脑子里，便形成一个笼统的观念。除了真正的历史学家，肯用心分析历史上的前因后果以外，大多数的人，都是模糊不清，随便引用它似是而非的观念，借题发挥而已。

（一）西方欧洲的文化，经过中古长期的沉闷以后，自然就引发出反现实的历史行为，于是形成了十五六世纪之间的"文艺复兴运动"。由"文艺复兴运动"所带来的欧洲历史的新境界，从此掀起了西方固有文化思想的自由主义和民主思潮，因而促成了法国等地的政治革命，形成了近世西方文化思想中民主和自由的新观念。但由此一变再变，民主思想和崇拜英雄的心理，互相矛盾。自由主义和自私心理，夹缠不清。于是便又形成历史性反现实的行为，而产生西方历史文化的第一股逆流：如英、德、法、意等新型国家"外用强权，内唱公理"之军国主义的出现。同时又变更民主的专制为独裁，假借公理的正义为侵略。当此之时，受西方文化笼罩的欧洲各国的青年们，其思想大体上除倾向于"富国强兵"的光荣以外，纵然有不满现实的地方，也只限于反古求新，以及对少数社会和个人际遇的不满。

（二）但从十七世纪以后，工业革命和科学的创造，带来高度的物质文明，促使工业的发达和国家经济思想的勃兴；一方面显示出科学文明繁荣了新时代的社会，一方面却暴露了工商业发达以后资本主义的弊病，而呈现出贫富之间过度的悬殊，于是促使新的不满现实的西方文化思想，形成第二股反叛的潮流。如马克思、恩格斯等针对当时欧洲社会的病态，提出资本论和共产主义，扩充古希腊哲学的唯物思想，构成一系列的理论，影响了继起的二十世纪。

（三）另一路反现实的思想，便是十九世纪中叶开始，由丹麦医生克尔凯郭尔（Kierkegaard），研究神学及哲学的结果。他认为机械文明桎梏了人性，为了要拯救世人跳出机械文明的疯狂病态之中，便倡言存在主义的思想。不幸的是，他的学说，不但救不了人类，而且也不能自救，结果未及中年，便忧郁而死。可是尚未成熟的存在主义，却同弗洛伊德（Freud）的性心理学一样，不久即风靡欧洲，又普及于全世界，影响青年们的思想和心理，外不足以救世，内不足以自救。它所产生的反作用，使有些人们把自我陶醉和自私、狭隘的心理思想，号称哲学。

这些西方文化的思想，跟着科学文明和工商业机械的发达，以及军国主义武器的扩张，真有如蒲松龄所说的"元夜西风却倒吹，流萤惹草复沾帏"，很快地吹到了东方，同时又错综复杂地引起了世界第一次的大战。

人类的心理思想总是那样可怜和可笑，始终是自编、自导、自演的喜剧开场，而后却自造成悲剧闭幕。初由不满现实而反现实开始，最后再把它投向凶神恶煞的怀抱中而自悲自叹。

二十世纪开始的青年与中国

正当西方欧洲的文化思想，尚未从繁华的噩梦中，步入灯火阑珊的时候，一阵阵的西风，吹醒了有五千年保守文化的古老中国；自十九世纪的末期，清朝咸、同年间开始，十分勉强地向西方文化低头，试着学习他们的轮船、大炮、洋枪、火器等。先由机械文明的输入，进而至于宗教、哲学、人文科学、自然科学，以及西餐、大菜、咖啡、牛奶、跳舞、歌唱、奶罩、三角裤等，无一不来。把白米饭换换胃口，吃些牛奶、黑面包还不要紧，最惨的便是由人文思想而到现实的政治，不管是自由、民主、专制、独裁、无政府主义等思想，一套一套地都搬上中国的舞台，大吹，盲目地实验一番。结果弄得惨不忍睹，无法收拾。虽然有国父孙中山先生坚强地建立起三民主义的防线，却仍然堵不住这股狂飙的滚滚来势，其实有些思想是西方文化的残余产品，并非东方或中国文化的玩意儿。

五四运动以后的重重难关

但距今五六十年前的中国青年们，一方面痛心于国家民族的懦弱，而急欲救亡图强。一方面又受外来新颖的西方文化之影响，于是整个思想陷于古今中外的矛盾冲突，而呈一片混乱。因此形成心理上的群情激愤。"革命""打倒"的呼声到处嚷嚷。认为必须学习西方历史文化的先例，来个"文艺复兴运动"才能救中国，因此，自然而然地更有中国"五四运动"的发生。有些人把"五四运动"的功罪，归之于某一人或少数人身上。这是昧于历史文化大势的看法，有待沉静研讨。但当此之时，尤其是知识分子们，在文学的领域里，大肆口诛笔伐，极力挑出旧社会的毒刺，加上私人的恩怨心理和愤世嫉俗的情绪，对于中国文化流弊所生的阴暗面和丑陋面，力加诋毁，因此大受当时青年们的赞赏和崇拜。文学所反映出的不满现实和反现实的心理，在每个时代里，往往胜过哲学、宗教、教育等的影响力量。二十世纪初期中国青少年的思想与心理，就在这种不古不今、不中不西的心理状态中，而陷入一团混茫。

但我们这一代不幸的命运，坎坷不已。正当国内的心波未平，东方的日本，又掀起侵略的浪潮，促使我们仓促抗战，百学皆废。经过八年长期抗战的结果，正在茁壮中的青少年们，身受国破家亡的打击，除了愤怒与沉哀的心情以外，对于文化思想的重整与开建，已无能为力。

总之，自十九世纪末期到二十世纪初期的中国青少年们，也就是现在大家所听到看到的中老年人，犹如一群拆除旧式违章建筑的拆除大队，又像一批收拾垃圾的清洁人员；当他们年轻力壮的时候，大家拿着锄头板斧，想为后代开辟一条康庄大道，建筑一个新的文化乐园。谁知正当开工的时候，忽然有人放了一把野火，最后只剩下一片荒凉，百无一就。后来跟着来了一批小孩子，看到这幅图景，便不知所云地大骂这些前辈的老少年们，"无能""不负责"。他们愈看愈有气，于是就光着屁股、跳着脚，乱跑、乱骂，胡来一起。哭着、叫着、骂着，一无结果。大伙闹倦了，茫然一片，只好横七竖八，躺在地上要赖，自称乐天知命而不忧了！这样一幅画面，足以代表了二十世纪的东方和中国历史文化"留取丹心照汗青"的册页，也就是形成现代青少年们的思想和心理上的一片空白的成因之一。

三、大时代的小故事

开始没落的西方文化

第二次世界大战结束了东方的一幕悲剧，但也同时裁判了西方欧洲的命运。意大利、德国、法国，乃至在十九世纪中号称无落日的英国，都相继没落了。残余的欧洲文化，除了一些历史的陈迹供人凭吊以外，过去号称列强的欧洲"诸侯"之邦，如德、法等国，只留下"可怜无定河边骨，犹是春闺梦里人"的女多男少景象，使人感慨唏嘘而已。

"十年风水轮流转"，目前震惊世界的西方文化，只有美国的金元与科学，它建国将近两百年的年轻历史、美国式的民主和自由。运用着这些本钱，美国小开们后来居上，用毫无领导世界历史的经验，加上"信道不笃，为德不果"的作反，来摇荡乾坤，捭阖樽俎。然而不论美国的文化是如何的幼稚和浅薄，在二十世纪的最近三十年来，它对于中国和东方，以及其他的科学文明和工商业落后的地区而言，却实在有左右影响的足够力量。

有关中美文化的不同看法

现在要讲现代青少年的思想与心理问题，而它与西来的

"飘"风，却有非常密切的关系。因此，首先要向大家述说我亲自经历的两三个小故事，以便从侧面来透视它的正题。

美国青年观念中的现代文明

第一个故事：五六年前，有一位美国来华留学的学生，跟我听课将近六七个月。有一天晚饭后，我们开始闲谈。他问我："你常说我们要先发起救世救人的志愿，才能作学问，那是为了什么？"我当时很惊奇地说："你听了这样久中国文化的课，对于这种基本的精神，还没有弄清楚吗？"他说："我只问你为什么要济世救人？"我说："你没有觉得这个世界，有太多的惨痛吗？"他说："这个世界在现世纪中科学文明如此发达，人们多么幸福，哪里有太多的痛苦呢？"我说："你没有看到因为科学文明的发达，促使世界第一次、第二次的大战，多少人受害受苦？而且战争的悲剧还未就此终场？"他说："这两次世界大战也只是局部性的。如果以整个世界来说，到底很有限。大多数地区的人，都很幸福。这个时代真是最光辉最美丽的时代。"我听得呆了。同时，也明白了美国现代青年们的思想与心理。我接着问他："美国青年们和大多数的美国人，都和你这种观念一样吗？"他说："大概如此。"我便说："假如你是澳洲或瑞士的青年，一定早就认为我是疯子，拂袖而去了！可惜你不是东方人，更可惜你不是东方的中国人，所以对于现世纪的文化思想所造成历史的惨痛事实，以及有关的灾祸，并没有亲自经历那么多的教训。一时和你也说不清楚，慢慢地再交换意见吧。不过，我也因此了解你们国务院里的'秀才不出门，便知天下事'的错误心理。更明白你们所谓的中国通，根本上便患有先天性不通的偏见。"

他最后又说："你们常常说我们患有民族优越惑的心理病，其实，我在东方一年多，住过日本、印度，又路过东南亚等地。现在跟你们住了六七个月，我发觉最富于民族优越感的是东方人，尤其是东方的中国人。"我笑说："你已经沾有中国文化师生之谊的礼貌，你不好意思说民族优越感最强的是我，对吧？"说完了，有许多未尽之意，便在彼此哈哈一笑中结束了这一次的谈话。

美国教授观念中的中国文化思想

第二个故事：四年前，一位美国某大学的社会学教授，在暑假期间访问东方。因为他读过我所著《中国特殊社会问题》的英文译本，特别安排与我碰面，又提出好多问题。其中，他问道："中国经过几次等于亡国的时代，但是这个国家、民族、文化，不但没有亡掉，而且每经过一次历史的灾难，又而更加光辉而强大，这在西方历史上，几乎是绝无此例，这是什么力量？"我当时简单明了地答复他："这是文化统一的力量。"他听了，虽然手里不停地在作笔记，但是他的态度充满了怀疑。我不等他再问，就说："当我们在春秋战国时期，和欧洲一样，诸侯之国大小数百，言语、文字、经济、交通等都各自为政。自从秦、汉统一以来，'书同文，车同轨'，因此不仅是政治上的统一，实在也是中国文化的大统一。后世两千年来，中国各地的方言、习惯与风俗，虽然还保持各自成文的惯例，甚之，相隔数里，便有言语完全不同的情形。但是，中国的文字和文化思想，却完全一致，而且远及亚洲的日本、韩国、越南等地，也同样地普遍。因此，后来中国的历史，虽经历代政治上的变革，更改了历史的面貌，但是民族文化的大统一，始终是一贯不变的。假如西方古代的欧洲，文字和文化的统一，也和中国一样，那么，西方的历史便不是现在的情形了。不过，话说回来，正因为西方的历史背景不同、文化背景的同异互见，所以才有十七八世纪以后的进步，和今天西方文化在美国表现的情况。我们传统文化的精神，儒家、道家的思想，都是要求统一的。"

最后，他提出儒家孔子的大同思想，《礼运·大同》篇里所述说的情形。于是我便说："《礼运·大同》篇所叙述社会政治的理想，它的主要中心，在于每个人人性的自觉，人人要求自己道德人格的升华，进而达到社会群体道德的完美。《春秋》的王道、《公羊传》所谓三世中的太平盛世、道家取法于自然的'无为'之治，都由此传统的文化思想而出发。"

美国式的自由和民主

第三个故事：四年以前，一个留华修硕士的美国学生，和我讨论许多有关中西文化的问题，他曾经想把它翻成英文，已经积了好多稿子。有一次，他和我讨论自由和民主的问题。我说："在现代史上，美国人打着西方文化唯一光荣的旗帜，便是自由和民主的呼声。其实美国人所说的自由民主，只能说是'美国式的自由和民主',并不适合于其他民族、其他地区。尤其对于有五千年以上历史文化的中国,更不适宜。但你们自己不明白,更不肯反省,因此美援与美式自由民主思想,对所到的地区所发生的作用,正好与美援成为对等的反感。"

他问:"你所谓美国式的自由和民主,这是什么意思?"我说:"这要从你们立国到现在,二百年来的历史成因说起,相当复杂。总之,由十八世纪到现在,美国的祖先们,虽然带着欧洲工业革命后的文化,闯进这块新大陆。但来自英、法、德、奥等国的,各自有一套祖国文化背景的观念。加上利益共同均沾的思想,因此,而形成你们'民有、民治、民享'的立国精神。但无论如何讲究的自由和民主,在先天性的骨子里,都潜在有工商业化的利益和价值的成分。立国之初是如此,到两百年后的今天还是如此。说句老实话,你们现在的民主政治,幕后的操持者,仍然不能离开工商业资本或力的背景。诚然!美国到目前为止,对其他地区,还并无太大的领土野心,但不能说没有占有市场的要求啊!一有如此潜在的存心,加上国内的人们,对外界世局认识不清,受到民主政治牵制的弊害,于是在国际政治上,便举棋不定,依违两可。你们想要领导世界局势,必须要熟读中国的《春秋》,多学些国际政治的经验,然后才能了解《春秋》中'兴灭国,继绝世'的大义。"到现在,这位美国同学,已经回国在哈佛大学任教,开始教授《春秋》《左传》了!

我们为了要讨论近三十年来,中国青少年们受到美国文化风气影响的关系,所以首先要讲述以上我所经历的小故事,然后再来探讨"彼美人兮自西亟"以后的得失利害。

19

四、美国文化带来的迷惘

　　讲到二十世纪的历史与文化，和现代人的思想与心理问题，无论东方和西方的任何国家、任何地区，在第二次世界大战以后，或多或少，总要受到美国的影响。尤其是东方的中国和日本，关系更大、更为密切。

　　全世界所有的国度里，除了少数真正的落后民族，以及某些因为地理环境的关系，还在将变未变的国家，目前正坐享其成地接受现代物质文明，而仍能固守传统，苟安待变以外，欧洲的国家，如英、法、德等国，虽然抱着传统的自尊，始终存有看不起美国的心理，但在历史演变的时代趋势中，也仍然脱离不了美国风气的回旋波荡。至于东方的中国，在最近的三十余年中，确有美人闹乱朝市，形成"亲者痛而仇者快"以及"恩里生害"的情况。

　　现代的中国青少年们，急需认识和反省的是：造成世界局势至于现在的局面，除了美国立国经验太过幼稚以外，同时也是我们自己处在新旧文化夹缝潮流的趋势中必有的矛盾。现在，我们要想在极度的艰难困苦中，力求自强而复兴，就必须先对此历史时代的前因后果，加以寻思探讨，才能"温故知新"，才知如何自立而立人。

西风吹醒日本登上列强的席次

距今百年以前，东方的古国——中国和日本，在文艺复兴和工业革命后，西方新兴国家的眼光里，几乎也被视为第二个或第三个印度。其时，日本和中国，都同时警觉到关门拒盗的迷梦并非良策。于是，先后派遣留学生到外国学习西方文明。但是，那个时代所谓西方文明的重心，是在欧洲的英、法、德、奥等国家；美国，仅属其次而已，并不像现在一样有举足轻重之势。

日本的留学生回国以后，便出现了日本历史上最光荣的一页——明治维新。由此，促使日本跃登列强的地位。中国的青年呢？在清朝的腐败残局中，许多回国的人才，除了少数在洋务衙门行走以外，另外还有的，只有在洋行买办这一行中，自展抱负而已。当然，这不是当年中国青年们的过错，这是中国历史悲剧的一面。由此悲愤而化为国民革命，推翻清政府，建立中华民国的力量。

日本之所以如此，自然归功到它的历史背景，促成明治维新的幸运。当时的日本，在政治方面，因有天皇万世一系的观念，别无民族或其他大问题的存在。所以君明臣贤，而建立了伊藤博文等不世的殊勋。在学术思想上，因有中国宋、明儒家以后王阳明理学的普及影响，化成日本民族文化的根本精神。除了以西方的科学文明为用，仍以日本大和魂的民族文化精神为主。在国家的士气方面，因有强横霸道武士道的传统，特别容易与军国主义结合，于是一变就成为"大日如来"的帝国主义侵略思想。

西风吹乱黄华

　　而当时的中国呢？恰与日本相反。在政治方面，始终存在着将近三百年来的民族问题，以及清廷末代万难收拾的腐败政局。在学术思想上，五千年来的文化，远有儒、墨、道与诸子百家的汪洋浩瀚，各宗所是，互争长短。近有儒、释、道与东西方新旧文化的交流比较，莫衷一是。尤其正当三百年来民族革命改变历史的关节上，盲目地直接承受法国式的革命思想，舍己之所长而取其糟粕。甚之，唯恐革之不尽，致使在学术思想上，缺乏重心而呈一片混乱。至于国家士气方面，由明末清初三四百年来，无论朝野上下，都对一本小说——《三国演义》，深植了浓厚的感情和兴趣。由桃园三结义而到单枪匹马，纵横天下，割据城池，自我英雄的崇拜，配上拿破仑式的戏剧性思想，便造成保皇、复辟、称王称帝以及一连串北洋军阀的历史悲剧。由此而有国父遗嘱的"革命尚未成功，同志仍需努力"，由此而有德、日发动第二次世界大战中，只因日本一念之差，毁了中国，也毁了整个东方的文化。我们了解了这些历史事实，拿我们国家的现代史，与日本、苏联的现代史来比，你说，谁应该负这个责任呢？"虽曰人事，岂非天命哉！"

第二次世界大战中的暴发户——美国

　　姑且不论我们过去有多久远的历史，但在人类历史的无尽过程中，却只占了极短的一节。然而在这几十年来的经历，如果比起美国立国二百年来的历史，我们的国家，便如佛家所说，已经经历好多次的危亡劫运而不堪回首。我们这些"半老儿郎"或"老乃国之宝"的老少年们所遭逢的苦痛和伤感，绝不是现在中国青少年们，由中学和大学的课本上所得到的历史常识中能体会得到的。然而美国和现在青少年们心目中的美国文化，却在第二次世界大战中轰然爆发，一跃而居于西方文化的首席代表地位。

在我们现代青少年的心目中，说到西方文化，就好像只有美国似的。而十九世纪，西方文化系统的英、法、德、奥的光荣，就只在白纸上占据了数十页面，供人观摩研究而已。殊不知五六十年前，当英国称雄世界的时期，英国文化便占据了一切。留学的目标，与回国的标榜，唯英国的马首是瞻。后来德国和日本兴盛，德、日派的思想和德、日派的权威，又成为一时的风尚。英、德、法、日过去了，现在便轮到美国最吃香。但是，我们盲目追随这个历史太过年轻、有冲劲、有干劲而文化太过幼稚的朋友，崇拜它的裸体美，倾心它的纸醉金迷，实在和玩弄火山上美人一样的可怕。

我们必须警觉，对于国家、对于人类历史和文化，万万不可以"大胆的假设，小心的求证"。否则，这个求证的代价，所需付出的生命血汗实在难以计算。青少年们，一听到这些中老年的朋友们在批评或讥笑英、美的"嬉皮"，看不起"嬉皮"，就非常反感。反而对于"嬉皮"有无限的偏好和同情，而对于这些批评和奚落，却有着无限的不满。其实，英、美式"嬉皮"风气的出现，正是表示欧、美的青少年们，对于西方文化一股反抗的浪潮。他们为了反对前辈的传统文化，扬弃宗教的信仰，摆脱旧哲学的传统，讨厌物质机械文明而生出种种的反动心理。"嬉皮"！"嬉皮"！并非偶然的"顽皮"！但时至今日，美式的"嬉皮"，又要很快地成为过去，他们现在正在盲目地探寻东方印度文化的"超越冥想"，和中国文化的"口头禅"，以及中国道家的"旁门左道"，作为趋向于"超心理学"的路线。

平天下不能寄望于牛仔式的纨绔

24

其次，我也常常听到我们自己的朋友，很得意地引用英国前任香港总督葛亮洪在美国的演讲，他认为"十九世纪，是英国人的世纪；二十世纪，是美国人的世纪；二十一世纪，将是中国人的世纪"。可惜我没有亲自听到，同时很难百分之百证实这句话，即使真有其事，别人信口开河一说，也许是别有用心，我们自己不自强，行吗？况且，且看今日的美国，对内对外的举措失当，都是使人唏嘘的事。如果没有前年的送人登陆月球，借此一手遮蔽天下人的耳目，恐怕它的声望与国际地位，早已随着美钞的无形贬值，丧失在欧洲共同市场的玷坛了。在当前世界史上，美国最叫座、最成功的便是"美国式的民主和自由"。但是今天美国在国际上丧失声威的致命伤，无论在国内或国外，也是在"美国式的民主和自由"的作为上。

因此，第二次世界大战结束以后，国际政治上，无论在欧洲或东方，凡美国式的民主和自由所到达的地方，最大的成就，就是把别人的国家瓜分为二。而且美国始终不知如何才是真能安邦定国平天下的上策。内政上，在"美式"的民主和自由的旗帜下，弄得全国充满了黄（色情泛滥）、蓝（工人问题）、白（吸毒与服用麻醉品流行）、黑（种族问题）等各色危机。外加学生闹事、妇女运动、逃避兵役和漏税等问题，无一不是领导世界青少年走上堕落的歪风。

当然啰！这些问题在美国人的思想中看来，并不重要。他们没有历史文化的包袱观念，随时可以改变，随时可以通过民主的议会而改正它的缺点。他们有足够的自由，也有足够的勇气，能够做到"知过必改"的程度。然而其他受到美国风气影响的青少年，学坏容易，变好却难，这又怎么办？

前些日子，有一位半洋化的中国青年，和一位美国少年对我说："你们政府下令不准青少年留长发、变'嬉皮'相，可以。为什么对我们外国人也要干涉？"我说："你到中国来做什么？"他说："读书。"我说："既然到中国来学中国文化，对不起！中国文化素来讲究'整其衣冠，肃其瞻视'，这是我们的'国风'，'入境随俗'，不容马虎。如果我到天体会去，一定也照他们那么做。这是要适合国际间社会的礼貌，你不能认为这是干涉你的自由。我在街上看到你们同学们赤着脚走路，我们从来没有人干涉过，对吗？"

千金之子与贾母

此外，有人认为美国花了那么多的军费在欧洲、在东方的几处战场上，又死了那么多的人，为什么不彻底地诉之于武力，求得国际间永恒的和平。其实，这便是"美国式的民主和自由"的必然结果。他们的政治人物，即使有才如管仲、乐毅，也无法一展其志向。他们的军事人才，即使有智如孙武、吴起，也无能一展其怀抱。只许在国外打不准胜利的战争，限制军事战略的发挥，这是"美国式民主"的主意。可以瓜分别人的国土，画地自守，要求别人实施"美国式的民主和自由"，好让自己闭门揖让，熙熙融融地享受物质之乐，这是"美国式民主"的一贯政策。过去如此，现在如此，数十年如一日都如此，实在不足为奇。

所谓"美国式民主和自由"的特征，正如他们一位从工商业起家的名言："世界上最大的学问，便是如何让别人把口袋里的钱，很高兴地送到我的口袋里"，"学而优则商，商而优则仕"。民选仕途幕后的牵线主力，始终离不开拥有工商业，而需要随时争取国际市场的资本家的手心。为实行国际道义，帮助别人"兴灭国，继绝世"去打仗，在工商业的成本观念上，万万划不来。所以不能打，也不准打。此外，民选的票源，是广大的民众，美国一般民众与老太婆们，真不懂他们自己的政治家和军人们，何以对现成的福不会享？硬要出兵远涉重洋为别人去打仗？"千金之子，坐不垂堂。"谁家的老太太们，愿意把自己的富家纨绔弟子，送上战场？

民主的选票是权威，在美国的大观园中，如《红楼梦》中贾母和王熙凤之流的人物，占有全国半数的选票。这些权威和美国的资本家，虽然是同床异梦，然而对此却是殊途同归，联手投票送一个有政治理想的人上了台，起初二三年中刚好摸熟了国内外政治的行情，还未能有所作为，便要忙着为下次选票，争取同情。纵有掀天揭地之才，其奈天下苍生何？又奈全民选票何？况且以下驷之才，处于民主选票的悠悠之口，'众口铄金，积毁销骨"，谁又敢冒纠正积非成是的危险，甘为正义而自毁其政治前途呢！

美国文化不是人文文化的指标

由于这些粗枝大叶的认识，我们的青少年同学们，就可认清"美国式的民主和自由'以及它的文化思想的是非得失。同时应当知道自己没有特立独行的文化思想，而盲目倾心爱美，于国于家，后果均不堪设想。

如果从科学的发达、物质文明的进步、工商业的发展去认识美国，而立志要向今天美国的这一面学习，这是百分之百的正确思想。至于从整个的人文文化而言，仅有立国二百年历史文化的国家，就拿它代表了西方文化，认为它是盖过一切，那是莫大的错误。国者，人之积；人者，心之器。累积全国人心上下数千年经验和思想，方能构成一个文化的大系。今天的美国，仅是西方文化零落中的一颗经天彗星，它是科学文明的实验场，并非就是整个人文文化的指标。

五、望子成龙

反身而诚论遗传

目前提起青少年的问题，从各方面的见闻所及，不是涉及家庭教育、学校教育，就牵连到社会教育有关的社会风气方面。同时，社会演变随着时代的变化，日益加速，不但青少年的问题有与日俱增的严重趋势，跟着而来的，儿童问题与问题儿童等也同时并发。于是，一听到这些问题的表面，便像一个很严重的危机，就在人们的心里，将要随时爆发似的。束手无策地忧虑和叹息，便替代了解决这些问题的办法。

其实，一个人或社会群体的思想和心理的成因，是由许多因素而组成，并非只是单纯或少数的几个原因所造成。一个人的思想，从意识活动而来。意识的活动，随着身体生理的成长和变化，以及家庭、教育、社会环境等各种影响而形成。由于意识活动构成各种思想的变化而造成心理的状态。复由心理的状态，反复接触外界的刺激和反应，而产生一般思想或某种特殊思想的范畴。依中国文化的习惯观念来讲，综合起来，由婴儿、孩童，到达少年、青年，每一阶段暂定以五岁作为界限，节节形成一个人的思想与心理的作用，必须凭借身心两方面互相影响而成长。

暂时搁置形而上的生命本体论的禀赋问题不谈。遗传、家庭、历史文化、时代朝流、社会环境与学校教育等六个因素，便是形成青少年们思想与心理的主要成因。其中忽略了任何一个问题，都可能会造成偏见与错误的论断。因此研究青少年问题，随便笼统地涉及家庭教育或学校教育等问题，未必尽是确论。

关于遗传的问题　现在不想牵扯太远。贸然钻进遗传学的范围，难免变成坐谈学理而不切于实际。如果严格讨论到遗传的关系，便会牵涉到人类学、民族血统学，乃至天文、星象、地理环境、生理学、性心理与性生理学，以及中国古代文化重典中《礼记》的胎教等许多学理。因此，暂时只讨论到遗传的实际关系。

任何一个儿童或成人，他的心理状况，除了主要原因——得自先天形而上生命本体的禀赋，略而不谈以外，他的意识潜能的成长，实由于父母遗传的秉受，有大多数的因素。只是一般人忽略了这个问题的重心，或者根本没有发现这个人父母本身潜在意识的重点而已。而且遗传的作用，大约有两种形态：（1）直接遗传：这便是说某一个人的遗传作用，是由父母两人的直接禀赋而来。（2）间接遗传：这便是说某一个人的遗传作用，是由祖父、祖母，或外祖父、外祖母的血缘关系而来。无论为直接遗传或间接遗传的关系，一个人的个性和心理的形成，属于遗传的关系，几乎占有一半的成分。但是遗传的关系，又有更代变化的作用，并非是父母或祖宗是白痴，所生的子女必定就是白痴。在遗传的成因中，他还有自我的禀赋，加上受胎时的时间、空间的物理环境，以及父母在性行为时的心理与思想等等主要正反的遗传原因，因此而起变化成为更代性的成因。

望子成龙岂如人意

此外，遗传的作用，最为明显也最容易被忽略的事实是，它有承受传统遗传与反承受传统遗传的两种作用。（1）所谓承受传统遗传：这便是说某一个人，他的父母是纯良老实或者刁钻古怪的人，而所生的子女，也是纯良老实，或者刁钻古怪。（2）所谓反承受传统的遗传：这便是说某一个人，他的父母是纯良老实，但所生的子女，却很刁钻古怪。他的父母是慷慨好义，而所生的子女，却是悭吝自私。或者介乎两者之间，具有双重性格的个性。相对地，某一个人的父母是刁钻古怪，所生的子女，却很老成持重。这种现象便是反承受传统遗传的作用。他的父母是满腹经纶，所生的子女，可能是冥顽不灵。因此中国古史上的有名的唐尧是圣人，但是他所生的儿子丹朱，却是一个不肖之子；瞽叟不是好人，他的妻子也很坏，但是他们所生的儿子虞舜，却是圣人。有些忠厚老实之家，反出败子。有些不善良的父母，反而生出大好人的儿子。这就是说，在某一父母的心理潜能里，他有善良的一面，也有很不好的一面。例如一个老实人，处处肯吃亏，可是这种肯吃亏老实的行为，是压制内心的反抗，无可奈何而变成的老实表现。实际上，他的内心并不宁谧，虽然压制心理思想而表示为老实吃亏的外表行为，但仍不能平静内心，含蓄有极端的愤怒和愠怨的嗔恨。因此，便形成更代遗传的相反个性。或者，在受胎的性行为时，男女双方的思想心理因某种事实，或天然气候，或某种环境的影响，而构成当时心理的极大抗拒和郁抑，也就变成更代遗传的相反作用了。所以望子成龙而未必尽然，并非偶然的事。

由于这个道理，所以大学问家的子女，也许是天生不通文墨，不爱好读书的种子。大英雄的子女，也许是过分懦弱的人物。文学家的子女，可能不爱好文学而喜欢玩耍。艺术家的子女，可能是鄙视艺术而喜爱做工或经商。军人的子女，可能爱好文学而反对军事。工商业巨子的子女，可能是游手好闲、贪恋游荡的角色。其中原因，错综复杂，要由诸位有心研究者，以科学的方法去搜集资料，统计结果，加上哲学的推理，便可求出结论。那时，方知我言不谬也。在此只是指出原理、原则的所在，要同学们去深入研究。我没有时间也没有作这些精细统计的工作。我现在所讲最主要的重点，是希望家长们，或者注意家庭教育的人们，应当先了解这个原理，自己加以反省，或进而作更深入的研究，然后才对儿童教育与家庭教育实施正确的方针。如果一味望子成龙，好像有些父母一样，把自己一生的失败和没有达成的愿望统统加在子女身上，要他们努力向上，去替自己争口气而光耀门楣，荣宗显祖，这不但是很大的过错，实在也是做父母的心理道德上的罪过。结果一味如此妄求，他的结果会适得其反，反而造成子女在心理上潜在的抗拒，结果便变成不容于家庭和亲友乡里，而社会上，又随随便便加以一顶太保或太妹的帽子。不但使自家无后，而且也使国家社会，无故丧失了一个有用的人才。同时，希望一般盲目跟着升学主义走的人，能够宁静自思，好好为家庭、为国家、为社会着想，而努力地教育子女成为有用的人才。

什么是家庭教育

讲到家庭教育，听起来是很普通的名词。任何一对父母，有了子女，由婴儿至孩提，由儿童到青年，谁又不施管教？古今中外，哪个孩子又没有受过家庭教育呢？除非少数的例外，属于不幸者的遭遇，那就另当别论。因此，所讲家庭教育，岂非极普通而不成问题的问题吗？然而，如何是家庭教育的标准？家庭教育应该要怎样做？哪些父母才有资格担任家庭教育的主角？这等于说：凡是学校，都有老师，可是哪种人才有为人师表的资格？谁又是真正的好老师呢？所以当父母或家长的人，他自己本身的家庭教育，和他所受的其他教育，是否都够水准而无差错呢？这些都是决定家庭教育的先决条件。倘使讲家庭教育而忽略了这些问题，或者把问题青少年的过错随随便便，一概归咎于家庭教育，这就真成为家庭教育思想的问题了。

中国文化中家庭教育的论著

依照中国人一般通俗的观念来讲，大体上都认为我国的家庭教育，是最完善、最悠久的伦理教育。历史悠久，这是不可否认的事实。是否最完善，那是多方面的问题，不能泛泛而论。在中国文化中，对于家庭教育，列有明训的，最早莫过于《礼记》。我总希望自己的国人、自己的民族，都能先行深切了解自己的文化。至少，也须人人一读《礼记》的重要部分，所以在此不再详引。但是依照古礼——也可以说是古代的文化制度，童子六岁入小学，先从"洒扫应对"开始学习。以现代语来讲，便是先从生活的劳动教育入手，以养成清洁整齐的习惯；然后施以待人接物的礼貌教育，这便是所讲"应对"的内涵。换言之，古礼的六岁入小学，先从"洒扫应对"开始。它的教育精神，是注重在人格的培养，和礼仪的规范，并非先以知识的灌输为教育的前提。所以在《论语》中记载孔子的教育，也说"弟子入则孝，出则弟，泛爱众，而亲仁，行有余力，则以学文"。透过这个主要的中心思想，便可想而知中国古代，对于"洒扫应对"的儿童教育，也是在入学后开始。难道六岁以前，在家庭方面，便没有教过"洒扫应对"的事吗？事实不然，所谓"洒扫立对"的教育，当一个儿童在家庭中受到父母家人身教的熏陶，早已"耳濡目染"，所谓不教而教，教在其中已矣。六岁开始入学，除了注重儿童的生活教育，和礼仪教育的基础以外，便以知识和技能的养成为前提，那便是：礼、乐、射、御、书、数等有关文事武功的"六艺"。到了十八岁入大学，才实施立身处世的成人教育。所谓"学而优则仕"，便是指这个青年阶段前后的教育而言。总之，中国古代的家庭教育，让我们重复地说一句：除了《礼记》上所列举有关的记载以外，并无别的专书。

汉、魏以后，对于家庭教育，逐渐出现了专书。但是严格地说一句，那些有关家庭教育的皇皇大著，并不见得是为教育的理想而立论，而且更不是由教育哲学的基础而出发。那些著作大体上还是受到秦、汉以后门第观念的影响而作。例如汉、魏之间班昭的《女诫》、北齐颜之推的《颜氏家训》等。而且它是成人的伦理思想教育，并非绝对可作为儿童家庭教育的范本。宋、元以后，理学家的儒者们，渗入佛、道二教因果报应的观念，散见于个人学案中有关家庭教育的思想，更为普遍。自元代儒者郭居敬选定了《二十四孝图说》以后，到了明代理学家朱柏庐所作《治家格言》，便更普遍地被认为是儿童教育的读物。而原属于道教教义的《太上感应篇》，以及亦儒亦道亦佛的《阴骘文》《功过格》，也普遍流行为家喻户晓的家庭教育指南。清儒陈榕门所著《五种遗规》中的"教女""训俗"两种遗规，都可以说是儒、佛、道三家的有关家庭教育思想的汇流。实际上，这些著作，大体都是伦理思想和人格养成的成人教育的范围。所以说在中国文化中，对于家庭教育的思想、理论、实施，是否真能称为最完善的，就须重新确切商量，不能空泛而骤下定论。

六、孝和爱

以孝道治天下的家庭教育

从中国历史文化来讲，自汉文帝、景帝以后 "以孝道治天下"的教育精神，便已逐渐奠定基础。而汉武帝时代选举制度兴起以后，社会风气更加注重品德。所谓"贤、良、方、正"之士的选拔，促使政府与民间社会，自然而然注重家庭教育，以人格培养为其重心。到了魏文帝以后，竭力提倡孝道，自此使得历代帝王在政治思想和政治措施上，形成了"圣朝以孝治天下"的名训和准绳。然而"孝道"是宗法社会氏族中心的家庭教育的标准，它有时与国家观念或忠君思想，不能两全其美。唐代以后，为求"忠孝"思想的统一，便将《孝经》和"大孝于天下"的精神调和贯串，而产生过去中国文化思想上的名言 "求忠臣必于孝子之门"的定训。

"以孝道治天下"绝对没有错，而且"孝道"是中国文化的特征。但是在近代三百年来，中国文化的"孝道"却在历史政治上出现了正反两次的巨变。这正如庄子所说，一般人为了提防扒手与偷窃，一定把东西封锁起来，这是世俗人共道的知识。但是大盗们来了，便挑起箱子，抬走柜子，而唯恐你封锁得不牢固，以致有所散失。天下事有如此难料的变化，人心思想的邪正，有如此不定的反复，如果不好学深思地深入文化哲学的堂奥，岂能深切了解一种文化思想的利弊。

所谓"以孝道治天下"的正变，便是清兵入关以后，康熙运用"以孝道治天下"的政策。谁能相信清兵入关，只以三部书就统治了四万万人口的中国呢！相传爱新觉罗氏入关前后，要满族子弟，只要熟读一部《三国演义》，便知兵法。到了康熙登位以后，在政治思想上，就采用"内用黄老，外示儒术"的秘诀。他要满族的王公大臣，必须熟读《老子》。后来又提倡《孝经》，极力揭示"圣朝以孝治天下"的古训。把《孝经》配合他的"圣谕广训"，规定在乡的秀才或族长们，在每月的初一、十五，必须讲解诵读以规训子弟。老实说，康熙把中国文化"孝道"的特征，深入到民间社会和家庭方面去，这是他的一大德政，也是他奠定大清政权的一项最有效的措施。但相反地讲，他利用了"孝道"作为统治的权术，他用"孝道治天下"的办法，对付了关西大儒李二曲的不合作主义；同时又采用汉代地方选举"贤、良、方、正"的办法，而开了"博学鸿词"的特科，网罗了反清的遗臣和志士，因此而使顾亭林等无所能为。试想：人人都须作孝子顺孙，家家都要孙贤子孝，还有谁家的父母肯叫自己的子女去为反清复明而造反杀头呢？然而无论康熙"圣朝以孝治天下"的措施是德政，或是权术的运用，此举可说是"孝道"思想在近三百年来的正变。

文化大革命中，实施文化思想的大革命，对固有传统文化，做一番彻底的挖掘工作。于是"孝道"思想和宗法社会的氏族观念，就成为最大的敌人。出现了子弟清算父兄，红卫兵清算家庭和杀戮功臣遗老等事件。这便是近代三百年来"孝道"思想邪门的反变。

东西文化的"爱"和"孝"

正变也罢，反变也罢，历史文化的演变，终归要成为过去的陈迹。但处在历史夹缝时代中的我们，内遭古今云有的巨变，外受西方思想风气的压力，仍然想要讲究"孝道"而谈家庭教育，恐怕未必能够尽遂人意。

近半个世纪以来的中国思想，并不需要过分急于全盘西化或半西化。事实上，一般的思想大体都已洋化。单从教育方面来讲，无论是家庭教育或学校教育，乃至社会人心的观念，都以西方文化教育思想中"爱"的教育为重心。尽管有人作调和论者，犹如运用八卦的"纳甲"方式，解释"爱"与孔子所说的"仁"是同样的意义。但言"仁"者自论其"仁"，主张"爱"者还自讲其"爱"。"上帝爱世人"和"我爱你""父母爱子女""师长爱学生"，一片模糊，统统进入混淆不清、"一以贯之"的笼统观念。其实，这许多"爱"的概念，各有各的范畴，各有各的内涵，各有各的心理作用。唯有真能知"仁"的智者，才可"知其方"矣。无论在美国、在欧洲，父母对子女的"爱"的教育，自有他的文化思想的习惯和范围，并非一味的"溺爱"。他以"爱"为中心，培养后一代各自独立奋斗的精神。并不像我们"拿到鸡毛当令箭"，因此而产生新式家庭教育，一味地变成"溺爱"和

"乱爱"为能事。这是作为现代中国家庭主体的父母们，必须重新检讨的地方。

与此相对的，作为现代子女的中国青少年们，对于固有传统的"孝道"，必须了解它便是"爱"的延伸，和"爱"的反应。因为大家只从表面去看西方的文化，只看见他们做父母的对子女尽心尽力地付出"爱"，并没有像中国人一样抱着"养儿防老，积谷防饥"的心理和目的。所以他们的老年父母，老无所归，"不亡以待尽"地伶仃彳亍以等死的情景，触目皆是。其实，这是西方文化制度和社会习惯上的最大漏洞，并非是西方人在根本的人性上就缺乏"孝"心、缺乏"爱"父母之心。据我所知以及所接触到的欧美人士，当然包括青年人，他们思念父母之情，绝不亚于东方的"孝"心。他们在谈话中，也时常流露出思归与惦念父母家人的情怀。最近有一位法国学生，回国以后来信向我诉说，因为老年父母有意见，闹离婚，使他内心有无比的痛苦，他因此而生了严重的肠胃病。谁说在西方文化的教育之下，便缺乏了"孝心"？只能说他们缺乏了"孝道"的具体精神和制度而已。

由此可知"孝"便是"爱"的延伸，也便是"爱"的反应。诚然，过去有些孔家店的店员——后世的儒者们，错解"孝道"，强调"孝道"的理论，将"天下无不是之父母"，认为是千古不移的定律。其实，早在周、秦以前的思想，在《易经》的"蛊卦"中，便已隐约指出天下有不是的"父母"。所以"蛊卦"的"爻辞"上，便有"干父之蛊""干母之蛊"的观念。但做父母的，虽然被蛊惑而有不是的事，但在子女的立场来说，仍然需要以最大的"爱"心而为父母干旋过错。所以孔子也说："事父母几谏，见志不从，又敬不违，劳而不怨。"但是后世以讹传讹，或语焉不详，便把"天下无不是之父母"的观念，变成了铁定如律令的戒条。

同时做父母的，更要了解中国文化的"孝道"思想，并非只是单面的要求，它是相互的情爱。"父慈子孝""兄友弟恭"这是必然的因果律。孔子所谓"君君、臣臣、父父、子子"的道理，每句下面那个重复字，都是假借作为动词来读。用现代观念来说，就是：倘使父母不成其为父母，或父母没有尽到做父母之"爱"的责任，只是单方面要求子女来尽"孝"，那也是不合理的。其余各句的观念，依此类推，同一道理，当然不必重复细说。

39

现在我们不厌其烦地反复讨论了传统观念中家庭教育思想的概略，既不是否定以"孝道"作中心的家庭教育的价值，也不是接受从"爱"的教育出发的便是真理。现在我们所讲的目的，只是说明我们这一代对于家庭思想，与家庭教育方式，大多数都处在东西文化交流撞激的夹缝里，正在新旧观念混淆不清的矛盾现象中发生偏差。尤其是一般新式家庭的父母，外受西方文化生活方式的皮毛影响，对欧美家庭教育方式一知半解的崇洋心理的作祟，于是将错就错地仿照那些外国电影，而将不中不西的洋盘思想，奉为金科玉律。但在骨子里，又潜伏着传统文化思想的血液，"望子成龙"与"光耀门楣"的观念，并未完全抛却。于是便造成此时此地，在家庭教育方面，产生了问题儿童和问题青少年的事件。结果，不是怨天，便是尤人。再不然，便埋怨到学校教育和社会教育错误，自己好像置身事外，一无过错似的。其实，要讲我们青少年的思想与心理问题，就必须正本清源地从家庭教育的检讨开始，而不能将一切过错，都由我们后代的子女去负担。

七、旧八股和新八股

　　自孔子"删诗书，定礼乐"以后，我们从他所修订的"六经"，和他的遗著中，仰窥三代，俯瞰现在，综罗上下三千年来教育之目的和精神，一言以蔽之，纯粹为注重人格养成的教育。《礼记》遗篇中的《大学》《中庸》《儒行》等，虽然敷陈衍义，但自东周以来，仍然不外如《大学》所言："自天子以至于庶人，壹是皆以修身为本。"所谓"修身"，用现代语来说，便是人格教育。而人格教育，势必先从心理和思想的基本修正着手，因此《大学》便有"格物、致知、诚意、正心"等一系列程序的述说了。

　　我们从这个观念反观"六经"，归纳它的主旨便可强调地说：

　　《书经》的精神，是后世政治哲学和政治人格教育的典范。由此再配合孔子所著《春秋》的精神，便成为政治思想和政治行为的是非、得失、进退、举措等有关历史哲学，与政治人格和政治行为的成败事例。

　　《易经》的精神，从科学（中国古代的科学观念）的观察而进入哲学的精微，纯粹是洁净心理、升华思想的文化教育。由此再配合孔子手编的《诗经》与《乐记》（因《乐经》已失，故只以《乐记》来说），便成为适用于一般人陶冶性情、调剂身心的教育。

《礼经》所包括《三礼》——《礼记》《周礼》《仪礼》的精神，则是汇集中国上古传统文化的大成，包含教育、政治、经济、军事、社会、文学、艺术、人生等思想的体系。强调地说，它是后世奉为个人人格教育、政治人格教育等的典范。

但是这些观念，是从两汉以迄近代的儒家传统思想而立论。在历史的事实上，自春秋、战国迄于秦、汉之际，五百年间"六经"并未受到重视。尤其在春秋、战国时代，"智、力、勇、辩"之士，竞相以"纵横捭阖"、兵谋、杂说、阴阳等学术，取悦人主而自求爵禄功名荣显于当世，并即以此为天经地义的要务。少数宗奉孔子汇集的经书思想者，只有鲁、卫之间的儒生们，如曾子、子思、孟子等人。但是他们仍然需要依阿于人君的喜悦而得其苟安的生活，否则，依然不能荣显当世而畅怀于当时。因此，凄凉寂寞一生，自所难免。

秦汉以后读书与教育之目的

大家都知道中国历史上，记载汉高祖平定天下以后的一句最有趣的名言："乃公（天下）居马上而得之。"后世都把他引为笑谈，认为汉高祖没有受过读书的教育，因此而轻视知识分子，骂儒生们为"竖儒"。事实上这个观念，早已种因于秦并六国以后，自秦始皇、李斯与儒生们（当时的儒生，是包括道家等各种知识分子的统称）彼此不能合作，即造成学术思想的真空现象，因此我们大可不必如此耻笑汉高祖的不学无术。同时，自汉初接受叔孙通等的制体（定制度）开始，所谓当时的儒生如叔孙通等人，虽然依附汉高祖而攀龙附凤，等待引用，但对于中国上古传统文化的经义，并无高深造诣。大家只要研究《史记》《汉书》中叔孙通等有关传记，便可明白他们的思想和目的，也止于取悦人主，谋一身爵禄的荣显，并无什么传道授业的大志。他们与中国自古以来的传统教育精神，以及孔子的学术思想，早已大相径庭了。

汉初重视儒术，尊崇孔子，事实上是从汉武帝欣赏司马相如的文章词赋、重视董仲舒的儒学思想（董学并非纯粹的承接孔孟之学）、信任公孙弘的形似儒家之学开始的。于是才有西汉的重儒尊孔，由此再演绎渐变，就形成东汉儒家"经学"思想的大成。汉儒之学，上面顶着孔子的帽子，内在借题发挥，糅集道、墨、阴阳诸家之所长，外饰儒家为标榜，从此曲学阿世，大得其势，后世历经魏、晋、南北朝、唐、宋、元、明、清，中间屡有变质，虽然或有以"词章、义理、记闻"等为儒林学者的内涵；以"君道、师道、臣道"为儒家学问的本质。但不管如何说法，总之，必须要以功名爵禄，入仕用世为目的。孟子说过："不孝有三，无后为大。"此外，其余两种不孝之一，据汉儒赵岐的注解，便是"家贫亲老，不为禄仕"。换言之，读书除了做官以外，就不能谋生，既不能谋生养亲，当然就罪莫大焉。这与现在"教育即生活"，生活以赚大钱为最有出息的新观念，除了形式与方法上有不同以外，它的本质，究竟又有什么两样？

汉唐的"选举""考试"制度与教育思想

自周、秦以后，读书受教育之目的，概略已如上述。而朝廷量才任用的方法，除了上古时代，因为教育尚未发达，以学问德行为选士入仕的成规以外，到了战国时期，因为学术思想的勃兴，而诸侯各国，称王称霸，又需要起用有学术思想的人才，因此便造成战国末期六国"养义士"的风气没有了 但是有思想、有学识的人并不因为政治社会的安定便没有了，因此才开创出以品行德学为标准的"选举"制度，推荐地方上"贤良方正"之士，进为国家用人取士的体制。汉初的"选举"制度，的确是法良意美，但是世界上一切良法美政，实行久了，流弊就出来了，所谓"法久弊深"与"法严弊深"，都是中外千古不易的名言。所以到了汉代末期，便有世家门第等把持"选举"，徇私荐贤，于是这就成为知识分子掀起社会乱源的重要原因。由此在中国的历史上，相继紊乱了三百年左右，历魏、晋、南北朝之间，读书有学问的知识分子又需靠类似"养士"荐贤等方式而显扬功名于当世。一直到了隋、唐之际，唐太宗承袭隋朝取士方式，创立了考试制度以后，才得意地说出："天下英雄，尽入吾彀中"的豪语。从此，考试取士的方法，便演变而成为宋、元、明、清的科举考试制度。于是"三更灯火五更鸡，正是男儿立志时""十年窗下无人问，一朝成名天下知"等功成名遂的颠倒梦想，便深植人心，永为世法了。到了清代末期，以八股制义的"考试"取士制度，流弊丛生，而教育思想也陈腐朽败，因此才引起清末有学问、有思想知识分子的不满，配合民族革命的主张，就结束了三百年来的清王朝，也由此而推翻了两千多年来旧传统的教育方式。

顺手附录近日看到《金史》的资料，以便窥见过去历史中，

43

教育思想由考试取士所产生弊病的一斑。明、清后期的情形，大致也与此相同，尤其清末以"八股文"取士的毛病，"考场"陋习与笑料，见于近代史者，随处皆是，不必多说。《归潜志》云：

> 金取士以词赋为重，故士人往往不暇习为他文。尝闻先进故老，见子弟辈读苏黄诗，辄怒斥。故学者止工于律赋，问之他文，则懵然不知。间有登第后始读书为文者，诸名士是也。南渡以来，士人多为古学，以著文作诗相高，然旧日专为科举之学者，疾之为仇雠。若分为两途，互相诋讥。其作诗文者，目举子为科举之学；为科举之学者，指文士为任子弟，笑其不工科举。殊不知国家勒设科举，用四篇文字，本取全才。盖赋以择制诰之才，诗以取风骚之旨，策以究经济之业，论以考史鉴之方。四者俱工，其人才为何如也。而学者不知，狃于习俗，止力为律赋，至于诗、策、论，俱不留心，其弊基于有司者，止考赋而不究诗、策、论也。吾尝记故老云："泰和间，有司考诗赋，已定去取，及读策论，则止用笔点庙讳御名，但数字数与涂注之寡多。"有司如此，欲举子辈专精难矣。南渡后，赵杨诸公为有司，文风始振，然而谤议纷起矣。

新旧教育亟待修正的八股学风

大致了解了上下三千年来教育的概况，和"考试"取士的情形，无论我们的先圣先贤、诸子百家的名言，关于教育与学问的教诫，做过如何庄严神圣的定论，但教育的理想与一般社会对教育的"暗盘"思想，毕竟存在一段很大的距离。如果我们真肯深切地反省检讨，那么，就可以明白地说，我们的一般教育思想，历经两千多年来，始终还陷落在一个一贯错误的"暗盘"里打转。这个"暗盘"思想错误观念的由来，首先便是自古以来中外一例的"重男轻女"思想。为什么要"重男轻女"呢？因为男主外，女主内。男儿志在四方，"有子克家"，便可以"光耀门楣""光宗耀祖"。而光耀门楣和光宗耀祖的方法，就只有读书是最好的出路。尤其在古代轻视工商业的观念之下，当然就会产生"万般皆下品，惟有读书高"的看法了！读书为什么有这些好处呢？因为读了书，可以考取功名，登科及第而做官。因此"读书做官"自然而然就成为一般社会天经地义的思想。做官又有什么好呢？因为做了官，就能得到坐食国家俸禄的利益。由此"升官发财"便顺理成章地被民间视为当然的道理。由于这一系列错误观念的养成，读书读到后来，所有经、史、子、集，也成剩余的物质，只有"八股"的制义文章，才是生活的宝典，这都是很自然而形成的思想，无足为怪。

到了十九世纪末期和二十世纪之初，西方的文化思想东来，慢慢地把旧有"家塾""寒窗""书院"和"国子监"等中国传统教育的方式变了，变成了西方式的学府制度。由"洋学堂"的称呼开始，一直到了现在三级制的学校制度而至于研究院等为止。教育是真的普及了，一般国民的知识水准是真的提高了。但是知识的普及，使得一切学问的真正精神垮了，尤其是中国文化和东西文化的精义所在，几乎是完全陷入贫病不堪救药的境地。不但如此，我们的教育思想和教育制度，虽然接受西方文化的熏陶而换旧更新，可是我们教育的"暗盘"思想，依然落在两千多年来的一贯观念之中，只不过把以往"读书做官""光耀门楣"的思想，稍微变了一点方向，转向于求学就可以赚钱发财的观念而已。然后引用一句门面话来自我遮盖这个观念，而以"教育即生活"，作为正面堂皇的文章，几家父母潜意识中，对子女的升学大事不受这个观念的作祟？又有几家子弟选读学校、选修科系的心理，不为这个观念所左右？于是，新的"科学八股"的考试方法，但凭"死记""背诵"为学问的作风，依然犹如以往历史的陈迹，只是过去的风气，但须记诵八股文章，作为考试的本钱；现在的风气，但须记诵回答和猜题，便能赢得好学校以及联考的光荣。过去的读书为考功名、为做官；现在的读书和考试，为求出路、为求职业、为赚大钱。过去读书的，"志在圣贤"；做官的，一心以天下国家为己任，如此立志，也大有人在。否则，就抱着"君子乘时则驾，不得其时，则蓬藟以行"，归到农村社会，以耕读终生的也不少。现在则受了教育以后，不能谋得一个出洋、赚大钱的机会，至少也要做个公教人员，才算是不负平生一片读书求学的苦心。尤其是工商业时代都市生活的诱惑，小市民思想的深入人心，如果不能如此，只好优游等待机会，或者自己封个"马路巡阅使"来怠荡怠荡也可以。至于其他的事，只有付之于命运的安排了。

我们只要息心反省教育的现状，就可明白现代青少年陷落在一片迷惘境地的前因和后果。因此，我们为了后一代，对于家庭教育思想、社会教育思想，以及学校教育的思想制度，必须要多作检讨，以建立一番复兴文化的新气象。虽然说问题并不简单，但问题终须寻求出答案和调整的方法。这不但是我们老一辈的责任，也正是落在现代青年身上的重要责任，极须渊博通达的学问，才能挽救亟待复兴图强的中国文化。

八、从处变自强说起

　　这一代的后起之秀，缺乏历史文化精神的学养，更没有遭逢历史变故的经验，因此而没有定力和远见。可喜的是，他们已经从时代环境的骄宠和颓唐中振奋起来，走上自觉更新的道路。但是慷慨赴义易，从容适变难。因为激于一时的气愤，慷慨赴义，犹如庄子所说的"决起而飞，抢榆枋，时则不至而控于地而已矣"。至于从容适变，必须厚积风力，然后"培风"而起飞，才能转危为安，措天下于衽席之上，救亡图强，在于才智，而才智的养成，需要深厚的学术与精微思想的"风力"。我们基于"温故而知新""鉴往而知来"的观念，需要将近代和现在有关救亡图强等学术思想的演变史，作一溯往的启导，使大家由此而窥见它错综复杂的前因与后果，知道应当如何去振兴奋发。

救亡图强的思想与历史

　　从历史哲学的立场来看，人类真是可怜的一群，虽然累积上下五千年、古今中外多少人的才智与能力，如何如何地为某一地、某一国，甚至全世界的和平康乐，竭尽心力去努力。但是人类的历史，始终还是在扰攘和变乱之中，好像除了扰攘变乱以外，便无历史的内容似的。可是，也正因为如此，才不断地产生了东方的圣人、西方的哲人，随时随地，在种种艰困的环境中，为人类、为国家、为民族而寻求学术思想的方案。地不分南北，人不论东西，大致都不外于此例。

我们现在从明末清初近三百年来的学术思想，举其荦荦大者来讲，便可知道我们近代和现代的学术思想，一直没有离开为救亡图强与国计民生的大计之关系。在明代末期，作为中国文化主流之一的儒家理学的学术思想，随着历史的演变，和清军的入关，就强烈地促发为国家民族救亡图强而产生的革新思潮。再由十九世纪末期而到现阶段，时移世易，虽然是处在东西方文化的交流撞激的时期，但无论新的思想和旧的学术，仍然都是为救亡图强而努力。即如现代青年思想的矛盾，与情绪烦闷的情况，从大的方向来说，也都与此有关，并不例外。

明清之间的诸大儒

自明末清初来讲，当时影响力最大的大儒，便有黄梨洲、顾亭林、颜习斋、李二曲、王船山等人。他们都身受国破家亡的痛苦，鉴于明末学术思想的颓丧，和朝野社会风气的腐败，深切地体会到救亡图强与国计民生等根本大计，必须以重振学术思想、敦正人心，为第一要务。因此他们的学术思想，似乎都是一循旧贯，为辨别发明宋明儒家理学某些思想的观念。但在实质上，都为鼓吹民族正义、反清复明而努力，以为经世之学的阐扬。可是清初的帝王，如康熙、雍正、乾隆三代，都是不世的英才，他们也深知这个道理，因此极力注重文事与武功的作为上，竭尽所能地吸收清初诸儒学术思想的精华，作为励精图治的张本。孟子引齐人的话说："虽有智慧，不如乘势。虽有镃基，不如待时。"明、清之际诸大儒的千秋事业，恰恰遭逢康熙三代的时势，就被他们所吸收利用而成为一代的事功。其中顾亭林与王船山二人的学术思想，却一直笼罩了三百年而影响到六十年代的现世。此中的前因后果，牵涉太广，所以暂略而不谈。

50　　　　乾嘉以后与龚定盦思想的关系

到了乾（隆）嘉（庆）以后，清廷统治的事功，已非康熙三代的全盛情形，时代刺激了青年，便有龚自珍（定盦）的学术思想，应时而起。龚定盦与金圣叹、王仲瞿，都是清代的怪人。但龚的才智，又远非金圣叹、王仲瞿可比。他的学术思想，一直影响道（光）咸（丰）以后而到民国初年。同（治）光（绪）以来，康有为、谭嗣同、梁启超等的学术思想，大致说来，虽有时代观念的不同，但都是承受龚定盦的影响而启发其新知。龚定盦著作的《平均篇》与《乙丙之际塾议》等，关于救亡图强思想的影响，更为有力。至于咸（丰）同（治）之间曾国藩的学术，是靠他的事功陪衬出理学的思想，又另当别论。

有关现代的学术思想

到了清末民初之际，我们的历史时代，又遭遇一个新的巨变，而西方文化的东来，是激起历史巨变最为有力的因素。因此，融合古今中外的学术思想，为救亡图强而努力的风气，也随世变而波澜壮阔。其中影响最大而见之于缔造中华民国的事功者，当然是首推国父孙中山先生的思想。但是追溯学术思想的演变史实，和到达现在情况的前因后果，那么，便须对于有关这一时代的多方关系，稍加列述，可使青年同学们，略知梗概。

（一）距今三十年前的

甲：有关救亡图强的学术思想，影响三十年前的朝野社会最为有力的，便有：康有为（《大同书》《礼运注叙》《上清帝第二书》等）、梁启超（《饮冰室文集》等）、谭嗣同（《仁学》等篇）、张之洞（《劝学》等篇）、严复（译《天演论》及其自序、《原强》《辟韩》等篇）等人。

乙：有关纯粹思想，影响学术思想界最有力量的，便有：杨仁山（佛学）、欧阳竟无（佛学）、马一浮（儒学、佛学）、熊十力（佛学、儒学）等人。

丙：介乎经世实用与学术之间，亦足影响的，便有：章太炎、刘师培、梁漱溟等人。

丁：有关文学艺术，影响三十年前新旧社会之间，而风靡一时的，便有：樊樊山、陈三立、易顺鼎、苏曼殊、弘一上人（李叔同）、林琴南（意译西洋小说）、辜鸿铭、王国维，以及南社诸人与溥儒、齐白石等人。

（二）属于近四十年的

甲：有关学术思想，立意为救亡图强而努力，结果适得其反的，便有：胡适、张君劢、顾颉刚、马叙伦、马寅初、冯友兰、柳诒徵等人。

乙：有关纯粹思想，亦足以影响学术思想界的，便有：谢无量（佛学文学）、汤用彤（佛学）、蒋维乔（佛学）等人。

此外，有关正派或反派的学术思想，也和以上所列举的一样。其中又有正中偏与偏中正之分，而且都能影响三十年前的时代思想的，还有许多人物，一时记忆不详，碍难一一具列。至于介乎学术与政治之间，虽然名重当时，而如烟云过眼、昙花一现的，又当别论。

至于有关自然科学的新知方面，除了詹天佑以外，其余都无藉藉之名，亦少见其有创见的发明者，如没有人即起编列史料，则恐此类"名湮没不彰"，亦势所难免。

丙：所谓正派的学术思想：是以三民主义以次的体系学说而言，一概见于国民党党史的，自有专著，不在本题范围之内。

丁：共产主义的学术思想：是指接受或译述西方文化中的社会主义和共产主义的思想，力足以影响三十年前的思想和社会。包括前期的左派文人的著作和思想。此辈中人，便有：陈独秀、陈启、马哲民、侯外庐、陈望道、施存统、张闻天、罗隆基、陈禹、周作人、周树人（鲁迅）、沈雁冰、郁达夫、李芾甘（巴金）、万家宝（曹禺）等人。

戊：有关文学与小说的写作，风行一时，亦足以影响人心的，便有：朱自清、徐志摩、舒舍予（老舍）、张恨水等人。

我们简略地追溯过去六七十年来有关救亡图强的学术思想与人物，虽然在时间上只有短短的几十年，有如一瞬；专搞学术思想而有影响的人物，也只有几十位，人数不太多，但是他们的思想，却已影响了上一辈的青年约达六十年之久。虽然在今天的青年心目中，因为学力的不足，思想的散漫，并不占有太重要的地位，但仍然还有他们精神上的影响，只是在历史的事实上，却似成为过去，正如清儒赵翼所说："江山代有才人出，各领风骚数百年"的情形，我们可以由此而知在这六十年之间，这些著名学人的学术思想，一言以蔽之，也如我们的现实历史一样，都为国家民族的救亡图强而努力，各自发挥他的一得之见，构成一家之言，成为文化历史的精神资料。

万木无声知雨来的思想界

根据以上所讲这一世纪中，我们七十年来学术思想的大势，便知我们的上一代，生当第二次世界大战前后的青年，为国家、为民族、为世界人类，脑子里装满了这许许多多古今中外的异同思想，已有不胜矛盾之感。而同时又遭遇到史无前例的抗日战争，在心理和感情上，又加上无比悲愤，和无比痛苦的负担。我们如果拿文学的境界来做比喻，可以说三四十年前的知识青年们，大有"江山起伏争供眼，风雨纵横乱入楼"的感慨。而我们现在这一代的安定，却有"万木无声知雨来"的境况。

现在我们的教育，愈来愈普及，知识的范围也愈来愈普遍，实非前三十年可比。但是我们青少年们的学术思想，以及"见义勇为"、挺身而起"救亡图强"的精神和心理，却远不及上一辈的老少年们。因为我们模仿物质文明的进步，促使求安于现实生活的享受逸乐之中，已经心无旁骛。穷追工商业的发达，以争取经济的富裕，在宝贵而紧张的时间潮流中，更无余力去好学深思。因此养成社会风气，盲目地重视自然科学的技能，对于人文思想的研究，几乎视为是奢侈、浪费。大家却没有看到未来世界的局势，由于自然科学畸形的发达而更发达，进步而更进步的后果，它将会促成人文文化的"狮子身中虫，自食狮子肉"的悲惨局面。

我们要想努力为国家、为世界追求新的思想前途，首先就必须要了解现代世界局势的战争，归根究底，它是一个文化思想的战争。无论是西方或东方，无论是工商业进步或落后的地区，总而言之，仍如过去历史一样，依然为了物质的现实生活，与精神的出路而困扰。换言之，就是为人类经济生活的平均与分配问题，以及人们心理的安详与精神的归宿问题而烦恼。因此我们现代的知识青年，读书求学，除了为学习基本的谋生技能，以及为救亡图强以外，现在和未来，便有两大课题，急需产生新的千秋人物来完成缴卷的：

一、是如何为全人类着想，建立新的经济哲学思想。

二、是如何沟通精神与物质文明的综合科学的思想。

同时，更需要了解，这种属于人文思想的事业，是一个人的千秋事业，需要好学深思，由博返约去努力。绝不是急功好利，只图一时之快的工作。也许这与现实的环境有一大段很长的距离，但是"功名毕竟属书生"。拿这句话来针对这种从事人文文化学术思想的千秋大业而言，应该可以令人深省。如果只图目前个人的出路与个人现实生活的需要，历史上有无数当前的荣耀，也都成为过去了。以眼前的现实，换取永远的现实；以个人的生命，换取历史的生命。这在现代青少年的观念中，实在需要有重新的估价。我们不能让六十年后的学术思想史上，留下一页真空的白纸，贻笑于后人。

九、六十年来教育的变和惑

　　教育乃国家命脉和民族精神之所系。我们的教育，在 20 世纪的前六十年来，从旧式的传统，几经变革而到现在。但是我们还得承认我们现在的教育思想与教育制度，虽然形似进步，仍然存有太多的困扰与矛盾。因此促使青少年们在现行的教育方式之下，产生了许多心理的反抗与思想的迷惘。有关这个问题，我们必须要从新旧教育的实际变相中，寻求前因和后果，才能知所先后，深思反省而庄敬自强起来；否则，又会本末倒置，变成一个"不知所云"的结论。

由旧式的"家塾"到新式的学校

　　距今五六十年以前，我们的教育，实在不普及，虽然自宋代以后，各省地方便有公立和私立"书院"存在，但是那是高级学府，相当于现行教育制度中所包括的中学（初中和高中）到大学的性质。主持"书院"的老师又称为"山长"，他是一人包办的责任式之导师制。学生的来源，是绝对的自由从师，并非政府命令的规定。教学的内容，也有为专赶科场（考试功名）而研读"制义"——考试用的八股文的时文，等于现在的补习班。也有为研究经学而讲论心性的理学，或者兼带文章的讲习。然而能够读得起"书院"的学生，都是已经学有底子，或者已有功名在身的人。而且虽然是家境清贫，但总能设法弄到聊足温饱而专攻苦读。至于一般自幼年开始，如何到"家塾"去发蒙入学，以及在"家塾"读书的情形，需要略作简介，俾知变革中新旧教育的得失，有一比较。同时也为使将来研究教育的青年同学们稍微知道一些旧式教育的实际资料。

旧式家塾教育的回顾

57

我们的传统，遵照《礼记》的精神，童子六岁入小学，每个人到了六岁以上，便应该开始读书识字，但是在过去农业社会的乡村或城市中，国民经济与风俗习惯，并不能做到人人都在六岁的时候，便可读书受教育。第一，并无公家设立的学校，全靠大家凑足人数和财力，专请一位老师设立一个"蒙馆"——等于现在的小学和幼稚园的"家塾"，真不容易办。第二，一般乡村情形，并不都像孟子说的："五亩之宅，树之以桑，五十者可以衣帛矣。鸡豚狗彘之畜，无失其时，七十者可以食肉矣。百亩之田，勿夺其时，八口之家，可以无饥矣。谨庠序之教，申之以孝悌之义，颁白者不负戴于道路矣。"事实上，却是"加之以师旅，因之以饥馑""老弱转乎沟壑，壮者散而之四方"。这便是清朝末代的大体现象。所以农村子弟，至于比较生活安定的，也大都是"儿童未解供耕织，也旁桑阴学种瓜"。读书、考功名、做官，那是某一些人专有的职业，一般人们，好像本来就不存非分之想似的。

如果有了适当的"家塾",一个子弟开始进入学馆去"启蒙"求学时,那真如办一件相当慎重的大事似的。当然那时只限于男孩而言,女性受教育的机会,少之又少,可以说是绝无仅有的事。稍能注重子弟入学的家庭,在开始上学的一天,便先要他跪拜了祖宗的灵位,背着书包,由大人陪送他去入学。到了"学塾"里,先要跪拜大成至圣先师孔子的圣像或神位以后,然后再拜老师。安好桌位,才由老师慢慢地开始教授读书和写字。距今三十年前,我们对于老师,都是尊称为"先生",或者在先生之上,加上一个姓氏。至少,我是从来没有听到过称教学的"先生"叫老师的。一般学生抑或学手工艺的学徒,都称老师叫"师傅"。只有民间社会,对一般工匠叫"老司"或"老师"。我所知道在江南一带,大致相同。现在时代的风气变了,在这二三十年来,叫"老师"做"先生"的,却认为是不礼貌。由此可知是非礼义的标准,完全是因时因地的人为而定,哪里会有一成不变的绝对规范呢?

旧式家塾中的读书

当时在"家塾"中发蒙的学生,读的是什么书呢?大致约分两种情形:

如果是以读书考功名的,一开始,就很可能是读《论语》,其次《孟子》,其次《中庸》,其次《大学》。由六岁到九岁之间,关于以上所列的四书,必须要背诵得滚瓜烂熟,以备应考"童子试"的初步考试。至于《幼学琼林》《千家诗》《唐诗三百首》等,也是应读的课外读物，而且都须要背诵熟练，以备不时之需。当时读书注重"背诵"，所以便养成读书人"朗诵"的功夫和本领，有腔有调，合板合拍，等于唱戏或唱歌一样的有趣。至于书本，像启蒙学生所用的二十篇《论语》等，虽然都是木板墨印，但是都有一篇一篇的散卖的薄本，即使撕烂了或墨涂坏了，还可以再买一篇回来。

如果只以读书认字为目的，一开始，便读《三字经》《百家姓》《千字文》《神童诗》《增广昔时贤文》等等，各随所便，并不是规定一律。

因此，有些学生多的"家塾"，每天早上，老师各个分别地圈点教读了每个不同的书本以后，不管你懂不懂得意义，便由学生们自己去念读"背诵"，之乎者也，哄堂叫读，不亦乐乎。从前有人描述"家塾"的散漫情形，便作过一首打油诗，记述当时的实况，如云：

一阵乌鸦噪晚风，诸生齐放好喉咙。赵钱孙李周吴郑（《百家姓》），天地玄黄宇宙洪（《千字文》）。《三字经》完翻《鉴略》（《通鉴史略》），《千家诗》毕念《神童》（《神童诗》）。其中有个聪明者，一日三行读《大》（《大学》）《中》（《中庸》）。

至于吟诗作对，那是"发蒙"两三年后的必修功课。开始先学对对，初由一字一对，再慢慢地到达长篇长对。因此，李笠翁所著的《对韵》："天对地。雨对风。大陆对长空。山花对海树。

赤日对苍穹。雷隐隐。雾濛濛。日下对天中。风高秋月白。雨霁晚霞红。牛女二星河左右。参商两曜斗西东。十月边塞，飒飒寒霜惊成旅。三冬江上，漫漫朔雪冷渔翁"等，便是当时学习韵对的范本。到了《四书》读完，大约十几岁的年龄，学会作诗，那是并不太难的事。至于是否能够作得好诗，却是另一问题。总之，当时把吟诗作对与读书作文章，完全连在一起，因为从童子试的"考童生"开始，作诗是必须的一手绝活，等于现在考试中的英文，非要你学会不可。我们当时在十二三岁便会作诗，那是很自然的事。但是，后来我碰到很多位前清遗老，所谓"秀才"与"举人"的老先生们，到老仍然作不出真有才气的诗，那也是司空见惯的常事。这正如赵翼所说："到老方知非力取，三分人事七分天。"一点不错。

旧式家塾里对写字的"启蒙"

讲到"启蒙"时期的写字，更为有趣。起初开始练习写字，便要"描红"。那是在一张白纸上印好红字，用毛笔蘸墨去填写。一个六七岁的小学生，连拿毛笔是怎样的拿，都不清楚，马上就要"描红"写字，真也是件不容易的事。于是老师和大人们，往往便为你"把笔"练习（用自己的手握在学生的手上，帮他写字），那时开始"描红"的纸上，所写的红字并不太好，但是却是具有传统文化的历史权威的一首词句，从宋代开始，便一直为"启蒙"入学时期的小学生们所应用，它的内容是："上大人，孔乙己。化三千，七十士。尔小生，八九子。佳作仁，可知礼也。"

这首意义似通非通的词句，将近千年以来，应用得非常广泛。距今四十年前，我碰到一位学道术的人，他会画符念咒，大家都说他神通广大，法术无边。后来我和他接近以后，才知道他出卖的风云雷雨，完全靠一个很有效验的咒子。你说那是什么咒呢？原来他反复所念的，便是这首《上大人》。也等于另有一派专门替人画符念咒治病的术士，他们口中念念有词的，便是"大学之道，在明明德"的首一章，你说可笑不可笑。

学写字，先"描红"，还不错。有的穷苦学生，连"描红"的"上大人"也买不起，只用一块木板，漆成黑白两面，用毛笔蘸墨在白色的一面上学写字。等到老师看不见时，便用一堆墨倒在白板上，用嘴吹它一口气，再来用指头东抹西画一番，便会变出一幅很有趣的画面，山水人物、虫鱼花鸟都有。所以我常常想到当时那些小同学的影像画，真够前进，也真够"抽象"，如果拿到现在来，一定是最时髦的作品。但是我们当时在"家塾"里的同学们，却并不时髦，因为大家书包里，都带着毛笔、墨、砚台和书本，在"家塾"里读了一天的书，东画西画，每个人的手上、脸上、嘴上，都涂抹得一塌糊涂，都自勾成一个像京戏里丑角的面孔。

塾师和家塾

讲到"家塾"，我们顾名思义，一定都设在某一个人的家里啰？其实，并不尽然，除了殷实的富户人家，或者世代书香之后，可以有空房子，专门设立"家塾"，供子弟们读书以外，大多数的农村社会，都做不到有这样好的教育环境。所以多数的"家塾"，多半设立在某某宗祠的祠堂或寺庙里。因为这些地方，比较清静宽广，学生们还有活动的余地，荡秋千、踢毽子、叠罗汉、打小小的群架，那也是常有的事。但在偏僻地方的三家村里的"家塾"，情形又当别论。在此，我要声明，为什么一直要称它作"家塾"，却不用"私塾"的名称呢？因为"私塾"是在民国成立以后，建立了新的教育制度，对于过去私家设立的"家塾"，依法称它为"私塾"。事实上，在六十年前后的"家塾"，

并无所谓公立或私立的严格差别。

至于担任"家塾"里教书的老师，说来真有无限的感慨。同时，也可因此而为古今中外从事教学的先生们同下一掬伤心而凄凉的泪水。大概我们都知道过去私家教学的风格和习惯，凡是讲到家里教书先生的代名词，叫做"西席"。老师们称呼主人的雅号，叫做"东主"或"东翁"。除了一般已经有了初步功名成就的子弟，再请一位有学问或有功名的"西席"先生来家专门教读以外，其他一般"家塾"所请的老师，不是落第的书生，便是穷而无奈的酸丁。表面上虽然表示尊敬，实际上，并不受一般社会所重视。他们生活的刻苦，以及报酬待遇的菲薄，真是不堪想象。那时，并非以月薪计算报酬，只是以年节计算实物，或者加上当时极其少数的货币（银两或银洋），一年辛苦所得，也仅得温饱而已。至于以此养家活口，那就苦不堪言了。所谓"命薄不如趁早死，家贫无奈做先生"的感慨，都是这种情况中所产生的悲哀。可是话说回来，碰到有些"冬烘"迂腐的学究，实在也会使人觉得"百无一用是书生"的可厌。凡事总有正反不同的两

面道理，当然不能一概而论。但大体说来，当时多数的教书先生们，一言以蔽之，都在"清苦"中度过他的一生。所以清代的名士郑板桥（燮），在他没有考取功名以前，也曾经做过教书先生，他便写过一首足为千秋后世同声一叹的名诗，如云：

> 教读原来是下流，傍人门户过春秋。半饥半饱清闲客，无锁无枷自在囚。课少父兄嫌懒惰，功多子弟结冤仇。而今幸作青云客，遮却当年一半羞。

又相传光绪时，有李森庐者，以教读为业，某年岁除，不能归，作诗寄其妻云："今年馆事太清平，新旧生徒只数人。寄语贤妻休盼望，想钱还账莫劳神"，"我命从来实可怜，一双赤手砚为田。今年恰似逢干旱，只半收成莫怨天"。现在教书先生的情形虽然没有完全像这样的惨痛，但是以"舌耕"为务的人，比较一般从事有关工商职业的，在物质生活的享乐上，到底还有很大的差距。过去是"一席青毡"，罚坐在冷板凳上。现在是一张聘约，罚站在冷柜台。况且一校一系一派，无形中各自形成圈圈，清儒童二树所谓："左圈右圈圈不了，不知圈了有多少？而今跳出圈圈外，恐被圈圈圈到老。"古今中外，同此一例，这也正是人类思想和心理的一个重大问题。

十、七十年前八股文的思想与教育

　　讲到中国六十年前读书受教育的事，除了为读书做官而"考功名"以外，有人又把中国过去两千多年来学术文化的范围，归纳为"记闻""词章""义理"三大类。如果从这一观念出发，我们也可以强调说：两汉以来的"传经之学"，大体上是属于"记闻"之类；隋、唐的文章华丽，是属于"词章"之学；宋、明以还，特别偏重"义理"之学。虽然如此，但在六十年前的"家塾"教育中，无论"义理""词章"，都谈不上，充其量，只能说是教导"记诵"而已。有关人格养成的"德育"，也便在这种"记诵"之学的情形中潜移默化，种下了牢不可拔的种子。当然啰！这种"记诵"教育的方法，以现代教育眼光看来，完全是"注入式"的死读死记的方法，毫无启发才智的教育意义。甚之，是把人的头脑填成"书呆子"式的笨办法。

　　但从事实来说，并不尽然。当时的时代情况和社会环境，并不如现在的繁华和复杂。所以读书受教育方面，科类项目也当然不像现在那么多。当时所"记诵"的，只是有关"词章""义理"名著的简篇，而且每天背诵的也不太多。聪明一点的，只要花上一二小时的时间，就可以背诵出一篇文章。其余的时间，多半于优游自在中，任性之所乐，读书、写字、吟诗、作对，或者作有限度的嬉游。虽然并无现代体育教育的设备，可是自由活动，或打拳练武，也被认为是正当之行为，并不太过管束。当时严格执教"记诵"的作用，除了为"考功名"时所必要以外，在旧教育的理论上，认为它有一种"反刍"的妙用。因为从童年脑力健全、思想纯洁时开始注入这些经书诗文，虽然当时理解力不够，但一到了中年，从人生行为的日用上，和人事物理的经历体验上，便可发生如牛吃草的"反刍"作用，重新细嚼，自然而然便有营养补益的用处了。即如我们在这一代中，六七十年来的老少年们，对国家、民族、社会有所贡献的，也都是从这种教育方式开始，经过新旧教育的变革中所培养出来的人物。至于完全由新式教育所产生的后起之秀，对于将来历史的交代，那是以后的事，目前还无法来下定论。

由家塾教育的启蒙到书院

"家塾"的读书受教育，为时并不太久。聪明一点，大约读了八九年书以后，"四书"全熟了，应试的八股文也学会了，就可准备应付乡试考"秀才"。考取了秀才再准备会式考"举人"，这时已到了青年的时代了。但当时在二十多岁中，"举人"，所谓少年腾达的，也并不太多。从"举人"再进而考取"进士"的，大多数都是三四十岁之间的事了。五六十年以前，现代的教育制度建立以后，还有人把高等小学（相等于现行的国民小学）毕业的学生，当作"秀才"看待；中学生等于"举人"，大学生等于"进士"。至于研究院中的博士，就把他比作"翰林院"中的翰林学士了。清朝末代，自戊戌维新前后，有些派到外国去学科学的学生回来，还特意为他们设立了"同进士"出身的洋"进士"头衔哩！

至于由"家塾"读书开始，或者"十年窗下无人问"的努力自修之后，是不是一定要读"书院"呢？那是另一问题，因为当时的"书院"，虽然有些是公立的，但并无明文规定读书必要进"书院"才能取得考试的资格。而且公设或私立的"书院"有的注重"经学"，有的属于一般性的从师受读，或者专为进修时文"制艺"、学习八股文章而准备考试的，也各任自由。但是清朝末代的"书院"制度，已远非宋代开始有"书院"时的旧有精神了。

旧式"八股文"

过去读书受教育，大体简单的情形，已如上述。我们从现代的观点，回转来再了解一下被我们唾弃了六七十年，同时也左右了中国文化五百多年来的"八股文"，它究竟是怎么样的呢？我们除了举出一些实例以作说明之外，然后需要站在中国文学的立场，再进而研究一下旧"八股"与新的"科学八股"，它在教育制度和方法上的得失利弊了。但在此要郑重声明，这并未存在"复古"意识，更不是希望在国文教育中提倡旧"八股"文。在这里只能说，提起专读国文的大专同学和一般青少年们的注意，了解一下从前的青少年们所作"八股文"的文章技巧，和人格养成的思想教育，究竟是怎么一回事，以资反省检讨而已。

（一）不愤不启不悱不发

秦道然

（破题）圣人不轻于启发，欲有所待而后施也。（承题）夫夫子固欲尽人而启发之，而无如不愤不悱何也！欲求启发者，亦知所省哉！（起讲）且学之中，必有无可如何之一候焉。自学者不知，而教者虽有善导之方，往往隔而不入。夫至隔而不入，而始叹善导之无益也；孰若默而息焉，以俟其无可如何之一候乎！（提句）夫学所谓无可如何者，何也？

（提比）学者于天下之理，未能尽喻诸心也。而视夫既喻者，又不能不欣慕之也，欣慕之而不得，则愤焉矣。学者于天下之理，未能尽达诸辞也。而视夫既达者，抑不能不遥企之也。遥企之无从，则悱焉矣。（中比）其人而果愤矣乎？将见彷徨于通塞之途，急求之，则已急也。缓求之，则又缓也。欲求诸此而尚恐其或在彼也。当是时，侭乎其若思，茫乎其若迷。方无如愤何！而教者则曰：是正其可启之端，且有欲不启而不能者也。其人而果悱矣乎？将见迟回于疑信之交，约指焉而难定其真也。博求焉而不得其似也。已知其然而难知其所以然也。当是时，欲叠叠乎言之，又戛戛乎难之。方无如悱乎！而教者则曰：是正其可发之机，且有欲不发而不能也。（后比）而无如其不愤也！本无求启之诚，旋授之而旋弃之耳！且徒负求启之名，面折之而面承之耳！非特隐诱无由，即显示亦无由也，安所施吾启乎！夫聪明不愤不生，精神不愤不振。吾非不欲启，而无如不愤何也！不然，吾岂乐于不启者乎！而无如其不悱也！本无求发之诚，相视不相谋耳。且徒负求发之名，相告不相入耳。非特微言无益，即繁称亦无益也。安所庸吾发乎！夫意见不悱不化，辩论不悱不亲。吾非不欲发，而无如不悱何也。不然，吾岂乐于不发者乎？（结比）且不愤而启，是终无由愤也。若因不启而愤，亦事之未可知者也。学者日望吾之启而自思之，愤乎未也？不悱而发，是终无由悱也。若因不发而悱，亦事之未可料者也。不悱而发，是终无由悱也，若因不发而悱，亦事之未可料者也。学者日望吾之发而自思之，悱乎未也。（结句）愤勿但咎其不启，不发为也。

本文作者秦道然，年代、籍贯，难以考证。这是他少年时代的作品，是从清代八股文的汇编《初学度针》中摘录出来的。所谓"八股"，便是"破题""承题""起讲""提比"等八个程式。如果了解了本文全篇的思想，与现在教育学的原理和教育哲学完全吻合，则不能说只是无病呻吟的考试文字而已。以下所录的，便是阅者的总评。如说：

此题之理，在欲学者勉于愤悱，以为受启发之地。此题之情，在反言以激之；故全神都在四不字，从愤悱转启发，正是题理，从不愤不悱转到不启不发，正是题情。又从不启不发，转到可以使其愤悱，正是题神。神者，兼情理而得之者也。至其就题两扇，劈分八股，如连环锁子，骨节相生。不用单句转接，局法最为高老。中股后接起，皆有藕断丝连之妙。每股煞脚，摇曳多姿。股中诠发实义，字字透辟细切。无一字一句，不可效法。允为初学津梁、发蒙妙药。如诸葛八阵图，知入而不知出。余线批已细细指明，万勿粗心阅过，以为平平无奇也。文所以明道也，代圣贤立言，而不得其意之所存，炳炳烺烺徒然耳。顾生千百载后，欲道千百载以上人之意，已难，况圣贤微妙之言乎！况初握管而敢为之者乎！故言文于初学最难言也。初学作文，最患将题含糊诵去，不能逐字洗刷。才高者，辜负才情，不顾题理。质钝者，缚杀笔底，不透题情。是二人者，其失不同，而为无当于文则一也。夫文之为道，题而已矣。一题有一题之理，一题有一题之情，得理与情，而思过半矣。顾其端，全在从题字中，层层搜剔而出。反正闭合，轻重抑扬，使其来路至精也，去路极清也。前后倒乱，非题理也。步骤逾越，非题情也。只此一诀，神而明之，知者不易学，愚者不难为。可以探千百载以上人之意焉，可以代圣贤立言焉，可以明通焉。安得谓初学作文，可不自此始哉！

（二）临大节而不可夺也八比正格

向日贞

节能有守者，臣职克尽矣。夫人臣非才为难，而节为难也。临之而不可夺，殆克守其节者欤！且夫事未至而谈节义，在在可以为忠臣。事既过而论坚贞，人人可以为志士。然矜言气节之人，未必真能气节者，何也？曰：以其非临事也。盖臣品之邪正，居恒未可深知，独危急困顿之时，一生之贤奸莫不分其梗概。学术之真伪，平昔未可遽辨，独艰难纷集之际，毕生之忠佞，莫不定其权衡。嗟乎！孰是临大节而不可夺者乎？朝廷养士数百载，岂无责报之一日。及势至凌夷，而漫无足恃者，功名之士多，节烈之士少也。若人秉忠贞以为怀，故刃可蹈，鼎可甘，独此百折不回之意，必不可改。此国存与存，国亡与亡者，盖自匡居坐论时而已决矣。宁于委赞为臣也而忍负之。吾人读书数十年，岂无自靖之一念。及时至颠危，而顿易其操者，自家之念重，爱国之念轻也。若人本精白以自将，故家可亡，身可戮，独此靖共自献之心，必不可回。此不为威屈，不为势阻者，盖自草茅诵读而已定矣。宁于登朝致主也而忍忘之。幸而邦家徐定，则正色以立朝，而上可告无咎于君父，下可告无过于苍生。即特立之孤忠，自足树一代人臣之表。不幸而帝命难留，则从容以就义，而精诚可表于天地，志节可昭于日星。即一己之捐躯，亦足酬数世尊贤之报。持此志也，希贤希圣，已为天壤之全人。勿二勿三，庶几名教之正士。谓之君子，谁曰不然！

本文是一篇"八股"小品，但它对于人格的养成教育，以及人品和气节的思想，也并没有腐败到哪里去啊！现在再看当时阅读本文者的评语。如：

"字挟风霜，词奔雷电，他日立朝，风节于此窥一斑——左笔臣"。

"忠贞如铁石，文信国公之《正气歌》也——鲁木齐"。

（三）孝慈则忠单句

李课云

以忠课忠，忠固不待于使矣。盖孝慈即上之忠也。上能如此，民之忠顾待使哉。且上欲民之相见以心，上固善窥民之性情也，而不知民早已窥上之性情。上能为人子，民自戴之如父。上能为人父，民自依之如子。此上与下之以性情相见者也，而谓民之忠顾待于使哉。今夫民之不忠者有故矣，非不知元后之犹父母也。然上欲民之视犹父母，曷不念己之尚有父母乎？而胡为天性之多薄也。非不闻乐只之歌父母也。然上欲民之感同父母，亦曾问己之果能为父母乎？而胡为怀保之无闻也。是不能孝也，不能慈也，而第以忠责民乎哉！且夫世亦有能孝而不能慈者，而有说矣。谓取吾侪之衣，以衣其所亲。取吾侪之食，以食其所亲，是偏私之甚也。而兹则能孝而复能慈也如是，世更有能慈而不能孝者，而民尤有讥矣。谓不能亲其所亲，何能亲其所疏。不能厚其所厚，何能厚其所薄。是无本之施也，而兹则能慈而先能孝也如是，是则无所期于民，而民之窾窬自动也。天下惟是情之容拂耳，上自笃乎义所不容辞。一寝膳之节，而闾巷播为美谈。一抚手之恩，而妇孺感而歌泣。直不啻家人父子之情以相属也，而谁复自匿其情欤。是则无所迫于民，而民之感通自捷也。天下惟是理之不容诬耳。上自操乎物所不得遁，文告有时违所不忍违者，孝子长吏有时负所不忍负者，慈亲更晓于尊君亲上之理，不容诬也。而谁复显悖乎理欤！孝慈则忠，此上与下以性情相见者也，使云乎哉。

评语：

　　若顺从孝慈讲到忠字，文势便平，又局亦不紧。讲下倒从不忠跌出孝慈，紧而能醒。诠孝慈处，俱从民心目中看出，则忠字既有根，而所以能忠之故，不烦言而解。凡属倒纲题，及感应题，皆作如是观。——次青

　　我们读了这些"八股"文以后，便可发现历史有今古的差别，文章体裁的作法，也有时代的不同。但是青少年们的思想和心理，并没有因为历史时代的不同就有太大的差距啊！只有经过不同的教育方式的熏陶，各自发展成不同的意识形态而已。例如本文对于忠孝养成的观念，便指出须由"慈爱的教育"作根本，才能培养出忠孝的气节，这是古今中外不易的定理。

十一、新旧教育的变革

上文讲到过去中国的读书受教育和考选人才的办法，以"四书""五经"作为标准，是由宋儒理学兴盛之后，自王安石的首倡开始。至于用"八股文"作考试取士的定式，是由明初开其先例。废止科举和"八股文"改以"策论"作考选的标准，则自戊戌政变以前，由康有为、杨深秀的上书力言其弊，而得光绪的同意实施，下诏正式废止，才结束了历史上以"八股文"考试的旧账。但完全停止科举考试的制度，兴办近代学校教育，则是光绪三十一年（一九〇五年）以后的事。

从中国教育思想的演变史来讲，废科举、办学校并非自光绪末年才开始。如果要了解这一代六七十年来教育的演变，以及今后教育的趋向，追溯远因，应该要从鸦片战争以后，太平天国军兴和清朝中兴的时期开始探寻，才能找出它的前因后果。换言之，近代中国受到西方文化的刺激，开始举办学校教育，其初是受实用科学的技术所影响，和军事上的需要而开此风气之先。废"八股"、废"科举"，在清朝末代而言，是受到时势的逼迫，仓促应变的事。并非如日本明治维新一样，变则全盘通变，有计划地变得干净利落。

自鸦片战争以后，清政府迫于洋务的需要，从咸丰十年

（一八六〇年）设立总理各国通商事务衙门开始，到了同治元年（一八六二年），因总理衙门的请求，为了翻译外国语文和熟悉洋务的需要，于京师（北京）设立"同文馆"。但是当时"同文馆"招收生徒，指定专用正途的科甲人员。除了学习外国语文以外，第二年，又增设学习西洋的天文、算学。可是当时朝野的保守派，对于"同文馆"的设置，力持反对的阻力也相当的大。到了同治五年（一八六六年），开始派遣知县斌椿率领官生赴欧洲各国游历。那时所谓的官生，大都从"同文馆"出身。在这个时期，由左宗棠发动船政之议，由陈葆桢负责办理造船工作，有关造船的技术职业教育，已经在半洋半旧的方式下开始了。

再到光绪二十一年（一八九五年）。张之洞奏议仿照德国制度，设立陆军及铁路学堂。二十三年，张之洞又奏设武备学堂。一直到戊戌政变那年，才开始设立经济特科，又设立京师大学堂，又诏改各省书院为学校。不过那时所谓的经济特科，并非现在狭义的经济学（Economics），那时所称的经济，是旧观念的经纶济世的通才之学。同年五月，又诏废"八股文"，改"科举"的考试文章为"策论"，跟着又诏各省府厅州县设立学校。再到光绪二十九年（一九〇三年），才正式颁布学堂章程。三十一年（一九〇五年）再诏停"科举"，再举经济特科，设立学部。三十二年（一九〇六年），宣布教育宗旨。

我们简略地了解了从咸丰十年（一八六〇年）开始，中国接触了西方文化，逐渐改变固有的教育制度。到现在，已经有了一百年上下的历史。时代的推移迭相更改，历史的变革频仍。由此而看东西文化的交流，以及新旧教育制度的改革演变，对于国家民族的兴衰得失，便会产生无限的感慨。

我们现在以"温故知新"的态度，先把清朝末期（光绪时代）有关变革教育制度的大要史料，重新翻阅一遍，然后再来讨论这一代教育与现代青少年的思想和心理问题的关键所在，便可"观今鉴古"而求出它得失利弊的前因后果。

附录资料

光绪十三年开始，由总理衙门奏定出洋旅游人员章程十四条，是继同治以后派遣出洋留学考察，输入西方文化的实施办法。如云：

一、每年经费四万余两，以十员或二十员为额。二、考试人才，以长于记载、叙事有条理者入选。三、量官阶高下，酌给薪水。四、准开川资，准带仆役。五、游历年限。六、预支薪水。七、船价车价报销。八、游历地方川资。九、游历各地详细记载。十、各国语言文字科学，审择学习。十一、游历回华，应自明心得及著述。十二、由使臣领事保护照料。十三、各员先后具报启程。十四、父母老病不愿出洋者，准呈明免行。

张之洞初在两广总督任内，设立陆师学堂。到了光绪二十一年十一月奏陈练兵改用洋操，设江南自强新军外，又在十二月，奏设陆军学堂及铁路学堂。奏谓：

自强新军开办情形，业已陈奏在案。德国陆军人员无一不由学堂出身，今欲仿照德制，练成劲旅，非广设学堂，实力教练，不足以造就将才。光绪十二年间，天津地方，曾设立武备学堂。即臣在两广总督任内，亦曾设立陆师学堂，虽学生额数有限，而此次创练新军，营哨各官，取之两处学堂出身之人，究视未学者领会较易，长进甚速，是学堂之益，确有明证。查江南省城原设有水师学堂，今于仪凤门和会街地方，创建陆军学堂，讲舍住屋操场，一例备具。学生以一百五十人为额，为马步炮队，及工程台炮各门，约以二年为期，二年后再令专习炮法一年。三年期满，分别甲乙，是为毕业。又铁路一项，学有专门，与陆军尤相关系。从前北洋亦经设有铁路学堂，但人数不多，殊不敷用。今拟另延洋教习三人，招集学生九十人，别为铁路专门，附入陆军学堂，以资通贯。其款项筹拨方法，陆军学堂开办四万数千两，在筹防局动款拨用。至常年经费四万余两，又铁路学堂经费二万数千两，即在山海关新认加解每年四万两，镇江关新认加解每年七千两项内动支，更劝募商捐以定之。

疏入报可。

这就是我们在上面所说，中国历史上教育的改制，开始仿照西方文化的教育制度兴办学校，是为了实用技术和军事上所需要的史料之一。

跟着而来的，便是光绪二十二年，始设官书局，任命孙家鼐为管理大臣，积极接受西方文化洗礼的事：

> 先是光绪初，日割琉球，法割安南，英割缅甸，列强竞
> 争，外患日迫。中外士大夫，多有知旧政之不良，潜思改革
> 者。一八八八年，英美宣教士及领事等，创办广学会于上
> 海，有志之士，相与译新书，讲新学，排外自大之气为之一
> 变。及甲午战起，粤人康有为等，复继广学会设强学会于上
> 海，尚书孙家鼐、鄂督张之洞等，均赞助之。于是京师官
> 绅，相与设强学书局翻译新书，讲求时务。嗣经御史杨崇
> 伊，奏请封禁。至是御史胡孚宸复奏请将强学书局，改归官
> 办，总理各国事务衙门因奏请改设强学书局为官书局。

奉旨允准，并特派孙家鼐为管理大臣。

同年七月，又由工部尚书孙家鼐奏请开办京师大学堂。

先是大学士李端棻奏请推广学校，以励人才，京师宜建立大学堂等语。朝命饬下管理官书局大臣孙家鼐，察夏情形，妥筹办理。至是孙家鼐奏陈六事：

> 一、宗旨宜先定：以中学为主，西学为辅，中学为体，
> 西学为用。

> 二、学堂宜建造：讲堂学舍，必爽恺宜人。仪器图书，
> 须庋藏合度。

> 三、学问宜分科：拟分立十科：甲、天学，算学附焉。
> 乙、地学，矿学附焉。丙、道学，各教源流附焉。丁、政

学，西国政治及律例附焉。戊、文学，各国语言文字附焉。己、武学，水师附焉。庚、农学，种植水利附焉。辛、工学，制造格致各学附焉。壬、商学，轮船铁路电报附焉。癸、医学，地产植物各化学附焉。

四、教习宜访求：中国教习，应取品行纯正，学问渊深；外国教习，须深通西学，兼识华文，方无扞格。

五、生徒宜慎选：年以十五岁为度，以中学西学赅通者为上，中学通而略通西学者次之，西文通而粗通中学者又次之，分为三班。

六、出身宜推广：参酌中西，特辟三途。

甲、立科：仿前乡会试立算学、时务等科之例，咨送与考。

乙、派差：如应试不中式，量其所长，咨总署派往使馆充当翻译，或分布南北洋海陆军船政制造各局帮办一切。

丙、分教：泰西有师范学堂者，专学为师，学生如不应举为官，即考验后任为教习。至经费一层，应请飞饬南北洋大臣，无论何款，按月各拨银五千两，解交户部，作为京师大学堂专款。

疏入从之。

到了光绪二十三年五月，湖广总督张之洞，又奏设武备学堂。奏谓：

外洋武备学堂分为三等，小学堂教弁目，中学堂教武官，大学堂教统领。学术浅深难易，为此为差。今我国如救时计，虽不能遽设大学堂，而教武官之学堂似不可缓，今拟专储将领之材，选文武举贡生员及文武候补员弁。官绅世家子弟，文理明通，身体强健者，考取入学堂肄业。其功课章程，令洋教习酌议，课程余暇，即令其诵读四书，披览诸史兵略，以固中学根柢，兹于湖北省城东偏黄土坡地方，购地建造学堂，派员妥定课程，以期有实效而无流弊。

得旨允行。

光绪二十四年，也就是有名的戊戌政变那一年正月，诏设经济特科，正式设立京师大学堂，改各省书院为学校。

先是贵州学政严修，奏请开议专科，经总理各国事务衙门会同礼部议奏，允先行特科，次行岁举。特科约以六事，曰：内政、外交、理财、经武、格物、考工。由三品以上京官及督抚学政各举所知，咨送总理衙门，会司礼部，奏请试以策论，名为经济特科。岁举则每届乡试年分，由各省学政调取各学堂书院高等生，送乡试分场专考。

令高等学堂毕业者入焉，以谨遵谕旨，端正趋向，造就通才为宗旨。计分八科，曰：经学科、政治科、文科、医科、格致科、农科、工科、商科。

诏各省府厅州县，将现有之大小书院，一律改为兼习中学西学之学校，以省学为高等学校，郡城为中等，州县为小学，并祠庙不在祀典者，一律改为学堂。

五月，诏废"八股文"，"科举"改试"策论"：

经义试士，始于宋王安石，至明初乃定为八股文体式。尊其体曰代孔孟立言，严其格曰清真雅正，禁不得用秦汉以后之书，不得言秦汉以后之事。于是士人皆束书不观，争事帖括，至有通籍高第，而不知汉祖唐宗为何物者。康有为及御史杨深秀，会于本年三月，上书请废八股，为许应骙所驳，不行。四月初，梁启超复联合举人百余人，连署上书，请废八股，书格不得达。至是康有为、张元济因召见，皆力陈其害，康至谓辽台之割，二百兆之偿，琉球、安南、缅甸之弃，轮船、铁路、矿务、商务之不兴，以及民之贫，国之弱，皆由八股害之。帝喟然曰：西人皆曰为有用之学，我民独曰为无用之学。康即请曰：皇上知其无用，能废之乎？帝曰：可也。康退，告宋伯鲁，使抗疏再言之。疏既上，帝立命军机大臣批准，刚毅谓此乃祖制，不可轻废，请下部议。帝曰：部臣据旧例以议新政，惟有驳之而已，吾意已决，何议为？诏遂下。

略如云：

我朝沿宋明旧制，以四书文取士，康熙年间曾停止八股，考试策论，未久旋复旧制。一时文运昌明，儒生稽古穷经，类能推究本原，阐明义理。制科所得，实不乏通经致用

之才，乃近来风尚日漓，文体日蔽，试场献艺，大都循题敷
衍，于经义罕有发明，而浅陋空疏者，每获滥竽充选。若不
因时通变，何以励实学而拔真才。著自下科为始，乡会试及
生童岁科各试，向用四书文者，一律改试策论。

同年五月又诏各省府厅州县设立学校。诏谓：

前谕入京师大学堂肄业者，必由中小学递升。惟各省中小
学，尚未一律开办，著各督抚饬地方官各将所属书院详查，一
律改为兼习中学西学之学校。至于学校等级科目，应以省会之
大书院高等学堂，郡县以次递降。所有小学中学应读之书，仍
遵前谕，由官书局编译中外各书，颁发遵行。至于民间祠庙，
有不在祀典者，即由地方官晓谕民间，一律改为学堂。

光绪二十七年八月，诏各省州县改设三级制学堂：

自七月下旬，诏各省筹建武备学堂，停止捐纳实官后，
至是复命各省所有书院，于省城改设大学堂，各府及直隶州
改设中学堂，各州县改设小学堂，并多设蒙养学堂，已而又
命各省选派学生出洋肄业。

光绪二十九年十一月间，颁布学堂章程，再诏停"科举"：

于省城改设大学堂，各府及直隶州改设中学堂，各州县

改设小学堂，并多设蒙养学堂，定章程以鼓励之。凡由学堂毕业考取合格者，给予贡生、举人、进士等名称。又特设管学大臣以专其责，此二十七年事也。二十八年颁定学制，命各省选择学生，派往西洋各国讲求专门之学。其后学制，递经改订，规模渐具，至是命由张之洞会同管学大臣，将学堂章程悉心厘订，议定进呈。

凡初等小学堂、高等小学堂、中学堂、高等学堂、大学堂、附设通儒院，六种章程各一册。又外国蒙养院，一名幼稚园，兹参酌其意，订为蒙养院章程及家庭教育各一册。另就原设师范馆章程参考订定初级师范学堂、优级师范学堂、任用教师等三种章程各一册。又农工商实业，另拟有初等农商实业学堂、附实业补习普通学堂，及艺术学堂各章程。中等农工商实业学堂、高等农工商实业学堂、实业教育讲习所、实业学堂通则，五种章程各一册。此外管理法编为各学堂管理通则一册，又总括设教宗旨，为学务纲要一册。

当时称为赅备，并拟递减科举办法，疏入，命次第推行，并改任孙家鼐为学务大臣。

光绪三十一年，又诏停科举：

自二十七年七月诏废八股之后，科举仍每岁举行，至是因日俄之战，全国风动，直隶总督袁世凯等遂奏请立停科举，推广学校，廷议从之，遂下谕。略言：三代以前选士皆由学校，而得人极盛，实我国兴贤育才之隆轨。即东西洋各国富强之效，亦无不本于学堂，方今时局多难，储才为急。朝廷以近日科举每习空文，屡降明诏，准将乡会试中额，分三科递减。兹据该督等奏称科举不停，民间相率观望，欲推广学堂，必先停科举等语，所陈不谓无见。著即自丙午科为始，所有乡会试一律停止。各省岁科考试，亦即停止。又言：学堂本古学校之制，其奖励出身，又与科举无异云。自是科举遂废，学堂日兴，其留学欧美者所在兴起，全国风气为之一变。

到了光绪三十二年二月，宣示教育宗旨。诏曰：

考各国学制，大别有二：曰专门，曰普通。而普通尤为各国所注重，普通云者，不在造就少数之人才，而在造就多数之国民。今因中国政教之所固有，而亟宜发明以距异说者有二：曰忠君，曰尊孔。又宜针砭以图振起者有三：曰尚公，曰尚武，曰尚实。着将钦定教育宗旨，颁示天下，悬之京外学堂。

看了以上的历史资料，我们至少可以得到一个概念：在时代潮流的趋势中，要想真正融会古今中外而建立一个新的教育思想和制度，绝非单凭浅见的眼光而只图一时的快意和躁进所能成其事。同时，看了这些史料以后，也可了解我们现在有关文化教育等问题，仍然还是这个世纪中的老问题，只因时代意识的不同，表现的形式两样而已。

十二、值得反省的代差与教育

　　前面费了不少的时间，反复讲述了近代一个世纪以来文化和教育在历史上演变的陈迹，其目的，为了使我们现代的青少年们，了解有关这一世纪的思想和心理问题的来因去果，而后才能真正深入其中，探讨其得失，也才知道如何自强自发地担负起这一代应负的责任，以及如何建立今后文化思想的方向。现在要讲的，将是衔接我们这一代切身的问题。但是其中还有不少的因素，牵涉广泛，无法一一剖析，只是略说端倪，以资启发，希望有志之士自寻答案而确立自身的作业。

　　由于前面的讲述，我们至少知道过去有关东西文化、语文的交流工作，以及教育思想和教育制度的演变情形，已经有了百年前后的历史，换言之，横亘在我们面前的种种问题，例如：东西文化思想的交流、教育思想、教育制度和教育方法，等等，仍然逗留在将近百年以来的老问题上，到目前为止，并无特别翻新之处。同时也由此可知重新整建一个国家民族的文化，绝不是单凭一时的意气，可以"立竿见影"，一蹴而就，侥幸而得的。并且也由此可知其中根本就没有什么"代差""代沟"等的存在。现在青少年们所梦想以赴，愤慨以求的，也是上一代所希求的目的；现在青少年们的感受，也正是上一代慷慨悲歌的情形。只是时代环境的不同，彼此面对的景象各别而已。规规矩矩来说，上一代的老少年们，由于年龄随时代的消失，意志随岁月的迁逝，精神随体力的衰竭，把齐家、治国、平天下的愿望，寄托在下一辈后起之秀的身上。因此，从表面看来，老少两代的思想与作风，在形式上纵有差异，但在实际上，却正如接力赛，互相衔接，上下两代哪里真有一道鸿沟的间隔呢！如果真有"代差""代沟"的存在，人类的历史一定会有绝无仅有或一段真空的现象出现。那么，历史事实与历史哲学的本身，都成为废话而不通了！事实上，历史的演变也正是衔接性接力的变异，绝无一个无因而来的可能。因此，历史哲学仍然具有它值得研究探寻的价值。

文化史上的一笔"呆账"

现在我们旧话重提，再从清朝末代废除科举取士与改革教育制度谈起，由咸丰时代的学习西洋文学，出洋考察，成立"同文馆"，翻译西书，以及到了光绪初年废除各省州县的"书院"制度，成立"学堂"，和正式设立"北京大学堂"的一连串的事实开始，将近一百年来的文化输入，和"东才西学"的成绩，它在历史上究竟有些什么交替？而且一般正式从"西学东来"的前辈学人们，他们为我们的国家民族又究竟作了哪些实际的贡献？当然啰！除了从事有关应用科学而默默无闻的建树者，值得我们予以相当的崇敬以外，其余的，实在不敢期期奉承。此所以我们在这一时代中，不及东邻日本在第二次世界大战以前的进步之故。

固然，我们也不能随随便便就将这个重任，贸然地加付在他们的头上，况且其中还有许多阻力的因素，绝非骤然可以消除的；例如历史文化旧包袱的拖累，以及新旧思想一时难以融通的差异，因此才有上一代劳而无功的结果。但从"春秋责备贤者"的意义来看，却也不能轻易地推掉中国文化人的责任啊！

先从小学教育的课本说起

讲到这一世纪教育上的沿革，我们必须要从教育的宗旨和内容说起。同时更需要从基本教育——中小学的教育说起。关于过去童稚开始接受教育的情形，我们已略如前面所讲，虽然并无明文规定它的宗旨，大体上都是以人格的养成为教育彻始彻终的精神。至于上下二千年来教育的内容，都以"四书""五经"为教材的主要中心。除此之外，虽然另有如《三字经》《千字文》等一类的书，也只能算是辅助性的读物。自从西风东渐促使教育改制以来，"中学为体，西学为用"的观念，以"经""书"为主的一贯教育，始终还是一仍未变。尽管有人表示反对，但过去数十年来的确是如此。后来由改制而注意到小学教育的课本，根本撇开旧套，从教习儿童的识字教育开始，但还是走的《礼记》文化的老路线，采用"小学""训诂"的精神，配合西方文化的看图认字的教学方法，因此而有了"人、手、刀、尺""山、水、田""狗、牛、羊"等初级小学课本的出现。从此而再演变，便又改的课本，作为小学"小猫三只四只""猫儿叫，狗儿跳"一类低年级的读物。再往后的一再改变，便到了现在的"开学了！开学了""老师早，老师好"的课本了。可惜我手边资料不够，如果资料齐全的话，就可以把这几十年来所有课本内容的改革，作有系统的研究，那么一定会发现许多道理和足资反省、检讨的地方。如果有人拿这资料作一篇《二十世纪中国中小学教育课本的改革和文化思想之演变关系》的论文，保证一定可以拿到一个学位。

当时有关这些课本的改革问题，都是经过慎重的研究和考虑，尤其须要根据国家教育政策和"教育学""儿童教育心理"等学理的依据，并无随便乱来的嫌疑。至于人格养成的教育，则只归公民课本去负责（旧式的公民，叫作修身）。大家都是身历其境，都有受过这一教育方式的实际经验，不必再作详说。尤其像我们列入上一代的老少年们，亲自有过新旧不同的教育经验者，对此看得更为清楚。必须承认新时代的教育内容和方法，对于开启国民知识和普及教育的效果，的确迥非前代可比。但是知识并非就是"学问"，人格养成和国家民族文化精神的栽接，并非有了知识就能成功的。尤其对于儿童教育来说，问题更为严重。因为我们现在所采用的教育方法，为了配合当前时代的需要，大体上都是传授知识和技能，并没有真正考虑到国家民族"承先启后"的百年大计。旧式的教育，虽然也没有明文确定是为这一目的而教育，但几千年来的一贯精神，实在是与此目的相契合的。

现在为了面对当前时代的需要而传授知识和技能，那么，所有教育措施，就只看时代的趋向、社会的需要而决定教育的方向。因此，就无法以教育思想来开辟时代而领导新时代了。尤其为了"语""文"合一而采用的课本，对于知识的传授和传播，收到眼前的功效确实不少。但是距离中国文化的本位，就愈来愈远了。我们所谓的中国文化的宝库，都在上下五千年的古典书籍里，但是古书都用文言写成的。我眼见现代的青少年们，虽然爱好中国文化，有心要想研究中国文化，基本上就读不通古书，打不开这个上下五千年宝库的锁钥，因此只有望洋兴叹，左顾右盼的尽是一片茫然了。

以考试为学问的流弊

并且最不可解的，我们现行的小学课本，与中学、大学并非都能衔接。从小学一年级开始，拼命教儿童们背诵现行课本上的许多大可不必要的知识，来准备月考和期考。因此弄得有心"望子成龙"的家庭，比较上进的子弟，"三更灯火五更鸡"背书作功课，比起科举时代的考功名、背"八股"，更加严重。当时为了考功名，背"经""书"，背了以后，一辈子受用不尽而学无止境。只要问一问，我们现代六七十岁以上有所建树的老少年们，请他们平心静气地谈一谈，哪一个的学问知识不是从这种旧教育方式中打下基础。可是现在我们花费了无价可比的下一代童年时代的时间和精力来背课本，弄得头脑呆板，眼睛近视，背熟了以后，除了应付一级一级的考试以外，便等于毫无用处。一考上了中学，小学读的书就等于白费。考上高中，初中的书是白读了。考上大学，中小学的书等于无用。大学毕业以后，踏进各阶层社会来做事，无论如何专门，也会感觉到所学与所用，完全毫不相干。除非还要为一辈子的考试再接再厉，那才还有些用处。因而，正常情况下，或者在大学毕业以后，才需要正式开始重新读书求学。

有一次和一位学师范教育的同学谈天，偶然讲到这些问题，我问他说："我们现在教育的真正价值在哪里？"他叹了一口气，笑着对我说："为了考试。"由小学考中学，中学考大学，考研究所，考出国，考种种和种种的考。考过了一生，然后方有资格称"显考"和"皇考"。这真是一个语重心长的幽默。考试是中国文化特有的创作制度，法良意美，素来为外人称道赞誉的。谁知到了现在，一考之弊至于如此，因此而形成现在青少年们的思想与心理潜在的抗拒意识，也是相当严重的因素之一，的确不能掉以轻心而疏忽置之的。如果以时代观点，从西方文化的教育制度来讲，无论欧、美各国的小学教育，其课本与作业，也有考试，但轻松而活泼，收效的现象也绝不像我们的情形。至少目前美侨在我们这里的教育，也可以值得借镜而窥见其一斑的。

新式与旧制小学的差距

其次，讲到有关几十年前小学教育制度的内容和现在的情形，更会使人引起教育史上的沧桑之慨！如果一定说现在的老少两代存有"代沟"或"代差"的话，所受教育制度内容的影响，也是重要的原因之一。过去的小学，由旧式到新时代，制度还未十分完备。小学教育，便有"初级小学"与"高等小学"之分。如果再向前推，又有旧制的"高等学堂"之别了。我们在前面已经讲过由清末以来的教育改制资料，便可知旧制的"高等学堂"，它的性质相当于现在的完全中学。再进一步，便是旧制所称的"大学堂"了。至于综合旧制的"初级小学"和"高等小学"来讲，它的性质，等于现在的完全小学。但在几十年前的小学，由初级到高级，不但对于西方文化的英文、算学等基本教育，已经列为必修而有相当的程度，而对于中国文化的传统教授，大体上还是因袭旧式的精神，保持传统的读书风气。因此倒退回去几十年来讲，那个时代一个毕业于"高等小学"的优秀学生，他的知识程度、学问修养和见解，比起现在一个毕业于完全中学的学生，实在高明得多。众所周知，在这个时代几十年来很多对国家社会有建树的人物，无论在党政、军事或文化教育、工商各界出人头地的，他的学识基础的深度，都是由于旧制小学和依照旧式读书的教育成果。其实，这是我们这一代老少年们大家心照不宣的老实话，我相信他们大家也都有同感，只是不肯出之于口而已。

我们现在社会安定、经济进步的一代，国家花了经费，普及了国民教育，何以在完整的国民教育制度下，反不如其初也？而且反因教育的普及，促使青少年思想与心理上的彷徨，这又是什么原因？实在值得深思反省。老实说，这几十年来，如果只靠普通学校教育的方法，恐怕中国文化的精神，早已随文化大革命而沦陷无遗了。当然，我所知不及的地方，或许很多，但是，如果这一代中，真正亲自接受过新旧教育与普通学校教育和军事学校教育的，或者对我所说会予首肯的。

十三、教育与文化的中空

这一两年来，有些从大学和研究所毕业的同学，进入社会工作以后，深切地感觉到中国文化以及中文修养方面，太过贫乏，甚之，因此而影响对西方文化的认识，也愈来愈肤浅。希望我们读过旧式"书院"的老少年们，根据真正"书院"的精神，参酌西方研究院的长处，试办一个可供读书讲学的地方。此事看来很好办，但事实上，有许多的困难无法解决，同时也是一件吃力不讨好的工作。而且最主要的，我还是振作不起疏懒惯了的个性，平常徒托空言，不肯积极地见之于行事之间。所以一再因循，得过且过。

最近，许多大学毕业的同学，碰到初进大学的同学，向他们讨教求学的方向，以及开始研究中国文化的方法。因为这些青年考进了大学之门以后，才开始觉悟到必须"反求诸己"——研究中国文化的精要。但因为由小学到中学的十多年时间，浪费了青春的精力和智力，死背了许多无用的知识，对于中国文化，所有的是一片非常可怕的"空白"。现在进入大学，比较有些自由读书研究的机会和时间，但又不知如何入手，如何找出一条简捷易晓的捷径，以及如何迅速地弥补过去的"空白"。

新进的同学们发觉了问题，前期的同学们对此也同样不知所措，谁也不能昧着良心盲目地指人一条暗路，单靠"读经"就行吗？谁又不会"读经"呢？凡是多认识些中国字的，都说自己会读"三坟五典，八索九丘"。甚之，诸子百家之学，都可一目了然，无所不通。目今林林总总的学子，以及负责教育的，谁又不是博古通今，目空一切的呢！而且讲授人文思想的，提到中国文化，除了尧、舜、禹、汤、文、武、周公、孔、孟以外，便是"我"。然后便气"盖"万夫地褒贬诸方，肆意谩骂。提到西方文化，除了苏格拉底、柏拉图、亚里士多德等以外，在中国，无论自己的洋文真的通与不通，除"我"以外，还有谁呢！结果呢？砍过程咬金式的三斧头以外，再要"扣其两端"，便是"空空如也"犹如圣人了。如今滔滔滚滚者大半如此。因而青年们，彷徨更彷徨，唾弃更唾弃，你说怎么办？

还有一位某大学的同学对我说："我们学校的新决定，要把某一科的思想史，改作一年级的必修课。请问：你对此有无意见？"我说："放在哪一年都可以，我无意见。不过，为什么有了这种动议？"他说："因为要大家先对历史有了认识，才好选择自己的志趣，应该专攻哪些学问。"我说："如果照这样说来，大家在中学阶段都没有读过历史吗？如果在中学里已经读过历史，为什么到了大学一年级还要再了解一次历史呢？倘使本来已经知道历史，只是不知道历史上的学术思想史而已，那么，兹事体大，就非大学一年级的程度所能了解。照现在大学生的程度，恐怕至少要三年级才能开始研究。"总之，对于这个问题的本身，并不足以重视，目前教育的现况，都是似是而非，只要学校当局的"老板"们，随心所欲而不逾外行人规定，爱怎么办就怎么办。

但是由中学到大学的一段"中空"，又是谁该负其责咎呢？

再说中小学教育的"代差"

本世纪的六十年中，我们的国家一直在忧患中度过多难的岁月。距今三十年前，我们还未实施国民义务教育以前，无论小学、中学、大学，都是在旧制中蜕变改进，并未确定一个为国家百年大计，除旧更新的准确路线。虽然各省县照例有县立高等小学和省立中学的建立，但较为僻远的地方，仍未普遍地设立。因各地的知识分子，秉承中国固有文化思想的读书人，抱着读书救国的传统精神，起而私人兴学的，大有人在。但是，三四十年前的小学或中学，无论是公立或私办，大多都在不今不古、半中半西的文化思想之旋涡中，教育青少年们。人文思想方面，正是西方文化思想开始输入的阶段；自然科学方面，也只是初步移植新知，培养后进。除了东南和沿海一带，比较容易接受西方文化之外，教会的势力也随着百年来的苦心经营，而伸入教育范围，此时已兴办新式学校，努力介绍西方文化，积极传授洋文。至于其他公私立中小学的学风，仍然还是停留在以中学为主，西学为用的阶段。有些虽然不是完全以中国文化为主，至少也是偏重在东方文化方面。倘使只从中国文化的立场来说，三四十年前受过中、小学教育的人，对于中国固有文化，正处在"褪色"的阶段，还没有像这二十多年来，由褪色而变为"真空"。这种现象，只要深切体会我们现代中国人对于中国文化吸收的程度，以二十年做一阶段，从六十年前受教育，与四十年前受教育，以及最近二十年来受教育的人相比，就可很明显地看出差异。如果说现代中国文化真有"代沟"的话，那么文化思想上的"代差"就是非常明显的事实，大可不必讳疾忌医而不谋自救之道。至于目前二十岁左右的大专同学，乃至再往前看看，还正在受小学教育的小朋友们，因传播事业和时代文明的发展，新的"代差"，又在更新的孕育中成长。为"国家百年大计"、为"人类文明前途"，亲身目睹这些历史文化演变的现象，使人对于"成己成人"的千秋事业，不禁四顾彷徨，毕竟如何才能向历史任务作一交代呢？

六十年来演进中的大专教育

由以上的大要，了解了六十年来中、小学教育的概况，再回顾一下二十世纪中我们的大专教育，更有"概乎言之"之况了！我们在前几次讲述中，对于清末民初教育制度变革的情形，已经约略提到它在历史上演变的大要。从一般性的大专教育来讲，大学方面，由京师大学堂改制成民国以来的北京大学之后，在北方还有北京师范大学、清华大学等的建立。以后各省也分别设立了大学，例如云南、四川、山西、浙江大学等。此外，各地也有继起的私办大学，后来又有国立的各个大学。其他在东南沿海直接或间接由教会办的和私人创办的大学，在输入西方文化和传授洋文方面，素来便有一路领先、特别优秀的卓越声望。至于职业性的学院，除了医学、法政与交通等，要算师范学堂最为流行，因为当时我们国家在政治、立法和建立新时代的教育方面，正在需要人才。此外，有关矿冶、蚕桑、纺织方面，也有少数的专校。

但是，一切都还在建设性的新创过程，教育方法虽然很认真，制度还未完全确立，或多或少，总在不今不古、半古半西的成长阶段。特别是属于革命性的教育方面，又与一般教育分途。

由旧式教育转向新式教育

面对我们现在的青少年们，大概描述了这几十年来教育的趋势，虽然笼统讲了中、小学和大专的情形，但是绝不能拿诸位同学现在在此地受教育的经历，来看过去五六十年或三四十年的情况。否则，便会使我们要讲的主题——二十世纪青少年的思想与心理问题——完全脱节而毫不相干。我们花费了很长的时间，叙述现代史上教育演变的情形，正是为了层层剖剥有关现代青少年思想与心理问题的因果关系。也许大家了解了这些事实以后，由果推因，便会知道自己是如何成长苗壮在这个安定幸福的社会中，同时也可由此而体会到"忧患兴邦，逸乐亡身"的道理。

几十年前，我们读书求学可没有像诸位现在那么容易。现在政府实行义务教育，并有奖励求学等政策的规定，又加社会安定、国民经济平稳、交通方便，所以由小学、中学，一直读到大专和研究所，都是一帆风顺，平步青云。可是前一辈的老少年们，就与现代青少年们大大的不同了。尤其像我们这些不今不古、不中不西、不老不少的老朋友们，讲到读书求学的故事，真有不胜今昔之沧桑感慨。

几十年前，像我们这些来自乡村的老少年，先在家里接受了旧式读经书的"家塾"教育，既不是像现在青少年为求职业、求学历、求出路而接受教育；更不是为了"科举"、考"八股"以博取功名。我们从小先要接受旧式教育的动机，那是传统历史文化上旧观念的习惯所驱使，同时也是受了旧观念的"万般皆下品，唯有读书高"的意识所影响。因为当时在新旧社会形态的变革时期，许多乡下人真还弄不清国家教育政策的方向。除非有些在通都大邑的人，得其风气之先，才真是为了读书救国，为了学问而学问地接受教育。现在反省起来，说句老实话，我们当时的读书受教育，有意无意，或多或少，都是因袭三千年来的旧观念，不外乎由"光耀门楣""读书作官"的动机而来。当然仍有少数杰出之士属于例外，不能一概而论。这种观念，也正如现在大家潜在意识的观念一样，是为了求学历，拿文凭，好找职业，好谋出路。只是时代不同，观念的名称改变，实质上，还是"换汤不换药"，在根本的心理意识上，完全相同。

新旧读书方法

我们当时旧式读书受教育的方法，是"读古文，背经史，作文章，讲义理"，那是一贯的作业。那种"摇头摆尾去心火"的读书姿态，以及朗朗上口的读书声，也正如现在大家默默地看书，死死地记问题，牢牢地背公式一样，都有无比的烦躁，同时也有乐在其中的滋味。不过，以我个人的体验，那种方式的读书，乐在其中的味道，确比现在念书的方式好多了。而且一劳永逸，由儿童时代背诵的"经""史"和中国文化等基本的典籍以后，一生取之不尽，用之不竭。当年摇头摆尾装进去，经过咀嚼融化以后，现在只要带上一支粉笔，就可摇头摆尾地上讲堂吐出来。所以现在对于中国文化的基本精要，并不太过外行，更不会有"空白"之感，这不得不归功于当年的父母师长，保守地硬性要我们如此读书。

"家塾"读书受"经"的遗风当然存在不了好久，时代的潮流到底很自然地打开了风气，马上就需要转进"学堂"（当时俗语称呼新式的学校叫"洋学堂"）去上学。但是，就以"高等小学"（等于现在的国民小学）来说，一个县里也没有两三个，有些地方隔一两县，才有个中学。虽然路途只隔十多里或二三十里，可是要一个生长在保守性农村的子弟，基本上是先受旧式教育读书的小孩子，背上一肩行李和书箱，离开家园而进入"学堂"的大门，过着团体受教育的生活，其中况味，比起现在出国去读书，还要难过。如果由高等小学毕了业，有能力、有志趣，要再上进去读中学，那种气氛就像专制时代进省考"举人"一般严重。三四十年以前，在守旧、保守的农村社会里，一个乡村没有几个中学生。当时，他们便等于是"洋举人"，风头之健，足以博得人们的刮目相待，或"侧目以视"，至于偏僻地方，一个县里能有几十个中学生，已是了不起的事。再能进读大学的，真是寥寥无几了。但是那时一个高等小学毕业生的学养程度，比起现在中学毕业的，还高得多。一个中学生，比起现在大学毕业的，也要胜出一筹。如果大家不说假话，当代多少知名之士，在各界有所成就的中年以上人物，很多都是在这种不新不旧的中、小学教育环境中成长自立起来的。尤其站在中国文化方面来讲，的确是如此，其中的原因固然很多，最重要的因素，还是因为时代的不同，从小学开始，对于中国固有文化，已经打了较好的基础，这是不必讳言的事实。这就是我们的国家，在几十年前，由农业社会转进工商业社会，因教育形式的不同，而使得这半个世纪中的心理和思想上，产生许多新旧的差异。

为什么当时读到中学的人那样少呢？这就涉及了当时政治、经济、交通、教育等许多的问题，而且这些问题，也都是现代教育上的专题。现在追溯从前，只从经济方面来讲，当年的农业社会，较为僻远的地方，能够使一个子弟读完高等小学，在学费的负担上，已经非常吃力，如果要使一个子弟读完中学，在学费、路费（交通费）、住宿、膳费等的负担，如非"中人之生产"的家庭，实在很难负担得起。除了通都大埠以外，一般农村社会，除了要子弟读书作官来光耀门楣，否则，教育对他们而言，真是一件过于奢侈的事了。倘使再要上进去读大学，就等于清代的上京考"进士"一样的严重。因此那时候一个大学生，除了少数真正毫无出息的世家公子，或富家纨绔子弟以外，只要能够进入大学读书的，学识才能的程度，就远非今日的大专同学可比了。当然，大学生们也许会盲目地责怪上一代的老少年们对于国家历史上的贡献。事实上，如果真能深切地研究、了解了我们国家在这半个世纪中，遭遇"内忧外患"的种种经过，便会体谅上一代的老少年们，是如何地运用不今不古、半古半西的学问知识，极其艰辛地撑持了这"六十年来家国，八千里地山河"的历史局面。在艰危变乱中，诚然不免忙中有错，何况世界上最难了解、最难判断的便是"人"和"事"。因此对于这个问题，很可以引用两句古话来说："书到用时方恨少，事非经过不知难。"

才流都向考中磨

在这二十多年来，教育的发达和普及，远非从前可比。但是无论教师或家长，都感觉到教育水准的低落，一代甚于一代，而远不及从前。当然，其中原因复杂，不能只苛求于学校的教育，例如社会风气与社会教育的关系，家庭教育与家长思想的关系，整个教育精神与教育制度的关系。在在处处，都是整体连锁性的因素。不过，单以中学的教育而言，问题就颇为严重。历年来为众望所归的几个著名小学或中学，尤其是某些"女中"，为了争取"校誉"（以升学率的高低而定校誉的声望），大半时间，在教"考"。除了背考试题以外，就不知道什么叫教育了。而且功课的繁重，根本没有时间多读课外的书。我与学生及在中学里当教师的同学们谈话，他们或她们在夜里做梦的时候，经常都还梦见"赶考"——被考或考人。除"考"以外，简直不知什么是学问。旧式考试考"思想"，现在考试考"记诵"。《礼记》有言："记诵之学，不足为人师。"可是现在能记诵而善于考试的学生，家庭与学校，都认为是好学生。稍加活泼而稍富于才能与思想的，反而考得不好。而社会、家庭与学校，根本就抛弃诱导天才等的教育原理，很轻易地认为是坏学生——太保或太妹。所以这些不"太"而也被汰的青少年们，率性就抗拒到底，一路地汰下去了。家长期望于现在好学校的心理是如此，所谓好学校的校风恰也合于家长和社会的要求，你能说是有错吗？其谁之过欤！其谁之过欤！

十四、尊师重道

"尊师重道"，是人类文明的共通德性，无论中外都是一样，只有礼仪形式上的不同，并无精神上的差别。但在五千年来中国文化的传统中，"师道"的尊严，"尊师重道"的精神和礼仪上的风气，俨然已与"君道"互相对峙，构成"政""教"互助的特质。只要读过历史（不是现在学校里的历史课本），懂得中国文化史的人，都是了然于心，不待细说的。即使没有读过书，没有受过教育的人，在文化传统的熏染中，也都知道"尊师"的重要。尤其在过去的民间社会，不读书，不进学校，自由从师学习百工技艺为专业的人，终其一生而"尊师重道"的精神和行为，比起读过书，受过教育的人，有过之而无不及。至于习"武"的人，对于"尊师"，更加重视。但在二十世纪的这个时代中，数十年间，首先受到西方文化表层形式的撞击，再经过了一番文化大革命的颠倒意识，师之不尊，道之不行，其所由来者久矣。因此政府与社会，苦心复兴中国文化，强调"尊师重道"的行谊，以及教育当局，每逢一年一度的"教师节"，特别提倡"敬师"的运动，实在是煞费苦心。

但从另一角度来看，隳堕才须复兴，颓废才须提倡。正因为中国文化的优良精神，经过几十年来的蜕变、没落，产生了许许多多的弊病，所以才须复兴和提倡。即如"尊师重道"一事来说，也正因为感慨于"师道"的沦夷，因此才重新号召。老子所谓"六亲不和有孝慈"，也便是这个道理的反映。可是多少年来，无论在教育界、在社会间，"尊师重道"的风气，一经提倡和号召，便已确实改进了吗？事实并不如此。相反地，如果深入观察，反而看到现代师生之间的彼此排挤、倾轧、嫉恨、轻视，甚之互相谩骂，处处皆是。由此可知一种优良的礼仪风气，绝非制度或规定所能养成。它的基本根柢，仍然有赖于教育和学风的改正，以及整个社会风气和全民思想的培植。

101

中国传统文化的师道

现在让我们先来回顾一下历史文化上有关"师道"的情形，使大家在观念上，能够"温故而知新"，可以得到惩前毖后的准确方向。在我们的传统历史上，师道的尊严，自三代开始，就与"君""亲"并行。所谓"作之君，作之亲"，同时也便要"作之师"的。

自东周以后，有孔子的精神和人格的感召，"万世师表"的典范，和"尊师重道"的观念，便与"君道"分途而截然独立。但与"亲"道仍然是互相呼应。秦、汉以后的"传经"和重视师承的风气，虽然渐已趋向狭小而发生流弊，但这种优良传统精神的存在，依然有其特殊的价值。

魏晋南北朝之间，师道渐趋隳堕，但因新兴佛教重视师承的作风，以及政治体制上确立了王者尊师的礼仪。"师道"为尊的精神，又走向一个新的境界。

到了中唐以后，韩愈写了《师说》与《原道》，为"尊师重道"和重视师儒的风气，又添了一番新的景象。由于儒、佛两家学风的影响，到了宋代，理学兴起，撮取《礼记》和"丛林制度"的精神，新的"尊师重道"的面目，便从此确立。

如果肯读一下"四朝（宋、元、明、清）学案"和"五种遗规"等书，资料俱在，在此不必多说，因此自明、清以后，各阶层社会重视"师道"的观念，普遍流行。过去许多家庭的中堂，供奉了一个宗教式的牌位，上写"天、地、君、亲、师"五个大字，也便由此而兴。所谓"一日从师，终身为父"。乃至尊重"一字之师"的美德，也便为大家所乐道。民间社会和宗教上"师父"的称呼，以及帝王们在朝廷上对"师傅"的恭敬，也由此而成为当然的风俗。

可是，所说的这些故实，还只是历史上的精神形式。事实上，自宋、明以后，"师道"的尊严，并非只是对学生们的要求。实际上，是师生互相尊重的礼仪。固然"一日从师，终身为父"。是对学生们的教诫。但是老师对于受业的学生，亲情爱护，以及对他的学术思想乃至行为上，都须负起毕生的责任。学生对于老师，固然视之如父，但是老师对于学生，在中国礼仪的传统习惯上，向来都很谦抑，犹如兄弟的相处。所以古来称学生为"弟子"，就有弟兄的意义。老师写信给学生，除了"贤契"等文绉绉的称呼以外，有时多以"仁弟"或"老弟"相称。老师自己的具名之上，不是加上"友生"，便是"愚兄"，表示互相的尊重。

即使学生中了"状元"，作了"宰相"，而在乡的教师，始终是青毡一席，没有博得功名，终老于白屋，一旦"状元"或"宰相"的学生，衣锦回乡，仍然还是执礼甚恭，犹如在学之日。

由此影响所及，从前官场的仪注，对于门生故吏之间的感情，也如师生一样。便是由于这种学风而来。

三十年前，我的一位老同学朱铎民老先生，出任于某省厅长以后，偶然回乡，马上赶到老师坟上去拜奠一番，还为老师的家属购买了几亩田地，以供祭扫，因此大家交口称誉，传为美谈，认为他是学生的模范。现在他已年逾八十，我们有时谈到新知正学时，真有无限的感慨。

当然！我说的这些，也许诸位同学认为是站在师长一面而言，并没有说出中国文化史上师生彼此负责的事实。现在为了节省时间，只举出宋明以来历史上两三个故事，便可代表了这个观念。

至于在学理上，所有文化史的实际资料，足可作一长篇论文的充实内容，但需要诸位自己去读书寻找，让我卖个关子，以免大家太偷懒，养成依赖性。第一个故事：就是宋代忠臣文天祥被陷在元朝的时候，他的学生怕他受不了威胁利诱，特别作了一篇祭文，连带祭品偷偷地送给他。他看了一笑，带信告诉学生们放心，他绝不会不忠而投降。第二个故事：我们都知道明代的忠臣方孝孺，不肯为明成祖的篡位写诏书，惹得成祖要杀他十族。古代最重的刑戮是灭九族，明成祖对方孝孺的灭十族，便是加上一个师族。这岂不是表示中国文化"师道"的尊严，和师生之间彼此负责任的事实吗？第三个故事：便是清代的年羹尧，相传他的禀赋非常恶劣，后来是靠一位明师教导出来而"文成武就"

的。后来，他对请来教导子女的"西席"老师，也就特别恭敬、重视，优待异常。但是他在老师教书的地方，却贴了一副对联："不敬师尊，天诛地灭；误人子弟，男盗女娼。"这副对子，虽然很粗鄙，但也正是对教育和师生之间的互相责任上，下了一个严谨的忠告。

现行三级学校的敬师

有关过去的风气，暂时讲到这里为止。最近二十多年来，我们所看到"尊师重道"的精神和风气，只有在国民小学的学生们，还可以保存这些气息。一开始进入中学，就渐渐地淡了，到了大学，就只有一些影子了，甚之，连影子也看不见了。至于一般的社会和家庭，有时提到老师一词，等于代表了讥笑和讽刺的笑料名辞。在小学生们的纯洁心灵中，大体说来，对于好的老师的尊敬，真有神圣庄严之感。看到老师就要敬礼，同时又一半胆怯、一半含羞亲切地喊一声老师。可是一到初中，学生的年龄长大了，老师的尊严也走样了——当然这与现行教育的学校制度是有密切的关系。于是对于"尊师"的态度，比起在小学时代，已经大大地打了折扣。再到了高中时代，比起初中，又减少到一半以上。如果一考进了大学，学生与师长之间，就几同陌路之人。甚之，离开课堂以外，在任何地方碰见了师长，还肯向老师翘翘下巴（不是点头），举举手打个招呼，老师们应该有"受宠若惊"之感。倘使亲切地喊一声"老师"，真会使你感觉到感激涕零，不胜感冒之至呢！大学毕业以后，在别处遇见了老师，还能礼貌地招呼一声，那会使你觉得其人可以"德配尧舜，道贯先贤"了呢！这种情形，是现代中国人和教育界心照不宣、显而易见的事实。我们由此可知，在现行教育制度的学风之下，教育程度愈高，知识愈丰富的，尊师重道的精神也愈减少。甚之，低到于零。唯有在军事学校的教育方面，大体上还能保留了固有文化的精神，和袍泽情深的情感。

讲到这里，使我想到了有关"敬师"的一个滑稽事实，稍作报告，希望有心复兴文化和有心整顿教育风气的人，多从正反双方注意研究。但我要声明，这个事实的存在，应该已有三四年的历史了，因为在三四年前，我的家里，还有三级学校的学生，所以看得比较清楚，现在我家已经只有大专学生的经验，恐怕时过境迁，也许是已落伍了。况且我又不喜欢多方接触，更不肯深入社会去作资料调查，只好据实报告一番而已。

大家都知道，我们过去几十年前"尊师"的风气，最注重的是一年三节，端午、中秋和过年的时节，一定要备礼物，如无礼物也要去向老师拜年、拜节。现在时代变了，当然须要革除旧习。但在这十多年来，每逢"教师节"的时候，凡在国民小学里的学生，一定由家长会发给一个红包带回家，上面注明是"敬师金"。虽然说这种作法产生的流弊也太多了，但在我个人的观感倒可引用孔子的一句话来说："赐也！尔爱其羊，我爱其礼。"当我的孩子们带回了"敬师金"的红包时，我问要装多少钱？这就产生了两个不同的问题了。第一，因此可以看出一个级任教师的好坏。第二，因此可以看出孩子们的心理、禀赋的个性。当时孩子们的回答说："起码的规定需要十元，但是我们的老师太好，而且我们总要比同学们多一点，才有面子。"于是我就故意先与他们讨价还价地渐渐加上去。最后才告诉他们"尊师重道"的道理，宁可自己节省一点，对于"敬师金"应该比较从丰为是。相反的，也有孩子说："我的可以少一点，不必那么多。因为'敬师金'是由老师们集中起来分的，好坏的老师都一样，每个人分不到多少钱。并且我的老师有补习（当时小学的老师另有补习的风气），一个月可以收入六七千元，或多到八九千元左右。家里的用具比我们的寒舍好多了。爸！你为什么要教大学，还不如去教小学多好呢！"这番话，使我听呆了。第一个感觉，就是这一代的教育怎么办？他们的小小心灵上，已经感觉到只有"钱"和"物质"的需要，难怪人心愈来愈要趋向现实。当时除了多方讲解，善为教导以外，同时又得到一个机会去拜访那位老师。我先请教他"贵姓？"他说："我贵姓×。"跟着再请教他"府上哪里？"他说："我府上××！"因此等等，我只有鞠躬如也，唯唯告退！这个孩子的学业，后来就蒙受损失很大。过了几年，听说他又混到了某大学毕业，现在又全家出国去了。真是不胜感慨。

孩子们读到了中学以后，到了"教师节"时，有关"敬师金"的事，就一年比一年地淡薄下去，据说在缴学费时，已经加进去了（当然很有限）。读到了高中，好像是"云淡风轻近午天"，大有烟消云散之慨。一到了大学，不要说根本没有这回事，就连起码的礼貌也没有影子了，那只有"月落乌啼霜满天，江枫渔火对愁眠"的境界了。如果碰到一个真正清寒的大学教授，当他"儿啼于前，妻号于室"的时候，那真会使人回忆起古人的"命薄不如趁早死，家贫无奈做先生"的苦涩滋味。

当然！这还只站在一面的观点来讲做老师的苦经。如果另从学生和家长一面来讲，据我所知，当时有些小学生带回了"敬师金"的红包回家时，根本不敢拿出来跟父母家人去说，小小的心灵上，只有偷偷地在哭泣。因为他们的家境实在太贫寒，每天要十元钱买菜都不可得，哪里能够拿得出"敬师金"呢！可是，有的学校，有的老师，看到学生不交付"敬师金"，就另眼相看，甚之，不堪其苦。你说，这又怎么办呢？后来教育当局，也许知道了这个弊病，好像下令稍稍改变了这个办法。但是，持平之道，毕竟太难做到，究竟"敬师"或"不敬师"要如何做才好，利弊也各有千秋，谁能做到真正得其"中和"而"天地位焉，万物育焉"呢？

谁能遣此的大专学风

好了，闲话少说。现在我们回转来检讨一下大专学校的教授、老师们何以会受如此的冷落，这也许与现行的教育制度和学风有绝对的关系。理由和理论太多，一时讲不完，最方便而最好的办法，也可引用一两个故事来说明事实。第一个故事是在清朝末年稗官野史上的记载，当年张之洞在湖北开始创办洋学堂的时候，聘请了好多老师宿儒来当"教习"（等于现在的教授）。张之洞第一次对"教习"们讲话，其中便有语重心长的两句笑话，他的意思是说：今天请到的"教习"老师们，都是"衮衮诸公"，希望大家能够尽心尽力地教好学生。如果不能教好学生，便有负初心，那么，只好是"诸公滚滚"了！由于这个故事，使我们联想到旧式社会的"书院"或"家塾"里请一西席老师的时候，无论家长或代表学生和家长的是什么地位，都须不厌其烦地亲自依礼去请老师。因为这种礼貌是表示他代表学生们来请老师，不是给恩赏饭吃。所以像张之洞请来的"衮衮诸公"，也便在这种方式之下挽请到的。如果使他一片苦心失了望，那当然只有"诸公滚滚"了！

可是这种"尊师重道"的风气，现在变得没有影子，不管公立的大专学校或私立的大专学校，只要能够聘请你当一位老师，不但是天大的面子，而且对你真有恩同再造的衣食父母之慨。如果你不听话，当然就"诸公滚滚"了！所以当一纸聘书，交付邮局寄到你家里来的时候，应该犹如接捧古代皇帝的诏书一样，喜从天降。身为学校当局的负责人，还有谁肯保持中国文化的礼仪，公然地为学生亲自作代表或派学校的大员，执礼甚恭地送聘书呢？尤其有一类私立的某些专校，由一二个略识之乎的老板们唯利是图地创办起来，请老师是当作赏饭吃，那种踌躇满志、睥睨一切的神气，实在可使书生们不寒而栗。有的同学们出去任教，碰到这种情形回来和我谈起。我说：老弟们，学问的养成，气节最要紧。做工、当小贩的职业，与你的学问并无关系。甚之，"多能鄙事"，更可接近孔圣的心传！何必一定要做教师呢？何况事实上，一校、一院、一系都画满了圈圈，如果夤缘不到，不能得到学校老板的青睐，纵然"才高八斗，学富五车"，照样是投闲置散，无法上得讲台。加以社会安定，一切上轨道，有制度，论资历和年资的限制，又正好作为阻挡的借口。稍有才具的人，不免多有些意气，于是，讨厌意气而不欣赏气节，便从此打入了冷宫。或者你教学教得太好，碰到老板们不高兴，同事的妒忌，就明褒暗贬地从此不给你开课。由于这些道理，就引出我的第二个故事。这个故事，还只有二三年的历史，是我亲身所经历的。有一天下大雨，我与某某名经济学者（因六征求同意，必须保留姓名），一起候车上课，大家已经半身雨水，不堪其苦了。我说："唉！现在真是工商业的时代了，能够讲礼仪，'尊重师道'的，也只有在军事学校方面，还能保持礼貌。他们接教授，有专车，迎送都到家门，始终礼遇不衰。除此以外，其余不足观也已。"这位学者听了以后，便对我说："老兄，说你不懂经济，一点不错。你要知道，现在的学校制度，哪里是工商业的行为？其实都是官气。你应该知道，工商业的要点是'顾客至上'，学生固然是顾客，当老师的也是顾客啊！谁叫你不去办个学校，也请我这个顾客上去讲讲课呢！"

家庭与社会的尊师

除了因为学校的制度而形成"师道"沦夷的因素以外，社会和家庭教育方面，也逐渐地丧失了传统文化的精神，并不真正重视"师道"。因此与学校制度互为因果，便使五千年来的礼仪之风，几乎不绝如缕，这也便是最大的原因。过去的"尊师"，因为由于某一个人的"传道、授业、解惑"之关系，所以对于传授精神生命学问的老师，终身视之如父。现在是以"母校"为标榜，一切的荣誉，归之于学校，教师们只是学校中的一分子。纵然有好的老师，一切荣誉，也只有归之于学校，与个人无涉。而且工商业影响整个时代，老师们按月领薪水、拿钟点费，等同工商业的行为，所谓上课也者，也便是出卖知识而已。品行和人格的教导，当然由训导处去负责，何必多事。教室和讲台上的蛛丝尘渍，自有总务处来管理，不必劳心。教师们没有固定的休息室，没有固定的茶水供应，那是活该，又有谁来管你？下了课，赶快要去赶交通车，学生要想在课外请教，实在没有时间，也没有地方——办公室。交通车脱了班，自掏腰包划不来，这个月的生活预算怎么办？至于负责"德育"的训导，以及具有"内相"之才的总务，是否真能做到与负责"智育"的教务互为一体，那也只有天晓得。其实，办"总务"和管"训导"的，根本各自为政，谁也没有做到，谁也没有责任。因此有许多学生们一离开校门，"怨声载道，有口皆悲"，更影响了家庭和社会对于学校的轻视。学店观念和只要有学历的思想，便普遍流行，谁还管你老师的好不好呢！结果弄得对于个人"尊师重道"的风气沦丧殆尽，对于学校的情感和信赖，也只是若存若亡而已。

讲到家庭教育，又使我联想起几个学生在外面当"家教"的情形。综合他们回来谈话的结果，便会使人想到现在的家庭教育需要重整，更有重于学校的隐忧。旧式的社会，"家教"便是教师，师严而从道尊。现在的请"家教"，是由于社会的风气和有些家长们盲从升学主义的促使。大致说来，可以把他分为三类。第一类：家长们也是受过教育的知识分子，不过都是现代人，学问思想，像我们一样，大多都在不中不西、不古不今的夹缝中。望子成龙心切，更有崇拜自然科学的时髦感，自己不管子女的天才和本质如何，只是要求老师努力向这一方向去教导孩子，有时候自己还顺便扮演一下旁听学生兼督学，往往弄得"家教"老师吃不消地知难而退。第二类：家长们，尤其是主妇们，上了牌桌就六亲不认，孩子们学业的好坏——不是学业，只管考试，一切责之于"家教"的老师。学生们考不好，老师便是冤家。学生们考得好，就认为"这个家伙"还不错。第三类：惨了！学时髦，请"家教"，根本就不知道为什么？"家教"的老师教完了，还凭特殊的身份，克扣报酬。有一次，一位女同学当"家教"，碰上了这桩事。这位女同学小人气大，并不管学生的家长是什么职位和身份，准备到他办公室去要。双方是否都有错，很难说。但实确有一二人还有要不到的呢！我们试想，"家道"如此，"师道"如此，中国文化怎么办？

师道的自尊

讲了半天"尊师重道"的闲话，看来好像都是学校、社会、家庭的不对，老师们都是绝对的对似的。其实，人靠平地才站起来，同时也正因为有了平地才使人跌倒的！现在教育的进步和教育的普及，比较三十年前，大有天渊之别。但是我们的国家、我们的文化，又加上正在一个"古今中外"的回旋中求复兴，求建设。所以忘记了旧的人格修养的教育思想和教育精神是"学问"；新的学识和技能的教育是"知识"。因此观念的分野，混淆不清，所以教育的思想和规定就乱了章法。同时人文学科的重要和科学新知识的重要，更没有完全分别确定其尊崇的地位，因此教育上的科目和课程，一味乱排，轻重倒置。又加上教育的来源不同，倾倒欧洲派和美国派的学人意见互相冲突，因此更使中国文化徒具口号，并无实质的内义可循。这还是对于教育前提的荦荦大者而言。其中的前因后果，各个存有许多关键，一时言之不尽。至于从事教育事业的老师人才，扪心自问，是否真为教育而教育，这是一个很大的问题。虽然多少年来，自有专门培养教育师资的学校和学系，但是有关培养师资的"教育之教育"的问题也还不少。而且最大的原因，从事教育的已经有明文规定成为公教人员，因此作教师的是否都具有一片赤心为国家、为民族教育子弟而任教，或者仅为个人生活的需要而谋求任教为职业的，更须大加反省。

中国文化过去的明训是"学而优则仕"。但是过去的学而优不仕，而专为教师的真也不少。现在呢？一切受西方文化表层的影响，"学而优则商，商而不优则仕，仕而不优则教学"的，实在是一个罪过的思想。我也亲自听人说过，"有什么关系，谋不到好职业，去教教书总可以吧！"你想，他有没有学问不要说，但以此存心而从事教育，其后果不问可知矣。而且教育界的老师，原来如此，又怎样能够使人尊敬他为清高或高尚的职业呢！此外，无论在大小学教师之中，有的教科学的，是几十年前陈年的知识，丝毫不图长进。有新书，有新知，便藏起来，不让学生们知道，有的教文、法的，把图书馆里好的参考书，借回家后，有去无回，束之高阁。上课堂，大骂天下人、天下事一番，错的都是别人，不是自己。自我标榜学贯中西，才无今古，余子碌碌，都是混蛋，可惜你们与人们不懂而已。骂完了，已经去了三分之一的上课时间，然后查问一番，略讲一节，训诫几句，使学生们为了学分而忍气吞声地鞠躬如也，敢怒而不敢言。比较好一点的，写黑板，宣读一下自己的著作，上课、下课，如此而已。也许是时代的病态，形成了人们多多少少都有些肝火太旺，或者是心理变态的毛病。但是以此而言教育，那就要值得我们好好地反省深思了！如果骂人的教育，需要开课，这倒是很好的榜样。否则，夫子的"温、良、恭、俭、让"，以及"望之俨然，即之也温"的教育态度，必须要努力去学习做到才好。非常抱歉，我讲这番话的动机，绝对不存有任何其他意见。只是蒿目时艰，为了国家民族培养后一代青年们着想，所以偶尔发出伤时的感慨。希望大家能够真诚坦率地在"孔圣"面前由衷地忏悔改进。禅学里有一句话说："要说话亦错，不说话亦错。"现在想来，这也算是我的口过。知我罪我，那就无法计及了。

十五、武侠小说与社会心理教育

　　从文化的立场来说，学术思想为整个文化的中心。文学是文化的骨干。而包括在文学范围内的小说，又是人文思想和文学境界互相结合的前趋。如果从小说的立场来看历史，全部人类历史，就是一部大小说。历史上的人名和地名，都是真的，但有许多事实，大多数已经走了样，甚之，完全变质。而小说中人名和地名，大多数是假托的，可是那些故事的内容，却几乎都是真的。只不过再经文人的手笔，加以渲染剪裁而已。只有幻想小说，完全是虚无缥缈的无稽之谈。但是幻想也是人们心理行为的呈现，而反映出一个时代或某一地区、某一环境中的人们思想和情绪。而且它对于社会思想的向背和心理思想的正反，都有绝对的影响。尽管有些自命为正人君子的读书人，反对看小说，甚或嫉之如仇，但他的思想和情绪，在不知不觉中早已受到小说的影响。因为小说会自然地变成戏剧或民俗故事，往往在无形中影响了各阶层的心理。

中国小说发展史的思想背景

　　中国小说史发展的渊源相当久远。由上古的"神话"而至于班固著《汉书·艺文志》的观念，已经正式建立了它在文化史上的分量。虽然说，"小说家者流，盖出于稗官，街谈巷语，道听途说者之所造也。孔子曰：虽小道，必有可观者焉。致远恐泥，是以君子弗为也。然亦弗灭也。闾里小知者之所及，亦使缀而不忘。如或一言可采，此亦刍荛狂夫之议也。"到了六朝，神怪小说大兴，正好反映出汉末魏、晋、南北朝几百年来的思想，是"玄学"和宗教性的神奇传说相互结合的时代。到了唐代，"传奇"小说大行，由天人之间的玄秘神奇而变为人物的传奇，提高了人的价值与功能，显示唐人文化的质朴之处，而且充满禅与道的气息。宋代的小说承接唐人的"传奇"而变为"志怪"，反映两宋历史社会的不安定，只好作无可奈何的寄托。但因此而形成了元、明以后"话本"与"历史演义"的先声。如明代罗贯中以讲史为题材的名著《三国演义》《残唐五代史演传》等。还有以描写社会现状，与社会人物的心理为题材的名著，如施耐庵的《水浒传》。又以神怪妖魔为背景的《四游记》《八仙传》《西游记》等，都风行一时，成为传世之作。这也表现出明代思想的不稳定和逃避现实的状况。到了清代，"言情"小说与"讽刺"小说兴起。前者如《红楼梦》等，后者如《儒林外史》以及清末民初的《二十年目睹之怪现状》《官场现形记》等。大致都代表了异族统治下思想和心理的假托与发泄。此外，有关吃喝玩乐的狎邪小说，如《花月痕》《青楼梦》等，则开启了民国初年鸳鸯蝴蝶派的"哀情"小说，如《玉梨魂》《雪鸿泪史》《芸兰日记》，乃至如苏曼殊的《断鸿零雁记》等的风格。这都是反映时代社会的病态，显示悲凉怆痛的情调。总之，清代文学，承接唐、宋、元、明之后，在小说方面，形成多方的流派，而且较为细腻。这些有关中国过去小说发展史的大要，并不涉及近代和现代小说史的种种，只是借此略述小说所代表历史文化的时代背景与社会心理的演变概要。而本文要讲的只是着重有关"武侠"小说发展史的前因和后果。

武侠在历史文化中的分量

中国"武侠"，正式见于传记的，是从司马迁所著的《史记·游侠列传》开始。但是司马迁在《游侠列传》中，首先引用韩非子的话："儒以文乱法，侠以武犯禁。"从法家的观点看来，"二者皆讥"。也就是说，韩非对于儒与侠两种人，都有讥评而极不同意。但是单以侠义的精神和侠义道的史实来看，所谓侠义的作风，实渊源于儒墨两家思想的互相结合，尤其偏重于墨家的精神，而侠义道发展的事实，却上承战国时代的六国养士，下接隋、唐的选举制度，与明、清以后的特殊社会的形式。但司马迁最初所称的"游侠"，并非纯粹以个人的尚武见长。以个人的武技与侠义合并而成为后世的"武侠"，应当说是《史记》中"刺客列传"的作风与"游侠"精神互相结合的事迹。唐、宋以后，由于禅与道的影响，中国文化的发展，处处进入艺术的境界，而不再是秦、汉时代的情形。所以对于文学的造诣境界，便称之谓"文艺"。对于武功技击造诣的境界，便称之谓"武艺"。明、清以后，文有文状元，武也有武状元、武进士、武举人、武秀才等科第。而且民间迷信科学，甚至有认为文状元是天上的文曲星下凡；武艺超群的武状元，或古代武功高强的大将，也就是武曲星下凡。于是，宋明以来的"历史演义"小说，充满了这种观念，而普遍灌输，影响到各阶层的社会。

侠义小说的兴起

纯粹以个人为主角，描写他的武技出神入化，而且有"技而进乎道矣"的造诣。而他们的行为，在个人方面，类似隐士，为国家、社会或帮助正人君子的事业，却满怀侠义，或为锄奸惩恶，或为济弱扶危，甚之，劫富济贫，也在所不惜。这是从唐人的传奇小说开始，例如《昆仑奴》《空空儿》《聂隐娘》等故事，便是后世武侠小说的先声。到了清朝中叶以后，侠义小说糅合了忠君爱国的忠义之气，把锄奸惩恶、除暴安良和劫富济贫等社会不平的心理混合为一，于是便有文康的《儿女英雄传》、石玉昆的《三侠五义》、俞樾的《七侠五义》，以及《小五义》《续小五义》《正续小五义全传》。同时又有《施公案》《彭公案》《七剑十三侠》等，相继勃然兴起。但书中描述人物的邪和正以及人情世故的是和非，个人人品行为的善和恶，都是泾渭分明，一目了然。就如我们儿时看戏，看到红脸出场，就知道是关公一样的好人。看到白脸，就会想到和曹操一样的坏人。总之，它的终结，不外是注意正邪善恶的果报。一面借此而宣泄人人胸中所有的不平之气，一面也以此而敦正人心，并宣扬传统的"善恶到头终有报，只争来早与来迟"的信念。至于描写武功方面，由《儿女英雄传》的真刀真枪和拳来脚往的演变，到了《七剑十三侠》，便变为白光一道，飞剑取人首级于百里之外的境界。看了真使人有神乎其技之感，叹为观止。但也显见小说家笔底的"武艺"，随着历史时代的发展，逐渐进入玄妙而神奇的想象意境。倘使从另一角度来看，则正好反映出十九世纪中叶以后，东方"止戈为武"，与西方的"尚武好斗"的风气，都从原始技击和刀兵的运用，而进入神奇的要求。西方文化以物质文明为本，所以便发展为枪炮机械。中国文化是以人文本位和个人的精神为基础，所以便把技击进入以气驭剑，或心剑合一的幻想境界。清末"义和拳"的误国事件，虽然说是清朝宫室上下无知所造成，然而平时深植人心的剑仙侠客与《施公案》《彭公案》等的小说故事，实在也是造成这种错误的重大原因之一。只不过士大夫者流的知识分子，讳不自知而已。

抗战期间的武侠小说

精良的艺术是太平盛世以及安定社会中的产品。而宗教、哲学、小说，大体说来，都是历史变乱，社会不安定中的结晶。自民国初年到抗战期间，武侠小说随着印刷的发达，风起云涌。阅读武侠小说的风气，也正如西方人阅读侦探小说和科学幻想小说一样的普遍。初期影响最大的，便是向恺然（笔名"平江不肖生"）所著的《江湖奇侠传》。书中的"武侠"宗师"金罗汉"和"柳迟"，以及主要事件的"火烧红莲寺"的故事，不但脍炙人口，而且几乎成为家喻户晓的事迹。因此拍成电影，而大受观众的欢迎。甚之，有许多小学生阅读了《江湖奇侠传》就离家出走，入山学道，寻访明师，闹出许多啼笑皆非的笑话。跟着而来的，便有李寿民（笔名"还珠楼主"）所著的长篇《蜀山剑侠传》（又名《峨眉剑侠传》）、《青城十九侠》《兵书峡》等剑侠小说，都畅销全国而充斥书摊。至于出租武侠小说的行业，也因此应运而兴，赚得大好生意。还珠楼主的小说，又长又玄，几乎没有一部完工的著作，但却永远吸引着读者的心理。他以曾经学过道家方术的知识，和他游历过许多名山大川的见闻，以及多识虫鱼鸟兽人物等的经验，并脱胎于《神仙传》与《山海经》的幻想，配合他文白相间的笔调，实在使当时的青年人读之，即醉心于心灵幻想的雄奇之境，而逃避了现实的苦闷。他如许多学者大师们，也乐此不疲而藉资消遣。就如大家所谓当时的哲学家胡适之先生，据说也是还珠楼主的忠实读者之一（是否属实已无法考证）。但著者以后下落不明，据说他客居上海写小说时，堕落到终日躺在鸦片烟铺上吞云吐雾，挖空心思构想情节，而口授助手来笔录。后来我碰到有些传授道家方术的人，居然说出自得明师真传"离合神光"的道法，实在令人哑然失笑而瞠目不知所对。因为这些法术的名称，实出于还珠楼主小说中的杜撰臆造，结果竟公然有人信以为真，岂非不可思议。其次，比较不太过于以神奇相号召，而以中国少林、武当的武术技击加以渲染的，则有曾经学过国术的郑证因所著的《鹰爪王》等，却属于较为合理的武侠小说。而郑证因也是多产的武侠小说作家，大受国术界的欣赏。其他还有些后起之秀的武侠小说作家，记忆不全，姑不详说。受到这些武侠小说的影响，抗日战争期间，川康一带，公然有人号称结合剑仙侠客的地方团队，愿意参加抗战。这种爱国热情的忠义之气，实在真

119

得敬佩，但是他们的见解和常识，却仍停留在"义和拳"时代，也是令人啼笑皆非的事。

近年武侠小说的演变

抗战胜利以后，武侠小说逐渐开始转变方向，其时平江不肖生的《江湖奇侠传》已成过去，还珠楼主的《蜀山剑侠传》、郑证因的《鹰爪王》的风靡，也渐见减色。介于剑仙侠客之间的故事，和完全不适合中国技击的功夫，而只凭臆测构想的作品，渐渐抬头。同时，有人以李自成、张献忠等为对象，影射中共的夺权行为，而写成武侠小说。因此在台湾，出租武侠小说的书摊行业，就凭这些小说，使得在风雨飘摇、流离颠沛的人们，得以宣泄胸中的满腔块垒。当此之时，有一位多年从事文化事业，出版经验丰富的书侠，他从出版事业的立场而言出版，认为这些武侠小说都将成为过去，于是出资请人写作武侠小说，如《南明侠隐》《年羹尧新传》等，便由此陆续发行。自此以后，写作武侠小说的作家，和从事武侠小说的出版商，以及出租武侠小说的大小书店，便如雨后春笋，应运而兴。由此解决了许多人的全家生活问题，同时也因此使一股醉心武侠小说的风气，吹遍了各阶层社会，乃至家庭主妇、大中小学等学生的脑子里。看武侠小说的风气，如此之盛，主要的原因，由于时代与社会心理愈加苦闷的时候，"怪、力、乱、神"的小说，也愈受人欢迎。何况一般爱情小说、社会小说，千篇一律，更无杰出的作品出现，早已使人厌于阅读。

阅读武侠小说的风气

但这一二十年来，国内海外（包括香港方面）武侠小说的写作与出版，随便一本便算一卷，精粗好坏，据我所知道和我所看过的，也不下几千本乃至万卷之多。因此我常说笑话："如果说读书破万卷的话，单以武侠小说而言，我早已超过此限。"此中并无学问，而且乱说乱盖的多如牛毛，但在精研正式书本与深思学问之余，借此换换头脑，休息心灵，遮遮老眼，的确还很有趣。后来发现与我有此同好者，还有许多学者教授、出国留学的学生和若干自命"才高于顶，眼大如箕"的文人名士。至于一般青年学生，以及劳工朋友们，不但人手一本，而且装满两个裤袋，都是全般武侠。有一天，我经过城中公园，看到前任警官学校的校长。独自一人坐在树下看书。我心想，他真用功勤读，大概又在研究"四书"或《论语》吧！为了不忍心打断他的读书境界，所以不好招呼，只轻轻地从背后绕过一看，原来也在聚精会神地看武侠小说。这一时代，中国人之所以喜欢看武侠小说，就相当于美国政坛的重要人物，借着阅读侦探小说或科学幻想小说以调剂心神。东西双方的这种情况，也可以说都是时代的心理病态。然而侠风所至，还不止此，多少年来，任何大小报纸刊物，如果去掉武侠小说与描写黑社会的小说，则几乎可以使报纸刊物的发行数字直线下降。这股十里刀风，实在有使人不寒而栗之感。

武侠小说写作的泛滥

但是武侠小说的写作题材，经过二十年来的挖掘，的确都成陈腔滥调，而更无上品出现。抄袭《蜀山剑侠》《江湖奇侠》《鹰爪王》的内容，写光了。继而外搭包情，配合西洋侦探小说与科学观念的用毒和解毒，以及易容化装，利用物理作用等幻想也写完了。于是跟着而来的，便是好勇斗狠，帮派复仇，一言不合就拔剑而起，流血五步，在所不惜。或睚眦必报，毫无情理。这种满怀个人恩怨，或即将心理变态的病态武侠，写成主角，无形中给予青年以极坏的小说教育，关系极大。至于其中不通地理，不明地方风俗，不知历史时代的生活方式的写作，实在不胜枚举。于是华山的绝顶险处，可以骑马，而把崇山峻岭的地方，却描写成为大湖深泽。这些不经之谈，自然都不在话下了。除此以外，还有乱讲佛、道两家的修气炼脉之术，同时又把东洋日本武士道的抽刀拔剑的手法和东洋日本式的打斗拳脚，变成国术的招式。真正中国武功的技击，反而毫无所知。甚至把瑜伽术引用到武功里去，虽然别有精彩之处，但认为这些便是中国的正宗技击武术，那就更为可笑了。目前武侠电影流行，所有舞弄刀枪剑棒的武术技击，一半以上都是东洋日本的武士道手法，在行家眼中看来，回顾一下我们国术界的情形，真有啼笑皆非之感慨！可是这一流的电影不但大受男女老幼的欢迎，而且多少学者教授们，也都醉心欣赏，而大为击节赞扬。这不仅是中国文化中"武艺"的悲哀，而且还应该说是中国文化真正衰落的一劫。但是，这些现象，也正表示出人心的沉闷，时代的哀愁，大家在无可奈何之中，只好借此一消胸中块垒，并不在于中国"武艺"文化的真假和是非了。

武侠与社会教育

武侠小说在今日国内的风气，概如上述。而我们负责文化者不但完全外行，甚至也无法领导。几年以前，一位有关人士曾和我说，应想出一个对此稍加限制的良策才好。因为这种风气，在无形中，给予社会青年一种极坏的教育。我说："天下事往往存在着许多矛盾。"教堂的对面开设了"绿灯户"，最高学府的门前，有人大兜看黄色小电影的生意。一面防范管制"太保""飞"的好勇斗狠。一面大量开放粗著滥作的小说，以及电视上竭力播演杀人不眨眼的西方牛仔，以及笨拙万分的摔跤镜头。谁又愿意正本清源从事社会教育。何况"智、勇、辩、力"四者，绝非限制所能生效。只有疏导，才是办法。譬如人"因地而倒，因地而起。"如果认为武侠小说影响了青少年的行为，何以不培植写作武侠小说的名家们，多为后一代着想，而灌输一些真正的中国文化，如人伦道德、侠义忠勇等精神和事实。同时再好好研究一下中国文化的"武德"以及真正中国的南北派和其他名家的技击的"武术"呢？禁止之弊，甚于防范。疏导之功，利于无形。小说之功，过于教育。人谋之臧，可以造成良好的风气。好的武侠小说，对于培养国家民族正气的效果，也同样有不可思议的力量。虽说未必尽然，却未必不是当前文化的急务。

十六、老文学和新文艺

近来司法界提倡新风气，改用语体文书，一切诉讼文件和法官们的判决书，都要尽量采用语体。这实在是司法上贤明而便民的改革，是值得喝彩的。但因此有些人错以为这是现代六十年来第二次的白话运动。大学里中文系有新文艺思潮和国文教授方法上的争辩，便引起一些学习中文和关心中国文化同学们的彷徨迷惘，莫衷一是地群相征询意见。

公文语体化的历史渊源

关于前一问题，我认为中国三千年来的文化史上，有关政府文书的文章自有文献可徵的，大多数都是用语体来书写的。我国文化史上第一部的政治史文献，当然是以《尚书》为首。我们现在来读《尚书》，一般人都认为它是古文。这种所谓古文的观念，应该是对时代距离先后所下的定义。事实上，《尚书》里收集当时历史上的文告或记载史事的资料，大多数都是当时的语体文。即如《周易》一书的卦爻词句，大多数也是当时的语体。秦、汉以后，有关政府法令的文辞，从许多方面来看，多数也是当时的语体。当然不能只以西汉时代贾谊的《过秦论》，或东汉末期诸葛亮的前后《出师表》作标准。即使就把《过秦论》和前后《出师表》来作规格，我觉得其中的文辞语句，有许多地方，仍然是采用当时的语体。我们现在叫它是古文，这个"古"字，应该也只是对于历史时代的划分，并非就是亘古不变的定义。在魏、晋以后，文学的风气弥漫，因此经历南北朝三四百年来的公文辞章，的确偏重于骈俪的文学化了，比起汉代，更缺乏普及性。所以到了初唐，由唐高祖李渊开始，便下命令改革公文，不许有太过骈俪的文学辞藻而妨害事实的叙述。后来唐代的文风复古，不但是初唐政治上开其风气之先，事实上也是文运兴替的必然趋势。韩愈的"文起八代之衰"的复古运动，并非如我们现代人心目中的复古，实际上，正是恢复当时读书人——知识分子的文学语体化。当然，在这里须要注意，古代的教育并不普及，所以能够以写作文辞来表达意识思想的，仍然只属于少数读书人的事。

宋、元、明、清以来，不但在公文上多数是采用语体化，即使如"四朝学案"中的儒家讲学的记载，也都是采用语体。所谓"语录"的风气，便由中唐的禅宗和宋初的理学家们所开始。并且翻开历史上历代奏议一类的文章，有关政令和事务性的叙述，几乎都用语体来表达，从来没有人认为那些缺乏文学格调的"奏议"，没有历史性的价值。只有在清朝中叶之后，由于少数几位深于文学修养的人做了地方官，遇到有些"官司"上的判词，便以文学的风趣，大玩其花样，如袁枚、郑板桥等人的几件判词。可是此风一长，到了后来绍兴师爷的手里，便积习成规，在刀笔之间，大玩其有笔如刀、精细雕虫的笔墨花样。于是《樊山判牍》一类的文章，便成金科玉律了。不过，这种风气在清朝中兴的时代，已经稍有变革了。民国以来，公文的改革，在有形或无形中，也有过几个阶段，现在在司法上又正式提出采用语体，虽然说是革新，如果在中国文化精神的立场而言，应该说这正合于中国文化固有精神的复兴运动。

白话文和中国文化的命运

由于前面所讲的历史事实，推演开来，说到后一问题，无论在文学上或文化上，所谓的新文艺运动，我认为大可不必操心，此事不运而动，一代自有一代的必然趋势和结果。例如前面讲过在秦、汉时期的文学和文章，虽然在三千年以后的现在，好像一仍未变。而事实上，秦文、汉文，已大有不同之处，拿它和春秋战国时代比较，有迥然不同的特点。唐代和宋代的文学文章不同；明、清和近代的文学文章更不同。从文艺上来看，汉代的"辞赋"，唐代的"诗"，宋代的"词"，元代的"曲"，明代的"小说"，清代的"联语"，等等，任何一个时代，都自然而然地有其新文艺运动的特色。至于在某一时代，因为某一人的提倡使文风丕变，乃至使文运改变了方向，其实是他在那个时间、空间恰好当时当位，便很幸运地成为推动这个波澜的焦点。事实上，这种风气，到了某一时期，即使不由某一人的推动，它在事前或当时，也早已自然而然地形成了风气，势在必变而事在当变了。例如唐代的韩愈，现代的胡适，也都是适逢其会的人物。老一辈的朋友中，有人大骂胡适，深恶痛绝其提倡白话文，认为他是千古罪人。事实上，平心而论当"五四运动"的先后时期，即使胡适不提倡白话文，也必然会有人要出来提倡的。就是没有某一个人出来提倡，白话文的替代古文，也会自然不运而动的。胡适先生却在当时自我标榜了龚定盦"但开风气不为师"的一句话，真是适得风云际会，相当地"幸致"而已。

　　"五四运动"在二十世纪的中国文化史上，功过很难说。只就提倡白话文的运动来讲，对于六十年来的现代，功过也无运衡量。至少，因为白话文的提倡，中国的教育因此而更容易普及，一般国民的知识水准因此而提高。但是五千年来的中国传统文化，却因此有被拦腰截断的危机。我们追溯六十年前，所谓五千年来中国文化的遗产，都蕴藏在古典的书籍中。这些古典书籍，都用古文写作的。后来的青年，从白话教育入手的，对于古籍中的古文，没有基本的修养，不但自己不会写作那些文章，根本就看不懂这些古籍，因此而奢谈中国文化，问题当然就不简单了。于是，有些爱护中国文化之士，以卫道者的精神，极力提倡读古书，写古文，憧憬着旧日的读书方法和旧式的读书趣味。且是历史犹如东流的逝水，一去总不回头，虽然这些卫道者其心可敬，其志可嘉，到底不能挽狂澜于既倒，反而招来许多无谓的困惑。曾经有一位青年同学对我说："历史已经走向电脑时代，有人可以专用注音符号替代文字来表达语言和意识思想，居然还有人要复古提倡古文，真是不可思议。打字机的功用愈来愈发运，居然有人还要拼命地提倡写毛笔字，真是不可想象。"当时我听了也有啼笑皆非之感，便说："原子能的威力可以消灭人类于无形，居然还有许多人要求做人，岂非更是匪夷所思吗？世事都在对立矛盾中交织成为人文文化的历史，老弟台既不必过于愤慨，老前辈的忧伤，老朋友们也大可不必为后一辈叹息。"

新文艺运动中白话的古文

其次，我们都知道白话文的新文艺运动，已经推行了五六十年，它的效果已如前所说，但是它的价值须另当别论了。当时大家需要推行白话文，大半的原因，是受到西方文化东来的影响。六十年前，鉴于西方各国的富强康乐和坚甲利兵的威势，于是晕头转向西方去学习科学的方法和民主的制度，穷根究底，认为他们教育与知识的普及，是靠着语言和文字一体的作用，同时回顾我们当时的民智闭塞，风气不开，也正坐此病，所以便提倡了白话。但是大家都忽略了一个非常严重的问题，那就是任何一个民族，任何一个社会，语言总会跟着时代而变更的。甚之，语音也有因时代而变革的。依中国文化的习惯来说，三十年算作一世。语言往往经过三十年的一代而有所变动。因此西方各国的文字和语言合一的学风，便在语言和文学历代变革中产生了重大的问题。我们细心研究，便可看出西方各国的文化书籍，过了一二百年的文章，大多数就非专家看不懂了。

同样的，我们古代的白话文章，如元、明之间用白话文所写的小说像《三国演义》《水浒传》《西游记》《金瓶梅》，以及清代的《红楼梦》等书，它在现代青少年看来，完全是白话中的古文了。其次，我们只要拿出五六十年前的报章杂志来对照一下，当时人所写的语体文、白话文，也早已生硬地成为现代的古文了。一代白话文大师胡适先生的早期作品，何尝能够外于此例？反过来说，我们再看一看现代青少年们的白话文，甚之，二十多岁刚从大专毕业去当教师的，亲自研究一下更下一代的白话文，如不拍案惊奇，摇头叹息，那才真是奇怪呢。至于现代汗牛充栋新文艺的著作中，夹杂"意识流"和"存在主义"的文学作品，有的超越冥想，比禅的文字更难懂，那也是司空见惯的常事。总之，旧的被推翻了，新的文艺毫无基础，铲平了五千年来的基石，想凭空摸索去建立空中楼阁，实在需要仔细思量，慎重考虑。安知后之视今，不犹今之视昔呢？

古文的劳苦功高

中华民族的文字结构，我们是值得自豪的。用中国文字所构成的古文学，也是值得自夸的。我们姑且不从"六书"和"训诂"等来说中国的文字和文章的价值，首先应当了解我们祖先的文化精神，在任何方面，都是"寓繁于简"的，上古的文字，大多以象形开始，同时又需要以最简单的动作，把它雕刻在兽骨或竹简上面，因此更需要言简而含义多方，以便于书刻。由于这种文化精神随着时代的扩展，便构成了我们所谓的古文体裁。更明白一点地说，由于这种古文体裁的文学，便使文字和语言完全分开。同时也使文学词章超然独立在时间、空间之外，因此，保留了五千年的文化思想。先人与后世的意识，完全不受时代环境的变革而有所阻碍难通。换言之，依照过去旧式教授文字文学的方法，只要真能教，真能懂的，不过花费青少年时代一二年的时间，便学会了这种写作文章而统率各种语意的作法，然后终生

用之不尽，取之不竭。当然，这种教学方法，势必要包括小学的
"六书"和"训诂"等的方法。如果硬要把"训诂"和小学"六
书"视为毕生学无止境的课题，或者像现在一样，到了大学或研
究所博士班里才开始研究，那就很难说了。至少，纯粹从旧式教
育来讲，这并不完全是在浪费青年宝贵的光阴。了解了这个道
理，我们便可知道中国五千年来文化遗产的古典书籍，数目并不
太多。中国字典包括的字数也不多。而且自古以来的学者，如果
不作文字学的专家，真能认识了二三千个字，便足够应用发挥而

130 有余了。懂了中国文字的运用以后，就可了解古文的一二个字便
包括多方的意思。如用现代的用语来解释，或许要用十多个字才
能说得清楚。例如我最近答应翻译《周易》一书为白话文，当我
着手工作以后，才后悔自寻苦恼。因为我看《周易》卦爻的词
句，本来都是语体，非常明白，若要把它翻译成现代话，那可真
够麻烦了，有时候一字要变成好几个字的句子，而且还要加以解
释，即使如此，也可能还不够明白。由此联想到现代出版的书
籍，几乎有盖古之多，好像真是知识的爆发似的，从另一方面
看，也可以说只是文化退化的贫乏现象而已。

更上层楼的负担

可是话说回来，再进一步的新文艺运动是必须的吗？我倒认
为是极须的，不过，不能弄错方向就是了。我们现在需要的是
"温故知新"，如何整理五千年文化的遗产，如何吸收西方文化的
精英而融会贯通，并发扬光大。只以文学来说，我们到目前为

止，就没有办法创作一种文体，足以概括古今而永垂式范的。老实说，所有专心一致搞新文艺运动的，大体上都和我们一样，不是博古通今之士，甚之，连传统文化遗产的边缘都还未摸着。只知随着时代的潮流，漂流在大西洋与太平洋的文化边缘，如"海上仙山，可望而不可即"而已。再新的新文艺，必须是真正切合中国文化的新文艺，那恐怕不是目前所搞的新文艺运动所能负的艰巨大任。

当我在说这些观点的时候，恰好看到十月一日《联合报》第三版上登载了一篇专访，报道国内数学界的学者专家们，正发起一项"科学中文化"的运动，他们已开始用中文写数学的教科书，期以十年有成，达到"科学在中国文化中生根"的目的。看了以后，情不自禁地对他们肃然起敬。这一作为，才真是中华民族、中国文化的重要工作。我们闹了几十年的"科学"，到今天才开始中文化，比起日本虽然已迟了几十年，但到底是我们学术教育界的一大觉醒。迎头赶上，也许胜过别人。但我希望其他如医学、天文、物理等学科，应该也会如"风行草偃"，慢慢地跟踪而起。可是其中最困难的前奏，恐怕还是再新的新文艺运动吧！

十七、人性与人欲

儒家学说中的人性善恶观

什么是人性？原始的人性，究竟是善的，或是恶的？人欲是否就是罪恶？这都是中西哲学上的大问题，也是人类思想史上几千年的悬案。

中国哲学史上关于人性善恶的争论，已经二千余年，初由孟子特别提出的"性善"说，连带批判告子论"性无善恶"的观念，稍后又有荀子的"性恶"说，与性善的观念恰恰相反，于是便成为思想界争辩的论据。再后，由于佛学的传入中国，谈心说性，便成为哲学辩论的中心。宋、明的儒者——理学家们，内在接受佛家、道家的思想，于是人性的善恶问题，也就成为理学论据的要义。大体说来，理学家们，大多都是秉承孟子的性善说，认为"人之初，性本善"。人之所以为恶，都是后天的习性所养成；后天的习性和人欲又有密切的关系，因此要反省克念，去尽人欲，使天理流行，才能恢复人性本来善良的面目。

孟子与告子的论辩

孟子提出"性善"论据的重点，认为"恻隐之心，人皆有之。羞恶之心，人皆有之。恭敬之心，人皆有之。是非之心，人皆有之"。便是人性本自良善的有力证明。而且肯定地说："人性之善也，犹水之就下。人无有不善，水无有不下。"他所指出人性中本自具有"恻隐、善恶、恭敬、是非"之心，作为证明，是有相当的理由。但以水的就下，肯定形容人性的本善，确实有所商榷的余地。

同时，孟子提出告子等对于人性"无善无不善"的批判，使我们知道告子等学说的大概。如说："告子曰：性，无善无不善。""或曰：可以为善，可以为不善。""或曰：有性善，有性不善。"至于告子论据的重点，他认为"性，犹杞柳也。义，犹桮棬也。以人性为仁义，犹以杞柳为桮棬"，"性，犹湍水也。决诸东方则东流。决诸西方则西流。人性之无分于善不善也，犹水之无分于东西也"。告子的理论，是否正确，暂且搁置。但以孟子所提出告子的这些话看来，它与现代流行西方文化中的机械心理学，却有异曲同工之妙。

而且更有趣的，告子一时大意，不懂论辩的理则（现代人所惯称的逻辑思考的方法），当时被孟子的纵横才气盖住了，当场吃瘪。如说："告子曰：生之谓性。孟子曰：生之谓性也。犹白之谓白与？曰：然。白羽之白也，犹白雪之白；白雪之白，犹白玉之白与？曰：然。然则犬之性，犹牛之性，牛之性，犹人之性与？"现在我们读了这节书，非常明显的，发生两个重要的问题：（一）告子所说"生之谓性"。定义不太详尽。因为古代语文过于简化的关系，或者说，可惜告子不懂"因明"的法则，语焉不详，所以并未表明自己真正的主旨；是指有了生命活动能力的便叫做性呢？或是说性是与生命同时俱来的呢？（二）孟子善于辩论的方法，他抓住了告子这个弱点，就说：既然"生之谓性"，那么，等于白与白是一样的啰？告子说：是。孟子跟着这一句"是"的答案，就说：那么，白羽的白，就等于白雪的白；白雪的白，就等于白玉的白吗？告子又答：是的。孟子因此便说：那么，狗的性，就等于牛的性；牛的性，就等于人的性啰？孟子这一论辩，相似于"因明"（印度古代论理学的名称）引用比喻的方法，以此难倒了告子。其实，平心静气地说，孟子所用的比喻，几乎是有"引喻失义"的嫌疑。告子一时懵懂，无理可申，只好就此吃瘪，至于本来的人性是善是恶？毕竟还是悬案未决。

荀子的性恶说

到了论争末期，荀子直截了当地提出性恶的论据，恰恰与孟子的观念，成为强烈的对照；但要注意孟子与荀子，都是历来公认为战国时代的大儒，只是儒家的分号，并非别处的杂货店。荀子说："人之性恶。其善者，伪也。今人之性，生而有好利焉，顺是故争夺生而辞让亡焉。生而有疾恶焉，顺是故残贼生而忠信亡焉。生而有耳目之欲，有好声色焉，顺是故淫乱生而礼义文理亡焉。……然则，人之性恶明矣，其善者伪也。"根据荀子这一节理论，它与西方文化中的唯物思想、经验学派、机械论者似乎都有相同的观点。但在此，只是指荀子对于性恶说这一观念而言，并非以偏概全，认为荀子的整体思想，都是如此。如要研究荀子通盘思想与学术，必须熟读《荀子》全书方可，切勿因噎废食，顾此失彼。

扬雄的善恶混杂说

再后，到了汉代，扬雄便提出人性的善恶混杂的观念，如说："人之性也，善恶混。修其善则为善人。修其恶则为恶人。气也者，所以适善恶之也与？"扬雄这一观念，上半节等于是告子思想的变相。下半节引出气和人性善恶的关系，又是孟子思想"志者，气之帅也"的观念。这真是道道地地的善恶混说，好像很有道理，严格推究起来，到底言无所宗。

王阳明的见地

等次以下，历汉末、魏、晋、南北朝，而到唐、宋，理学之儒，崛然兴起，号称上接孔、孟的心法，下开百代的宗师们，或以性即是理，理即是性；或以理与气的二元而论性，阐说心性的玄微，愈说愈有性格，也愈使人迷离。再进展而到明代，有了王阳明的学说，对于性的问题，倒下了明确的定义，有名的阳明四句教："无善无恶心之体。有善有恶意之动。知善知恶是良知。为善去恶是格物。"但是，问题解决了没有？不但没有真正解决了问题，而且阳明先生四句教的本身，却又产生了矛盾，他纵有晚年定论来补充，仍然有欠透彻。阳明先生既然肯定了性的体是无善无恶的，善恶只因意动而分，这便是第一重矛盾。试想这个能动的意，是否是由体上起用？如果意是由体上起用的，那么，体中本来就应含藏有善恶的功能，何以说体是无善无恶的呢？如果说：意不是由体上起用，那么，这意又从何而来？而且它与无善无恶之体对立，岂非是二元对立吗？同时，能知善知恶的这一知，又是否便是体上的良知呢？这又是第二重矛盾。如果是的，确见这个"知体"或"体知"，本来就含藏有善恶的功能，何以说：体无善无恶呢？况且有了一个意，又有了一个知，都是体上起用的功能，究竟是三元一体——"一炁化三清"，或是三元对立的呢？至于"为善去恶是格物"，那是行为伦理的道德修养原则，自然无可疑议。

我们大致了解了以上所举出中国哲学史上，有关儒家对于人性善恶论的一些重要资料，关于人性究竟是善是恶的争端，已经约略明了了大概，如果肯下好学深思的功夫，"博学、审问、慎思、明辨"，便应当知道这个问题的关键所在了。西方的学者，或倾心于西方文化的学者，认为中国没有真正的哲学，也可以在这些问题上看出了端倪。

界说不清的症结

其实，说了半天中国哲学史上人性善恶观争辩的要旨，其中最大的关键，就是界说不清，大家只从建立行为道德的要点上争论人性本善本恶的定见，并没有先把行为道德的问题，暂且搁置一边，先行严格探寻所谓人性的本身，它究竟是什么？而且更重要的界说关键在于：大家所说的人性，是先天——形而上——父母未生以前的本性（它是否存在？又是这一问题中的问题）？或者是指有了生命以后的人性？应当先下一个研究讨论的范围，才好对此问题有进一层探讨的线索。总之，上自孟夫子开始，下至明、清以还的理学大儒，他们所讨论人性善恶之说，都是以有了生命之后的人性行为作基准，而由此推测到先天——形而上的人性本体论，界说混淆不清，弄得一头雾水，因此论说纷纭，便成为众盲摸象，各执一端的流弊了。如果以有了生命以后的人性来说善恶，孟子、告子、荀子、扬雄，乃至王阳明诸家的说法，都有理由，可以成立。但可惜的是，这都是与遗传学、心理学、教育心理学等等有关的问题，至于和真正哲学的本体论，则了无牵涉。以之而言行为心理学则可；如果就以此而论形而上学，还大有一段距离，实在需要细加审思探寻。

希腊哲学对人性的知见

提起西方文化，科学在现代的地位，具有决定性左右一切学术的权威。但到目前为止，无论科学如何的发达，所有代表西方文化的欧美文明，仍然还没有跳出宗教和哲学的范围，尤其是希腊哲学和"新旧约"的教义。

讲到希腊哲学，当然不能不追溯苏格拉底（Socrates）的思想。苏氏的生平，正如中国的圣人孔子所说一样——"述而不作"。要想研究他的思想学说，必须要从他的高足弟子柏拉图（Plato）的《对话录》中寻找他的线索。苏氏虽未明确讲述人性本来的善恶问题，但在《对话录》中可看出他早期论述的部分思想，似亦主张"人性本善"，如"普罗太哥拉斯"（Protagoras）篇中的记录，苏氏认为"道德与智慧初无差别，而邪恶系由无知而来"，"正义、节制、勇敢等……无有不同于知识者。"这应当是西方思想史上首次出现的"知德合一"的见解。其次《对话录》"曼诺"（Meno）篇中，主要说明"知识由于记忆而来"。由此可见苏氏认为人性本自具有善的真知灼见，本来的真知应该为善，人之所以为恶者，由于没有知识，致使判断错误。这也便是西方哲学重视知识即道德之善行的主要源流。

　　至于柏拉图的思想，对于人性的理论，虽有理、情、欲三分的论说，而且认为理性即为人性，它是灵魂中不朽不变的体质，情与欲，则可朽可坏（见《对话录》"菲多"〔Phaedo〕篇及"国家"〔State〕篇）。由此可见柏氏仍然继承其师苏格拉底的学说，认为人之理性本来是善的。

　　到了亚里士多德（Aristotle）手里，扩充其师柏拉图的人性灵魂的三分说："植物灵魂"司营养，"动物灵魂"司情欲，"人类灵魂"司理性。道德，即为协调这三者，使它逐次达于至善之目的。如何在行为上确实使三者达到理想的境界，则有赖于知德与行德——实践之德的结合。总之，以理性控驭情、欲，为德行的究竟。而理之驭情，又须赖经验与事实上的抉择，以及习惯的养成。亚氏虽不明白涉及人性本来的善恶问题，但他认为凡物之善，其目的在求实现的特性。人之善，不仅在于动植物的二种灵魂，尤其重要的，在于理性特质的实现。由引可知亚氏，亦认为"人性本善"，其至善者，乃由于习惯而来。这便是亚氏的思想，着重于经验论的色彩，使善恶两种极端尖锐地对立，为之缓和而成为有中性化的作用。所以有人批评，认为他所谓经验事实的抉择，还不及后世西方伦理学中"自由意志"的最高境界，这又属于另一问题，不必节外生枝去讨论它。

西方宗教文化的人性问题

此外，大家都知道，在西方文化中，如果不从宗教的经典"新旧约"开始研究，根本无法探讨西方文化的渊源所自。《新约》姑且不论，在《旧约》的《创世记》中，谁也知道神（耶和华）创造了天地以后，又按照他自己的形象创造了人。但是，夏娃、亚当偷尝了"伊甸园"中的禁果，如果人性本善，又如何会为不善？虽然它没有提出人性本善本恶的专题，但由《创世记》中叙述"伊甸园"的一番旖旎风光，便已看出人性本善的主旨；如果人性不是本善的，即使修善作义人，也无法返还到原路，钻进窄门，走回上帝的天堂了！由此看来，便可为它下一结论："可怜禁果偷尝后，情欲由来最害人。"对吗？讲到这里为止，人性究竟是善是恶的问题，还没来得及作结论，更没有提出中国文化中道家与佛家有关人性问题的要义，便又引出人欲或性欲是否是恶与罪的问题来了！

有人认为欲非恶

有关人欲的问题，我的同乡黄美煌先生，曾经写了一篇《欲非恶》的文章，又不耻下问地当面和我讨论。现在说句道歉的老实话，我真是既忙且懒，曾经托人要找这篇文章，但他始终无替

139

我找来，所以一直没有拜读这篇大文，当时更无辞以对。现在讲到人性和人欲的问题，同时又扯到希腊哲学柏拉图理、情、欲三分的说法，不得不临时转向，先把中国儒家学说有关情和欲的观念，稍加解说。

我们都是中国人，中国人引用中国文化，本来便是自己的家产，也用不着分家得太清楚。但如正式引用到学术上去，总要留心一点才是。我们常会听人说孔子说的"食、色，性也"这句话。其实，错了，这句话，是告子所说，而在《孟子》书上记述出来的，孔子并没有说过这句话。只在《礼记》的《礼运》篇中，孔子曾经说过："饮食男女，人之大欲存焉。死亡贫苦，人之大恶（可恶的恶）存焉。故欲恶者，心之大端也。人藏其心，不可测度也。美恶皆在其心，不见其色也，欲一以穷之，舍礼何以哉！"孔子与告子的话，语句虽有不同，但同样的，都是承认饮食与男女的色欲，都是人欲或人心的大端。而且要特别注意的是：告子在这句话里所谓的"性"，并非代表他自己所说人性犹杞柳、犹湍水的本性，实在是代表原始人欲本能的属性。不信，可去仔细研读原文便知。那么，孔子、孟子、告子，他们认为人之大欲，究竟是不是恶的呢？这可实在不易随便论断。在上文引用孔子的学说，夫子已经说过："人藏其心，实在不可能从外表去测度它，因为美恶皆在人心之中，不能够从外表的态度上看得出来，如果想要一贯的探求它的究竟，除了礼的作用，哪里能够呢！"同时，在《礼运》篇中，孔子又把人之大欲，归到人的"七情"之内，所谓七情，便是"喜、怒、哀、乐、爱、恶、欲"。因此便产生后世的儒家，有了性和情的理念。自汉儒董仲舒以次，姑且不一一列举，最为明显的，到了唐代李翱著《复性书》时，便确切地提出"性""情"的说法。至于欲的观念，约略而不重要。而"欲"，是否就是罪，且待下文研讨。

人欲与天理说

此外，更有趣的是子思所著的《中庸》里，除了只提到"喜、怒、哀、乐"以外，从来没有提出他祖父孔子的"七情"，也没有提到他老师孟子所谓的人情。故无怪考据学家们，对这几本书的著作，怀疑到有问题了。考据的事，不是我们要讲的范围，暂且不管。因有孔子、孟子、告子提出的"人性"与"性"和"情""欲"等观念，到了宋儒的理学家手里，因袭了佛学的观念，采用《中庸》的"喜怒哀乐之未发，谓之中。发而皆中节，谓之和……致中和，天地位焉，万物育焉"的主旨，于是强调去人欲，存天理。"人欲净尽，天理流行"的说法，便普遍传习，成为宋儒儒学的中心思想。其实，以此而言道德的修养，则为不二法门；如以此而言形而上道的人性本体论，则当再加商榷。但这些思想学说，却与希腊哲学家苏格拉底、柏拉图、亚里士多德，何其不谋而合，多么相近。同时，我更怀疑康德（Kant）的学说，某些地方，有受宋儒思想影响的可能，所以我曾经建议一位专攻康德之学的学者，留意这个问题（本文有关学说，不详引原文，希望青年同学们，能够由此抛砖引玉，启发慧思，肯去研读原典）。

儒道两家共通的观念

自从宋、明的儒者——理学家们，提出了"天理"与"人欲"的问题，为中国文化的伦理哲学，与行为哲学方面，奠定了一个名辞简捷易晓，而内容充实的普遍道德意识——便是后世尽人皆知的做人和做事要凭"天理良心"的观念。但也很明显的，认为"人欲"的作用，多半是属于罪恶的一面，所以去"人欲"存"天理"，便是理学的基本学问。理学家们既然自认是上接孔、孟的心法，我们对此又不得不再追溯到先秦之际足以代表道家的老子、儒家的孔子，看看他们对于"天理"与"人欲"的看法。

上文曾经扼要提引到孔子对于"情"和"欲"的观念。如果再要深入一点提引这些资料，便需要寻找经过孔子所整理的古籍文献，例如《礼记》中的《乐记》，曾有记载："人生而静，天之性也。感于物而动，性之欲也。"《曲礼》说："欲不可从。"都很明显地说出"人欲"的动向，而认为它是可怕的，是不可放纵的。至于孔子本人曾说："饮食男女，人之大欲存焉。"他并非直接认为"人欲"便是"人性"本有的正当行为。而只是说明人之所以为人，便自然而然地会有饮食和男女等基本的"人欲"，所以他又说："何谓人情？喜、怒、哀、乐、爱、恶、欲，七者弗学而能。"

由于"人性"有这些基本的"情"和"欲"，可能趋向于自害害人，甚至达到不可收拾的地步，所以必须要注重人文的教化，于是制礼以防患未然，作乐以调整性情。"三礼"的精神即由此而订定,《春秋》的大义,也由此而建立,为求还于"天生"之初的礼、乐之教,也由此而出发。

至于老子,除了着重于阐扬传统文化的道(体)和德(用)以外,并未确切提到"人性"和"人欲"的问题。除非把他所说的"道"字,强行拉到"人性"和"天性"的范围来讲,但总不免有点牵强的嫌疑,但是老子却提到"不见可欲,使民心不乱"的观念。在他简短的五千文中,只要有了这一观念,便可了解他所认为的"人欲",也不是一个好东西。至少,它是"犯意"的先驱,受到所"见"的教唆而成为罪乱的主犯。所以他便提出"少私寡欲",作为修养的方法和目的。此外,只有《易经》的《系传》里,提到"成性存存,道义之门"两句,便成为后来儒道两家的共通原理。因此,由先秦而至现在,儒、道两家对于"人性"和"人欲"的概念,大体都是"同出而异名"地在应用了。

143

大乘佛学的原始人性本净论

中国文化思想中"天性"和"人欲"的问题,在传统的微茫混淆中,历经秦、汉、魏、晋到了隋、唐之际,因有大乘佛学思想的加入,便廓然大放光明,截然确立形而上(先天)的"性理"本元,与形而下(后天)的"人欲"界限,建立一个理论完整、体系井然的思想。但我在这里所说的大乘佛学也便笼统地包括了禅、密、天台、华严、唯识、三论、成实宗等的宗纲。且取其要义,变更它的名相而言,并非概约大乘佛学的整体思想。

大乘佛学思想认为原始的人性，本来便是光明清静，含容万象万类，极其圆满，而与宇宙万有共同一体。当它在光明清静的元始之初，既非有善，亦非有恶，所谓善恶，都是人为后天的观点，不足以言先天的元始"本性"。如果勉强以善恶来论，应该称之为"至善"的，或"纯净"的，方差可比拟。但极其圆满的光明清净的本然之性，由于明极而忽然缘起无明阴影，由此动则易乱，于是便生起天地宇宙与人类万象了。从此由于无明的污染人性，愈动愈乱，愈乱愈动，因而迷失它本来的清净圆明，坚固地执著"我执"与"爱欲"，于是便形成分为段落的死生生死，而构成人世间永无休止的分段生命现象。基于此，所有大小乘佛学的基本精神，都是要求"人性"的自觉，破除由执为小我的后天"我执"，而返还到先天无余大我的自性清净。努力修正由"我执""爱欲"所起的种种错误心理和行为，涤除由惑乱心理所构成人世间的烦恼苦果。

佛学所有的经论即由此基点出发，因此它薄视物质形器世间的所有，发出众生同体之慈以及无任何条件之悲心，呼召众生超越形质，返还形而上的光明清净，归到非善无恶的圆满自性之境界。例如著名而普遍流传的《法华经》《楞严经》《楞伽经》等，均以此为中心。又如《大涅槃经》以"常"（永恒）、"乐""我"（无小我的自性本元）、"净"等四象说明自性的圆明清净。而唯识法相的经典，则以剖析为"爱欲"所污染的心、意、识的阴暗面，指证出元始光明真净的本来。至于《华严经》却以宇宙万象本为一体，融会形而上道与形而下的物质世间，指证自性的体用互通，而达于光明清净的圆极。《般若经》等，便是直指智慧的自觉，而超证于形而上道的捷径。而禅宗心法的证悟，也就是证此一事，悟此一理。

隋唐以后佛学与儒道的互注

中国文化思想因为隋唐之际，有了大小乘佛学思想的加入，于是魏晋以来《易经》《老子》《庄子》的三玄之学，更加发挥它精义的深度。唐、宋以后《易经》的理、象、数之学所突出的"太极"涵三、阴阳互变的哲理，也由此而充盈。至于曾子所著《大学》的明德致用，子思所著《中庸》的"天命之谓性，率性之谓道，修道之谓教。道也者，不可须臾离也"等观念，也由此而益增光彩。因此宋儒袭取佛道两家的思想，而代之以儒学为中心，存"天理"去"人欲"的修养方法，也由此创格。而我们也由此得以了解孔、孟之说，认清历来诸儒对于先后天的"人性"与"人欲"之间的界限，而了解原来颇多混淆之处，以及并未划清界说的弊病。

欲非恶与恶之前驱

综此以观，原有与生命俱来的"欲"的问题，它究竟是恶或非恶呢？我们可以说："欲"并非全是恶的。但"欲"很可能为恶的前驱，那是毫无疑问的。佛说狭义的"爱欲"为生死业力的根本，也就是教人认清"爱欲"，实为自私所生的过患，而须防患于未然。《曲礼》所谓"欲不可从"，也正同此意。亚当和夏娃在"伊甸园"中的一幕，何尝又非此意。

至于再把"欲"归纳到男女之间狭义的"爱欲"范围，而且认为"欲"就是罪恶，那是宗教性绝对道德的观念。宋明理学家也袭用了这严肃的一面，例如朱熹所说"世上无如人欲险，几人到此误平生"，就是由这严肃人格的观点而出发的。

至若《论语》中记载孔子所说的："我欲仁，斯仁至矣。"那是以"欲"作为动词的说法，也可以说：这是广义的"欲"，所以佛"欲"度尽众生，使之离苦得乐，此"欲"已经化除"私欲"与"爱欲"而成为伟大的愿力。人们若能涤荡"私欲""爱欲"的胸襟，不被物欲所拘累，而善于变化"物欲"，为人类建立一个庄严、美善的世界，则与释迦慈悲度世的愿力，孔子所谓"我欲仁，斯仁至矣"的仁欲，并无二致。所以有人说："欲非恶"。我想，应作如是观。

南怀瑾先生著述目录

149

图书在版编目（CIP）数据

亦新亦旧的一代/南怀瑾著述. —上海：复旦大学出版社,2017.8
ISBN 978-7-309-13153-6

Ⅰ. 亦…　Ⅱ. 南…　Ⅲ. 社会科学-文集　Ⅳ. C53

中国版本图书馆 CIP 数据核字（2017）第 183378 号

亦新亦旧的一代
南怀瑾　著述
责任编辑/邵　丹

复旦大学出版社有限公司出版发行
上海市国权路 579 号　邮编：200433
网址：fupnet@ fudanpress.com　http://www.fudanpress.com
门市零售：86-21-65642857　团体订购：86-21-65118853
外埠邮购：86-21-65109143　出版部电话：86-21-65642845
上海盛通时代印刷有限公司

开本 787×960　1/16　印张 10.25　字数 181 千
2017 年 8 月第 1 版第 1 次印刷
印数 1—4 100

ISBN 978-7-309-13153-6/C · 349
定价：35.00 元